Robert von Ranke Graves:
Ich, Claudius, Kaiser und Gott

Deutsch von Hans Rothe

Deutscher
Taschenbuch
Verlag

dtv

1. Auflage Oktober 1977
3. Auflage Mai 1979: 23. bis 32. Tausend
Deutscher Taschenbuch Verlag GmbH & Co. KG,
München
 · ISBN 3-471-77609-5
Titel der zweibändigen Originalausgabe:
›I Claudius‹ und ›Claudius the God‹
Umschlaggestaltung: Celestino Piatti
Gesamtherstellung: C.H. Beck'sche Buchdruckerei,
Nördlingen
Printed in Germany · ISBN 3-423-01300-1

Vorwort zur deutschen Ausgabe

Obwohl der nachmalige Kaiser Claudius zehn Jahre vor Beginn der christlichen Zeitrechnung geboren wurde, so weist sein Zeitalter mehr Gemeinsamkeiten mit der Gegenwart auf als irgendeine andere dazwischen liegende Epoche. Wenn sich die Geschichte seines Lebens und seiner Taten streckenweise wie ein Bericht aus der Gegenwart liest, so hat das nicht darin seinen Grund, daß ich die historischen Tatsachen entstellt oder gefärbt oder angepaßt hätte. Die Ereignisse seiner Zeit von Claudius selbst erzählen zu lassen schien mir der beste Weg, um die große Menge von Material zusammenzuraffen, das ich bei den Vorarbeiten für dieses Buch studiert und gesammelt habe. Nur an den wenigen Stellen, wo die Überlieferung mich im Stiche ließ, habe ich aus meiner Erkenntnis der Materie, besonders aus meiner Kenntnis des Claudius selbst, versucht, die Lücke durch intuitives Nachfühlen zu schließen. Die hauptsächlichsten Quellen, die ich benutzt habe, sind: Tacitus, Suetonius, Cassius Dio, Plinius, Varro, Valerius Maximus, Orosius, Frontinus, Strabo, Caesar, Columella, Plutarch, Josephus, Diodorus Siculus, Xiphilinus, Zonaras, Seneca, Petronius, Juvenalis, Philo, Celsus, die Verfasser der Acta Apostolorum und der Pseudo-Evangelien von Nicodemus und Jakobus und schließlich Claudius selbst in seinen Briefen und Reden.

Seit jeher ist Claudius für mich eine höchst anziehende Erscheinung gewesen, und je länger ich mich mit ihm beschäftigt habe, desto mehr habe ich mich über die schematische Darstellung wundern müssen, die er in den meisten Geschichtsbüchern erfährt: Er wird dargestellt als ein nicht zurechnungsfähiger, ängstlicher Pedant, der seinen Frauen und seinen Sekretären hörig war und eine Marionette in den Händen der kaiserlichen Garde bildete. In Wahrheit aber ist er – obwohl er kaum irgendwelche Verwaltungspraxis gehabt hatte – einer der fähigsten, geschicktesten Herrscher gewesen, die Rom je gehabt hat. Seine finanziellen, religiösen und juristischen Reformen, seine militärischen Erfolge, die großen öffentlichen Arbeiten, die er angeregt hat, seine eindeutig wohlwollende Gesinnung für das Volk müssen den Nachfahren mit höchster Bewunderung erfüllen. Viele Beispiele, die für seine sogenannte Stumpfsinnigkeit angeführt werden, beweisen nur, daß er einen absonderlich feinen Humor hatte, der dem üblichen Beobachter entging.

Außenpolitisch zeigte er eine große Klugheit. Sein Verhalten gegen Deutschland belegt dies aufs beste. Er wußte, daß es zwecklos war, noch einmal den Versuch zu wagen, diejenigen Teile Westdeutschlands, die durch Hermanns Sieg über Varus endgültig verloren worden waren, dem Römischen Reich wieder einzugliedern. Obwohl die römischen Legionen es an Kraft und militärischem Geschick ohne weiteres mit den tapferen, aber schlecht geführten Germanen aufnehmen konnten, verzichtete er dennoch auf jede Anwendung von Gewalt, weil er die alteingewurzelte Abneigung der Deutschen gegen jede fremde Einmischung kannte, und zog es vor, statt dessen Britannien dem Römischen Reich zu gewinnen.

In England ist das vorliegende Buch in zwei starken Bänden herausgebracht worden, deren Gesamtinhalt ungefähr das Doppelte des Inhalts der deutschen Ausgabe ausmacht. Ich habe es indessen für ratsam gehalten, aus der deutschen Ausgabe alle Abschweifungen und Zusätze zu entfernen, die in treuer Anlehnung an die dem historischen Claudius eigene Schreibweise der englischen Ausgabe einverleibt wurden. Durch diese Straffung der deutschen Ausgabe versuche ich die eigentliche Geschichte des Claudius noch klarer und wirksamer zu geben. Das Buch wird nicht nur handlicher, sondern es wird, wie ich hoffe, dem deutschen Leser auch willkommener sein.

Ich hätte diese Ausgabe nicht zustande gebracht ohne die verständnisvolle und jede Einzelheit mit mir auf das genaueste bedenkende Mitarbeit, die mir der Übersetzer dieses Buches, Hans Rothe, gewährt hat. Ich möchte ihm hierdurch öffentlich meinen Dank dafür aussprechen, daß er, der seine Arbeit sonst in den Dienst eines viel Größeren zu stellen gewohnt ist, sich dieser Aufgabe unterzogen hat.

Unter diesem glücklichen Stern einer deutsch-englischen Zusammenarbeit lege ich das Buch meinen Lesern vor.

Deya, Mallorca, im August 1934 *Robert von Ranke Graves*

Erstes Kapitel

Ich, Tiberius Claudius Drusus Nero Germanicus und so weiter – denn ich will nicht durch die Aufzählung meiner Titel ermüden –, der ich vor noch nicht langer Zeit bei meinen Freunden und Verwandten und Mitarbeitern bekannt war als »Claudius der Idiot« oder »Claudius der Stotterer« oder »Clau-Clau-Claudius« oder bestenfalls noch als »der gute Onkel Claudius«, habe mich entschlossen, die seltsame Geschichte meines Lebens zu schreiben.

Dies ist nicht etwa mein erstes Buch. Literatur, besonders Geschichtsschreibung, war mein einziges Interesse, meine einzige Beschäftigung für mehr als fünfunddreißig Jahre. Meine Leser dürfen deshalb nicht erstaunt sein über meinen gewandten Stil: Es ist wirklich Claudius selbst, der dieses Buch schreibt, und nicht etwa einer seiner Sekretäre oder gar einer jener offiziellen Chronisten, denen Leute, die im öffentlichen Leben stehen, ihre Erinnerungen anzuvertrauen pflegen – in der Hoffnung, daß gewandter Stil der Dürftigkeit ihrer Erlebnisse Bedeutung verleiht und daß Schmeichelei ihre Laster verdeckt. Ich schwöre bei allen Göttern, daß ich das vorliegende Buch bis auf die letzte Silbe selbst schreiben werde, denn dürftig sind meine Erlebnisse nicht, und wie könnte ich vor mir bestehen, wenn ich mir schmeichelte? Ich muß hinzufügen, daß dies nicht die erste Geschichte meines Lebens ist, die ich geschrieben habe. Vor zwei Jahren habe ich eine andere verfaßt, in acht Bänden, für die Archive der Stadt. Ich diktierte die ersten vier Bände meinem griechischen Sekretär, und da ich späterhin sehr durch andere Dinge beschäftigt war, ließ ich ihn die zweite Hälfte aus dem Material, das ich ihm gab, selbst zusammenstellen. Und er paßte seinen Stil so genau dem meinen an, daß aus dem fertigen Werk niemand erkennen konnte, welche Teile von mir waren und welche von ihm.

Es wurde ein trockenes Buch, jene erste Selbstbiographie. Ich war damals nicht imstande, Kritik am Kaiser Augustus zu üben, meinem Großonkel mütterlicherseits, oder an seiner dritten und letzten Frau, der Kaiserin Livia, meiner Großmutter, weil sie gerade zu Göttern erhoben worden waren und ich ein Priesteramt bekleidete, das mit ihrem Kult verbunden war. So wurde das erste Buch nur eine Aufzählung von Tatsachen. Ich erzählte zwar keine Lügen, aber auch nicht die Wahrheit in dem Sinn, wie ich sie jetzt zu erzählen gedenke.

Denn dieses Buch soll ein vertrauliches Buch sein. Man könnte fragen: Wer sind meine Vertrauten? Meine Antwort ist: Dieses Buch ist für die Nachwelt bestimmt. Ich meine damit nicht meine Urenkel oder meine Ururenkel, ich meine die entfernteste Nachwelt. Doch hoffe ich, daß ihr, die ihr mich vielleicht einige hundert Generationen später lest, euch direkt von mir angesprochen fühlt, als sei ich euer Zeitgenosse, wie es mir oft mit Herodot und Thukydides ergeht, die schon lange tot sind. Aber warum rechne ich so sehr mit einer ganz entfernten Nachwelt? Ich will es erklären.

Vor ungefähr achtzehn Jahren ging ich nach Cumae, in Campanien, um die Sibylle in ihrer Höhle am Berge Gaurus zu besuchen. Es gibt immer eine Sibylle in Cumae, denn wenn eine stirbt, wird die von ihr herangebildete Novizin ihre Nachfolgerin. Aber nicht alle sind gleichmäßig berühmt. Manche hat Apollo in den langen Jahren ihres Dienstes nicht mit einer einzigen Prophezeiung begnadet. Andere wieder äußern zwar Prophezeiungen, aber sie scheinen sich mehr an Bacchus als an Apollo zu entzünden. Bevor mir gestattet wurde, die Sibylle zu besuchen, mußte ich der Diana ein Schaf und dem Apollo einen jungen Stier opfern.

Es war ein kalter Dezembertag. Ich kam vermummt, aber die Sibylle erkannte mich. Wahrscheinlich hat mich mein Stottern verraten. Ich stotterte wie ein Kind. Obwohl ich – unter der Anweisung von Redekünstlern – allmählich gelernt habe, bei öffentlichen Gelegenheiten mein Wort in der Gewalt zu behalten, passiert es mir doch bei privaten und unvorhergesehenen Anlässen – nur nicht mehr so häufig wie früher –, daß ich aus Nervosität über meine eigene Zunge stolpere, und so erging es mir auch an jenem Tag in Cumae.

Ich betrat das Innere der Höhle, das mir Grauen einflößte, und sah die Sibylle, mehr einem Affen gleichend als einer Frau. Sie saß auf einem Stuhl in einem Käfig, der von der Decke herabhing. Ihr Gewand war rot, und ihr starres Auge erschien ebenso rot in dem einzigen roten Lichtstrahl, der von irgendwoher aus der Höhle herabfiel. Ihr zahnloser Mund grinste. Rund um mich herum spürte ich Todesgeruch. Aber es gelang mir, die Begrüßungsworte auszusprechen, die ich mir eingeübt hatte. Sie gab keine Antwort. Und es dauerte tatsächlich geraume Zeit, bis ich bemerkte, daß ich vor dem mumifizierten Körper der früheren Sibylle stand, die kürzlich im Alter von hundertundzehn Jahren gestorben war. Ihre Augenlider wurden durch Glaskugeln offengehalten, damit es aussehe, als ob die Augen noch leuchteten. Die amtierende Sibylle pflegt immer mit ihrer Vorgängerin zusammen zu leben.

Es schien mir eine Unendlichkeit zu sein, die ich so vor der Toten stand, innerlich schaudernd, aber liebenswürdige Grimassen schneidend. Bis endlich, endlich die lebende Sibylle, Amalthea, eine noch junge Frau, sich enthüllte. Das rote Licht ging aus, so daß die Tote unsichtbar wurde, und ein anderer Lichtkegel, weiß, schoß herab, und Amalthea, auf einem Elfenbeinthron, wuchs aus dem Schatten hervor. Sie hatte ein schönes, wie mir vorkam, geisteskrankes Gesicht mit einer hohen Stirn und saß so unbeweglich wie die Tote. Aber ihre Augen waren geschlossen. Meine Knie zitterten, und ich verfiel in mein Stottern, aus dem ich mich nicht mehr befreien konnte. »O Sib... Sib... Sib... Sib... Sib...«, fing ich an. Sie öffnete die Augen, und mit einer bösen Stimme machte sie mich nach: »O Clau... Clau... Clau...« Darüber schämte ich mich sehr, und mit aller Kraft konnte ich mich auf meine Frage besinnen: »O Sibylle, ich bin gekommen, um dich über Roms Schicksal und mein eigenes zu befragen.«

Langsam änderte sich der Ausdruck ihres Gesichts, die prophetische Gewalt überkam sie, und sie seufzte und zitterte. In den Wölbungen wehte es, Türen fielen zu, Flügel streiften mein Antlitz, das Licht schwand, und mit der Stimme des Gottes stieß sie einen griechischen Vers hervor:

»Wer so den Fluch der Punier fühlt,
wer so in goldner Schlammflut wühlt,
wird kränker, eh' sie Heilung kühlt.

Ob Pest aus ihrem Atem weht,
ob Wurmfraß ihr zum Herzen steht –
kein Mensch bemerkt, wann sie vergeht.«

Dann warf sie die Arme über den Kopf und begann von neuem:

»In zehn Jahren, fünfzig Tagen und drei
Clau-Clau-Clau mit etwas begnadet sei,
wobei jedem außer ihm das Herz höher klopft.

Vor Zeitgenossen, die schmeichelnd niedersinken,
wird er stottern, glucksen und hinken,
stets ist seine Lippe mit Speichel betropft.

Doch nachdem er in Charons Nachen gefahren,
in ungefähr neunzehnhundert Jahren,
wird Claudius sich deutlich offenbaren.«

Dann lachte der Gott Apollo durch ihren Mund – ein schöner, aber furchterweckender Klang: Ho! ho! ho! Ich verbeugte mich demütig, drehte mich hastig um, stolperte davon und fiel kopfüber die ausgezackten Stufen hinab. Dabei zerschnitt ich mir Stirn und Knie, und voller Schmerzen kam ich ins Freie, während ein gewaltiges Gelächter mir folgte.

Heute kenne ich mich in der Wahrsagekunst aus, bin ein erfahrener Historiker und überdies ein Priester, der die Sibyllinischen Bücher genau studiert hat. Also vermag ich mit einiger Zuverlässigkeit die Verse von damals zu interpretieren. Mit dem »Fluch der Punier« meinte die Sibylle unzweifelhaft die Zerstörung Carthagos durch uns Römer. Dieser Tat wegen haben wir lang genug unter dem Fluch der Götter gestanden. Denn wir hatten den Carthagern Freundschaft und Hilfe gelobt – im Namen unserer mächtigsten Götter, Apollo einbegriffen. Dann aber wurden wir neidisch, weil Carthago sich von den Schlägen des zweiten Punischen Krieges so rasch erholte, und deshalb lockten wir es tückisch in den dritten Punischen Krieg: Wir zerstörten es bis auf die Grundmauern, metzelten seine Einwohner nieder und bestreuten ihr fruchtbares Land mit Salz. »Die goldne Schlammflut« ist die Folge dieses Fluchs: jene Geldgier, an der Rom zu ersticken droht, seitdem es seinen größten Rivalen im Handel zerstört und sich selbst aller Reichtümer des Mittelmeeres bemächtigt hat. Mit den Reichtümern stellten sich alle durchaus unrömischen Laster ein, als da sind: Faulheit, Habgier, Grausamkeit, Unanständigkeit, Feigheit, Feminisierung. – Was nun das Geschenk sein sollte, das alle sich wünschten, nur ich nicht, das wird der Leser im Lauf dieser Geschichte erfahren: Genau nach zehn Jahren und dreiundfünfzig Tagen hat es sich eingestellt. Die Verse, in denen es heißt, daß Claudius sich aussprechen würde, haben mir lange Jahre viel Kopfzerbrechen gemacht, aber jetzt glaube ich, daß ich sie auch verstehe. Sie sind allem Anschein nach eine Aufforderung, das Buch zu schreiben, mit dem ich soeben beginne. Sobald es fertig ist, werde ich es in eine Flüssigkeit tauchen, die es konserviert, werde es in einer Bleibüchse versiegeln und irgendwo tief vergraben, von wo die Nachwelt es eines Tages ans Licht holen mag und lesen. Wenn ich den Spruch der Sibylle richtig verstehe, wird dies in ungefähr neunzehnhundert Jahren der Fall sein. Und dann, wenn alle anderen Schriftsteller meiner Tage, deren Werk sich erhält, zu hinken und zu stammeln scheinen, da sie nur für den Tag geschrieben haben und sich allen möglichen Zwang auferlegten, dann wird mein Buch kühn und klar die Dinge beim rechten Namen nennen.

Wenn ich es mir recht überlege, sollte ich mir vielleicht nicht einmal die Mühe machen, das Manuskript in einer Büchse zu versiegeln – ich sollte es irgendwo herumliegen lassen. Denn aus der Geschichtsforschung weiß ich, daß mehr Dokumente durch den Zufall als durch Absicht überliefert werden. Apollo hat mir die Prophezeiung zuteil werden lassen – so mag Apollo sich um das Geschick meines Buches bekümmern.

Zweites Kapitel

Um die Zeit anzugeben, in der sich die Ereignisse meiner Geschichte abspielen, erwähne ich wohl am besten, daß ich im Jahre 744 nach der Gründung Roms geboren bin und daß dies das zwanzigste Jahr der Regierung des Kaisers Augustus war, dessen Name wohl auch nach neunzehnhundert Jahren Weltgeschichte kaum vergangen sein wird.

An meinen Vater Drusus kann ich mich nicht erinnern. Er starb, als ich noch sehr klein war. Aber als junger Mann habe ich jede Gelegenheit benutzt, um Material über ihn zu sammeln, und als mein Gesellenstück in Geschichtsschreibung begann ich seine Biographie zu verfassen, eine Arbeit, die allerdings bald von meiner Großmutter Livia unterbunden wurde. Trotzdem habe ich weiterhin Material gesammelt, und vor ganz kurzem ist es mir gelungen, das Buch zu vollenden, das ich indessen auch nicht der Öffentlichkeit zugänglich machen möchte. Das Beispiel meines Vaters hat mich mein ganzes Leben hindurch begleitet, er hat mir mehr bedeutet als jeder andere Mensch; nur meinen Bruder Germanicus nehme ich aus. Und Germanicus war, darin sind sich alle einig, nach Gesicht und Gestalt, nach Mut und Intellekt und adliger Gesinnung das leibhaftige Abbild meines Vaters: So ist verständlich, daß sie beide für mich zu einem einzigen Wesen verschmolzen sind. Wenn ich diese Geschichte mit einem Bericht von meiner Kindheit beginnen könnte und dabei nicht weiter zurück als auf meine Eltern zu gehen brauchte, würde ich das sicherlich tun. Aber ich muß mich zunächst ziemlich ausführlich über meine Großmutter Livia auslassen, die einzige meiner vier Großeltern, die bei meiner Geburt am Leben war. Denn Livia ist die Hauptperson im ersten Teil meiner Geschichte, und wenn ich über ihr früheres Leben nicht klar berichte, wird man ihre späteren Handlungen nicht verstehen. Kaiser Augustus war ihr zweiter Mann. Nach dem Tode meines Vaters wurde sie das Haupt unserer Familie: Meine Mutter Antonia, mein Onkel Tiberius – der das gesetzliche Oberhaupt war – und selbst Augustus wurden von ihr beiseite geschoben, obwohl mein Vater in seinem Testament uns Kinder seinem mächtigen Schutz anvertraut hatte.

Livia stammte aus der Familie der Claudier, einer der ältesten Familien Roms. Es war ihr nicht schwergefallen, die Gefühle des Augustus für sich zu erwecken, denn Augustus war jung und leicht zu beeindrucken. Zudem hatte sie sich genau um seine Eigenheiten und seinen Geschmack gekümmert, und überdies war sie, nach allgemeinem Urteil, eine der drei schönsten Frauen ihrer Zeit. Sie hatte Augustus gewählt, weil sie glaubte, daß er ihrem Ehrgeiz am meisten dienlich sein werde. Als sie sich seiner sicher fühlte, beeinflußte sie ihn, sich von Scribonia zu trennen – seiner Frau, die älter als er war und die er aus politischen Gründen geheiratet hatte –, indem sie ihm einredete, daß Scribonia Ehebruch treibe. Augustus schenkte ihr Glauben, ohne nach näheren Beweisen zu fragen. Er ließ sich von Scribonia scheiden, die vollkommen unschuldig war, am gleichen Tag, als sie ihm eine Tochter gebar, Julia. Er ließ sie ihr aus der Wochenstube fortnehmen, noch ehe Scribonia das kleine Wesen überhaupt gesehen hatte, und vertraute es der Frau von einem Freigelassenen an.

Als dies geschehen war, ging Livia zu ihrem Mann, meinem Großvater, der ebenfalls aus der Familie der Claudier stammte und – im Gegensatz zu seiner Frau – einer der besten und anständigsten Menschen seiner Zeit gewesen ist. Livia sagte ihm nur: »Du mußt dich von mir scheiden lassen. Ich trage ein Kind im fünften Monat, und du bist nicht der Vater.« Mein Großvater ließ sich nicht anmerken, was er über dies Geständnis dachte, und erwiderte: »Rufe den Ehebrecher zu mir, und wir wollen die Angelegenheit gemeinsam regeln.« In Wirklichkeit war das Kind sein eigenes Kind, aber das sollte er nicht wissen, und den Worten der Livia hatte er immer Glauben geschenkt. Livia war damals siebzehn Jahre alt, neun Jahre jünger als Augustus.

Mein Großvater war sehr erstaunt, daß Augustus, mit dem ihn wahrhafte Freundschaft verband, es gewesen sein sollte, der ihn betrogen hatte. Aber er vermutete, daß Livia ihn verführt hatte und er ihrer Schönheit nicht widerstehen konnte. Jedenfalls machte er dem Augustus keinerlei Vorwürfe. Alles, was er sagte, war: »Wenn du diese Frau liebst und sie in Ehren heiraten willst, so gebe ich sie dir. Wir wollen nur dafür sorgen, daß der guten Sitte Genüge geschieht.« Augustus, in Unkenntnis über die Anschuldigung, die Livia erhoben hatte, erklärte, sie zu lieben. Er wolle sie heiraten und sich nie von ihr trennen, solange sie ihm treu wäre. So willigte mein Großvater in die Scheidung. Sie stammte ja gleich ihm aus der Familie der Claudier, und so wollte er jeden Skandal vermeiden. Einige Wochen später wohnte er selbst ihrer Hochzeit mit Augustus bei, als sei er ihr Vater und nicht ihr ehemaliger Mann, und stimmte ein in das Hochzeitslied. Wenn ich mir klarmache, daß er sie ehrlich geliebt hat und daß er durch seine Großzügigkeit Gefahr lief, in den Geruch eines Schwächlings oder gar Kupplers zu kommen, so erfüllt sein Verhalten mich mit Bewunderung.

Drei Monate später wurde Livias Kind geboren: mein Vater. Kaum war der Kleine entwöhnt, als er von Augustus zurückgeschickt wurde in das Haus meines Großvaters, um dort gemeinsam mit seinem Bruder, meinem um vier Jahre älteren Onkel Tiberius, erzogen zu werden. Mein Großvater nahm die Erziehung der Kinder selbst in die Hand. Er gab sich große Mühe, ihnen Haß gegen Tyrannei einzuflößen und Liebe zu den alten Idealen von Tugend, Freiheit, Gerechtigkeit. Als Livia erfuhr, in welcher Gesinnung ihre beiden Söhne – die sie übrigens täglich im Palast des Augustus besuchen mußten – aufgezogen wurden, zeigte sie sich höchst empört. Mein Großvater fand einen plötzlichen Tod während eines Abendessens. Man hat den Verdacht ausgesprochen, daß er vergiftet wurde, aber die Angelegenheit wurde vertuscht, weil Augustus und Livia an diesem Abendessen teilgenommen haben. In seinem Testament hatte mein Großvater die beiden Jungen der Obhut des Augustus anvertraut.

Augustus herrschte über die Welt, aber Livia herrschte über Augustus. Ich muß hier auseinandersetzen, warum sie einen so bemerkenswerten Einfluß auf ihn hatte. Man hat sich immer gewundert, daß aus dieser Ehe keine Kinder hervorgegangen sind, obwohl Livia bewiesen hat, daß sie nicht unfruchtbar war, und obwohl Augustus zum mindesten vier außereheliche Kinder haben sollte neben seiner Tochter Julia, die unzweifelhaft sein eigenes Kind gewesen ist. Außerdem wußte man, daß er mit großer Leidenschaft an Livia hing. Man wird die wahren Zusammenhänge nicht leicht glauben. Die Ehe zwischen Augustus und Livia ist nämlich niemals vollzogen worden. Augustus, der bei anderen Frauen große Potenz beweisen konnte, war der Livia gegenüber impotent wie ein Kind. Die einzige vernünftige Erklärung dafür mag sein, daß Augustus im Grunde seines Herzens ein frommer Mann war. Er wußte, daß die Ehe, die er mit Livia geschlossen hatte, den Geboten der Frömmigkeit zuwiderlief – obwohl die Priesterschaft keine Einwendungen erhoben hatte, was dem Kaiser gegenüber nicht gut möglich gewesen wäre. Dies Bewußtsein scheint sich so auf seine Nerven gelegt zu haben, daß es eine körperliche Liebe zu Livia unmöglich machte. Aber Livia, die in Augustus mehr ein Werkzeug ihres Ehrgeizes als einen Liebhaber geheiratet hatte, war über diese Impotenz mehr erfreut als betrübt. Sie erkannte darin eine Waffe, um seinen Willen dem ihren zu unterwerfen. Ihre Taktik bestand darin, ihm unausgesetzt vorzuwerfen, daß er sie von ihrem früheren Mann fortgelockt hätte, den sie aufrichtig geliebt habe. Und wie bitter sei sie enttäuscht worden! Ihr neuer, angeblich so leidenschaftlicher Liebhaber sei überhaupt kein Mann! Jeder arme Kohlenbrenner oder Sklave könne mehr Männlichkeit beweisen! Er vermöchte nichts anderes, als sie zu tätscheln und zu hätscheln und Küßchen zu geben und die Augen zu verdrehen wie ein Eunuch. Es mache ihr keinen Eindruck, daß Augustus beteuere, bei anderen Frauen sei er ein wahrer Herkules. Entweder glaubte sie es ihm nicht, oder sie benutzte die Entschuldigung dazu, ihm vorzuwerfen, daß er anderen Frauen hinstreue, was er ihr vorenthalte. Aber damit über die ganze peinliche Sache kein Gerede aufkäme, äußerte sie bei passender Gelegenheit, daß sie ein Kind von ihm trüge, und kurz darauf erzählte sie, daß sie eine Fehlgeburt gehabt habe. Schamgefühl und unbefriedigte Leidenschaft banden Augustus stärker an sie, als wenn beide ihre Sehnsüchte allnächtlich hätten befriedigen können. Sie aber bekümmerte sich außerordentlich um seine Gesundheit und seine Bequemlichkeit und hielt ihm die Treue, denn sie hatte von Natur aus keine andere Begierde als den Hunger nach Macht. Für diese Treue war er ihr so dankbar, daß er sich von ihr leiten und bestimmen ließ in allen seinen öffentlichen und privaten Angelegenheiten.

Weil man mich fragen könnte, woher ich diese eigentümliche Geschichte habe, so will ich meine Quelle angeben. Die Scheidungsgeschichte der Livia habe ich von ihr selbst gehört, viel später, im Jahre ihres Todes. Von der Impotenz des Augustus hat mir eine Kammerjungfer meiner Mutter erzählt, die im Alter von sieben Jahren die Dienste eines Pagen bei Livia verrichtete und in dieser Eigenschaft manche Unterredung mit angehört hat, von der man annahm, sie würde sie nicht verstehen.

Ich muß aber noch eins erwähnen, denn nur wenn ich wahrhaftig bin, wird meine Erzählung wahrhaftigen Eindruck machen. Mit großem Geschick festigte Livia ihren Einfluß auf Augustus, indem sie ihn mit schönen jungen Mädchen versorgte, sobald sie bemerkte, daß die Leidenschaft ihm Unbehagen verschaffte. Sie suchte diese Mädchen selbst auf dem Markt für syrische Sklaven aus, denn Augustus hatte eine Vorliebe für Syrierinnen. Sie wurden ihm nachts aufs Zimmer geschickt, durften in seiner Gegenwart kein Wort reden und wurden früh am Morgen wieder abgeholt, so daß sie für Augustus wie die Erscheinungen eines Traumes waren. Augustus sah darin den klarsten Beweis für die große Liebe der Livia zu ihm: Welche andere Frau hätte sich das alles ausdenken können, hätte das alles in die Wege geleitet und wäre ihrem impotenten Mann trotzdem treu geblieben?

Livia zog sich außerordentlich kostbar an und gebrauchte die teuersten asiatischen Parfüms, aber innerhalb ihres Haushalts, den sie, wie sie ausdrücklich hervorhob, in altrömischer Weise führen wollte, erlaubte sie niemand den geringsten Luxus. Ihre Grundsätze waren: einfaches, aber reichliches Essen, Ehrfurcht vor der Familie, keine heißen Bäder nach Mahlzeiten, unausgesetzte Beschäftigung für jedermann und keine Verschwendung.

Die meisten Frauen lieben es, ihre Wünsche in mäßigen Grenzen zu halten; einige seltene Frauen sind sehr kühn bei der Festsetzung dieser Grenzen. Aber Livia stand insofern vollkommen allein, als sie sich überhaupt keine Grenzen setzte und doch immer einen klaren und kühlen Kopf behielt. Nur ganz allmählich gelang es selbst mir, der ich so ausgezeichnete Gelegenheit hatte, sie zu beobachten, die Symptome festzustellen, aus denen man jeweils auf ihre Pläne schließen konnte. Und selbst dann war es jedesmal eine aufregende Überraschung für mich, wenn sie ihre Absichten endlich offenbarte.

Auf ihren Rat veranlaßte Augustus den Senat, zwei neue Gottheiten einzuführen und der allgemeinen Anbetung zu empfehlen: die Göttin Roma, als Symbol der weiblichen Seele des Reichs, und den Halbgott Julius, der als Apotheose Julius Caesars gedacht war. Augustus wußte, wie wichtig es war, daß die zahllosen Provinzen des Römischen Reichs mit der Mutterstadt durch religiöse Bande verknüpft wurden. Es war oft genug vorgekommen, daß bei einem langen Aufenthalt in Kleinasien oder Ägypten selbst echte Römer sich der Verehrung der Götter anschlossen, die sie an Ort und Stelle vorgefunden hatten, wodurch sie – außer dem Namen nach – Ausländer wurden. Roma und Julius waren nun als Götter gedacht, die vornehmlich in den Provinzen verehrt werden sollten, damit alle römischen Bürger sich ständig ihrer Herkunft bewußt bleiben könnten.

Livia richtete es ein, daß Delegationen aus den Provinzen nach Rom kamen, denen das volle römische Bürgerrecht noch nicht verliehen war. Diese Delegationen baten darum, man möchte ihnen einen römischen Gott »verleihen«, der sie in ein enges Verhältnis mit der Mutterstadt brächte. Auf Livias Rat sagte Augustus, halb im Scherz, dem Senat, daß man diesen armen Leuten, denen man die höheren Gottheiten Roma und Julius wohl nicht gut überlassen könne, trotzdem ein Anbetungsobjekt nicht verweigern dürfe, und sei es noch so gering. Da erhob sich Maecenas, einer seiner Minister, und sagte: »Wir wollen ihnen den Gott geben, der treu über ihnen wacht: Wir wollen ihnen Augustus geben.« Augustus schien etwas verlegen über diesen Vorschlag, aber er mußte zugeben, daß er vernünftig sei. Im Orient war es ohnehin längst Sitte, einem Herrscher göttliche Ehren zuteil werden zu lassen. Warum sollte eine solche Sitte nicht zum Nutzen Roms übernommen werden? Der Antrag des Maecenas wurde vom Senat angenommen, und unverzüglich wurden Standbilder des Augustus in Kleinasien errichtet. Der Kultus breitete sich aus, aber zunächst nur in den entlegenen Provinzen, nicht in Italien oder gar in Rom selbst.

So gefährlich Livia war, so hat man doch sehr richtig gesagt, daß ohne ihre Unermüdlichkeit Augustus niemals imstande gewesen wäre, die ungeheure Aufgabe zu bewältigen, die er sich gesetzt hatte: dem Reich nach den zahllosen Bürgerkriegen Frieden und Sicherheit zu verschaffen. Augustus arbeitete vierzehn Stunden am Tage, aber Livia, wie man sich erzählte, war volle vierundzwanzig Stunden lang tätig. Sie leitete nicht nur ihren großen Haushalt auf musterhafte Weise, sondern sie nahm auch vollen Anteil an allen Staatsgeschäften. Ein vollständiger Bericht all der juristischen, sozialen, organisatorischen, religiösen und militärischen Reformen, die durch das Zusammengehen dieser beiden Menschen möglich wurden, müßte viele Bände in Anspruch nehmen, und dabei wären noch nicht einmal die öffentlichen Arbeiten berücksichtigt, die sie ausführen ließen, die Tempel, die sie wiederherstellten, und die Pflanzungen, die sie anlegten. Und doch gab es manchen prominenten Römer der älteren Generation, der nicht vergessen konnte, daß dieser offensichtlich so bewundernswerte Neubau des Staates nur möglich geworden war durch heimliche Ermordung oder öffentliche Hinrichtung fast jeder einzelnen Persönlichkeit, die es gewagt hatte, sich der Macht dieses energischen Paares zu widersetzen. Hätten es die beiden nicht verstanden, ihre ausschließliche und willkürliche Macht mit den Formen der »alten Freiheit« zu maskieren, so hätten sie sich nicht lange behaupten können. Trotzdem fanden nicht weniger als vier Verschwörungen gegen das Leben des Augustus statt, angezettelt von Leuten, die als »neue Brutusse« Retter des Vaterlandes werden wollten.

Diese Bemerkungen über Livia möchte ich mit der Erinnerung schließen, daß in der lateinischen Sprache das Wort Livia auf denselben Stamm zurückgeht wie das Wort Bosheit. Livia war eine vollendete Schauspielerin, und die bei jeder Gelegenheit hervorgekehrte Reinheit ihrer Sitten, die Schärfe ihres Geistes und ihre bestrickende Art, mit Menschen umzugehen, haben fast jeden getäuscht, der in ihre Nähe kam. Aber niemand hat sie wirklich verehrt: Bosheit mag Respekt einflößen, Liebe kann sie nie erringen. Livias größte Stärke lag darin, daß anständige und unkomplizierte Menschen, sobald sie in ihrer Nähe waren, sich plötzlich aufs deutlichste ihrer geistigen und moralischen Mängel bewußt werden mußten.

Drittes Kapitel

Wie ich schon gesagt habe, war mein Vater einer der besten Claudier. Das gleiche läßt sich nicht von seinem Bruder Tiberius behaupten, der später Kaiser wurde. Mein Vater war rasch und lebhaft, Tiberius schwerfällig und langsam. Beide verfügten über sehr große Körperkräfte, aber während die Stärke meines Vaters ein Gefühl des Vertrauens, der Autorität und des Schutzes verbreitete, wohnte den Bärenkräften meines Onkels Tiberius etwas Lauerndes, Unbeherrschtes inne. Man erzählte sich von ihm, daß er einen seiner Kameraden bei einer »freundschaftlichen Kraftprobe« mit der bloßen Faust tötete, indem er ihm den Schädel einschlug. Mein Vater war überall sehr beliebt, Tiberius blieb – trotz aller seiner Erfolge – unbeliebt. Ich mache diese wenigen Andeutungen nur deshalb, um zu zeigen, aus was für verschiedenen Elementen die Familie der Claudier zusammengesetzt war. Mein Vater hat zeit seines Lebens nicht die goldenen Lehren vergessen, die ihm mein Großvater über die Freiheit erteilt hat.

Wann immer sich mein Vater in Rom aufhielt, empörte er sich über die stets wachsende Servilität, die jedermann dem Augustus bekundete. Er hielt mit seiner Meinung nicht zurück, und eines Tages – als die römischen Eindrücke ihn wieder sehr beschäftigt hatten – schrieb er aus einem Heerlager in Deutschland einen bitteren Brief an seinen Bruder Tiberius. Er schrieb, daß er nur hoffen könne, daß Augustus recht bald dem rühmlichen Andenken des Diktators Sulla folgen werde. Denn Sulla habe, als er nach dem ersten Bürgerkrieg der ausschließliche Herrscher über Rom war und alle Feinde entweder unterworfen oder versöhnt hatte, nur noch gewartet, bis er einige innerpolitische Regelungen nach seinem Sinn vorgenommen hatte, um die Insignien seiner Macht niederzulegen und wieder ein Privatmann zu werden. Wenn Augustus das gleiche nicht sehr bald tue, werde es zu spät sein. Die Reihen des alten Adels seien auf das betrüblichste gelichtet, die Aushebungen und Bürgerkriege hätten die Besten dahingerafft, und die Überlebenden, die sich von einem neuen Adel umgeben sähen – was man so Adel nenne! –, neigten mehr und mehr dazu, sich wie die persönlichen Sklaven von Augustus und Livia zu benehmen. Rom werde bald vergessen haben, was das Wort Freiheit bedeute, und schließlich einer Tyrannei zum Opfer fallen, die so barbarisch und willkürlich sei wie die im Orient. Um solch verderblichen Zustand herbeizuführen, habe er nicht so viele mühselige Feldzüge unter dem Oberbefehl des Augustus geleitet. Selbst seine Liebe und seine tiefe persönliche Bewunderung für Augustus, der stets ein zweiter Vater für ihn gewesen sei, könnten ihn nicht daran hindern, diesen Empfindungen einmal offen Ausdruck zu geben. Er bittet hiermit seinen Bruder Tiberius um seine Meinung: Könnten sie beide vereint den Augustus nicht überreden, nötigenfalls zwingen, endlich von der Macht zurückzutreten? »Wenn er sich unseren Argumenten beugt, werde ich ihn tausendmal mehr lieben und bewundern als je zuvor, aber zu meinem aufrichtigen Schmerz befürchte ich, daß der geheime und unberechtigte Hochmut, der unsere Mutter Livia erfüllt, das Haupthindernis sein wird, um diesen Vorschlag zum Erfolg zu führen.«

Durch einen törichten Zufall wurde dieser Brief dem Tiberius ausgehändigt, als er sich zufällig bei Augustus und Livia befand. »Eine Nachricht von Ihrem erhabenen Bruder«, rief der kaiserliche Kurier mit Stentorstimme, als er den Brief überreichte. Tiberius konnte nicht vermuten, daß in dem Brief irgend etwas stehen konnte, was nicht auch für Livia und Augustus bestimmt war, und bat um die Erlaubnis, den Brief öffnen und sogleich lesen zu dürfen. Augustus sagte: »Aber selbstverständlich, Tiberius, allerdings unter der Bedingung, daß du ihn uns vorliest.« Tiberius las die ersten paar Worte vor, dann wurde er plötzlich rot. Er versuchte die gefährlichen Stellen auszulassen, aber er merkte bald, daß der Brief eine einzige ganz große Gefahr war, abgesehen vom Schluß, wo mein Vater über seine Kopfwunde klagte und von seinem schwierigen Vormarsch gegen die Elbe erzählte. Also las Tiberius hier ein Wort, dort ein Wort, stotterte, behauptete, daß die Handschrift unleserlich sei, fing noch einmal von vorn an, stotterte von neuem, und hörte schließlich mit einer Entschuldigung ganz auf. »Was soll das bedeuten?« fragte Augustus. »Mehr ist dem Brief nicht zu entnehmen?« Tiberius riß sich zusammen: »Offen gesagt, ich könnte es, aber der Brief ist nicht wert, daß man ihn liest. Offenbar war mein Bruder nicht ganz wohl, als er ihn schrieb.«

Augustus war sehr beunruhigt: »Ich hoffe, er ist nicht ernstlich krank?« Aber Livia, mit ihrem untrüglichen Instinkt, hatte bereits herausgefunden, daß in dem Brief Dinge standen, die sie oder Augustus betrafen, und mit einer plötzlichen Bewegung nahm sie dem Tiberius den Brief aus der Hand. Sie las ihn durch, machte ein böses Gesicht und überreichte ihn dem Augustus mit den Worten: »Diese Angelegenheit betrifft ausschließlich dich. Denn mag einer meiner Söhne noch so entartet sein, so ist es doch nicht meine Aufgabe, ihn zu bestrafen, sondern die deine, der du sein Vormund und das Oberhaupt des Staates bist.«

Augustus beunruhigte sich noch mehr und las jetzt den Brief auch. Aber er schien ihn nur zu mißbilligen, weil er der Anlaß gewesen war, daß Livia sich so erregt hatte, nicht aber, weil er gegen seine Person Stellung nahm. Bis auf das peinliche Wort »zwingen« billigte er in seinem Herzen den Inhalt des Briefes vollkommen. Er mißbilligte die Zustände nicht minder als mein

Vater – außerdem war er der nie abbrechenden Arbeit und der unentwegten Ehrungen müde, er wollte Ruhe haben und wieder ein unbeachtetes Privatleben führen. Aber Livia würde ihm niemals erlauben, sich zurückzuziehen. Stets betonte sie, daß seine Aufgabe noch nicht zur Hälfte beendet sei.

Als Augustus den fatalen Brief zu Ende gelesen hatte, sah ihn Livia scharf an: »Nun?« fragte sie nur. »Ich stimme mit Tiberius überein«, erwiderte Augustus würdig und milde, »der junge Mann muß nicht wohl gewesen sein. Der ganze Brief ist ein typisches Zeichen von Überanstrengung. Er spricht ja auch von seiner Kopfwunde. Ob wir ihn nicht bitten, heimzukehren? Er hat sich so hervorragend in Deutschland geschlagen. Ja, wir wollen ihn wieder um uns haben. Du wirst dich sehr freuen, liebste Livia, deinen Sohn zurückzubekommen, nicht wahr?«

Livia antwortete nicht direkt. Noch immer mit einem bösen Gesicht fragte sie: »Und du, Tiberius?« Tiberius war schlauer als Augustus, auch kannte er seine Mutter genau. Er antwortete: »Ich bin überzeugt, daß mein Bruder nicht wohl ist, aber selbst Krankheit kann so kindliches Verhalten und so aufgelegte Torheit nicht entschuldigen. Ich finde auch, daß man ihn zurückholen sollte, um ihm die Verwerflichkeit seines Benehmens vor Augen zu halten! Daß er so niedrig über seine aufopfernde, treusorgende und zurückhaltende Mutter denken konnte, besonders aber, daß er solche Gedanken dem Papier anzuvertrauen wagt, erscheint mir ungeheuerlich! Was er da außerdem über Sulla schreibt, ist Unsinn. Denn kaum hatte Sulla seine Macht niedergelegt, als der Bürgerkrieg von neuem begann und die soeben verkündete Verfassung über den Haufen geworfen wurde.« Auf diese Weise zog sich Tiberius gut aus der Schlinge, aber viel von seiner Heftigkeit gegen meinen Vater kam ihm aus dem Herzen, denn er war wütend, daß mein Vater ihn in eine so peinliche Lage gebracht hatte.

Livia war wütend auf Augustus, daß er Beleidigungen so leicht nahm, aber ihr Zorn gegen meinen Vater war nicht minder heftig. Sie wußte, daß er seinen Plan in die Tat umsetzen würde, falls er zurückkehrte, daß er also versuchen würde, Augustus zum Rücktritt zu bewegen. Sie wußte ferner, daß sie niemals durch Tiberius würde regieren können – selbst wenn sie ihm die Nachfolge verschaffte –, solange mein Vater darauf bedacht war, die alte Freiheit wiederherzustellen. Denn sie kannte die große Popularität meines Vaters und wußte, daß er alle Regimenter im Norden und Westen hinter sich hatte. Macht war ihr wichtiger als Leben oder Ehre, denn sie hatte zu viel für diesen Begriff »Macht« geopfert. Aber sie verstand es, stets ihre wahren Gefühle zu verbergen. Sie gab vor, die Ansicht des Augustus zu teilen, daß mein Vater krank sei, und tadelte Tiberius, daß er so heftige Worte gefunden hatte. Sie war aber einverstanden, daß mein Vater sofort zurückgerufen werde. Sie dankte sogar Augustus, daß er die Fehler ihres armen Sohnes so großzügig übersehe. Sie werde ihm ihren eigenen Vertrauensarzt mit einem Päckchen Nieswurz schicken, was ein berühmtes Heilmittel für alle Fälle von geistiger Erschlaffung sei.

Der Arzt reiste am nächsten Tag ab, begleitet von dem Kurier, der einen Brief des Augustus trug. Augustus gratulierte darin meinem Vater auf das freundlichste zu seinen Siegen, sprach mit Bedauern von seiner Kopfwunde und erlaubte ihm, nach Rom zurückzukehren, dies letztere allerdings in einer Sprache, die keinen Zweifel ließ, daß er zurückzukehren habe, ob er nun wolle oder nicht. Mein Vater beantwortete diesen Brief einige Tage später und dankte dem Augustus für seine Großmut. Er schrieb, er werde zurückkehren, sobald seine Gesundheit dies irgend gestatte, aber der kaiserliche Brief habe ihn einen Tag nach einem leichten Unfall erreicht: Sein Pferd sei in vollem Galopp unter ihm gestürzt, sei ihm dabei aufs Bein gefallen und habe es gegen einen scharfen Stein gedrückt. Er danke seiner Mutter für ihre Besorgnis und daß sie ihm ihren Arzt mit dem Päckchen Nieswurz geschickt habe: Er habe sich seiner Dienste bereits bedient. Allerdings befürchte er, daß es selbst seiner Geschicklichkeit nicht gelungen sei, die Wunde vor einer Wendung zum Schlechteren zu bewahren. Zum Schluß schrieb er, daß er zwar lieber auf seinem Posten geblieben wäre, aber daß der Wunsch des Augustus ihm Befehl sei, und er wiederholte, daß er nach Rom zurückkehren werde, sobald er gesund sei. Augenblicklich halte er sich in einem Lager in Thüringen auf, am Saalefluß.

Als Tiberius von dieser Nachricht hörte, bat er sofort darum, seinen kranken Bruder besuchen zu dürfen. Augustus gab ihm die Erlaubnis, und Tiberius warf sich aufs Pferd, nordwärts, nur von einer kleinen Eskorte begleitet. Er wählte den kürzesten Alpenübergang als Reiseweg, denn er hatte mehr als fünfhundert Meilen zu bewältigen, aber er konnte in den zahlreichen Poststationen immer mit frischen Pferden rechnen, und wenn er einmal zu müde war für den Sattel, konnte er sich einen leichten Wagen geben lassen und für ein paar Stunden Schlaf finden, ohne Zeit zu verlieren. Das Wetter war ihm günstig. Er überwand die Alpen und kam hinab in die Schweiz; dann folgte er der großen Heerstraße, die den Rhein entlangführt, und ohne daß er sich ein einziges Mal länger verweilt hätte, als er zu einer hastigen Mahlzeit gebrauchte, kam er in eine Stadt, die Mannheim genannt wird. Hier überschritt er den Rhein und schlug sich nordöstlich, wo die Straßen schlecht und die Gegenden unwirtlich waren. Er hatte seine ganze Begleitung nach und nach hinter sich gelassen, als er am Abend des dritten Tages allein am Ziel seiner Bestimmung ankam. Die Eskorte war den Anstrengungen, die Tiberius sich zumuten konnte, nicht gewachsen gewesen.

Er kam noch zurecht, um meinen Vater bei Bewußtsein zu sprechen, aber nicht mehr, um ihm das Leben zu retten. Denn aus der Wunde am Bein, die er sich bei dem Sturz zugezogen hatte, war eine Blutvergiftung geworden, und bis zur Hüfte hatte das Gift sich bereits gefressen. Mein Vater wußte, daß er sterben werde, aber er hatte trotzdem die Geisteswachheit, seinen Truppen die Ehrenerweisung zu befehlen, die dem Tiberius, als einem Kommandierenden General, zukam. Die Brüder umarmten sich, und mein Vater flüsterte: »Hat sie den Brief gelesen?« – »Eher als ich«, seufzte mein Onkel Tiberius. Weiter hat mein Vater nichts mehr gesagt. Nur einmal stöhnte er noch: »Rom hat eine strenge und gefährliche Mutter.« Dies waren seine letzten Worte, unmittelbar darauf drückte Tiberius ihm die Augen zu.

Ich habe diese ganze Geschichte von Xenophon gehört, einem Griechen von der Insel Kos, der damals noch ein ganz junger Mensch war. Trotzdem war er bereits Leibarzt meines Vaters. Er hatte sich sehr darüber entrüstet, daß Livias Arzt ihm den Fall aus den Händen genommen hatte. Das Lager, in dem mein Vater gestorben ist, wurde von den Soldaten »Lager des Fluchs« genannt. Sein Leichnam wurde mit allen militärischen Ehren in das Winterquartier bei Mainz gebracht – mein Onkel Tiberius, als oberster Leidtragender, legte den ganzen Weg zu Fuß zurück. Seine Soldaten wollten den Leichnam dort begraben, aber Tiberius brachte ihn nach Rom, wo er auf einem riesigen Scheiterhaufen verbrannt wurde. Augustus selbst hielt die Gedächtnisrede.

Viertes Kapitel

Ein Jahr vor dem Tod meines Vaters, am ersten August, bin ich in Lyon in Frankreich geboren worden. Meine Eltern hatten vor mir schon sechs Kinder gehabt, aber da meine Mutter meinen Vater fast auf all seinen Feldzügen begleitete, so mußte ein Kind schon eine sehr kräftige Konstitution mitbringen, um alle Strapazen und Unbilden zu überstehen. Nur mein Bruder Germanicus, fünf Jahre älter als ich, und meine Schwester Livilla, ein Jahr älter als ich, waren noch am Leben. Beide hatten die prachtvolle Gesundheit meines Vaters geerbt. Ich leider nicht. Ehe ich zwei Jahre alt wurde, kam ich bei drei verschiedenen Gelegenheiten beinahe zu Tode, und hätte das Ende meines Vaters nicht die Familie nach Rom zurückgeführt, so wäre es sehr unwahrscheinlich, daß dieses Buch jemals geschrieben worden wäre.

In Rom wohnten wir in einem großen Haus auf dem Hügel des Palatin, dicht neben dem Palast des Augustus und dem Tempel des Apollo, den Augustus hatte errichten lassen und in dem sich die Bibliothek befand, und nicht weit vom Tempel, der Castor und Pollux, den Stadtgöttern, geweiht ist. (Dies war noch der alte Tempel, gebaut aus Holz und abgestochenen Rasenstücken, den sechzehn Jahre später Tiberius auf seine Kosten durch einen neuen ersetzte, einen herrlichen Marmorbau.) Hier oben auf dem Hügel war es gesünder als unten am Fluß; die meisten Häuser gehörten Senatoren.

Ich war ein sehr kränkliches Kind, »ein wahrer Tummelplatz für Krankheiten«, wie die Ärzte sagten, und ich bin vielleicht nur am Leben geblieben, weil die Krankheiten sich untereinander nicht einigen konnten, welche von ihnen die Ehre davontragen sollte, mich zur Strecke zu bringen. Es fing damit an, daß ich vor der Zeit geboren wurde, zwei Monate zu früh; dann bekam mir die Milch meiner Amme nicht, so daß ich an einem unappetitlichen Ausschlag litt. Darauf hatte ich Malaria, und dann bekam ich die Masern, wodurch ich auf dem einen Ohr etwas schwerhörig wurde. Dann kamen Scharlach, Gelenkrheumatismus und schließlich eine Lähmung, wodurch mein linkes Bein im Wachstum behindert wurde und ich für alle Zeit zum Hinken verurteilt wurde. Infolge der einen oder der anderen dieser zahlreichen Krankheiten bin ich mein Leben lang so schwach in den Schenkeln geblieben, daß ich weder schnell laufen noch längere Strekken zu Fuß zurücklegen konnte. Auf meinen Reisen mußte ich mich meistens in einer Sänfte tragen lassen. Weiterhin ist ein stechender Schmerz zurückgeblieben, der mich sehr oft, nach dem Essen, in der Magengegend befällt. Zwei- oder dreimal ist dieser Schmerz so furchtbar gewesen, daß ich mir ein Messer, das ich wie ein Irrer ergriffen hatte, in den Sitz der Qual gerannt hätte, wenn meine Freunde mir nicht in den Arm gefallen wären.

Man wird annehmen, daß meine Mutter Antonia – eine sehr schöne und wahrhaft vornehme Frau und die einzige Liebe im Leben meines Vaters – sich mit ganz besonderer Sorgfalt um mich gekümmert hätte, da ich ihr jüngstes Kind war, ja, daß sie mich wegen all meiner Leiden zu ihrem besonderen Liebling erhoben hätte. Aber dem war nicht so. Sie tat alles für mich, was mütterliche Pflicht ihr gebot, aber nicht mehr. Denn sie hatte mich nicht lieb. Ja, sie verspürte geradezu eine lebhafte Abneigung gegen mich, nicht nur, weil ich immerfort kränklich war, sondern weil ich ihr eine schwere Zeit der Schwangerschaft bereitet hatte und schließlich eine sehr schmerzhafte Geburt, bei der sie knapp mit dem Leben davongekommen war und an deren Folgen sie noch jahrelang mehr oder weniger heftig zu leiden hatte.

Meine allzu frühe Geburt war durch einen heftigen Schreck bei einem Fest veranlaßt worden, das man zu Ehren des Augustus gab, als er meinen Vater in Lyon besuchte, um dort den Altar der Roma und des Augustus einzuweihen. (Mein Vater war Gouverneur der drei französischen Provinzen, und Lyon war sein Hauptquartier.) Irgendein verrückter sizilianischer Sklave, der bei dem Fest als Kellner eingeteilt war, zog plötzlich einen Dolch und fuchtelte damit in der Luft herum, unmittelbar hinter dem Kopf meines Vaters. Nur meine Mutter hatte den Vorgang bemerkt. Sie sah dem Sklaven fest ins Auge und hatte Geistesgegenwart genug, ihn anzulächeln und dabei mißbilligend den Kopf zu schütteln, wodurch sie ihm andeutete, daß er den Dolch wegstecken solle. Während er noch unschlüssig war, folgten zwei andere Kellner dem Blick meiner Mutter und packten rechtzeitig zu, um den Verwirrten zu überwältigen und zu entwaffnen. Meine Mutter fiel durch die Aufregung in Ohnmacht, und unmittelbar darauf setzten die Wehen ein. Es kann sehr gut von diesem Zwischenfall herrühren, daß ich immer eine krankhafte Furcht vor Meuchelmördern gehabt habe, denn ein Schreck, den man vor der Geburt empfängt, kann sich vererben.

Da ich ein sehr zärtliches Kind war, machte mich die Haltung meiner Mutter sehr unglücklich. Von meiner Schwester Livilla hatte ich gehört – Livilla war ein sehr schönes Mädchen, aber grausam, eitel und ehrgeizig: mit einem Wort, eine typische Claudierin von der schlechten Art –, also von Livilla wußte ich, daß meine Mutter mich ein »wandelndes böses Omen« genannt und bedauert hatte, daß bei meiner Geburt nicht die Sibyllinischen Bücher um Rat gefragt worden waren. Sie hatte auch gesagt, daß die Natur mich begonnen, aber nicht beendet habe, denn als sie gesehen habe, daß nichts mit mir anzufangen sei, habe sie mich verächtlich beiseite geworfen. Und daß unsere Vorfahren viel klüger und selbstbewußter gewesen seien, denn sie hätten alle schwächlichen Kinder auf nackte Erde ausgesetzt, um die Rasse nicht zu verderben. Dies mögen nun zwar Ausschmückungen sein, die Livilla über harmlosere Bemerkungen sich erlaubt hat, aber ich erinnere mich eines Ausbruchs meiner Mutter: Ein Senator hatte irgendeinen törichten Antrag gestellt. »Dieser Kerl«, so erregte sich meine Mutter, »sollte aus dem Weg geräumt werden. Er ist so blöd wie ein Affe – was sage ich? –, Affen sind höchst intelligente Lebewesen im Vergleich zu ihm! Er ist so blöde wie – so blöde wie – Himmel, so blöde wie mein Sohn Claudius!«

Ihr Liebling war Germanicus, wie er jedermanns Liebling war. Aber ich war weit entfernt, ihn zu beneiden – vielmehr freute ich mich für ihn. Germanicus wiederum hatte Mitleid mit mir und tat alles, was er konnte, um mein Leben glücklicher zu gestalten, und immer sagte er meinen älteren Spielkameraden, daß ich ein gutherziges Kind sei, das jede Freundlichkeit auf das wärmste vergelten würde. Strenge mache mich ängstlich, pflegte er zu sagen, und mache mich außerdem unnötig krank. Und er hatte ganz recht. Das nervöse Zucken meiner Hände, das plötzliche Schütteln meines Kopfes, mein Stottern, meine schlechte Verdauung, das unausgesetzte Tropfen aus meinem Mund hatten ihren hauptsächlichen Grund in den Härten, denen ich, im Namen der Erziehung, unterworfen wurde. Wenn Germanicus sich für mich einsetzte, pflegte meine Mutter nachsichtig zu lachen: »Braver Kerl, suche dir ein besseres Objekt für das Überfließen deines guten Herzens.« Meine Großmutter Livia drückte sich anders aus: »Red keinen Unsinn, Germanicus! Wenn er sich gegen seine Erziehung nicht auflehnt, soll er mit der Freundlichkeit behandelt werden, die er verdient. Du spannst den Wagen vor das Pferd!« Livia redete nur selten mit mir, und wenn sie es tat, dann nur verächtlich und ohne mich anzusehen. Meistens waren ihre Worte: »Geh aus dem Zimmer, mein Kind, jetzt will ich hier sein.« Wenn sie einen Grund hatte, mich zu tadeln, tat sie es niemals direkt, sondern schickte mir eine kurze und kalt geschriebene Ermahnung, zum Beispiel:

»Es ist der Kaiserin Livia zu Ohren gekommen, daß der Knabe Claudius seine Zeit damit vergeudet, in der Apollo-Bibliothek herumzustreichen. Solange er aus den Elementarbüchern noch etwas lernen kann, die ihm seine Lehrer bringen, schickt es sich für ihn nicht, sich an die ernsten Werke zu drängen, die in der Bibliothek aufgestellt sind. Außerdem stört sein Herumschnüffeln die Leute, die ernsthaft arbeiten wollen. Mit dieser Unsitte hat es ein Ende!«

Was den Augustus betrifft, so hat er mich niemals mit berechnender Härte behandelt, aber er glich Livia darin, daß es ihm unangenehm war, mit mir im gleichen Zimmer zu sein. An und für sich hatte er kleine Jungen sehr gern, zumal er selbst bis ans Ende seines Lebens ein erwachsenes Kind blieb, aber seine Zuneigung beschränkte sich auf Jungen, die er »brave, mannhafte kleine Kerle« nennen konnte, wie etwa meinen Bruder Germanicus oder seine Enkel Gaius und Lucius, die alle ausgesprochen hübsch waren. Ein einziges Mal überwand er seine Abneigung gegen mich und ließ mich am Tauziehen der anderen Jungen teilnehmen, aber die Anstrengung war für mich viel zu groß, so daß ich nervöser wurde als je und stotterte und wer weiß wie zuckte und mich schüttelte. Er machte nie wieder einen Versuch mit mir. Er haßte Zwerge und Krüppel und alles, was irgendwie verunstaltet war, und behauptete, es bringe Unglück, und man solle es sich nach Möglichkeit aus den Augen halten. Aber niemals habe ich Gefühle des Hasses gegen Augustus in mir zu finden vermocht, wie ich allmählich etwa Livia hassen lernte, denn seine Abneigung gegen mich war ohne jede Tücke, und er tat alles, um sich zu beherrschen. Ich muß in der Tat ein sehr klägliches Monstrum gewesen sein, eine Schande für einen so starken und herrlichen Vater und eine so edle und stattliche Mutter. Augustus selbst war ein sehr gut aussehender Mann, obwohl er etwas untersetzt war, mit gelocktem Haar, das erst sehr spät grau wurde, mit leuchtenden Augen, einem vergnügten Gesicht und aufrechtem, leichtem Gang.

Ich darf ein besonderes Ereignis in meiner Kindheit nicht zu erzählen vergessen. Es war im Sommer. Ich war gerade acht Jahre alt geworden, und meine Mutter besuchte mit uns drei Kindern meine Tante Julia in ihrem herrlichen Sommerhaus, das in Antium dicht am Meer liegt. Eines Nachmittags gegen sechs Uhr gingen wir im Weinberg spazieren, um uns im kühlen Abendwind zu erfrischen. Meine Tante Julia war nicht bei uns, aber der Sohn des Tiberius, jener Tiberius Drusus, den wir später stets Castor nannten, und Julias Kinder, Postumus und Agrippina, nahmen an unserem Spaziergang teil. Plötzlich hörten wir ein wütendes Kreischen über uns. Wir blickten in die Höhe und sahen zwei kämpfende Adler. Federn wirbelten herab. Wir versuchten sie zu fangen. Germanicus und Castor konnten jeder eine Feder erwischen, ehe sie den Boden berührte, und steckten sie sich ins Haar. Castor hatte eine kleinere Flügelfeder, aber Germanicus eine schöne große Schwanzfeder gefangen. Beide Federn waren über und über blutig, und Tropfen Blutes fielen ins Gesicht des Postumus und auf die Kleider von Livilla und Agrippina. Und dann auf einmal stürzte etwas Dunkles herab. Ich weiß nicht, warum: Ich öffnete meine kleine Toga und fing es auf. Es war ein ganz junger Wolf, verwundet und beinahe von Sinnen vor Angst. Die Adler schossen herab, um ihn wiederzuholen, aber ich hatte ihn schon sicher versteckt, und als wir anfingen zu schreien und mit Stöcken nach ihnen zu werfen, schwangen sie sich verwirrt in die Luft und flogen kreischend davon. Ich war sehr verwirrt. Ich wollte den kleinen Wolf gar nicht haben. Livilla wollte ihn mir wegnehmen, aber meine Mutter, die sehr ernst geworden war, verlangte, daß sie ihn mir zurückgäbe. »Claudius hat ihn bekommen«, sagte sie, »er muß ihn behalten.«

Sie fragte einen alten adligen Herrn, der uns begleitete und der zu der Körperschaft der Auguren gehörte, was das bedeuten könnte. »Wie kann ich das sagen«, erwiderte der alte Herr, »es kann eine sehr große Bedeutung haben oder auch gar keine.«

»Sie brauchen nichts zu befürchten: Sagen Sie, was Sie daraus lesen.«

»Dann schicken Sie bitte die Kinder fort«, sagte er.

Ich weiß nicht, ob er ihr die Auslegung gab, die jeder Leser für die einzig mögliche halten wird, nachdem er mein Buch zu Ende gelesen hat. Wir Kinder hielten uns also außer Hörweite, der gute Germanicus hatte noch eine schöne Schwanzfeder gefunden, die ich mir stolz ins Haar steckte, aber Livilla konnte ihre Neugier nicht zähmen und kroch hinter eine Rosenhecke, um zu lauschen. Auf einmal mußte sie herausplatzen und rief lachend: »Armes Rom, wenn er dich beschützen soll! Hoffentlich bin ich dann tot!« Der Augur wandte sich ihr zu und drohte mit dem Finger: »Vorlautes Kind«, sagte er, »der Himmel wird deinen

Wunsch auf eine Weise erfüllen, die dir nicht angenehm sein wird.«

»Du wirst in dein Zimmer geschlossen und bekommst nichts zu essen, Livilla«, rief meine Mutter, und Livilla mußte für den Rest der Ferien im Zimmer bleiben. Sie rächte sich, indem sie sich unermüdlich allerlei Unheil gegen mich ausdachte. Aber was der Augur gesagt hatte, durfte sie uns nicht wiederholen, denn sie hatte bei Vesta und den Göttern unseres Hauses schwören müssen, niemals ein Wort oder auch nur eine Andeutung über die Auslegung des Omens zu sprechen, solange jemand am Leben war, der es miterlebt hatte. Wir alle mußten diesen Eid leisten. Da ich nun schon seit langen Jahren der einzige bin, der noch am Leben ist von all denen, die damals den Abendspaziergang unternahmen, brauche ich den Vorfall nicht länger zu verschweigen. – Noch geraume Zeit danach habe ich meine Mutter dabei überrascht, daß sie mich auf eine sehr seltsame Weise ansah, beinahe respektvoll, aber besser als bisher behandelte sich mich nicht.

Ich durfte nicht in die Knabenschule gehen, weil meine schwachen Beine mir nicht erlaubt hätten, an den körperlichen Übungen der anderen Schüler teilzunehmen. Außerdem war ich durch meine Krankheiten im Lernen zurückgeblieben, und meine Schwerhörigkeit und mein Stottern behinderten mich sehr. Daher sah ich mich selten in der Gesellschaft meines Alters und meiner Klasse. Zum Spielen wurden die Söhne unserer Vertrauenssklaven für mich hereingerufen. Zwei von ihnen, Callon und Pallas – beides Griechen –, sollten später meine Sekretäre sein und konnten zu den wichtigsten Arbeiten herangezogen werden. Viel von meiner Zeit verbrachte ich auch, indem ich den Frauen meiner Mutter zuhörte, während sie spannen oder webten. Viele von ihnen, zum Beispiel meine eigene Kinderfrau, hatten sehr fortschrittliche Ansichten, und ich muß gestehen, daß mir ihre Gesellschaft viel besser zugesagt hat als die der meisten Männer, in der ich mich seitdem zu bewegen hatte. – Mein eigentlicher Lehrer war Marcus Porcius Cato, der sich selbst für die Verkörperung aller altrömischen Tugenden hielt und sehr stolz auf seine Vorfahren war. Alle Leute, die selbst nichts vollbringen, rühmen sich der Tugenden ihrer Vorfahren. Besonders viel bildete er sich auf den alten großen Cato ein, der übrigens mir von allen Charakteren der römischen Geschichte der verhaßteste war, weil er unausgesetzt die »alten Tugenden« im Munde führte und ihnen dadurch – für die Begriffe des Volkes – etwas Pedantisches, Rohes und Törichtes gab. Am Handbuch des großen Cato über

Landwirtschaft und Haushalt lernte ich buchstabieren, und jedesmal, wenn ich über ein Wort stolperte, bekam ich zwei Schläge von meinem Lehrer Cato: den einen auf das linke Ohr für meine Dummheit und den andern auf das rechte Ohr, weil ich den großen Cato beleidigt hatte. Ich erinnere mich an eine Stelle in diesem Buch, die für die schäbige Gesinnung des alten Burschen bezeichnend war: »Wer eine Wirtschaft leitet, sollte stets seine alten Ochsen verkaufen und alle Rinder, deren Gesundheit anfängt, empfindlich zu werden, und alle Schafe, die nicht mehr widerstandsfähig sind, ihre Wolle und ihre Häute; verkaufen sollte er des ferneren seine alten Wagen und alten Landwirtschaftsgeräte, verkaufen sollte er diejenigen seiner Sklaven, die alt und schwach sind, samt allem übrigen, das abgenutzt ist und wertlos.« Vielleicht trug die Erinnerung an diese Stelle, die mich schon als Knaben empörte, dazu bei, daß ich später auf meinem kleinen Gut in Capua mit besonderer Sorgfalt darauf sah, daß meine abgearbeiteten Zugtiere zunächst nur noch zu leichter Arbeit verwendet und später auf die Weide gebracht wurden. Dort konnten sie bleiben, bis das Alter für sie so beschwerlich wurde, daß ich sie durch einen Schlag auf den Kopf erlösen ließ. Ich habe mich niemals dadurch entwürdigt, daß ich sie für eine Kleinigkeit an irgendeinen Bauern verkaufte, der sie unbarmherzig bis zum letzten Hauch ausgenutzt hätte. Meine Sklaven habe ich stets sehr gut behandelt, ob sie nun alt oder jung, krank oder gesund waren – zum Dank dafür erwartete ich von ihnen das Äußerste an Ergebenheit. Ich habe mit dieser Taktik selten Enttäuschungen erlebt. Wenn einmal meine Güte mißbraucht wurde, habe ich kein Mitleid gekannt. Ich bin sicher, daß die Sklaven des »großen« Cato sehr gern krank wurden, weil sie dann hoffen konnten, an einen menschlicheren Herrn verkauft zu werden. Ich bin aber auch sicher, daß er schlechtere Arbeit und weniger Dienst aus ihnen herausholte als ich aus den meinen. Es ist sehr töricht, Sklaven wie Vieh zu behandeln. Sie sind klüger als Vieh und können durch absichtliche Dummheit und Nachlässigkeit in einer Woche mehr Schaden anrichten, als der Preis ausmacht, den man für sie bezahlt hat. Der »große« Cato pflegte sich zu rühmen, daß er Sklaven so billig einkaufe wie keiner seiner Freunde. Jeder scheeläugige Kerl genügte ihm, wenn er nur gute Muskeln und Zähne hatte.

Und wer brachte den Punischen Fluch über Rom? Derselbe alte Cato! Man konnte ihn im Senat fragen, was man wollte: Stets endete er seine Rede: »Dies wäre meine Meinung hierzu. Im übrigen meine ich, daß Carthago zerstört werden muß. Es ist eine Bedrohung für Rom.« Nur weil er unentwegt von dieser Bedrohung durch Carthago redete, entstand jene allgemeine Nervosität, die schließlich zur Verletzung geheiligter Grundsätze und zur Vernichtung Carthagos führte.

Ich habe über den alten Cato etwas mehr geschrieben, als ich eigentlich wollte, aber er ist für mich unlösbar mit dem Untergang Roms verbunden, durch all sein Tugendgeschwätz, seinen Sittenadel, und er gehört zu meiner unerfreulichen Kindheit durch jenen Maultiertreiber, seinen Ururenkel, meinen Lehrer. Jetzt bin ich ein alter Mann, und mein Lehrer ist schon viele Jahre tot, aber immer noch steigen Wut und Haß in mir auf, wenn ich an ihn denke.

Germanicus trat bei meinen älteren Spielkameraden in einer freundlichen, überredenden Weise für mich ein. Aber Postumus kämpfte für mich wie ein Löwe. Postumus war kaum zwei Jahre älter als ich. Er war – außer Germanicus – mein einziger Freund. Er hatte vor niemandem Angst. Er getraute sich sogar, meiner Großmutter Livia offen die Meinung zu sagen. Augustus hatte seinen Enkel Postumus sehr gern, daher tat Livia eine Weile so, als ob sie an seiner knabenhaften Ursprünglichkeit Gefallen fände. Zuerst hatte Postumus zu ihr Vertrauen, da er selbst jeder Unaufrichtigkeit unfähig war. Eines Tages – ich war damals zwölf Jahre alt und Postumus vierzehn – ging er zufällig an dem Zimmer vorbei, wo Cato mir Unterricht gab. Er hörte das Geräusch von Schlägen und mein Geschrei und stürmte zornig herein. »Sofort hören Sie auf, ihn zu schlagen!« schrie er.

Cato sah wütend und verächtlich auf ihn hinab und versetzte mir einen neuen Schlag, so daß ich vom Stuhl fiel. Postumus sagte: »Wer nicht den Esel schlagen kann, schlägt den Sattel.« (Dies war ein römisches Sprichwort.) »Frechheit! Was meinst du damit?« brüllte Cato. »Ich meine«, entgegnete Postumus, »daß Sie sich an Claudius rächen wollen, weil Sie glauben, daß eine allgemeine Verschwörung gegen Sie besteht. Sie sind nicht wert, ihn zu unterrichten, wissen Sie das?« Postumus war schlau: Er berechnete, daß sich Cato jetzt vor Wut selbst vergessen würde. Und Cato ging in die Falle, mit Stentorstimme erging er sich in altmodischen Flüchen: »Wehe dem Kinde, das keine Ehrfurcht vor Erwachsenen spürt! In früheren großen Zeiten pflegte man Ehrfurcht mit wuchtiger Hand aufrechtzuerhalten! Aber in der verkommenen Welt von heute geben die führenden Männer Roms jeder unwissenden Laus – das war Postumus – oder jedem schwachsinnigen, verkrüppelten Knirps – das war ich – die Erlaubnis –«

Postumus unterbrach ihn mit warnendem Lächeln: »Das habe ich mir gedacht. Der verkommene Augustus beleidigt den großen Cato, indem er Sie in seiner verkommenen Familie anstellt. Ich nehme an, Sie haben Livia bereits mitgeteilt, wie Sie die Dinge ansehen.«

Cato hätte sich die Zunge vor Bestürzung abbeißen können. Wenn Livia erfahren würde, was er gesagt hatte, konnte das sein Ende sein. Er hatte bisher immer der tiefsten Dankbarkeit Ausdruck gegeben, daß er ihren Enkel, also mich, unterrichten dürfe. Er verstand, worauf Postumus hinauswollte, und von diesem Tage an wurde es sehr rasch weniger mit meinen täglichen Quälereien. Einige Monate später bekam er zu meinem großen Entzücken die Leitung der Knabenschule übertragen und hörte auf, mein Lehrer zu sein.

Postumus war unglaublich kräftig. In allen Schulspielen war er »König«. (Seltsam, wie sich das Wort »König« erhalten hat.) Unter seinem Schutz habe ich die zwei glücklichsten Jahre meiner Jugend verbracht, ich möchte sagen: meines Lebens. Da alle anderen Schüler auf ihn hörten oder von ihm gezwungen wurden, auf ihn zu hören, befahl er, daß ich zu allen Spielen auf den Plätzen der Schule Zutritt haben sollte, wenn ich auch nicht ein Schüler der Anstalt war. Jede Unhöflichkeit oder jedes Unrecht gegen mich seien Unhöflichkeit und Unrecht gegen ihn. So konnte ich an allen Spielen teilnehmen, die meine Gesundheit mir gestattete, und nur wenn Augustus oder Livia die Schule besuchten, schlüpfte ich in den Hintergrund.

Statt Catos hatte ich jetzt den guten alten Athenodorus als Lehrer. Von ihm lernte ich in sechs Monaten mehr, als ich bei Cato in sechs Jahren gelernt hatte. Athenodorus schlug mich niemals und zeigte die größte Geduld. Er pflegte mich zu ermutigen, indem er sagte, die Lahmheit des Beines solle ein Ansporn für die Schnelligkeit des Gehirns sein, Vulkan, der Gott aller klugen Handarbeiter, sei auch lahm. Und wenn ich vor meinem Stottern Furcht habe, so solle ich mich daran erinnern, daß Demosthenes, der größte Redner aller Zeiten, mit einem Zungenfehler geboren wurde, aber daß er sich durch Geduld und Willenskraft geheilt hatte. Athenodorus versuchte mich auf die gleiche Weise zu heilen, wie es Demosthenes getan hatte: Ich mußte ihm vorlesen und deklamieren, während ich den Mund voll Kieselsteine hatte. Während ich nun versuchte, mit den

Kieselsteinen fertig zu werden, vergaß ich mein Stottern. Dann wurden die Kiesel allmählich entfernt, einer nach dem anderen, bis schließlich keiner zurückblieb, und ich entdeckte zu meiner Überraschung, daß ich so fließend sprechen konnte wie jeder andere. Aber vorläufig nur beim Lesen oder Aufsagen. In der gewöhnlichen Unterhaltung war es mit dem Stottern noch sehr schlimm. Daß ich so gut deklamieren konnte, blieb ein schönes Geheimnis zwischen uns. »Eines Tages«, sagte er, »werden wir Augustus damit überraschen. Aber warte noch etwas.« – Wenn ich einmal etwas falsch machte, pflegte er zu sagen: »Tiberius Claudius Drusus Nero Germanicus, denke daran, wer du bist und was du tust.« Mit Postumus und Athenodorus und Germanicus als Freunden fing ich allmählich an, Selbstvertrauen zu gewinnen.

Am ersten Tag, als er mich zu unterrichten begann, hatte Athenodorus gesagt, daß er mich keine Tatsachen lehren werde, die ich mir aus jedem Buche selbst zusammensuchen könne, sondern die richtige Darstellung von Tatsachen. So fragte er mich zum Beispiel eines Tages sehr freundlich, warum ich so aufgeregt sei, ich scheine mich kaum auf meine Aufgaben konzentrieren zu können. Ich erzählte ihm, daß ich gerade eine große Menge von Rekruten auf dem Marsfeld an Augustus habe vorbeimarschieren sehen, ehe sie nach Deutschland verschickt werden sollten, wo gerade ein neuer Krieg ausgebrochen war. »Schön«, sagte Athenodorus, stets im gleichen freundlichen Ton, »da du so davon erfüllt bist, daß du heute die Schönheiten von Hesiod nicht würdigen kannst, muß Hesiod bis morgen warten. Er hat nun schon an die siebenhundert Jahre gewartet und wird uns einen weiteren Tag nicht übelnehmen. Und jetzt stellst du dir einmal vor, daß du an mich einen Brief schreibst, weil ich seit fünf Jahren von Rom abwesend bin, einen Brief weit übers Meer nach Tarsus, wo ich gerade lebe, und darin beschreibst du mir kurz, was du heute auf dem Marsfeld erlebt hast.« Sehr vergnügt kritzelte ich meine Wachstafel voll, und dann lasen wir uns den Brief laut vor wegen der orthographischen Fehler und der Satzstellung. Ich mußte zugeben, daß ich zuviel und zuwenig erzählt und die Ereignisse in falscher Reihenfolge wiedergegeben hatte. Die Stelle, in der ich das Wehklagen der Mütter und Bräute der jungen Soldaten beschrieb und das Drängen der Menge zu dem Brückenkopf, um noch ein letztes Hoch auf die scheidende Truppe ausbringen zu können, hätte zum Schluß kommen müssen und nicht zum Beginn. Ich hätte auch nicht erwähnen müssen, daß die Kavallerie beritten war, das verstand sich von selbst.

Und dann hatte ich zweimal von dem Zwischenfall gesprochen, als das Pferd des Augustus strauchelte; einmal wäre genug gewesen, denn das Pferd strauchelte nur einmal. Und was mir Postumus auf dem Nachhauseweg über die religiösen Gebräuche der Juden gesagt hatte, war sehr interessant gewesen, aber gehörte nicht hierher. Außerdem hatte ich noch einiges vergessen, was man gern gewußt hätte: wie viele Rekruten es waren und wie weit sie schon ausgebildet waren, und welcher Garnison sie zunächst überwiesen wurden, ob sie vergnügt oder traurig aussahen, und was Augustus in seiner Rede zu ihnen gesagt hatte.

Drei Tage später ließ Athenodorus mich einen Streit zwischen einem Matrosen und einem Kleiderverkäufer beschreiben, den wir bei einem Spaziergang mitangehört hatten, und diese Beschreibung gelang mir schon viel besser. Er gab sich endlose Mühe mit mir, und allmählich konnte ich mich besser konzentrieren. Er war der erste, der mich in die Geschichtswissenschaft einführte. Er besaß Abschriften der ersten zwanzig Bücher der Römischen Geschichte des Livius, die er mir zu lesen gab als Beispiel für einen klaren und gefälligen Stil. Die Geschichten des Livius begeisterten mich, und Athenodorus versprach mir, daß er mich mit seinem Freund Livius bekannt machen werde, sobald ich mein Stottern überwunden hätte. Er hat Wort gehalten. Sechs Monate später nahm er mich in die Apollo-Bibliothek mit und stellte mich einem bärtigen, etwas gebeugten Herrn von ungefähr sechzig Jahren vor, der eine blasse Gesichtsfarbe, ein frohes Auge und eine sehr klare Sprechweise hatte und der mich sehr herzlich als Sohn eines Vaters begrüßte, für den er große Bewunderung empfand. Damals war Livius noch nicht halb mit seiner Römischen Geschichte fertig, die im ganzen einhundertundfünfzig Bücher enthalten und von den frühesten sagenhaften Zeiten bis zum Tod meines Vaters reichen sollte. Livius gratulierte mir, daß ich Athenodorus zum Lehrer habe. Athenodorus sagte, daß ich ihm die Mühe, die er sich gebe, wohl vergelte, dann sagte ich Livius, wie begeistert ich seine Bücher gelesen habe.

So war ein jeder von uns dreien in recht guter Laune, besonders Livius. »Was, junger Mann, willst du etwa auch ein Historiker werden?« fragte er. »Ich würde mich sehr gern eines so ehrenvollen Namens würdig erweisen«, entgegnete ich, obwohl ich bis dahin noch niemals ernsthaft an dergleichen gedacht hatte. Dann schlug Livius vor, ich solle das Leben meines Vaters schreiben, und bot seine Hilfe an, indem er mich auf die zuverlässigsten historischen Quellen aufmerksam machen wollte. Ich war sehr stolz und wollte mit dem Buch am nächsten Tag anfangen. Aber Livius sagte, daß Schreiben die letzte Arbeit des Historikers sei, zuerst müsse er sein Material sammeln und seine Feder spitzen. Athenodorus würde mir dazu sicherlich sein kleines scharfes Federmesser leihen, scherzte er.

Athenodorus war ein stattlicher alter Mann, mit dunklen, freundlichen Augen, einer gebogenen Nase und dem schönsten Bart, der jemals auf einem menschlichen Kinn gewachsen ist. Bis zu seinem Gürtel schwang er sich in Wellen hinab und war so weiß wie ein Schwanenflügel. Das ist nicht ein willkürlicher »dichterischer« Vergleich, sondern das meine ich wörtlich. Auf dem künstlichen See in den Gärten des Sallust gab es einige zahme Schwäne, die Athenodorus und ich einst vom Boot aus mit Brot fütterten. Damals fiel mir auf, wie ich mich genau erinnere, daß die Flügel der Schwäne und sein Bart von genau der gleichen Farbe waren. Wenn er redete, pflegte er seinen Bart langsam und rhythmisch zu streichen, und er sagte mir einmal, daß er davon so übermäßig wüchse. Unsichtbare Feuersamen strömten aus seinen Fingern, und die seien Nahrung für die Haare. Dies war der typische Scherz eines Stoikers auf Kosten der epikureischen Philosophie.

Fünftes Kapitel

Ich muß jetzt einen Einschnitt machen, einige Jahre zurückgehen und von meinem Onkel Tiberius berichten, denn seine Schicksale sind sehr wichtig für meine eigenen geworden. Er befand sich in einer sehr unglücklichen Lage: Gegen seinen Willen mußte er sich immer in der Öffentlichkeit halten, einmal als Kommandierender General in irgendeinem Grenzkrieg, einmal als Konsul in Rom, einmal als Bevollmächtigter für irgendeine Provinz. Er aber wollte Ruhe und Einsamkeit. Da er die Würde der kaiserlichen Familie zu vertreten hatte und Livia ihm unausgesetzt nachspionierte, mußte er in seinem Privatleben sehr vorsichtig sein. Er hatte nur wenige Freunde, da er argwöhnisch, zurückhaltend und schwerfällig war. Verheiratet war er mit Julia, der unglücklichen Tochter des Augustus aus dessen zweiter Ehe. Tiberius war bereits Julias dritter Mann. Ihr Leben war durch

Staatsrücksichten und fortdauernde Intrigen der Livia zerstört worden. In Tiberius hatte sie sich seinerzeit wirklich verliebt, wohl auch weil sie an seiner Seite endlich Ruhe vor den Nachstellungen und Eifersüchteleien Livias zu finden hoffte, die es dem Augustus nicht verzeihen konnte, daß er mit einer anderen Frau ein Kind gehabt hatte. Aber kaum hatten Tiberius und Julia geheiratet, als das Verhältnis zwischen ihnen sehr kritisch wurde. Julia hatte einen Knaben geboren, der sehr früh gestorben war. Daraufhin wollte Tiberius nie wieder mit ihr schlafen, und zwar aus drei Gründen. Der erste Grund war, daß Julia in das mittlere Alter gekommen war und ihre Schlankheit verloren hatte – Tiberius hatte eine Vorliebe für unreife Frauen, je knabenhafter, desto besser, und Vipsania war gerade das richtige Irrlicht für ihn. Der zweite Grund war, daß Julia verschiedentlich leidenschaftliche Forderungen an ihn gestellt hatte, die er nicht erfüllen wollte, und daß sie hysterische Anfälle bekam, wenn er sie zurückwies. Der dritte Grund war, daß sie sich, von ihm zurückgewiesen, an jungen Kavalieren schadlos hielt, die ihr gaben, was sie verlangte. Tiberius hatte das herausgefunden, aber konnte keinen Beweis ihrer Untreue in die Hände bekommen, abgesehen von den Aussagen irgendwelcher Sklaven, denn Julia war sehr vorsichtig. Sklavenaussagen aber waren kein stichhaltiger Beweis, den man dem Augustus hätte vortragen können, um sich von dessen geliebter einziger Tochter scheiden zu lassen. So verhielt sich Tiberius zunächst schweigend. Er dachte aber bei sich, daß Julia weniger vorsichtig sein würde, wenn er einmal von Rom und von ihr fort wäre. Seine einzige Hoffnung war der Ausbruch eines neuen Krieges, mit dessen Führung man ihn betrauen würde. Aber nirgends erhob sich eine Möglichkeit, und außerdem hatte er das Kriegführen satt. Seitdem er aus seinem letzten Feldzug zurückgekehrt war, ließ Augustus ihn arbeiten wie einen Sklaven. Er hatte ihm die schwierige und undankbare Aufgabe übertragen, die Verwaltung der Arbeitshäuser zu kontrollieren und sich mit allgemeinen Arbeitsbedingungen in den ärmeren Vierteln von Rom zu befassen. Eines Tages, in einem unbeherrschten Augenblick, rief er vor Livia aus: »Mutter, wenn man nur ein einziges Mal, nur für ein paar Monate, von diesem unerträglichen Leben befreit werden könnte!« Livia erschreckte ihn, indem sie nichts antwortete, sondern hochmütig das Zimmer verließ, aber später am Tag überraschte sie ihn dadurch, daß sie ihn zu sich bat und ihm eröffnete, sie hätte sich entschlossen, seinen Wunsch zu erfüllen und ihm einen Urlaub von Augustus zu erwirken. Einesteils wollte sie sich ihn verpflichten, und andernteils hatte sie inzwischen von Julias Liebesangelegenheiten gehört und war auf den gleichen Gedanken gekommen wie Tiberius: Sie wollte ihr zu dem Strick verhelfen, an dem sie sich aufhängen könnte.

Livia wurde es zunächst schwer, ihr Versprechen zu halten, denn Tiberius war einer der nützlichsten Beamten und erfolgreichsten Generäle des Augustus, und lange Zeit weigerte sich der alte Herr, die Bitte überhaupt ernsthaft zu erwägen. Als alles nichts fruchtete, ging Tiberius zu Julia und sagte ihr mit wohleinstudierter Brutalität, ihre Ehe sei eine solche Farce geworden, daß er es unter dem gleichen Dach mit ihr nicht einen Tag länger aushalte. Er schlug ihr vor, sich bei Augustus über die barbarische Behandlung zu beschweren, die er ihr zuteil werden ließe! Sie würde erst wieder glücklich sein, wenn sie geschieden wäre. Augustus würde zwar – schlimm genug! – aus Familienrücksichten in keine Scheidung einwilligen, aber er würde ihn wahrscheinlich aus Rom verbannen. Er wolle lieber ins Exil gehen, als länger mit ihr zusammen leben.

Julia überwand sich und vergaß, daß sie Tiberius früher geliebt hatte. Sie hatte genug durch ihn ausstehen müssen. Also beklagte sich sich bei Augustus über ihn und mit viel heftigeren Ausdrükken, als Tiberius vorausgesehen hatte, der trotz allem eitel genug war, zu glauben, daß sie ihn noch liebe. Es war Augustus schon immer sehr schwergefallen, seine Abneigung gegen Tiberius als Schwiegersohn zu verbergen – jetzt stürmte er in seinem Arbeitszimmer auf und ab und belegte den Tiberius mit allen Schimpfnamen, die ihm auf die Zunge kamen. Aber er sagte auch seiner Tochter, daß sie selbst zu tadeln sei für die Enttäuschung, die sie an ihrem Gatten erlebe, weil er sie schon immer vor seinem schlechten Charakter gewarnt habe. Sosehr er sie liebe und bemitleide: Auflösen könne er die Ehe nicht. Daraufhin bat ihn Julia, Tiberius möchte wenigstens für ein oder zwei Jahre fortgeschickt werden. Mit diesem Vorschlag erklärte er sich schließlich einverstanden, und ein paar Tage später war Tiberius auf der Fahrt nach der Insel Rhodos, die er sich schon seit langem als idealen Aufenthaltsort ausgewählt hatte.

Julia verdient viel größere Sympathien, als ihr im allgemeinen zuteil geworden sind. Sie war eine sehr einfache und gutherzige Frau, obwohl sie sich Vergnügungen und Nervenerregungen gern hingab, und sie war die einzige meiner weiblichen Verwandten, die ab und zu ein freundliches Wort für mich hatte. Kaum war Tiberius in die Verbannung gegangen, als Julia anfing, unvorsichtig zu werden. Livia verlor darüber kein Wort zu Augustus, denn sie wußte, daß Augustus zu passender Zeit alles von der richtigen Seite erfahren würde. Julias nächtliche Orgien fingen an, zu einem öffentlichen Skandal auszuarten, aber es dauerte immerhin vier Jahre, bis Augustus, dem niemand über sein einziges Kind Nachteiliges zu berichten wagte, von ihrem Verhalten erfuhr. Als es ihm schließlich beigebracht wurde, weinte er. Niemals hätte er den leisesten Verdacht gehabt, daß sie nicht die keuscheste Frau in Rom sei. Livia fragte ihn, warum Tiberius wohl so ohne Widerspruch in die Verbannung gegangen sei. Doch nur, weil er sich außerstande gesehen habe, den Exzessen seiner Frau Einhalt zu gebieten. – Für vier Tage schloß sich Augustus ein und ließ sich von niemandem sprechen, sogar von Livia nicht. Er blieb die ganze Zeit ohne Essen und Trinken und sogar ohne Schlaf. Am vierten Tage klingelte er nach Livias Zimmer. Livia eilte zu ihm, mit einem Gesicht voll liebender Besorgnis, und Augustus, der vor Schmerz noch immer seiner Stimme nicht sicher war, schrieb auf ein Wachstäfelchen einen einzigen Satz: »Sie soll lebenslänglich verbannt werden, aber ich will nicht wissen, wohin.«

Tiberius bekam die Nachricht sofort durch Livia übermittelt. Auf ihren Vorschlag schrieb er zwei oder drei Briefe an Augustus, in denen er bat, Augustus möchte Julia verzeihen, wie er es selbst täte, aber Augustus gab keine Antwort. Er war fest überzeugt, daß die Schuld bei Tiberius lag und daß seine Kälte und Brutalität gegen Julia und sein unmoralisches Beispiel für Julias Abgleiten verantwortlich seien. Er rief ihn auch nicht aus der Verbannung zurück. Er wollte nicht wissen, wohin man sie geschickt hatte, weil er sonst immer in Gedanken bei ihr sein und sich wohl auch nicht abhalten lassen würde, ein Schiff zu nehmen und sie zu besuchen. So konnte Livia all ihre Rache an Julia auslassen. Sie durfte keinen Wein erhalten, keine Schönheitsmittel, keine schönen Kleider oder irgendwelche Luxusgegenstände, und ihre Wache bestand aus Eunuchen und alten Männern. Sie durfte nicht einmal Besucher empfangen und mußte täglich ein bestimmtes Pensum Wolle abspinnen, ganz wie in ihren Kindertagen. Die Insel, auf der sie lebte, liegt vor der campanischen Küste. Die einzige Person, die in dieser üblen Geschichte eine gute Rolle gespielt hat, ist Julias Mutter Scribonia, von der Augustus sich hatte scheiden lassen, um Livia heiraten zu können. Sie war schon eine sehr alte Dame, und seit Jahren hatte sie ganz zurückgezogen gelebt. Jetzt ging sie mutig zu Augustus und bat darum, das Exil ihrer Tochter teilen zu dürfen. Augustus zeigte sich sehr gerührt und gab ihr die Erlaubnis.

Fünf Jahre später wurde Julia nach Reggio geschickt, einer schönen griechischen Stadt an der Meerenge von Messina, und ihr wurden einige Freiheiten zugestanden.

Tiberius fühlte sich ein oder zwei Jahre lang auf seiner Insel sehr glücklich. Das Klima war sehr angenehm, das Essen gut, und er fand sogar Zeit, seine literarischen Arbeiten wiederaufzunehmen. Er disputierte viel mit den Professoren der dortigen Universität. Da er trotz seiner Verbannung das Amt eines Protektors der Insel Rhodos zu führen hatte, begegnete man ihm überall mit Ehrfurcht. Aber er betonte stets, daß er in erster Linie ein Privatmann sei und daß er keinen Wert auf irgendwelche Ehrungen lege. Nur ein einziges Mal machte er von der richterlichen Gewalt, die ihm übertragen war, Gebrauch, und zwar um einen jungen Griechen zu einem Monat Gefängnis zu verurteilen, der in einem wissenschaftlichen Kolloquium über grammatikalische Fragen seine Autorität angezweifelt hatte. Er hielt sich frisch durch tägliche Ritte und trieb auch sonst allerlei Sport. Über alles, was in Rom vorging, war er genau unterrichtet: Er bekam monatlich seine Briefe von Livia. Er besaß ein Haus in der Stadt und eine kleine Villa etwas außerhalb, die auf einem steilen Felsen über dem Meer lag. Zu dieser Villa gab es einen geheimen Pfad, direkt über die Felsen, und über diesen Pfad pflegte einer seiner Freigelassenen, ein Mann von ungewöhnlichen Körperkräften, all die zweifelhaften Erscheinungen zu lotsen – Huren, Lustknaben, Wahrsager und Zauberer –, mit denen Tiberius seine Abende zu verbringen pflegte. Es wird erzählt, daß manche von diesen Geschöpfen – sofern sie das Mißfallen des Tiberius erregt hatten – auf dem Rückweg ausgeglitten und von oben in die See gestürzt sind.

Eines Abends besuchte ihn ein Wahrsager, Thrasyllus, ein geborener Araber, in seiner Felsenvilla. Er war schon zwei- oder dreimal dagewesen und hatte sehr erfreuliche Prophezeiungen gemacht, aber keine davon war bis jetzt eingetroffen. Tiberius war mißtrauisch und verärgert und hatte seinem Freigelassenen schon gesagt, daß heute Thrasyllus ausgleiten würde, falls er nicht etwas Befriedigendes sagte. Thrasyllus war kaum eingetreten, als er von Tiberius gefragt wurde: »Wie ist heute der Aspekt meiner Sterne?« Thrasyllus setzte sich und machte sehr komplizierte astrologische Berechnungen. Schließlich sagte er: »Sie sind in einer ungewöhnlich günstigen Stellung. Die Krise Ihres Lebens ist überwunden. Von heute an werden Sie nur noch Glück haben.«

»Sehr schön«, sagte Tiberius trocken, »und was weißt du über dein eigenes Geschick?« Thrasyllus machte eine andere Berechnung, und dann blickte er in wirklichem oder gespieltem Schrekken auf. »Gütiger Himmel!« rief er aus. »Eine furchtbare Gefahr droht mir von Luft und Wasser!«

»Gibt es eine Möglichkeit, ihr zu entrinnen?« fragte Tiberius.

»Ich kann es nicht sagen. Wenn ich die nächsten zwölf Stunden überlebe, könnte mein Schicksal so glücklich werden wie das Ihre, aber alle mißgünstigen Planeten sind gegen mich, und die Gefahr scheint unvermeidbar. Tiberius, mein niedriges Schicksal ist auf das seltsamste mit Ihrem erhabenen verbunden. Wenn Sie bis morgen früh eine gute Nachricht erhalten, habe ich fast so viele glückliche Jahre vor mir wie Sie selbst.«

Sie saßen unter den Säulen des Hofes. Auf einmal hüpfte ein Zaunkönig oder irgendein anderer kleiner Vogel auf das Knie des Thrasyllus, bog das Köpfchen zur Seite und begann, ihn anzuzwitschern. Thrasyllus sagte zu dem Vogel: »Ich danke dir, Schwester. Das kam zur rechten Zeit.« Darauf wendete er sich zu Tiberius. »Der Himmel sei gepriesen! Das Schiff bringt gute Nachricht für dich, sagt der Vogel, und ich bin gerettet. Die Gefahr ist vorbei.« Tiberius sprang auf, umarmte Thrasyllus und gestand ihm, was er mit ihm vorhatte. Und tatsächlich: Ein Schiff war gekommen und brachte Depeschen von Augustus, der ihm gestattete, nach Rom zurückzukehren, vorläufig jedoch nur als Privatmann.

Sechstes Kapitel

Ich habe es für richtig gehalten, die Geschichte meiner Jugend durch die kurzen Angaben über Tiberius zu unterbrechen. Von jetzt ab werde ich mich aber streng an die Ereignisse halten, die sich zwischen meinem neunten und sechzehnten Jahr zutrugen. Es wird meistens eine Aufzählung der Verlobungen und Eheschließungen sein, die in den Kreisen des jungen Adels stattfanden. Zuerst wurde mein Bruder Germanicus volljährig. Aber da die Feiern der Volljährigkeit stets im März stattfinden, er aber im

September Geburtstag hatte, war er noch nicht einmal zu den vorgeschriebenen vierzehn Jahren gelangt, als er, mit Girlanden geschmückt, früh am Morgen, unser Haus am Palatin verließ und zum letztenmal seine purpurgesäumte Knabentoga trug. Eine große Schar von Kindern lief ihm voraus, singend und Blumen streuend, seine Freunde aus seiner Gesellschaftsklasse gingen neben ihm her, und ein großer Haufen von bürgerlichen Leuten folgte, genau nach ihrem Rang geordnet. Die Prozession bewegte sich langsam den Hügel hinunter zum Marktplatz, wo Germanicus mit großem Freudengeschrei begrüßt wurde. Er dankte mit einer kurzen Ansprache. Darauf zog man den Capitolinischen Hügel hinauf. Im Capitol selbst erwarteten ihn Augustus und Livia, und Germanicus opferte im Tempel des Capitolinischen Jupiter einen weißen Stier und zog die weiße Männertoga zum ersten Male an. Zu meiner großen Enttäuschung wurde mir nicht erlaubt, an der Feier teilzunehmen. Zu Fuß wäre es mir zuviel geworden, und es hätte einen schlechten Eindruck gemacht, wenn man mich hätte in einer Sänfte tragen müssen. Alles, was ich von den Feierlichkeiten zu sehen bekam, war, nach der Rückkehr des Germanicus, die Opferung seiner Knabentoga an die Götter unseres Hauses und das Werfen von Kuchen und Kupfermünzen unter die Menge, die sich vor der Treppe versammelt hatte.

Ein Jahr später heiratete Germanicus eine Frau aus sehr altem und angesehenem Hause: Agrippina. Augustus tat alles, um durch seine Gesetzgebung die Eheschließungen innerhalb der guten Familien zu erleichtern. Er machte Junggesellen und Ehemännern, die keine Kinder bekamen, das Leben schwer und drang darauf, daß die jungen Leute – ich spreche jetzt nur vom Adel – möglichst früh verheiratet wurden. Um ein gutes Beispiel zu geben, wurden wir jüngsten Mitglieder der Familien des Augustus und der Livia alle so früh wie nur möglich verlobt und verheiratet. Augustus brauchte Beamte und Offiziere für das immer größer werdende Reich und wollte den Adel »aufforsten«. Nach der Verbannung der Julia waren die nächsten Erben des Augustus Julias drei Knaben Gaius, Lucius und Postumus, ferner ihre beiden Töchter Julilla und Agrippina. Die jüngeren Mitglieder der Familie der Livia waren der Sohn des Tiberius, Castor, und wir drei: nämlich mein Bruder Germanicus, meine Schwester Livilla und ich selbst. Um die Verbindung der beiden Familien noch mehr zu festigen, wurde Germanicus mit Agrippina verheiratet und Gaius mit meiner Schwester Livilla. Aber

Gaius starb sehr früh und hinterließ keine Erben. Livias Prinzip war es, daß ihre Enkel niemand anders heiraten sollten als die Enkel des Augustus. Aus diesem Grund war sie gegen Julias Tochter Julilla aufgebracht, die einen reichen Senator, namens Aemilius, geheiratet hatte. Aber was hätte die Arme tun sollen? Es gab keinen Enkel der Livia mehr, den sie hätte heiraten können. Aus Julillas Ehe stammte ein Tochter, Aemilia, die mit Lucius verlobt worden war, aber da auch Lucius auffallend plötzlich und frühzeitig gestorben war, mußte ein anderer Mann für Aemilia gefunden werden. Augustus hatte den Verdacht, daß Livia niemand anders zum Gemahl der Aemilia ausersehen hatte als mich selbst. Er empfand sehr zärtlich für Aemilia und konnte sich nicht mit dem Gedanken befreunden, daß sie einen kränklichen Menschen wie mich heiraten sollte. Er faßte den Entschluß, diesen Plan zu durchkreuzen. Es war einer der seltenen Fälle, in denen er sich vornahm, daß Livia nicht ihren Willen haben sollte.

Zufällig war es kurz nach dem Tode des Lucius, daß Augustus eines Abends mit bei Medullinus das Essen einnahm. Medullinus, einer seiner alten Generale, der seinen Ursprung vom Diktator Camillus ableitete, erzählte ihm lächelnd – die Weinbecher waren schon mehrere Male gefüllt worden –, daß er eine junge Enkeltochter habe, an der er sehr hänge. Sie habe jüngsthin in ihren Studien überraschende Fortschritte gezeigt, und er habe in Erfahrung gebracht, daß dieser Erfolg einem jungen Verwandten seines hochverehrten Gastes zu danken sei. Augustus war erstaunt: »Wer kann das sein? Eine heimliche Liebesgeschichte mit wissenschaftlichem Anstrich?«

»So etwas wird es wohl sein«, sagte Medullinus grinsend. »Ich habe mit dem jungen Mann gesprochen, und trotz all seines körperlichen Mißgeschicks gefällt er mir gut. Er hat eine freimütige und schöne Gesinnung, und sein Wissen macht auf mich großen Eindruck.« – Augustus fragte ungläubig: »Du sprichst nicht etwa vom jungen Tiberius Claudius?« – »Doch, von dem spreche ich«, entgegnete Medullinus.

Über das Gesicht des Augustus ging ein plötzlicher Entschluß, und er fragte hastiger, als die gute Sitte erlaubte: »Sage mir, alter Freund, hättest du etwas dagegen, wenn er der Mann deiner Enkelin würde? Wenn du einverstanden bist, wird es mir ein Vergnügen sein, die Heirat in die Wege zu leiten. Es gibt sicher nicht allzu viele Mädchen, die einen physischen Widerwillen gegen so einen armen halbtauben, stotternden Krüppel überwinden können; und Livia und ich haben ziemliche Schwierigkeiten, für ihn eine Braut zu finden. Aber wenn deine Enkelin aus freien Stücken –«

Medullinus unterbrach ihn: »Das Mädchen hat schon von selbst mit mir darüber gesprochen und sich alles genau überlegt. Sie sagt mir, daß der junge Claudius bescheiden, aufrichtig und freundlich ist, und sein gelähmtes Bein wird ihm niemals erlauben, in den Krieg zu ziehen und sich umbringen zu lassen –«

»Oder anderen Frauen nachzulaufen«, lachte Augustus, »aber die kleine Hexe hat wohl schon herausgefunden, daß er an der Stelle nicht verkrüppelt ist, für die eine brave Ehefrau die meiste Besorgnis an den Tag legen soll? Natürlich, warum sollte er nicht gesunde Kinder von ihr bekommen? Aber jetzt ohne Scherz: Dein Haus erfreut sich besten Rufs, und die Familie meiner Frau wird stolz sein, wenn die Verbindung zustande käme. Bist du dir völlig im klaren, daß du keine Einwände machen wirst?«

Medullinus antwortete, daß das Mädchen eine viel schlechtere Wahl treffen könne, ganz abgesehen von der überraschenden Ehre für seine ganze Familie, auf einmal mit Augustus in verwandtschaftliche Beziehungen zu treten.

Nun war Medullina, die Enkelin, von der hier so ausführlich geredet wurde, tatsächlich meine erste Liebe. Niemals hat es in der ganzen Welt ein schöneres junges Mädchen gegeben. Ich lernte sie an einem Sommernachmittag in den Gärten des Sallust kennen, wohin der Bibliothekar Sulpicius mich mitnahm, da an diesem Tage Athenodorus sich nicht wohl fühlte. Die Tochter des Sulpicius war mit dem Onkel von Medullina verheiratet – daher kannte er sie. Als ich sie erblickte, erschrak ich zunächst aufs tiefste: nicht nur weil sie schön war, sondern weil sie so plötzlich neben mir auftauchte, denn während ich in einem Buch las, erschien sie auf meiner tauben Seite, und als ich zufällig die Augen erhob, sah ich plötzlich ihr lächelndes Gesicht über mir, und sie freute sich, daß ich sie nicht bemerkt hatte. Sie war schlank, hatte dichtes schwarzes Haar und dunkelblaue Augen; alle ihre Bewegungen waren schnell und glichen denen eines Vogels.

»Wie heißt du?« fragte sie mich sehr freundlich.

Ich nannte ihr meinen Namen. »Gütige Götter«, rief sie, »so viele Namen. Ich heiße nur Medullina Camilla. Wie alt bist du?«

»Dreizehn«, sagte ich und hatte mich so in der Gewalt, daß ich nicht stotterte. »Ich bin erst elf«, fuhr sie fort, »aber ich wette mit dir, daß ich dich im Wettlauf nach der großen Zeder dort schlage.«

»Bist du eine so gute Läuferin?«

»Ich kann jedes Mädchen in Rom besiegen und auch meine älteren Brüder.«

»Mich wirst du auch besiegen, weil ich gar nicht erst antrete. Ich kann überhaupt nicht laufen. Ich bin lahm.«

»Das tut mir aber sehr leid! Wie bist du dann aber hierhergekommen? Gehumpelt den ganzen Weg?«

»Nein, Camilla, in einer Sänfte, wie ein fauler, alter Mann.«

»Warum nennst du mich bei meinem zweiten Namen?«

»Weil er besser zu dir paßt.«

»Wieso kannst du das so schnell wissen?«

»Weil bei den Etruskern eine ›Camilla‹ eine junge Priesterin der Diana ist, der Göttin der Jagd. Wer schnell laufen kann, muß Camilla heißen.«

»Das gefällt mir, davon habe ich noch nie gehört. Jetzt sollen mich alle Freundinnen nur noch Camilla nennen.«

»Und wirst du mich Claudius nennen? Das ist der Name, der am besten zu mir paßt. Meine Familie ruft mich Tiberius, aber dann muß ich immer an den Tiber denken, der so schnell laufen kann, und das paßt nicht zu mir.«

Sie lachte. »Also gut, Claudius! Was tust du den ganzen Tag, wenn du nicht mit den anderen Jungen herumlaufen kannst?«

»Meistens lese und schreibe ich. Ich habe in diesem Jahr schon eine Unmenge von Büchern gelesen, und wir haben erst Juni. Das hier zum Beispiel ist Griechisch.«

»Ich kann noch kein Griechisch. Ich kann gerade das Alphabet lesen. Mein Großvater ist darüber sehr böse – ich habe nämlich keinen Vater mehr –, er sagt, ich sei faul. Wovon handelt das Buch?«

»Es ist ein Band von der Geschichte des Thukydides.«

»Dazu mußt du aber schon sehr gelehrt sein.«

»Jeder sagt, daß ich sehr dumm bin, und je mehr ich lese, für desto dümmer hält man mich.«

»Ich finde, du bist sehr vernünftig.«

»Aber ich stottere.«

»Das ist vielleicht nur, weil du nervös bist. Du kennst nicht viele Mädchen, nicht wahr?«

»Nein«, sagte ich, »du bist das erste Mädchen, das mich nicht auslacht. Können wir uns nicht ab und zu treffen, Camilla? Du wirst mir zwar das Schnellaufen nicht beibringen, aber ich könnte dir beibringen, Griechisch zu lesen. Würde dir das Freude machen?«

»Oh, das würde mir sehr große Freude machen! Aber wir würden nur interessante Bücher lesen?«

»Wir können jedes Buch nehmen, das dir gefällt. Liest du gern Geschichtsbücher?«

»Ich würde lieber Gedichte lesen. Bei Geschichtsbüchern muß man sich so viele Namen und Jahreszahlen merken. Meine ältere Schwester schwärmt für die Liebesgedichte des Parthenius. Hast du sie schon gelesen?«

»Nur einige, aber sie gefallen mir nicht. Sie sind so gekünstelt. Ich lese lieber wirkliche Bücher.«

»Ich auch. Aber gibt es griechische Liebesgedichte, die nicht gekünstelt sind?«

»Doch, Theokrit. Den finde ich sehr gut. Bitte deine Tante, daß sie dich morgen um dieselbe Zeit wieder hierherbringt, und ich werde Theokrit mitbringen, und wir fangen gleich an.«

»Du kannst versprechen, daß es nicht langweilig ist?«

»Nein, er ist sehr gut.«

Daraufhin pflegten wir uns fast täglich an der gleichen Stelle zu treffen, saßen im Schatten nebeneinander, lasen Theokrit und unterhielten uns. Sulpicius mußte mir versprechen, daß er keinem Menschen von diesen Zusammenkünften erzählte, denn ich hatte Angst, Livia würde sie mir verbieten. Eines Tages sagte Camilla, ich sei der netteste Junge, den sie kenne, und sie könne mich besser leiden als alle Freunde ihres Bruders. Daraufhin sagte ich ihr, wie gern ich sie hätte. Darüber freute sie sich sehr, und wir küßten uns scheu. Sie fragte mich, ob es eine Möglichkeit gäbe, daß wir uns heiraten könnten. Sie sagte, ihr Großvater würde ihr jeden Wunsch erfüllen, und sie würde ihn einmal mitbringen, damit er mich kennenlerne. Aber ob mein Vater einverstanden sein würde? Ich sagte ihr, daß ich keinen Vater mehr hätte. Als sie erfuhr, daß alles von Augustus und Livia abhänge, wurde sie sehr traurig. Sie hatte niemals etwas Gutes über Livia gehört, aber ich tröstete sie und sagte, es sei schon möglich, daß sie ihre Einwilligung geben würde, denn sie könne mich nicht leiden, und darum würde ihr mein Schicksal ziemlich gleichgültig sein.

Medullinus, ein klarer, alter Herr, der sich sehr für Geschichte interessierte – was der Unterhaltung zwischen uns sehr zustatten kam –, hatte seine Einwilligung gegeben. Tiberius erhob keinen Einspruch, und meine Großmutter Livia verbarg ihre Überraschung und ihren Ärger so geschickt wie immer und gratulierte Augustus, daß er den Medullinus so schnell beim Wort genommen habe. Allerdings müsse Augustus betrunken gewesen sein, als er diese Heirat verabredet habe. Die Mitgift sei klein und die Ehre für einen Mann wie Medullinus groß. – Germanicus sagte mir, daß alles in Ordnung sei und daß die Verlobung am nächsten glücklichen Tag stattfinden werde. Wir Römer sind sehr abergläubisch, und bei weitem nicht jeder Tag ist ein guter Tag. Ich konnte mein Glück kaum fassen. Ich hatte schon gefürchtet, daß ich Aemilia heiraten müßte, eine affektierte, bösartige kleine Kröte.

Die Verlobung sollte auf Livias ausdrücklichen Wunsch in möglichst engem Kreis gefeiert werden. Sie sei nicht sicher, daß ich mich nicht blamieren würde, und darum sollten möglichst wenige Leute zugegen sein. Mir war das nicht unangenehm, denn ich haßte jede steife Feierlichkeit. Nur die notwendigen Zeugen sollten kommen, es sollte auch kein Festessen stattfinden. Das übliche Opfer eines Widders sollte natürlich dargebracht werden, um aus dessen Eingeweiden zu sehen, ob die Auspizien günstig seien. Aber darüber brauchte man keine Sorge zu haben, denn da Augustus selbst als Priester die Feier zelebrieren würde, konnte man sich darauf verlassen, daß er das Richtige herauslesen würde. Dann sollte ein Vertrag unterzeichnet werden über die zweite Feierlichkeit, die stattfinden sollte, sobald ich volljährig sei. Camilla und ich würden uns die Hand geben, uns küssen, und dann würde ich ihr einen goldenen Ring schenken. Schließlich würde sie in das Haus ihres Großvaters zurückkehren – still, wie sie gekommen war, und ohne ein Gefolge von Sängern.

Es brennt mich noch heute, über diesen Tag zu berichten. Ich wartete, ziemlich aufgeregt, in einer neuen Toga mit Germanicus am Hausaltar auf Camilla. Sie kam nicht. Sie kam immer noch nicht. Die Zeugen wurden ungeduldig und machten Bemerkungen über das schlechte Benehmen des alten Medullinus, der sie bei einer solchen Gelegenheit warten ließe. Endlich meldete der Türsteher Camillas Onkel Furius an. Er kam herein, kreidebleich und im Trauergewand. Nach einer kurzen Begrüßung und Entschuldigung sagte er: »Es hat sich ein großes Unglück ereignet. Meine Nichte ist tot.«

»Tot?« rief Augustus. »Was soll das heißen? Vor einer halben Stunde hat man uns gesagt, daß sie bereits auf dem Wege sei!«

»Sie ist vergiftet worden. Eine Menschenmenge hatte sich vor unserm Haus versammelt, wie das üblich ist, wenn die Tochter des Hauses zu ihrer Verlobung geht. Als meine Nichte heraustrat, drängten sich alle Frauen bewundernd um sie. Sie schrie plötzlich leise auf, als ob ihr jemand auf den Fuß getreten hätte, aber niemand dachte sich etwas dabei, und sie stieg in die Sänfte. Wir waren noch nicht am Ende der Straße, als meine Frau, die sie begleitete, bemerkte, daß sie die Farbe verlor. Sie fragte, ob sie sich fürchte. ›Ach, Tante‹, sagte sie, ›eine Frau hat mir eine Nadel in den Arm gestochen, und mir ist so schlecht.‹ Dies, meine Freunde, waren ihre letzten Worte. Ein paar Minuten später ist sie gestorben.«

Ich brach in Tränen aus und begann hysterisch zu schluchzen. Meine Mutter war wütend, daß ich mich nicht beherrschen konnte, und ließ mich auf mein Zimmer bringen. Dort blieb ich viele Tage lang, mit einer Art von Nervenfieber, ich konnte weder schlafen noch essen. Wenn mich der gute Postumus nicht getröstet hätte – ich glaube, damals hätte ich den Verstand verloren. Die Mörderin wurde niemals entdeckt, und kein Mensch konnte angeben, was sie zu dieser Tat bewogen haben konnte. Etwas später berichtete Livia dem Augustus, daß nach zuverlässigen Berichten sich unter der Menge ein griechisches Mädchen befunden habe, das sich vom Onkel Camillas beleidigt glaubte und sich auf diese empörende Weise rächen wollte.

Siebentes Kapitel

Da eine Verlobung zwischen mir und Aemilia aus verschiedenen Gründen nicht in Betracht kam, erinnerte sich jetzt Livia, daß sie eine Ehrenschuld an ihre Freundin Urgulania zu bezahlen habe. Diese Urgulania war Livias einzige Vertraute und war ihr durch Dankbarkeit und gemeinsame Interessen auf das engste verbunden. Sie hatte ihren Mann im Bürgerkrieg verloren und war seitdem von Livia beschützt worden. Als Livia den Augustus geheiratet hatte, bestand sie darauf, daß Urgulania bei ihnen wie ein Mitglied der Familie wohnen durfte. Durch Livias Einfluß hatte sie einen Posten bekommen, der ihr eine geistige Herrschaft über alle verheirateten Frauen des vornehmen Roms verschaffte. Jedes Jahr nämlich, Anfang Dezember, mußten diese Frauen einem Opfergottesdienst für die Göttin der Güte beiwohnen, der von den vestalischen Jungfrauen geleitet wurde und von dessen peinlich genauer Durchführung die Sicherheit und der Wohlstand Roms für die folgenden zwölf Monate abhing. Bei Todesstrafe durfte kein Mann dieser Feierlichkeit beiwohnen. Livia hatte sich mit den Vestalinnen sehr gut gestellt, indem sie ihnen ihr Kloster neu bauen ließ und ihnen, durch Augustus, manche Privilegien vom Senat verschafft hatte. Sie ließ bei der obersten Vestalin einfließen, daß der Lebenswandel einiger dieser Damen, die dem Gottesdienst beizuwohnen hatten, nicht über jeden Zweifel erhaben sei. Sie schlug vor, daß man jeder Frau, die eine Verletzung der Moral bekennen würde, versprechen solle, daß ihre Schuld niemals einem Mann zu Ohren käme. Auf diese Weise würde die Göttin gnädig gestimmt werden. Der obersten Vestalin gefiel der Gedanke, aber sie wollte, daß Livia die Neuerung selbst einführen und verantworten sollte. Livia erzählte ihr, daß die Göttin ihr im Traum erschienen sei, ihr selbst den Vorschlag gemacht und außerdem angeregt habe – da die Vestalinnen selbst in Dingen der Liebe nicht erfahren sein könnten –, daß eine ältere Dame aus guter Familie, eine Witwe, mit dem Posten der obersten Beichtmutter betraut werden sollte. Die oberste Vestalin fragte, ob die Fehltritte, die gebeichtet werden würden, bestraft werden sollten. Glücklicherweise hatte die Göttin auch darüber im Traum zu Livia gesprochen: Die oberste Beichtmutter sollte die Macht haben, sühnende Strafen aufzuerlegen, aber diese Strafen müßten eine Sache tiefsten Vertrauens zwischen der Sünderin und der obersten Beichtmutter bleiben. Die oberste Vestalin würde nur verständigt werden, daß diese oder jene Frau ungeeignet sei, an den frommen Mysterien für dieses Jahr teilzunehmen. Auf diese Weise würde der Gottesdienst nur von moralisch einwandfreien Damen der Gesellschaft ausgeführt, und die Göttin würde das anerkennend vermerken.

Es dauerte nicht lange, bis Livia es erreicht hatte, daß Urgulania zur obersten Beichtmutter bestimmt wurde. Die Beichtstunden fanden im Zimmer der Urgulania statt, das so eingerichtet war, daß es Furcht und den Glauben an Wahrhaftigkeit einflößte. Livia war im gleichen Zimmer hinter einem Vorhang verborgen, hörte alle die – oft sehr pikanten – Beichten mit an, und während die Damen im Vorzimmer warteten, bis die Beichtmutter ihnen die Strafe zudiktierte, beredeten Livia und Urgulania den Fall und setzten die Strafe nach Gutdünken fest. Die beiden fanden sehr viel Vergnügen an diesem Spiel, und Livia bekam eine Menge sehr nützlicher Informationen in die Hände.

Urgulania war ein gräßliches altes Weib mit einem gespaltenen Kinn und gefärbtem Haar. Ihr Sohn Silvanus war kürzlich Consul gewesen, und er hatte sich in den Kopf gesetzt, weiter Karriere zu machen, indem er seine Tochter Urgulanilla mit mir verheiratete.

Ich hatte Urgulanilla niemals gesehen. Niemand hatte sie je gesehen. Man wußte nur, daß sie bei einer Tante in Herculanum wohnte, aber sie kam niemals nach Rom. Wir dachten, daß sie eine sehr zarte Gesundheit habe. Aber als Livia mir eine ihrer schroffen, harten Mitteilungen zukommen ließ, diesmal mit der Feststellung, daß ein Familienrat meine Ehe mit der Tochter des Silvanus Plautius beschlossen habe und dies in Anbetracht meines Gesundheitszustandes eine angemessene Wahl sei, da kam mir der Verdacht, daß diese Urgulanilla mit etwas Schlimmerem als nur mit schwacher Gesundheit behaftet sein mochte. Mit einer Hasenscharte oder einem großen Muttermal im Gesicht? Vielleicht hatte sie einen körperlichen Schaden wie ich selbst. Aber dies würde mir nichts ausmachen. Sie hätte ein sehr nettes Mädchen sein können, dessen Vorzüge man verkannte.

Der Tag unserer Verlobung war festgesetzt. Ich fragte Germanicus über Urgulanilla, aber er hatte ebensowenig eine Ahnung wie ich und schämte sich, daß er sich vorher nicht erkundigt hatte. Er war mit Agrippina sehr glücklich und wünschte mir das gleiche. Also der »Glückstag« war da, und wieder stand ich neben dem Familienaltar und wartete auf die Braut. Von den vielen bösen Scherzen, die man sich mit mir erlaubte, war dies der böseste und der grausamste. Urgulanilla kam: ein junger weiblicher Herkules. Sie war erst fünfzehn Jahre alt und doch schon so groß und breit wie ein ausgewachsener Mann. Ihre Füße und Hände waren größer, als ich es je bei einem menschlichen Wesen wieder gesehen habe. Ihr Gesicht war regelmäßig, aber klobig, und anders als finster dreinschauen konnte sie nicht. Sie hatte eine scheußliche, nach vorn übergeneigte Haltung. Sie redete so langsam wie mein Onkel Tiberius. Sie war ungebildet, hatte weder Geist noch gute Manieren – nichts, was man hätte liebhaben können. Und es ist seltsam, mein erster Gedanke bei ihrem Anblick war: Dieses Weib ist fähig, jemanden umzubringen. Ich bin ein ganz guter Schauspieler, und obwohl die Feierlichkeit durch Grinsen, unterdrückte Witzworte und gedämpftes Kichern der meisten Anwesenden gestört wurde, hatte Urgulanilla keinen Grund, sich über mich zu beklagen. Später wurden wir beide vor Livia und Urgulania gerufen. Ich war sehr unruhig und ängstlich. Urgulanilla stand vollkommen teilnahmslos da und tat nichts, als ihre riesigen Fäuste zu öffnen und zu schließen – da war es mit dem Ernst der beiden Großmütter vorbei, und sie brachen in ein unbeherrschtes Gelächter aus. Ich hatte keine von ihnen jemals auf diese Art lachen hören, und der Erfolg war, daß ich noch ängstlicher wurde. Es war kein gesundes lautes Lachen, sondern ein höllisches Gestöhne und Gekrächze, wie wenn zwei alte betrunkene Huren einer Folterung zusehen. »Oh, ihr beiden Schönheiten«, keuchte schließlich Livia und wischte sich die Augen. »Was würde ich geben, um euch beide in eurer Hochzeitsnacht im Bett zusammen zu sehen! Schnell, gebt euch einen Kuß!« Ich lächelte blöde, Urgulanilla runzelte die Stirn. »Ihr sollt euch küssen«, sagte Livia mit einem Ton, der unbedingt Gehorsam verlangte. So küßten wir uns, und die beiden alten Weiber verfielen wieder in ihre Lachkrämpfe.

Als wir beide das Zimmer verlassen hatten, wisperte ich Urgulanilla zu: »Ich bitte um Entschuldigung, ich kann nichts dafür.« Aber sie antwortete nichts, sondern sah mich nur noch bösartiger an als zuvor.

Ich hatte noch ein Jahr vor mir, ehe wir verheiratet werden sollten, denn die Familie hatte beschlossen, daß ich erst mit fünfzehneinhalb Jahren für volljährig erklärt werden sollte. Bis dahin konnte sich viel ereignen.

Achtes Kapitel

Asinius Pollio hatte den Beinamen: der letzte Römer. Durch einen Zufall lernte ich ihn eine Woche nach meiner Verlobung kennen. Ich las in der Apollo-Bibliothek, als Livius mit einem kleinen lebhaften Herrn vorbeikam, der die Toga eines Senators trug. Livius sagte gerade: »Ich glaube, wir müssen alle Hoffnung aufgeben, wir finden es nicht – – – aber da ist Sulpicius! Wenn es überhaupt jemand weiß, dann nur er! Guten Morgen, Sulpicius! Wollen Sie Asinius Pollio und mir einen Gefallen tun? Es gibt einen Kommentar zu dem militärischen Handbuch des Polybius, den ein Grieche Polemokles verfaßt hat. Ich habe ihn mal hier in der Hand gehabt, aber im Katalog steht er nicht, und die Bibliothekare haben keine Ahnung.« Sulpicius kaute eine Zeitlang auf seinem Bart, dann sagte er: »Sie haben den Namen verwechselt. Der Mann hieß Polemokrates, und er war kein Grieche, sondern ein Jude. Vor fünfzehn Jahren habe ich das Werk oben auf einem Gestell gesehen, auf dem vierten vom Fenster. Ich will hinaufsteigen, denn ich glaube nicht, daß es seitdem jemand in der Hand gehabt hat.«

Da erblickte mich Livius: »Guten Tag, mein Freund, kennst du den berühmten Asinius Pollio?« Ich begrüßte sie, und Pollio sagte: »Was liest du denn da? Natürlich wieder Schund, schon aus der Hast zu schließen, mit der du es versteckt hast. Alle jungen Leute lesen heutzutage nur Schund.« Er wandte sich an Livius und fuhr fort: »Ich wette mit Ihnen um zehn Goldstücke, daß es wieder irgendeine jämmerliche Liebeskunst ist, oder ein Hirtenunsinn, oder etwas Ähnliches.«

»Ich halte die Wette«, sagte Livius, »der junge Claudius gehört nicht zu jener Sorte von jungen Leuten. Also, Claudius, wer von uns hat gewonnen?« Ich sagte, etwas stotternd, zu Pollio: »Ich bin sehr froh, daß Sie verloren haben.« Pollio machte ein böses Gesicht: »Was sagst du da? Froh bist du, daß ich verliere? Ist das eine anständige Art, zu einem alten Herrn zu sprechen, der obendrein noch Senator ist?«

Ich wiederholte: »Ich habe es in aller Ehrerbietung gesagt. Ich bin froh, daß Sie verlieren. Ich möchte unter keinen Umständen dieses Buch mit Schund bezeichnet wissen. Es ist Ihre eigene Geschichte des Bürgerkriegs, und wenn mir ein Urteil verstattet ist: Es ist ein sehr schönes Buch.«

Pollios Ausdruck änderte sich. Er strahlte, kicherte und zog seine Börse, um Livius die zehn Goldstücke zu geben. Aber Livius lehnte sie mit komisch übertriebener Höflichkeit ab: »Aber lieber Pollio, wieso kann ich das Geld annehmen? Sie hatten vollkommen recht, diese jungen Leute von heutzutage lesen höchst armseliges Zeug. Bitte, kein Wort mehr! Ich habe die Wette verloren. Hier sind zehn Goldstücke, und es ist mir ein Genuß, sie zu bezahlen.« Jetzt wandte sich Pollio an mich: »Junger Mann – ich weiß nicht, wer du bist, aber du scheinst verständig zu sein –, hast du die Bücher unseres Freundes Livius gelesen? Sei ganz ehrlich: Ist das nicht ein noch viel armseligeres Geschreibsel als meines?«

Ich lachte: »Es läßt sich leichter verstehen.«

»Leichter verstehen? Was meinst du damit?«

»Er läßt die Leute des alten Rom sprechen, als lebten sie heutzutage.«

Pollio war von dieser Antwort entzückt. »Der hat Sie, Livius, bei Ihrer schwachen Stelle erfaßt! Sie schieben den Römern, die vor siebenhundert Jahren gelebt haben, Motive, Gewohnheiten und Worte unter, als lebten sie heutzutage. Es mag sich angenehm lesen, aber es ist nicht Geschichte.«

Der alte Pollio war der begabteste Mann des ganzen Zeitalters, Augustus nicht ausgenommen. Obwohl er fast achtzig Jahre alt war, hatte er noch volle Gewalt über seine Geisteskräfte und schien sich einer besseren Gesundheit zu erfreuen als mancher Sechzigjährige. Er hatte seinerzeit den Rubicon mit Caesar überschritten, hatte gegen Pompeius gekämpft und unter Marc Anton gedient, war ein persönlicher Freund Ciceros gewesen, bis er ihn überbekam, und ein Gönner der Dichter Vergil und Horaz. Er war ein sehr guter Redner und hatte Tragödien verfaßt. Aber seine größten Fähigkeiten lagen auf dem Gebiete der Geschichtswissenschaft, denn seine größte Liebe waren Tatsachen.

Sulpicius hatte jetzt das Buch gefunden, und nachdem sie sich bei ihm bedankt hatten, setzten sie ihre Unterhaltung fort. Livius sagte: »Das Unglück bei Pollio ist, daß er beim Verfassen eines Geschichtswerks sich verpflichtet fühlt, all seine edleren, seine dichterischen Empfindungen zu unterdrücken, und daß er alle Leute, die er beschreibt, sich mit ausgeklügelter Stumpfsinnigkeit benehmen läßt, und wenn sie eine Rede zu halten haben, dann tun sie es mit dem größten Aufwand von Ungeschick.«

Pollio erwiderte: »Geschichte ist nur ein wahrheitsgemäßer Bericht dessen, was sich zugetragen hat. Ich habe mehr Reden vor einer Schlacht mit angehört als die meisten Zeitgenossen, und obwohl die Generäle, die sie gehalten haben, besonders Caesar und Antonius, auch von der Rednerbühne aus sehr gut sprechen konnten, so haben sie doch als Soldaten ganz anders zu ihren Leuten gesprochen, wie ihnen der Schnabel gewachsen war, mit derben Witzen und krassen Zoten, und wie hat das auf die Soldaten gewirkt! Unser kluger junger Freund – damit meinte er mich – hat ganz recht, wenn er Ihre aalglatte, gefällige oder pompöse Methode, die weit von der Wirklichkeit entfernt ist, ablehnt, indem er bescheiden und liebenswürdig ihre leichte Verständlichkeit lobt. Mein Junge, hast du noch weitere Anschuldigungen gegen diesen Herrn zu erheben?«

Ich sagte: »Bitte bringen Sie mich in keine unangenehme Lage. Ich bewundere das Werk des Livius aufrichtig.«

»Die Wahrheit, mein Junge! Hast du noch irgend etwas gefunden, was dich – seien wir gnädig – erstaunt hat?«

Ich sagte so leichthin wie möglich: »Livius beginnt sein Geschichtswerk damit, daß er die verruchte neue Zeit anklagt, und er verspricht dem Leser, die Zunahme der Verfallserscheinungen an der Zunahme des Wohlstandes zu zeigen. Er sagt, daß ihm die ersten Bücher am meisten Freude machen werden, weil er bei deren Niederschrift seine Augen vor den verruchten neuen Zeiten geschlossen halten kann. Aber hat er mit diesem Bemühen nicht manchmal seine Augen zu sehr vor der Verruchtheit der vergangenen Zeiten geschlossen?«

»Na und?« fragte Livius etwas ungnädig.

»Ja«, entschuldigte ich mich, »ich meine nur, daß vielleicht gar nicht so viel Unterschied zwischen den alten und den neuen Zeiten besteht, was die Verruchtheit anlangt.« Pollio war entzückt, aber ich fühlte mich unbehaglich. Ein törichter Ehrgeiz, in Gegenwart zweier so großer Männer einen selbständigen Gedanken zu äußern, hatte mich fortgerissen, und jetzt fühlte ich keinen Grund mehr unter den Füßen. Ich wiederholte etwas kläglich: »Es gibt keinen zweiten Schriftsteller, aus dessen Werken ich mehr Nutzen und Vergnügen gezogen habe als aus Livius.«

»Aber trotzdem«, grinste Pollio, »fühlst du dich jetzt um eine Illusion ärmer, jetzt, nachdem du dir das einmal klargemacht hast?«

»Das hat mit Illusion nichts zu tun«, wagte ich mich noch einmal vor. »Es gibt sicherlich zwei ganz verschiedene Arten der Geschichtsschreibung: Die eine will die Menschen zum Guten erziehen, und die andere will sie zur Wahrheit zwingen. Der erste scheint mir der Weg des Livius zu sein, der zweite der Ihre. Und vielleicht lassen sich sogar beide Wege miteinander vereinen.«

Sulpicius, der, auf einem Bein stehend und an seinem Bart kauend, uns voller Anteilnahme zugehört hatte, ergriff jetzt das Wort und faßte zusammen: »Ein Autor wie Livius wird immer Leser haben. Die Leute haben es gern, wenn ein liebenswürdiger Autor sie zur alten Tugend ermahnt, besonders wenn ihnen im gleichen Satz versichert wird, daß die moderne Zivilisation es unmöglich gemacht hat, den alten Tugenden je wieder nahezukommen. Aber die Autoren, die bloß die Wahrheit sagen und nichts als die Wahrheit, können sich nur ein Publikum schaffen und erhalten durch eine gute Küche und einen noch besseren Weinkeller.«

Über diese Bemerkung wurde Livius ehrlich wütend. Ohne ein weiteres Wort stürmte er verächtlich schnaubend hinaus.

Als ich mit Pollio allein war – denn Sulpicius machte sich jetzt wieder an seinen Büchergestellen zu schaffen –, begann Pollio mich auszufragen.

»Wer bist du, mein Junge?«

»Ich bin Tiberius Claudius Drusus Nero Germanicus.«

»Dann bist du der, der mit dem Verstand nicht in Ordnung sein soll?«

»Meine Familie schämt sich meiner, weil ich stottere und lahm bin und fast immer kränkle. Darum komme ich wenig in Gesellschaft.«

»Jedenfalls bist du einer der aufgewecktesten Jungen, die ich kennengelernt habe.«

»Es ist sehr freundlich von Ihnen, das zu sagen.«

Der alte Mann nahm mich bei den Schultern: »Hör mir mal zu, Claudius. Ich bin sehr alt, und wenn ich auch noch ganz frisch aussehe, so stehe ich doch bald am Ende. Ich werde sehr bald sterben. Paß jetzt gut auf: Möchtest du ein langes, arbeitsreiches Leben haben, das mit großen Ehren zu Ende geht?«

»Ja.«

»Dann hinke, soviel du nur kannst, stottere absichtlich, simuliere Krankheit, sooft es nur geht, zwinkere mit den Augen, gewöhne dir ein krampfhaftes Kopfzucken an, halte deine Hände nicht ruhig – und all das besonders bei offiziellen und öffentlichen Gelegenheiten. Wenn du die Welt so übersehen könntest, wie ich sie übersehen kann, dann wüßtest du, daß dies der einzige Weg ist, um sicher und vielleicht ruhmvoll zu leben.«

Ich sagte: »Was Livius vom ersten Brutus erzählt, mag zwar nicht historisch sein, aber es paßt hierher. Brutus gab vor, nicht ganz bei Verstande zu sein, um auf diese Weise ungestört für die Freiheit des Volkes wirken zu können.«

»Was höre ich da? Freiheit des Volkes? An so etwas glaubst du? Ich dachte, diese Phrase gäbe es unter den jüngeren Generationen nicht mehr.«

»Mein Vater und mein Großvater haben beide daran geglaubt –«

»Ja«, unterbrach Pollio mich scharf, »deshalb sind sie nicht am Leben geblieben.«

»Wie meinen Sie das?«

»Ich meine, daß sie deshalb vergiftet worden sind.«

»Vergiftet?! Durch wen?«

»Nicht so laut, mein Junge. Namen kann ich dir nicht nennen. Aber ich werde dir einen sicheren Beweis liefern, daß ich nicht irgendwelche Gerüchte nachschwätze. Ich habe gehört, daß du an einem Leben deines Vaters schreibst?«

»Ja.«

»Du wirst merken, daß du über einen gewissen Punkt nicht hinauskommen wirst. Und die Person, die dich hindern wird –«

In diesem Augenblick kam Sulpicius wieder angeschlürft, und es wurde nichts Wichtiges mehr gesprochen. Nur beim Abschied nahm Pollio mich zur Seite und flüsterte: »Leb wohl, kleiner Claudius. Mach dich nicht unglücklich mit der Freiheit des Volkes. So etwas kann es jetzt nicht geben. Erst muß alles noch viel schlimmer geworden sein, ehe es vielleicht einmal besser wird.« Dann wurde seine Stimme etwas lauter: »Und noch eins: Wenn ich tot bin, und du findest in meinen Werken eine wichtige Stelle, die mit den historischen Ereignissen nicht übereinstimmt, dann gebe ich dir die Erlaubnis – ich werde sie schriftlich niederlegen –, daß du deine Verbesserungen zu meinen Werken in einem Ergänzungsband veröffentlichen darfst.« Ich flüsterte, dies würde für mich eine Ehrenpflicht sein.

Kurz darauf starb Pollio. Er hinterließ mir in seinem Testament eine Sammlung frühlateinischer Geschichtsbücher, aber sie wurden mir vorenthalten. Mein Onkel Tiberius sagte, es müsse ein Irrtum sein, die Sachen seien für ihn bestimmt – unsere Namen seien einander so ähnlich. Die Verfügung, daß ich autorisiert sei, Verbesserungen herauszugeben, behandelte jeder als einen Witz, aber zwanzig Jahre später habe ich das Versprechen eingelöst, das ich Pollio gegeben habe.

Neuntes Kapitel

Das Jahr, in dem ich volljährig wurde, war auch das Jahr meiner Eheschließung. Kurz zuvor hatte Tiberius von Augustus den Befehl erhalten, meinen Bruder Germanicus als Sohn zu adoptieren. Tiberius hatte zwar einen rechtmäßigen Erben, Castor, der mit meiner Schwester Livilla verheiratet war, aber durch die Adoption sollte – durch einen Ratschluß Livias – Germanicus aus der Familie der Claudier in die Familie der Julier überführt werden. Durch diese Tatsache wurde plötzlich ich – in meinen jungen Jahren – das Familienoberhaupt des Hauptzweiges der

Familie der Claudier, eine Stellung, die bisher Germanicus innegehabt hatte. Es war an mir, über Geld und Besitzungen zu entscheiden, die meinem Vater gehört hatten, und – ich wurde der Vormund meiner Mutter, denn sie hatte sich nicht wieder verheiratet. Meine Mutter empfand dies als eine schwere Demütigung. Sie behandelte mich eher noch strenger als früher, obwohl alle geschäftlichen Dokumente ausschließlich von mir unterzeichnet werden konnten und ich außerdem der Priester der Familie war. Die Feier meiner Großjährigkeit stand in seltsamem Gegensatz zu der Feier, die man für Germanicus veranstaltet hatte. Ich legte die männliche Toga um Mitternacht an und wurde in einer Sänfte ohne Begleitung und ohne feierliche Gebräuche auf das Kapitol getragen, wo ich mein Opfer darbrachte. Dann schaffte man mich sofort wieder zu Bett. Germanicus und Postumus wollten kommen, aber damit diesem Ereignis so wenig Aufmerksamkeit wie möglich gewidmet würde, hatte Livia für dieselbe Nacht zu einem Bankett eingeladen, von dem sie nicht fernbleiben konnten.

Livia war in viel stärkerem Maße meine Feindin, als ich es damals gewußt habe. Ihre Abneigung war unbegrenzt. Ich habe dies später aus dem Briefwechsel zwischen Augustus und Livia ersehen, der mir nach beider Tode zugänglich wurde. Augustus und Livia hatten die Angewohnheit, über alle Fragen ausführlich miteinander zu korrespondieren. Sie faßten keinen Entschluß, ehe sie nicht alle Möglichkeiten schriftlich niedergelegt und auch die Gründe aufgezeichnet hatten, die schließlich für ihre Entscheidung bestimmend waren. Manchmal war es vorgekommen, daß Augustus Fragen über mich gestellt hatte, meist auf günstige Äußerungen hin, die irgend jemand über mich getan hatte. Aber jedesmal verstand Livia all seine Teilnahme an mir zu zerstreuen. Ihr ist es auch zuzuschreiben, daß meine Hochzeit mit Urgulanilla genauso unauffällig und unfeierlich verlief wie die Erklärung meiner Großjährigkeit. Fast alle Leute erfuhren von dieser Hochzeit erst, als sie bereits stattgefunden hatte. Die Feier selbst wurde genau nach den Vorschriften ausgeführt. Urgulanilla trug die safrangelben Schuhe und den flammenfarbenen Schleier, die Eingeweide des Opfertiers wurden gelesen und gedeutet, der heilige Kuchen wurde verspeist, unsere beiden Stühle waren mit Schafsfell überdeckt, ich sprengte den heiligen Trank, sie salbte die Pfosten der Tür, die drei Münzen wurden geworfen, und ich machte ihr das Geschenk von Feuer und Wasser. Nur der Fackelzug blieb aus, und das Ganze wurde sehr mechanisch, hastig und unfeierlich durchgeführt. Damit sie nicht stolpert, wenn sie zum erstenmal das Haus ihres Gemahls betritt, muß eine römische Braut über die Schwelle getragen werden. Die beiden Angehörigen meiner Familie, die Urgulanilla zu tragen hatten, waren beides ältere Herren und dem Gewicht der Braut nicht gewachsen. Einer von ihnen rutschte auf dem glatten Marmorfußboden aus, und Urgulanilla schlug sehr unsanft hin, riß ihre beiden Träger mit sich, und alle drei bildeten einen krabbelnden Haufen. Es kann kein schlimmeres Omen für eine Ehe geben als dies. Und doch wäre es unwahr, wenn ich sagen würde, daß diese Ehe wirklich unglücklich wurde. Wir waren uns viel zu gleichgültig, als daß man ein so gewichtiges Wort gebrauchen dürfte. Zunächst schliefen wir zusammen, weil wir dachten, daß man das von uns erwarte, und einige Male hatten wir sogar geschlechtlichen Verkehr – meine ersten Erfahrungen auf diesem Gebiet –, allerdings auch nur, weil wir dachten, das gehöre zur Ehe, und nicht aus Zuneigung oder Sinnenfreude. Ich war immer so rücksichtsvoll und höflich zu ihr, wie ich nur sein konnte, und sie lohnte mir das, indem sie völlig stumpf blieb – was übrigens das Beste war, was ich von einer Frau ihres Charakters erwarten konnte. Sie wurde drei Monate nach unserer Hochzeit schwanger und gebar mir einen Sohn, Drusillus, für den ich beim besten Willen auch nicht das geringste väterliche Gefühl aufbringen konnte.

Damals hatte Rom gerade ein sehr schlechtes Jahr hinter sich. Eine Serie von Erdbeben hatte im Süden Italiens eine Anzahl Städte zerstört. Der Frühling war regenarm gewesen, das Getreide stand trostlos schlecht. Kurz vor der Ernte kamen Wolkenbrüche herab und zerstörten das Korn vollends. Diese Wolkenbrüche waren so heftig, daß die Brücke über den Tiber weggerissen wurde und man im unteren Teil der Stadt sieben Tage lang in Booten umherfahren mußte. Eine schwere Hungersnot drohte, und Augustus ließ in Ägypten große Mengen Getreide aufkaufen. Dieses Getreide aber war sehr teuer und reichte außerdem nicht aus. Im Winter stieg die Not – nicht nur weil Rom übervölkert, sondern weil Ostia, der Hafen, im Winter kaum zu benutzen war. Getreideschiffe konnten nur bei sehr günstiger Witterung entladen werden. Augustus tat alles, was in seiner Macht stand, um die Hungersnot zu bekämpfen. Alles Brotgetreide wurde rationiert, alle Festlichkeiten und Tafeleien wurden abgesagt, er kaufte auf eigene Kosten Getreide und verteilte es unter den Bedürftigen. Wie üblich, erweckte die Hungersnot Unruhen: Ganze Straßenzüge mit Läden wurden nachts von halbverhungerten Arbeitern angezündet. Augustus stellte eine besondere Wachtruppe auf, die sich so bewährte, daß sie noch immer besteht. Aber die Unruhen hatten der Stadt bereits großen Schaden gebracht. Dazu kamen neue Steuern, die plötzlich wegen der Kriege in Deutschland erhoben werden mußten. All das beunruhigte die Stadt sehr, und es wurde ganz offen über die Möglichkeit einer Revolution gesprochen. Glücklicherweise kamen im rechten Augenblick große Getreideladungen aus Ägypten an, und die Spannung ließ nach.

Um etwas gute Laune zu verbreiten, wurde beschlossen, einen großen Gladiatorenkampf zu veranstalten. Er sollte zum Gedächtnis unseres Vaters und im Namen von Germanicus und von mir veranstaltet werden. Die Gladiatoren waren eine hartgesottene Sippschaft. Einige von ihnen stammten aus sehr guter Familie, sie hatten Schulden gemacht und waren deshalb als Sklaven verkauft worden – an Leute, die sie den Preis, den sie gekostet hatten, durch Schwerterkampf abverdienen ließen, mit dem Ziele, sie später dann wieder freizulassen. Im allgemeinen wurde ein junger Mann, der Schulden machte, von seiner Familie losgekauft, so daß er vor dem Los bewahrt blieb, Sklave zu werden. Diese adligen Gladiatoren also waren Leute, die niemand einer Rettung für wert befunden hatte. Sie waren die Führer ihrer ganzen Zunft und konnten bei Unruhen gefährlich werden.

Livia wollte diesen Kampftag benutzen, um die öffentliche Aufmerksamkeit auf Germanicus zu lenken, der unserm Vater so auffallend ähnelte und der bald nach Deutschland geschickt werden sollte, um dort seinem Onkel Tiberius zu helfen und neue Eroberungen zu machen. Meine Mutter und Livia steuerten zu den Unkosten des Kampftages bei, aber die Hauptlast hatten Germanicus und ich zu tragen.

Im Festzug zum Amphitheater fuhren Germanicus und ich – auf besonderen Wunsch des Senats – in dem alten Streitwagen unseres Vaters. Unser Weg führte uns die Via Appia entlang und durch den Triumphbogen, der zum Gedächtnis unseres Vaters errichtet und mit einem Kolossalreiterbild von ihm geschmückt war. Heute war der ganze Bogen mit Lorbeer dekoriert. Da ein ziemlich heftiger Nordostwind blies, ließen die Ärzte mich nicht ohne Mantel aus dem Haus, und so war ich – von nur einer Ausnahme abgesehen – der einzige, der den Kampfspielen im Mantel zusah. Ich saß neben Germanicus. Auf der anderen Seite von Germanicus saß Augustus, und er war jene einzige Ausnahme. Er war sehr empfindlich gegen Temperaturwechsel, und so trug auch er einen dicken Mantel. Viele Leute sahen in dieser Ähnlichkeit der Kleidung ein Omen, und man erinnerte sich bei dieser Gelegenheit daran, daß ich am ersten Tag des Monats geboren war, der seinen Namen trug. Livia saß ebenfalls in unserer Loge. Das war als besondere Ehrung für meinen Vater gedacht. Gewöhnlich war ihr Platz bei den vestalischen Jungfrauen, denn Männer und Frauen pflegten nicht zusammen zu sitzen.

Es war der erste Gladiatorenkampf, dem ich beiwohnen durfte, für mich doppelt verwirrend, da ich mich nicht nur in der Rolle des Zuschauers, sondern auch in der Rolle des Leiters der Spiele befand. Germanicus übernahm alle Funktionen. Sehr freundlich tat er so, als ob er mich zu Rate zöge, wenn irgendeine Entscheidung getroffen werden mußte, und er lag seinen Pflichten mit großer Sicherheit und Würde ob. Es war ein Glück für mich, daß dieser Kampftag der beste war, der jemals stattgefunden hatte. Livia wollte, daß Germanicus als Sohn seines Vaters sich Volkstümlichkeit gewänne, und hatte nicht gespart, um die besten Gladiatoren Roms zu verpflichten. Im allgemeinen waren die Berufsgladiatoren sehr darauf bedacht, sich gegenseitig nichts zuleide zu tun, und ihre Hauptanstrengung galt dem Ersinnen geschickter Finten und dem Anbringen harmloser, aber dröhnender Schläge. Nur ganz selten ging der Kampfgeist mit ihnen durch, und aus dem Scheingefecht wurde ein ernster Kampf. Das war meistens der Fall, wenn persönliche Feindschaften bereinigt werden sollten, und im Grunde waren nur solche Kämpfe interessant. Diesmal aber hatte Livia die Führer der Gladiatorenzunft um sich versammelt und ihnen deutlich zu verstehen gegeben, daß sie für ihr Geld etwas zu sehen erwarte. Wenn nicht jeder einzelne Kampf wirklich bis zum Ende durchgefochten würde, müßte die ganze Gilde aufgelöst werden. Also wurden die Gladiatoren von ihren Führern instruiert, daß es diesmal keine Tricks geben dürfte.

In den ersten sechs Kämpfen wurde denn auch ein Mann getötet, ein zweiter so schwer verwundet, daß er noch am gleichen Tag starb, und einem dritten wurde der Arm, der den Schild trug, dicht an der Schulter abgehackt, was mit tobendem Gelächter aufgenommen wurde. In den übrigen drei Kämpfen gelang es jedesmal einem der Gladiatoren, seinen Gegner zu entwaffnen, aber stets hatten beide sich so tapfer geschlagen, daß Germanicus und ich – als die Entscheidung an uns kam – uns imstande sahen, unsere Daumen nach oben zu kehren, wodurch, sehr zum Beifall der Zuschauer, ihr Leben geschont wurde. Einer der Sieger war noch vor einigen Jahren ein sehr reiches Mitglied der Aristokratie gewesen. In all diesen Kämpfen war es Regel, daß sich die Gegner nicht mit gleichen Waffen bekämpfen durften. Also kämpfte Speer gegen Schwert, oder Schwert gegen Streitaxt, oder Speer gegen Keule. Der siebente Kampf fand statt zwischen einem Mann, der mit dem gewöhnlichen Armeeschwert und einem altertümlichen kreisrunden Erzschild ausgerüstet war, und einem Mann, der keine anderen Waffen hatte als einen dreizackigen Forellenstecher, einen sogenannten Fischspieß, und ein kurzstieliges, kräftiges Netz. Der Schwertträger oder »Angreifer«, auch »Hetzer« genannt, war ein Soldat der kaiserlichen Garde, der zum Tode verurteilt worden war, weil er in der Trunkenheit seinen Hauptmann verprügelt hatte. Das Urteil war in diesen Kampf gegen den Dreizackmann umgewandelt worden, einen thessalischen Berufskämpfer, der sehr hohe Honorare bezog und in den letzten fünf Jahren, wie mir Germanicus sagte, zwanzig Gegner mit seinen merkwürdigen Waffen hatte töten können.

Meine Sympathien waren auf seiten des Soldaten, der die Arena mit einem ziemlich blassen und verwirrten Gesicht betrat – er war seit einigen Tagen im Gefängnis, und das helle Licht war ihm unangenehm. Aber seine ganze Kompanie, die offensichtlich sehr stark auf seiner Seite war, denn der Hauptmann sollte ein Leuteschinder sein, begrüßte ihn mit Unisono-Rufen, sich zusammenzureißen und die Ehre der Kompanie zu verteidigen. Er straffte sich und schrie zurück: »Ich versuch' es mit aller Kraft, Kameraden!« Sein Spitzname war zufällig Rotauge. Dieser Fischname war ihm wohl aus ganz äußerlichen Gründen gegeben worden, aber er genügte, um den größeren Teil des Publikums auf seine Seite zu bringen, obwohl die kaiserliche Garde nicht gerade beliebt im Volk war. Wenn Rotauge einen Fischer zur Strecke bringen könnte – das würde ein guter Spaß sein! Das Publikum zum überwiegenden Teil auf seiner Seite haben ist schon halb der Sieg für jemanden, der um sein Leben kämpfen muß. Der Thessalier, ein hagerer, sehniger Bursche mit langen Armen und Beinen, betrat ziemlich gewichtig kurz hinter ihm die Arena. Er trug nur eine Ledertunika und eine feste runde Lederkappe. Er war in bester Stimmung, riß Witze für die Zuschauer auf den vordersten Reihen, denn sein Gegner war in dieser Art von Kämpfen gänzlich unerfahren, und Livia hatte ihm für sein Auftreten tausend Goldstücke bezahlt und ihm weitere fünfhundert versprochen, wenn er seinen Mann nach einem guten Kampf zur Strecke bringen würde. Die beiden traten vor unsere Loge, grüßten zuerst Augustus und Livia, dann Germanicus und mich mit der üblichen Formel: »Die Todbereiten grüßen euch!« Wir erwiderten den Gruß mit der herkömmlichen Geste, und Germanicus sagte zu Augustus: »Der ›Hetzer‹ ist einer von den alten Leuten meines Vaters.« Das interessierte Augustus, und er erwiderte: »Das wird einen guten Kampf geben. Aber dann sollte der Netzmann zehn Jahre jünger sein, wenn er heil davonkommen will.« Dann gab Germanicus den Trompetern das Zeichen, und der Kampf begann.

Rotauge hielt seinen Standort, während der Thessalier um ihn herumtanzte. Rotauge war klug genug, sich nicht dadurch zu schwächen, daß er hinter seinem leichtbewaffneten Gegner herlief. Der Thessalier versuchte ihn zu reizen, indem er ihn neckte, aber Rotauge ließ sich nicht aus der Ruhe bringen. Nur einmal, als der Thessalier so nahe kam, daß er nur den Arm heben mußte, um ihn zu treffen, ging er zur Offensive über, und die Plötzlichkeit und Kraft seines Schlags trug ihm tosenden Beifall ein. Aber der Thessalier konnte ihm rechtzeitig ausweichen. Allmählich wurde der Kampf lebhafter: Der Thessalier stieß zu, mal hoch, mal tief, aber Rotauge parierte den langen Dreizack gelassen, ohne indessen auch nur für eine Sekunde das mit kleinen Bleikugeln beschwerte Netz aus den Augen zu verlieren, das der Thessalier in der linken Hand schwenkte.

»Hervorragende Leistung«, hörte ich Livia zu Augustus sagen. »Er spielt mit dem Soldaten. Er hätte ihn schon längst mit dem Netz fangen und dann seinen Spieß brauchen können, aber uns zuliebe verlängert er den Kampf.«

»Ja«, erwiderte Augustus, »ich fürchte, der Soldat ist geliefert. Er hätte sich nicht betrinken sollen.«

Augustus hatte das kaum gesagt, als Rotauge den Dreizack in die Höhe schlug, nach vorn sprang und dabei das Lederwams des Thessaliers an der Seite aufschlitzte. Wie der Blitz sprang der Thessalier zurück, und im Laufen fuchtelte er mit dem Netz vor Rotauges Gesicht. Durch ein Mißgeschick traf eine der Bleikugeln Rotauge ins Auge, so daß er für eine Sekunde nicht sehen konnte. Er mußte stehenbleiben, schon nahm der Thessalier seinen Vorteil wahr und schlug ihm das Schwert aus der Hand. Rotauge sprang hinzu, um es wieder an sich zu reißen, aber der Thessalier war schneller, nahm es auf und rannte damit an die

Umzäunung, wo er es einem reichen Mann in den Schoß warf, der auf den ersten Reihen saß. Dann wandte er sich wieder Rotauge und der angenehmen Aufgabe zu, einen unbewaffneten Gegner langsam zu erledigen. Das Netz sauste Rotauge um die Ohren, der Dreizack stieß ihn hier und dort, aber noch hatte er seine Zuversicht nicht verloren, und einmal machte er sogar den Versuch, den Dreizack zu fassen, und hätte ihn beinahe an sich gerissen. Der Thessalier hatte ihn mittlerweile vor unsere Loge getrieben, um ihm hier in würdiger Form ein Ende zu bereiten.

»Genug jetzt«, sagte Livia mit jener Stimme, gegen die es keinen Widerspruch gab, »genug mit der Spielerei, jetzt soll er Schluß mit ihm machen.« Aber der Thessalier brauchte kein Stichwort. Schon wirbelte er das Netz um Rotauges Kopf und stieß mit dem Dreizack nach seinem Unterleib. Da erhob sich ein ungeheurer Tumult! Rotauge hatte das Netz mit der rechten Hand erwischt, riß es zurück und schlug mit aller Gewalt von unten auf den Schaft des Dreizacks, dicht bei der Hand des Gegners. Die Waffe flog über den Kopf des Thessaliers hinweg, drehte sich in der Luft um sich selbst und blieb zitternd in der hölzernen Brüstung stecken. Der Thessalier war einen Augenblick fassungslos, dann überließ er Rotauge das Netz und rannte dem Dreizack nach. Rotauge lief hinterdrein, hielt sich neben ihm und schlug ihm während des Laufens den genagelten Rand seines Schilds zwischen die Rippen. Der Thessalier stürzte keuchend. Rotauge, durch die Gewalt des Schlags selber ins Wanken geraten, raffte sich zusammen, und mit einem heftigen Schwung seines Schildes traf er seinen Gegner mit einem fürchterlichen Stoß ins Genick.

»Der Kaninchenschlag!« sagte Augustus. »Das habe ich noch niemals in einer Arena gesehen! Du wohl auch nicht, Livia! Der Mann ist tot!«

Tatsächlich, der Thessalier war tot. Ich dachte, Livia würde sehr enttäuscht und verstimmt sein, aber sie sagte nur: »Ihm ist recht geschehen. Das kommt davon, wenn man Gegner unterschätzt. Ich bin enttäuscht von dem Thessalier. Immerhin, ich habe fünfhundert Goldstücke gespart, und darüber sollte man sich eigentlich nicht beklagen.«

Der Höhepunkt des Nachmittags war ein Kampf zwischen zwei deutschen Geiseln, die zu zwei einander feindlichen Stämmen gehörten und sich freiwillig zu diesem Zweikampf auf Leben und Tod gemeldet hatten. Der Kampf sah nicht schön aus, beide hackten aufeinander los mit einem langen Schwert und einer Hellebarde. Der eine der Kämpfer, ein blonder Hüne, wurde schnell mit seinem Gegner fertig und richtete ihn noch entsetzlich zu, ehe er ihm den Todesstoß gab. Das Publikum applaudierte ihm sehr. Das stieg ihm zu Kopf, und in einer Mischung aus Deutsch und Soldatenlatein hielt er eine Rede, in der er sagte, daß er ein berühmter Kämpfer in seinem Lande sei und schon sechs Römer in der Schlacht getötet habe, einen Offizier inbegriffen, ehe er als Geisel von seinem schurkischen Onkel ausgeliefert worden sei. Er fordere hiermit jeden Römer von Rang heraus, sich mit ihm zu messen. Schwert gegen Schwert, und für ihn das glückbringende siebente Opfer zu werden.

Ein junger Stabsoffizier aus einer alten, aber verarmten Familie namens Cassius Chaerea sprang in den Ring, lief vor unsere Loge und bat um die Erlaubnis, die Forderung annehmen zu dürfen. Germanicus wandte sich an Augustus und dann an mich, und als Augustus sein Einverständnis gegeben und ich das meine gemurmelt hatte, wurde Cassius erlaubt, sich zu wappnen. Er ging in die Ankleideräume und borgte sich Rotauges Schwert, dessen Schild und Rüstung – wegen der guten Vorbedeutung und auch als Kompliment für Rotauge.

Und dann begann ein Kampf, der viel gewaltiger war als alles, was die Berufskämpfer bisher gezeigt hatten. Der Deutsche schwang ein langes Schwert, und Cassius fing alle Schläge sehr geschickt mit seinem Schild auf und versuchte unentwegt, dem Deutschen unter die Deckung zu kommen, aber der Bursche war so geschickt, wie er stark war, und zweimal mußte Cassius unter der Wucht seiner Schläge auf die Knie. Die Menge war vollkommen still, als ob sie einer religiösen Feier beiwohne, und nichts war zu hören als das Rasseln der Schilde und das Dröhnen von Stahl auf Stahl. Augustus sagte: »Der Deutsche ist zu stark für ihn. Schade, wir hätten die Erlaubnis nicht geben sollen. Wenn Cassius getötet wird, macht es einen schlechten Eindruck an der Front ...«

Dann glitt Cassius aus und fiel auf den Rücken. Der Deutsche stellte sich breitbeinig über ihn mit einem triumphierenden Lachen, und dann ... dann war ein Dröhnen in meinen Ohren und Dunkelheit vor meinen Augen, und ich fiel in Ohnmacht. Zum erstenmal in meinem Leben hatte ich gesehen, wie Menschen getötet werden. Der Kampf zwischen Rotauge und dem Thessalier, und jetzt dieser Kampf, bei dem es mir schien, als ob ich selbst auf Leben und Tod mit dem Deutschen zu ringen hätte – es war zuviel geworden für mich. So sah ich also nicht mehr, daß es Cassius im letzten Augenblick gelang, aufzustehen und den überraschten Deutschen durch einen Stoß unter die Achselhöhle zu töten. In der allgemeinen Aufregung hatte niemand bemerkt, was mit mir vorging, und als man sich schließlich um mich bekümmerte, kam ich schon von selbst wieder zu mir. Ich wurde in meinem Sitz aufgerichtet, so gut es ging, bis die Spiele vorüber waren. Vor Schluß hinausgetragen zu werden wäre eine Schande für unsere ganze Familie gewesen. – Am nächsten Tage gingen die Spiele weiter, aber ich war nicht dabei. Es wurde bekanntgegeben, daß ich krank sei. Abends schrieb Livia an Augustus:

»Das unmännliche Benehmen, das Claudius gestern dadurch zeigte, daß er beim Anblick von zwei kämpfenden Männern ohnmächtig wurde – zu schweigen von dem grotesken Zucken seiner Hände und seines Kopfes, das bei einer so feierlichen Gelegenheit zu Ehren seines Vaters besonders peinlich und unwürdig war –, hat wenigstens den Vorteil gehabt, daß wir ein für allemal eine Entscheidung treffen können dahingehend, daß Claudius – abgesehen von seiner priesterlichen Würde – völlig ungeeignet ist, in der Öffentlichkeit zu erscheinen. Wir müssen uns bescheiden, ihn auf der Verlustliste zu buchen, höchstens daß er noch Nachkommen hervorbringen kann, denn ich höre, daß er seine Pflicht bei Urgulanilla getan hat, aber ich möchte damit nicht eher rechnen, als bis ich das Kind mit eigenen Augen gesehen habe, das möglicherweise gleich ihm eine Mißgeburt sein wird.

Seine Mutter hat heute aus seinem Arbeitszimmer ein Heft entfernt, in dem er allerlei Material über das Leben seines Vaters gesammelt zu haben scheint. Gleichzeitig fand sie eine sorgfältig ausgeführte Einleitung zu dem geplanten Werk, die ich Dir beilege. Du wirst daraus ersehen, daß Claudius zum Hauptgegenstand seines Lobes die einzige Schwäche seines unvergeßlichen Vaters gewählt hat: seine absichtliche Blindheit gegen den Lauf der Zeit und jede Entwicklung, seinen eigentümlichen Irrtum, daß die politischen Formen der Republik, die für Rom angemessen waren, als es noch eine kleine Stadt war, einem Rom aufgezwungen werden könnten, das das größte Reich seit den Tagen Alexanders des Großen geworden ist.

Athenodorus und Sulpicius, mit denen ich soeben über die Angelegenheit gesprochen habe, erklären beide, daß sie diese Einleitung nicht kennen. Ich habe sie ihnen zu lesen gegeben, und sie stimmten mit mir überein, daß die darin zutage tretenden republikanischen Tendenzen durchaus zu verwerfen seien. Sie bekundeten unter ihrem Eid, daß sie derart subversive Ideen ihm niemals in den Kopf gesetzt haben, und sie vermuten, daß er sie aus alten Büchern hat. Meine persönliche Ansicht ist, daß er sie geerbt hat, denn schon sein Großvater hatte ja dieselbe eigentümliche Schwäche, und es paßt sehr zum Bild von Claudius, daß er die einzige Schwäche erbt und alle die physischen und moralischen Vorzüge seines Vaters und Großvaters nicht! Wir wollen den Göttern für Tiberius und Germanicus besonders dankbar sein. Sie sind gegen diesen republikanischen Unsinn gefeit. Natürlich werde ich Claudius anweisen, daß er die geplante Biographie nicht zu schreiben hat, und als Grund werde ich angeben, daß er durch seine Ohnmacht das Andenken seines Vaters auf das schwerste entweiht hat. Er kann sich eine andere Beschäftigung für seine Feder suchen.«

Für Livia kam diese »Entdeckung« meiner Mutter nur allzu gelegen. Es war ihr nicht verborgen geblieben, daß ich beim Sammeln des Materials über das Leben meines Vaters auch begonnen hatte, mich mit seinem Tod zu beschäftigen. Und je mehr Zeugnisse ich darüber sammelte, desto weniger Zweifel konnten für mich bestehen, daß mein Vater vergiftet worden war, und zwar durch jenen Arzt, den Livia ihm so hilfreich einst geschickt hatte. Unter seinen Soldaten war der Verdacht unmittelbar nach dem Tod bereits ausgesprochen worden, und es war ein Zufall, daß Livias Arzt ihrem Zorn entgangen war.

Eines Nachts – oder besser: eines Morgens, denn ich war noch auf, um zu arbeiten – hörte ich lautes Rufen in der Ferne und kurz darauf ein leises, schlürfendes Geräusch auf dem Balkon vor meinem Fenster. Ich trat an die Balkontür und sah über die Brüstung einen Kopf und dann einen Arm erscheinen. Es war ein Mann in Uniform, der jetzt ein Bein über das Geländer schwang und schließlich sich ganz hinaufzog. Ich war einen Augenblick wie gelähmt, und mein erster wilder Gedanke war: Livia schickt einen Mörder! Ich wollte gerade um Hilfe rufen, als eine dunkle Stimme sagte: »Still, still, alles in Ordnung, ich bin Postumus.«

»Postumus! Hast du mich erschreckt! Warum kommst du mitten in der Nacht wie ein Einbrecher hier herauf? Was ist denn geschehen? Dein Gesicht ist blutig und dein Mantel zerrissen!«

»Ich komme, um Lebewohl zu sagen, Claudius. Ich werde auf Fischfang geschickt.«

»Sprich nicht in Rätseln, ich habe noch Wein hier stehen, trinke und sage, was geschehen ist! Fischfang?«

»Auf irgendeiner kleinen Insel. Ich glaube, man weiß noch nicht einmal, auf welcher.«

»Du wolltest doch nicht sagen – –« Mir sank das Herz, und der Kopf wurde schwindlig.

»Ich bin verbannt, jawohl wie meine arme Mutter!«

»Aber warum denn? Was hast du verbrochen?«

»Kein Verbrechen, das in den Gesetzbüchern steht. Was die Leute über mich denken, ist mir gleichgültig, aber ich will, daß du und Germanicus die reine Wahrheit wissen.«

»Komm, erzähle mir alles.«

»Sie sind hinter mir her, wir haben nicht sehr viel Zeit. Du weißt, daß mir Augustus seit kurzem seine Gunst entzogen hat. Erst habe ich den Grund nicht gewußt, dann bin ich dahintergekommen, daß Livia ihn gegen mich eingenommen hat. Wer fünfzig Jahre mit ihr zusammen lebt und immer noch jedes Wort glaubt, was sie sagt ... Aber Livia war nicht allein schuld, deine Schwester Livilla gehört auch zu der Sippe.«

»Livilla! Das ist mir schrecklich!«

»Mir auch, du weißt, wie sehr ich sie geliebt habe. Vor einem Jahr hast du einmal eine Andeutung gemacht, daß sie meiner Bemühungen und meiner Aufopferung nicht würdig sei, und du wirst dich erinnern, wie böse ich auf dich war. Heute tut es mir leid. Ich habe dir damals verschwiegen, daß sie kurz vor der ihr befohlenen Heirat mit Castor mir gestand, daß sie in Wahrheit nur mich liebe und daß sie gegen ihren Willen verheiratet werde. Ich habe ihr das geglaubt. Und ich hoffte, daß ich sie später doch einmal bekommen würde. Heute nachmittag saß ich mit ihr und Castor am Karpfenteich. Er wurde ausfällig, er rühmte sich, Livilla erobert zu haben, indem er sein Hirn gebraucht habe. Ich fragte ihn, was das heiße, und er gestand mir zynisch, daß er Lügen über mich verbreitet hätte, und aus diesem Grund habe Augustus mich Livillas nicht für würdig gehalten. Du kannst dir vorstellen, wie sehr mich das erregte. Ich fragte Livilla, ob sie davon gewußt habe, und sie tat, als ob sie empört sei, und sie habe nichts gewußt, aber Castor sei jeder Schurkerei fähig. Dann zwang sie sich ein paar Tränen ab und klagte über ihr Schicksal.«

»Das ist ein alter Trick von ihr. Damit fängt sie jeden. Ich kenne sie so genau! Aber was geschah dann?«

»Heute abend schickt sie mir eine ihrer Kammerfrauen, die mir sagt, daß Castor sich die ganze Nacht außer Hause aufhalten werde, und wenn ich kurz nach Mitternacht ein Licht an ihrem Fenster sähe, möchte ich sie besuchen. Mein Herz schlug höher, ich kam, das Licht flammte nach kurzer Wartezeit auf, ich wurde von ihrer Zofe empfangen und zu ihr geleitet. Livilla erwartete mich in einem Morgenrock, mit gelösten Haaren, und sah sündhaft schön aus. Sie beklagte sich über Castor, schlang die Arme um mich, und ich hob sie auf und trug sie auf ihr Bett. Ich konnte meine Leidenschaft kaum noch beherrschen. Auf einmal begann sie gellend zu schreien und mich zu schlagen. Ich dachte, sie sei plötzlich wahnsinnig geworden, und legte ihr meine Hand auf den Mund, um sie zu beruhigen. Sie riß sich los und warf dabei einen kleinen Tisch mit der Lampe und einer Glasschale um. Dann schrie sie: ›Hilfe! Vergewaltigung! Hilfe‹, und dann wurde die Tür aufgerissen, und die Palastwache mit Fackeln trat ein. Und wer kam zuerst?«

»Castor«?

»Livia. Sie brachte uns, wie wir waren, vor Augustus. Dort hatte sich bereits Castor eingefunden, obwohl Livilla mir gesagt hatte, daß er eingeladen sei. Augustus schickte die Wache fort – und das übrige kannst du dir vorstellen. Livilla ließ sich von Krämpfen schütteln. Ihr Morgenrock war auf einmal zerrissen. Augustus schrie, daß ich ein Vieh und Satyr sei. Livilla behauptete, ich hätte sie im Schlafzimmer überfallen. Es gab ein langes Verhör, ich mußte lachen, weil es mir einfach zu dumm wurde, aber das vergrößerte noch die Wut des Augustus! Ich sah Castor höhnisch grinsen, ich langte ihn mir bei der Gurgel, brach ihm den Arm und schlug ihm zwei Zähne aus. Augustus brüllte. Die Wache kam wieder und mußte mich festhalten. Augustus hätte mich am liebsten vor aller Augen verprügelt. Schließlich beleidigte ich Livia, indem ich dunkle Worte über Giftmord gebrauchte, und nun war es vorbei. Ich bin verbannt. Jeden Augenblick wird man mich finden, aber hier bei dir soll es nicht sein. Ich will nicht auch noch dir schaden! Doch die Wahrheit solltest du wissen!«

Ich versuchte ihn etwas zu beruhigen. Vertröstete ihn durch die Hoffnung auf Germanicus, der für ihn eintreten werde. »Gib jetzt nach. Alles ändert sich. Livia hat zu lang ihre Wege ungestört gehen können, sie muß einmal ausgleiten.« Wir verabschiedeten uns sehr herzlich und sehr erregt, und während die Rufe immer näher kamen, schwang er sich vom Balkon hinab.

Ich habe keine genaue Erinnerung an die folgenden Wochen. Ich wurde schwer krank. In der Stadt hieß es, ich sei bereits tot.

Als ich gesund wurde, war Germanicus schon an der deutschen Front, und Postumus war auf die sehr kleine und völlig unbewohnte Insel Planasia verbannt, die zwölf Meilen von Elba entfernt liegt. Nunmehr war Tiberius der einzige Erbe des Augustus, und dessen Erben wiederum sollten Germanicus und eben jener Castor sein.

Zehntes Kapitel

Postumus verbannt, Germanicus im Krieg – so war von meinen wirklichen Freunden nur noch Athenodorus um mich. Aber auch er verließ mich bald und kehrte in seine Heimatstadt Tarsus zurück. Ich korrespondierte noch eine Zeitlang regelmäßig mit dem prächtigen alten Mann, bis er – zweiundachtzig Jahre alt – starb.

Auch Germanicus schrieb mir öfters, aber die Briefe waren sehr kurz, obwohl sie stets ungewöhnlich herzlich waren. Ein guter General hat keine Zeit, lange Briefe zu schreiben. Es hat kaum einen römischen Heerführer gegeben, der es ernster mit seinen Pflichten nahm und der bei den Soldaten beliebter war als Germanicus, selbst meinen Vater nicht ausgenommen. Ich fühlte mich sehr stolz und sehr glücklich, als er mich bat, ich möchte ihm so schnell und so gründlich wie nur möglich eine Zusammenstellung aller vertrauenswürdigen Berichte über die Eigentümlichkeiten der verschiedenen Balkanvölker machen, mit denen er gerade zu kämpfen hatte. Er wollte die genaue geographische Lage und militärische Stärke ihrer Städte wissen, die ihnen eigenen Taktiken und Kriegslisten, besonders solche, die im Guerillakriege angewendet wurden. Er schrieb, daß er an Ort und Stelle nicht viel zuverlässige Informationen erhalten könne; Tiberius hülle sich in Schweigen. Mit Hilfe des Bibliothekars Sulpicius und einiger seiner Kollegen und mit einigen Schreibern, die Tag und Nacht zu tun hatten, gelang es mir, alles genau festzustellen, was er wissen wollte, und ihm meinen Bericht, einen Monat nachdem seine Anfrage eingetroffen war, zuzustellen. Ich war noch glücklicher als zuvor, als er mich sehr bald danach um zwanzig weitere Abschriften des Buches bat, weil er es seinen Stabsoffizieren zugänglich machen wollte, denn meine Arbeit hatte sich bereits als sehr nützlich erwiesen. Er versprach mir, dem Augustus und Tiberius gegenüber meine wertvollen Dienste zu erwähnen. Augustus belohnte mich inoffiziell, indem er mir eine Vakanz am Institut der Auguren überließ. Es war indessen offensichtlich, daß er alle Verdienste an dem Werk dem Sulpicius zuschrieb, obwohl Sulpicius nicht ein einziges Wort geschrieben hatte – er hatte mir lediglich einige Quellen nachgewiesen.

Ich arbeitete jetzt an einem Bericht über den Anteil, den mein Großvater am Bürgerkrieg genommen hatte, aber ich war noch nicht sehr weit gekommen, als mir auch diese Arbeit durch Livia verboten wurde. Nur zwei Teile konnte ich beenden. Sie sagte mir, ich sei zur Beschreibung meines Großvaters ebenso ungeeignet wie zur Beschreibung meines Vaters, und es sei eine Unehrenhaftigkeit von mir, eine solche Arbeit hinter ihrem Rücken zu beginnen. Wenn ich durchaus meine Feder nützlich beschäftigen wollte, so solle ich mir ein Thema aussuchen, das nicht so viele Entstellungsmöglichkeiten böte. Sie schlug mir eins vor: die religiöse Neuordnung, die Augustus vorgenommen hatte. Das war zwar kein fesselndes Thema, aber genau war es bisher noch nicht behandelt worden, und so unterzog ich mich der Arbeit gern. Die religiösen Reformen des Augustus waren fast ausnahmslos hervorragend. Er hatte alte Priestergilden neu begründet, hatte 82 Tempel in Rom und seiner näheren Umgebung erbaut und ausgestattet, hatte zahllose alte Tempel renovieren lassen, hatte ausländische Kulte eingeführt und zugelassen im Interesse der zahllosen Ausländer, die in Rom lebten oder Rom besuchten, und hatte schließlich alte religiöse Feste neu belebt. Ich behandelte meinen Stoff sehr gewissenhaft, und das Werk bestand schließlich aus einundvierzig langen Kapiteln, aber ein beträchtlicher Teil des Textes bestand aus Übertragungen und Erläuterungen alter religiöser Bestimmungen, aus Namenlisten von Priestern oder von Leuten, die Stiftungen gemacht hatten.

Vom Balkankrieg will ich keine längere Schilderung geben. Trotz der klugen Führung des Tiberius und der kühnen Vorstöße des Germanicus zog sich der Krieg nun schon drei Jahre hin. Er endete nicht eher, als bis das ganze Land verwüstet war. Schließlich unterwarf sich, in letzter Verzweiflung, die völlig ausgehungerte Bevölkerung dem Tiberius. Aus Anlaß dieses Sieges beschloß der Senat, den Augustus und den Tiberius durch einen Triumphzug zu ehren. Es war um diese Zeit übrigens eingeführt worden, daß ein Triumphzug nur noch dem Augustus oder Mitgliedern seiner Familie zugestanden werden konnte.

Andere Generale durften nur durch »triumphale Ehren« belohnt werden. Obwohl Germanicus zur Familie gehörte, wurden ihm diesmal nur die »Ehren« zugestanden, denn Augustus wollte es recht augenfällig machen, wie dankbar er dem Tiberius für die siegreiche Beendigung dieses schwierigen und kostspieligen Feldzugs war.

Schon sah ganz Rom mit freudiger Spannung den versprochenen Festlichkeiten entgegen – die außer großartigem Schaugepränge auch ein Geschenk an Geld und Getreide für jeden bedeuteten –, als aus Deutschland die Nachricht von einer der schwersten Niederlagen eintraf, die Rom je erlitten hatte. Drei Regimenter waren vollständig aufgerieben worden, und alle Eroberungen östlich des Rheins gingen mit einem Schlag verloren. Es schien, daß jetzt nichts die Deutschen hindern könne, den Rhein zu überschreiten und unsere drei längst kolonisierten und ertragreichen Provinzen in Frankreich zu verwüsten.

Augustus brach unter der Nachricht vollkommen zusammen. Er fühlte sich nicht nur durch sein Amt voll verantwortlich für die Katastrophe, sondern er fühlte auch eine persönliche Schuld: Er hatte die Deutschen falsch behandeln lassen. Als mein Vater die ersten deutschen Stämme unterworfen hatte, gewöhnte er sie langsam und sehr geduldig an die römische Zivilisation; er unterwies sie im Gebrauch des Geldes, lehrte sie, regelrechte Märkte zu veranstalten, brachte ihnen den Hausbau und das Einrichten ihrer Wohnungen bei und ließ sie Versammlungen abhalten, die nicht mit einem blutigen Gemetzel unter den Versammelten endeten. Er gab ihnen das Gefühl, daß sie Verbündete seien, nicht Unterworfene. Aber Varus, den Augustus zum Gouverneur von Deutschland jenseits des Rheins eingesetzt hatte, fiel zurück auf die bequemere, aber unselige Methode, sie als Unterworfene zu behandeln. Varus, entfernt mit meiner Familie verwandt, hatte einen schlechten und lasterhaften Charakter. Verständnis für die strengen Begriffe, die die Deutschen über die Keuschheit der Frau haben, vermochte er nicht aufzubringen. Als Augustus Geld für seinen Balkanfeldzug brauchte, wurden im ganzen Reich neue Steuern eingeführt, von denen auch die dem Varus unterstellten Gebiete nicht ausgenommen waren.

Varus ging in seinem Eifer, diese Steuern einzutreiben, zu weit. Er hatte in seiner ständigen Umgebung zwei deutsche Häuptlinge, Hermann und Siegmyrght, die fließend Lateinisch sprachen und völlig römisiert schienen. Hermann hatte in früheren Kriegen deutsche Hilfstruppen befehligt, die auf unserer Seite sehr tapfer gekämpft hatten, und seine Zuverlässigkeit stand außer Zweifel. Er hatte auch eine Zeitlang in Rom gelebt und war dadurch geehrt worden, daß sein Name in die römische Adelsliste eingetragen wurde. Diese beiden Deutschen waren sehr häufig Gäste am Tische des Varus, und die Freundschaft zwischen ihnen und dem römischen Befehlshaber war groß. Sie verstanden es auch, ihn zu überzeugen, daß ihre Landsleute nicht weniger zuverlässig und treu seien als sie selbst und die gleiche Dankbarkeit für die römische Zivilisation empfänden wie sie. Dabei standen sie aber in ständiger geheimer Verbindung mit unzufriedenen anderen Häuptlingen, die sie dazu bestimmen konnten, vorläufig den römischen Kräften nicht den geringsten Widerstand zu leisten und alle Steuern mit der größten Bereitwilligkeit zu zahlen. Bald würden sie das Zeichen zum allgemeinen Aufstand erhalten. Hermann, dessen Name »Soldat«, und Siegmyrght (oder, wie die Römer ihn nannten: Segimerus), dessen Name »fröhlicher Sieg« bedeutet, waren beide viel klüger als Varus. Einzelne Offiziere seines Stabes erschienen immer wieder vor Varus mit Warnungen: Die Deutschen betrügen sich auf eine so unnatürliche Weise korrekt, daß sich dahinter nur die Absicht verbergen könne, den Verdacht von einer plötzlichen Aktion abzulenken; aber Varus lachte über solche Behauptungen. Er sagte, die Deutschen seien viel zu schwerfällig, um einen solchen Plan überhaupt fassen zu können. Hätten sie ihn aber wirklich gefaßt, dann würden sie nicht imstande sein, ihn bis zum richtigen Augenblick für sich zu behalten. Ihre Unterwürfigkeit sei nur Feigheit. Je mehr man einen Deutschen schlüge, desto größere Achtung und Verehrung empfände er. Nicht einmal den Warnungen schenkte Varus Gehör, die ein anderer deutscher Häuptling ihm zurief, der einen persönlichen Streit mit Hermann hatte und genau in seine Pläne eingeweiht war. Statt sein Heer fest zusammenzuhalten, wie es in einem nur teilweise unterworfenen Gebiet Selbstverständlichkeit ist, verstreute er es.

Auf die geheime Anregung von Hermann und Siegmyrght baten weitab wohnende Stämme den Varus um militärische Hilfe gegen Räuber. Dann fand plötzlich eine bewaffnete Empörung am östlichen Rand der Provinz statt: Ein Steuereinnehmer und seine Eskorte wurden erschlagen. Varus zog mit den gerade verfügbaren Kräften zu einer Strafexpedition aus. Hermann und Siegmyrght begleiteten ihn eine Strecke des Weges, dann entschuldigten sie sich unter dem Vorwand, ihre Hilfstruppen aufstellen zu wollen, mit denen sie zu ihm stoßen würden, sobald er es verlangte. Diese Hilfstruppen aber waren schon mobilisiert und lagen ein oder zwei Tagereisen voraus in sicherem Hinterhalt. Jetzt schickten die beiden Führer jenen weitabwohnenden Stämmen den Befehl, sich auf die römischen Abteilungen zu stürzen, die zu ihrer Hilfe gegen Räuber geschickt worden waren, und keinen Mann am Leben zu lassen.

Von diesem Blutbad erfuhr Varus nichts mehr, weil er bereits die Verbindung mit seinem Hauptquartier verloren hatte, abgesehen davon, daß es auf römischer Seite keinen Überlebenden gab. Der Weg, dem Varus folgte, war ein enger Waldweg. Weder Vortrupps noch Kundschafter wurden ausgeschickt, sondern Varus ließ seine ganze Truppe, zu der auch viele Nichtkämpfer gehörten, in einer sehr langen, ungeordneten Reihe durch den Wald ziehen, so unbesorgt, als ob er sich fünfzig Meilen von Rom befände. Der Vormarsch ging sehr langsam vonstatten, weil es unausgesetzt Hindernisse zu beseitigen galt: Bäume mußten gefällt und Brücken für die Troßwagen gebaut werden. So hatten die im Hinterhalt wartenden Deutschen genug Zeit, sich zu verstärken. Das Wetter schlug um, vierundzwanzig Stunden regnete es ununterbrochen. Die Lederschilde der Leute waren so voll Wasser gesogen, daß man sie zum Kampf nicht mehr gebrauchen konnte. Die Bogen der Schützen verloren durch die übermäßige Feuchtigkeit ihre Form. Der Waldboden wurde so schlüpfrig, daß man nur noch mit Mühe vorwärts konnte, die Wagen saßen alle Augenblicke im Lehm fest. Immer weiter zog sich auf diese Weise die Kolonne auseinander. Da wurde plötzlich von einem Hügel ein Rauchsignal gegeben, und von allen Seiten griffen die Deutschen an.

Im offenen Kampf hätten die Deutschen den römischen Truppen nicht gefährlich werden können. Aber hier lagen alle äußeren Umstände so günstig wie nur möglich für die Deutschen und so ungünstig wie nur möglich für die Römer. Trotzdem richteten sich ihre ersten Angriffe gegen Versprengte und Nachzügler oder gegen einzelne Trainkolonnen, und auch jetzt noch vermieden sie den Kampf von Mann zu Mann, sondern schossen aus guter Deckung ihre Speere ab. Durch diese Taktik verbreiteten sie sehr viel Nervosität und Ungewißheit unter den Römern, abgesehen davon, daß schon jetzt die römischen Verluste hoch waren.

Das Regiment, das die Spitze hatte, konnte bis zu einem Hügel durchdringen, der durch einen Waldbrand völlig kahl war. Hier sammelte es sich und konnte sich, ohne im geringsten durch den überall herumschwärmenden Gegner belästigt zu werden, formieren. Varus hoffte, daß allmählich die beiden anderen Regimenter ebenfalls herankommen würden. Dieses Regiment hatte noch seine Trainkolonne vollständig bei sich, und auch seine Verluste waren zunächst sehr gering. Die beiden anderen Regimenter hatten unterdessen bereits schwere Verluste gehabt. Natürlich war alles versucht worden, um so schnell wie möglich wieder Ordnung in die aufgelösten Kolonnen zu bringen, aber dies wäre selbst ohne einen feindlichen Angriff schwer gewesen. Als sich am Abend die beiden nachfolgenden Regimenter mit dem ersten vereinigt hatten und sie zum Appell antraten, mußte Varus feststellen, daß er rund ein Drittel seiner Streitkräfte bereits eingebüßt hatte. Am nächsten Tage kämpfte er sich aus dem Wald heraus in freies Gelände, aber dabei verlor er seinen ganzen Train. Es war fast nichts zu essen aufzutreiben, und am dritten Tag war er gezwungen, wieder im Wald unterzutauchen. Die Verluste des zweiten Tags waren nicht schwer gewesen, denn ein großer Teil der Feinde hatte sich beim Plündern des Trains aufgehalten und erst einmal die Beute in Sicherheit gebracht. Aber als am Abend des dritten Tags zum Appell angetreten wurde, wurde der Namensaufruf nur noch von einem Viertel der ursprünglichen Stärke beantwortet. Am vierten Tag rückte Varus immer noch in der einmal festgesetzten Richtung vor, denn er war zu dickköpfig, um seine Niederlage anzuerkennen und seine ursprüngliche Absicht aufzugeben, aber das Wetter, das sich in der Zwischenzeit etwas gebessert hatte, wurde jetzt schlechter als zuvor, und die Deutschen, die daran gewöhnt waren, wurden kühner und kühner, je mehr sie spürten, daß der römische Widerstand nachließ. Immer näher wagten sie sich heran.

Am Mittag des vierten Tags mußte Varus einsehen, daß alles verloren war, und er tötete sich selbst. Die meisten der noch lebenden Offiziere und auch viele Soldaten folgten seinem Beispiel. Nur ein einziger Offizier verlor nicht den Kopf, jener Cassius Chaerea, der einst im Amphitheater so rühmlich gekämpft hatte. Er befehligte die Nachhut, die hauptsächlich aus savoyischen Bergbewohnern bestand, Hilfstruppen, die einem solchen Wetter besser zu trotzen verstanden. Als die Nachricht kam, daß Varus tot sei, daß die Adler vom Feinde erbeutet und keine dreihundert Mann von den drei Regimentern noch am Leben seien, beschloß Cassius, zu retten, was noch zu retten war. Er ließ seine Nachhut die Front wechseln und stieß mit einem überraschenden Angriff durch den verfolgenden Feind. Cassius, ein Mann von großem persönlichem Mut, vermochte auch seine

Leute anzufeuern. Die Deutschen faßte Schrecken. Sie kümmerten sich um die kleine entschlossene Schar nicht mehr und liefen davon, dem Schauplatz der Schlußkämpfe zu, wo leichtere Arbeit zu leisten war. Es ist eins der kühnsten Soldatenstückchen der neueren Zeit, daß es Cassius gelang, von seinen einhundertundzwanzig Mann nach achttägigem Marsch durch feindliches Gebiet achtzig wohlbehalten zurückzubringen.

Schwer läßt sich die Panik vorstellen, die Rom ergriff, als die Katastrophe bekannt wurde. Leute luden ihre Habseligkeiten auf Wagen, als ob die Deutschen schon vor den Toren ständen. Grund zur Furcht war allerdings gegeben. Die Verluste im Balkankrieg waren so schwer gewesen, daß fast alle Reserven, die Italien aufbringen konnte, verbraucht waren. Vergeblich grübelte Agustus, wie er ein Heer aufstellen solle, womit Tiberius die Rheinbrücken sichern konnte, welche die Deutschen anscheinend noch nicht besetzt hatten. Ein Aufruf an die römischen Bürger, sich freiwillig zu melden, hatte so gut wie keinen Erfolg, denn ein Krieg gegen die Deutschen wurde dem sicheren Tod gleichgeachtet. Augustus ließ einen zweiten Aufruf ergehen, mit Drohungen, der ebenfalls so gut wie nichts nützte. Schließlich ließ er, zur Abschreckung, einige Leute im militärfähigen Alter hinrichten und hob die übrigen zwangsweise aus. Ferner zog er einen Jahrgang von Leuten über fünfunddreißig ein, und auch ältere, gediente Leute wurden wieder herangezogen, die eigentlich, nach sechzehn Jahren Dienst, davon hätten befreit bleiben müssen. Mit diesen Leuten und einem oder zwei Regimentern, die er aus Freigelassenen zusammenstellte, gelang es ihm immerhin, eine stattliche Macht zusammenzubringen, die kompanieweise nach Norden in Marsch gesetzt wurde, sobald sie vollzählig ausgerüstet war.

Ich schämte und bekümmerte mich sehr, daß ich in dieser Stunde der höchsten Not nicht als Soldat zum Schutze Roms ausziehen konnte. Ich ging zu Augustus und bat ihn, mich an einer Stelle zu verwenden, wo meine körperlichen Schwächen mich nicht behindern würden. Ich schlug vor, mich als Nachrichtenoffizier zu Tiberius zu schicken und mich mit dem Sichten und Vergleichen von Berichten über feindliche Truppenbewegungen zu beschäftigen, mich Gefangene ausfragen, Karten anfertigen und Spione instruieren zu lassen. Augustus schien über meine Hilfe erfreut und sagte, er werde über meinen Vorschlag mit Tiberius sprechen. Aber ich habe nie wieder etwas darüber gehört. Vielleicht hielt Tiberius mich für unfähig, vielleicht hatte er sich geärgert, daß ich mich freiwillig gemeldet hatte, während sein eigener Sohn Castor sich zu nichts anderem bereit gefunden hatte, als Truppen in Süditalien auszuheben. Indessen teilte Germanicus mein Schicksal, und das war ein großer Trost für mich. Er hatte sich freiwillig nach Deutschland gemeldet, aber Augustus brauchte ihn in Rom, wo er sehr populär war, weil er ihm helfen sollte, innere Unruhen zu unterdrükken, deren Ausbruch er befürchtete, sobald die für Deutschland bestimmten Regimenter die Stadt verlassen hätten. Unterdessen hatten die Deutschen die Versprengten vom Heer des Varus alle einzeln verfolgt. Hunderte dieser Unglücklichen wurden den deutschen Waldgöttern geopfert, indem man sie in Käfigen, aus Weidenruten geflochten, bei lebendigem Leib verbrannte. Die übrigen behielten sie als Gefangene. (Erst viel später konnten sie durch außergewöhnlich hohes Lösegeld von ihren Verwandten losgekauft werden, aber Augustus verbot ihnen, je wieder nach Italien zurückzukehren.) Die Deutschen veranstalteten in ihrer Freude eine lange Folge kolossaler Trinkgelage von dem erbeuteten Wein, und es kam zu blutigen Auseinandersetzungen über die Beute und über den Anteil am Ruhm. So dauerte es eine lange Weile, bis sie sich zu neuen Taten entschlossen und merkten, wie wenig Widerstand sie finden würden, wenn sie jetzt den Rhein überschritten. Als es mit dem Weinvorrat zu Ende ging, griffen sie kleinere und schwächere Grenzforts an, und eins nach dem andern wurde von ihnen erobert und zerstört. Nur eine einzige kleine Festung setzte ihnen mannhaften Widerstand entgegen: diejenige, die von Cassius befehligt wurde. An und für sich hätten die Deutschen auch hier genauso schnell erfolgreich sein müssen wie anderswo, aber Hermann und Siegmyrght nahmen an der Belagerung nicht teil, und die anderen Führer verstanden nichts von der Belagerungskunst. Cassius hatte einen sehr großen Vorrat an Bogen und Pfeilen in der Festung aufgestapelt, und jedermann, auch die Frauen und Sklaven, wurde in ihrem Gebrauch unterrichtet. Er schlug erfolgreich einige sehr heftige Angriffe auf die Tore ab. Immer hatte er riesige Töpfe mit kochendem Wasser bereit, das auf jeden herabgestürzt wurde, der die Wälle mit Leitern zu ersteigen strebte. Die Deutschen verbissen sich in die Eroberung dieses strategisch wenig bedeutungsvollen Punktes und gaben in der Hoffnung auf reiche Beute so sehr ihre ganze Kraft daran, daß sie niemals gegen die Rheinbrückenköpfe vorstießen, die nur mit ganz schwachen Wachmannschaften besetzt waren.

Jetzt kam die Nachricht, daß Tiberius in Eilmärschen mit einem neuen Heer heranrücke. Hermann sammelte sofort seine Truppen, in der festen Absicht, die Brücken zu erobern, ehe Tiberius eintreffen konnte. Nur eine kleinere Abteilung wurde vor der Festung des Cassius zurückgelassen; sie sollte die Zufuhr verhindern, denn die Deutschen wußten, daß es innerhalb der Festung mit Lebensmitteln anfing knapp zu werden. Cassius, der von Hermanns Plänen Wind bekommen hatte, beschloß jetzt, sich aus dem Staub zu machen, solange er noch die Kraft dazu hatte. In einer stürmischen Nacht gelang es ihm, mit der ganzen Garnison zu entkommen. Sobald er sich vom Feind gelöst hatte, ließ er den römischen »Gegenangriff« blasen. Die Deutschen glaubten, er habe sich mit einem Ersatzkorps vereinigt; daher verfolgten sie ihn nicht, sondern begnügten sich damit, das Fort auf Beute zu untersuchen. Die römischen Truppen am nächsten Brückenkopf hörten, weil Ostwind herrschte, die Signale, die Cassius geben ließ. In aller Eile wurde ein kleines Hilfskorps abgesandt, das aber nichts weiter zu tun brauchte, als die Garnison des Cassius heimzugeleiten. Zwei Tage später verteidigte Cassius die Brücke erfolgreich gegen einen Massenangriff Siegmyrghts. Kurz darauf trafen die Vorhuten von dem Heer des Tiberius ein, und die Lage war gerettet.

Elftes Kapitel

Augustus war jetzt über siebzig Jahre alt. Bis vor kurzem hatte niemand an sein wahres Alter gedacht, aber durch die letzten Schwierigkeiten war er sehr verändert worden. Die Gleichmäßigkeit seines Gemüts war dahin, immer schwerer fiel es ihm, Besucher mit der gewohnten unerschütterlichen Höflichkeit zu empfangen, und bei öffentlichen Gastmählern vermochte er seine Nervosität oft nicht mehr zu beherrschen. Livia gegenüber konnte er die Geduld verlieren. Trotzdem arbeitete er so gewissenhaft wie früher und ließ sich auf zehn weitere Jahre mit der Monarchie betrauen. Tiberius und Germanicus nahmen ihm die Mühe ab, und Livia arbeitete mehr denn je. Als Augustus während des Balkankrieges von Rom abwesend war, hatte sie mit einem Duplikat des kaiserlichen Siegels und in ständiger Kurierverbindung mit ihm die Regierungsgeschäfte fast ganz allein geführt. Augustus hatte sich damit abgefunden, daß Tiberius sein Nachfolger werden würde. Er hielt ihn für fähig, mit Vernunft zu regieren. Andererseits tat ihm der Gedanke wohl, daß man unter einem Menschen wie Tiberius ihn besonders heftig vermissen würde und daß man von seinem Zeitalter bald als von dem Goldenen Zeitalter sprechen müsse. Er empfand selber eine große Genugtuung darüber, daß Germanicus der Nachfolger des Tiberius werden würde.

Damals hatte Augustus, wie fast jeder andere in Rom, die republikanischen Grundlagen seiner Herrschaft völlig vergessen. Er war der Überzeugung, daß die vierzig Jahre harter Arbeit und treuer Dienste, die er Rom erwiesen hatte, ihm ohne weiteres das Recht einräumten, seine Nachfolger zu ernennen. In Wirklichkeit und der Verfassung nach hatte er ein Amt inne, das ihm der Senat übertragen hatte und das sich vom Amt der republikanischen Konsuln nur dadurch unterschied, daß es mit größeren Vollmachten ausgestattet und ihm auf längere Dauer übertragen war.

Während Germanicus im Balkankrieg war, hatte ich ihm die Wahrheit über Postumus verschwiegen – aus Furcht vor Livias Agenten, die alle wichtige Post durchsahen –, aber nach seiner Rückkehr hatte ich ihm alles erzählt. Er war sehr bestürzt und wußte nicht, ob er mir glauben sollte. Ich muß erwähnen, daß Germanicus nur sehr schwer dazu zu bringen war, von irgend jemandem schlecht zu denken, bis man ihm handgreifliche Beweise vorlegte. Diese Geradheit hat ihm im allgemeinen sehr genützt. Die meisten Leute, mit denen er zusammenkam, fühlten sich erhoben durch die gute Meinung, die er offensichtlich von ihnen hatte, und sie bemühten sich, diese Meinung zu rechtfertigen. So sagte er mir jetzt, daß er Livia einer solchen Schurkerei nicht für fähig halten könne, obwohl er selbst allerdings einige unangenehme Entdeckungen an ihr gemacht habe. Er meinte auch, es gäbe nicht genügend starke Motive für Livilla, es sei denn, daß man Livia in die Angelegenheit einbeziehen wolle, was absolut lächerlich sei. Als ich aber die Gegenfrage stellte, ob er den Postumus irgendwelcher Schlechtigkeit für fähig halte, mußte er verstummen. Er hatte Postumus stets sehr gern gehabt und großes Vertrauen in ihn gesetzt. Ich nutzte seine Unsicherheit aus und ließ ihn beim Andenken unseres toten Vaters schwören, daß er sich an Augustus wenden würde, falls sich herausstellen sollte, daß Postumus zu Unrecht verbannt worden sei.

In Deutschland ereignete sich nichts. Tiberius hielt die Rheinbrücken fest besetzt, aber er versuchte nicht, den Fluß zu überschreiten, da er noch kein Zutrauen zu seinen Truppen hatte, denen er jetzt erst den nötigen Schliff beibringen konnte. Auch die Deutschen gingen neuen Kämpfen aus dem Wege.

Germanicus bekleidete jetzt das noch bestehende Amt des Consuls. Er brachte mich mit seinen Freunden zusammen, sooft eine Gelegenheit sich bot, denn im Palast bestand immer noch die Regel, daß ich an Livias Tisch nicht zuzulassen sei, und auch die Gefühle meiner Mutter waren nicht freundlicher gegen mich geworden. Um seinetwillen begegnete man mir mit einer gewissen Achtung, aber man wußte, wie die Familie über mich dachte, und da Tiberius sich dieser Meinung angeschlossen hatte, bestand für niemanden eine Notwendigkeit, sich besonders mit mir abzugeben.

Auf den Rat des Germanicus ließ ich mitteilen, daß ich aus meiner neuesten historischen Arbeit vorlesen würde, und ich lud eine Anzahl prominenter Geister dazu ein. Die Arbeit, die ich zur Vorlesung bestimmt hatte, war sehr mühsam gewesen, sie behandelte kultische Eigentümlichkeiten der Etrusker. Germanicus hatte sie schon vorher gelesen und sie meiner Mutter und Livia gezeigt, die keine Einwendungen erhoben, und dann opferte er mir seine Zeit und ließ mich eine Probe meiner Vorlesung abhalten. Er gratulierte mir zu meiner Arbeit und auch zu der Art, wie ich sie vortrug. Er schien so viel und anerkennend darüber gesprochen zu haben, daß der Raum, in dem ich lesen sollte, überfüllt war. Livia und Augustus waren zwar nicht gekommen, aber meine Mutter und Germanicus und Livilla. Ich fühlte mich vor einer großen Stunde, aber ich war nicht im mindesten aufgeregt. Germanicus hatte mir geraten, mich durch einen Becher Wein vorher zu kräftigen, und ich war diesem Rat gefolgt. Die Türen wurden geschlossen, und ich begann zu lesen. Ich kam sehr gut vorwärts, beobachtete mich stets, daß ich nicht zu schnell oder zu langsam oder zu laut oder zu leise las, und die Zuhörerschaft, die nicht allzuviel erwartet hatte, fing an, Interesse zu finden. Da ereignete sich etwas sehr Unglückliches. Es wurde laut an die Tür geklopft. Sehr umständlich klapperte jemand mit der Türklinke, und dann schob sich der fetteste Mann herein, den ich in meinem Leben gesehen habe. Er trug eine Adelstoga und in der Hand ein gepolstertes Kissen. Ich unterbrach meine Vorlesung, weil ich an eine schwierige und wichtige Stelle gekommen war und mir niemand mehr zuhörte; jedermann starrte auf den Fetten. Er sah Livius und grüßte ihn mit einem merkwürdigen Singsang, von dem ich später erfuhr, daß es der Dialekt von Padua war. Daraufhin begrüßte er mit einem geschwollenen Satz die Versammlung, was ein allgemeines Gekicher zur Folge hatte. Obwohl Germanicus Consul war, widmete er ihm genausowenig Aufmerksamkeit wie meiner Mutter oder mir, deren Gastfreundschaft er schließlich in Anspruch nehmen wollte. Dann sah er sich nach einem Sitzplatz um und entdeckte die beiden leeren Prunksessel, die in unserem Haus bei jeder Gelegenheit für Augustus und Livia bereitstanden, falls sie sich unerwartet einfinden sollten. Der Fette betrachtete einen Augenblick lang den Sessel des Augustus, fand ihn wohl zu eng für sich und entschied sich für den Sessel Livias. Er schob sich das mitgebrachte Kissen unter, legte sich die Toga zurück und ließ sich mit einem Grunzen nieder. Da der Stuhl, der einstmals im Palast der Kleopatra gestanden hatte, alte und zarte ägyptische Handarbeit war, brach er natürlich mit lautem Krach zusammen. Jeder – von Germanicus, Livius, meiner Mutter und einigen wissenschaftlich Interessierten abgesehen – fing an, laut zu lachen. Als der Fette sich wieder aufgerafft hatte, gestöhnt und geflucht und sich gerieben hatte, wurde er durch einen Freigelassenen aus dem Zimmer geleitet. Man sammelte sich wieder, es trat Ruhe ein, und ich versuchte fortzufahren. Aber jetzt konnte ich selbst mich vor Lachen nicht beherrschen. Vielleicht war der Wein daran schuld, vielleicht war mir nur so heiter zumute, weil ich als einziger das blöde Gesicht des Kerls in dem Augenblick gesehen hatte, als er zusammenbrach – jedenfalls: Ich vermochte mich nicht auf die etruskischen Riten zu konzentrieren. Zuerst hatten meine Zuhörer Verständnis für meine Heiterkeit, und man lachte sogar mit mir, als ich aber dann, mich durch einen neuen Absatz hindurchquälend, zufällig einen Blick auf den zusammengebrochenen Stuhl und seine zersplitterten Beine warf, mußte ich wieder lachen, und meine Zuhörer wurden ungehalten. Ich versuchte von neuem, mich zu beherrschen, und tatsächlich gelang es mir, sehr zur Erleichterung des Germanicus, wieder ins alte Fahrwasser zu kommen, als die Türen aufgerissen wurden – und wer trat ein? Augustus und Livia. Sie wandelten würdig zwischen den Stuhlreihen entlang, und Augustus nahm Platz. Livia wollte dasselbe tun, als sie schon mit ihrer lauten, schneidenden Stimme fragte: »Wer hat auf meinem Stuhl gesessen?« Germanicus gab sich große Mühe, ihr alles so gut wie möglich zu erklären, aber sie fand, daß man sie beleidigt habe. Ohne ein weiteres Wort ging sie. Augustus fühlte sich unbehaglich, aber er folgte ihr. – Wird mich jemand tadeln, daß mir der Rest meiner Vorlesung gänzlich mißlang? Germanicus war sehr verstimmt, obwohl er tat, was er konnte, um aus den Zuhörern Dank und Anerkennung zu lokken. Er bedauerte mit freundlichen Worten die unglücklichen Zwischenfälle und hoffte, ich würde unter einem günstigeren Stern bald wieder eine Vorlesung halten. Als alle gegangen waren, bat ich Germanicus, so gut ich konnte, um Verzeihung. Er schien die unangenehmen Erlebnisse schon wieder vergessen zu haben. Es hat niemals einen liebevolleren Bruder und gütigeren Menschen gegeben als ihn. Ich habe seitdem aus meinen Werken nie wieder öffentlich vorgelesen.

Eines Tages kam Germanicus mit einem sehr ernsten Gesicht zu mir. »Ich habe dir mein Wort gegeben«, sagte er, »ich bin gerade dabei es zu halten.« Ich fragte ihn, was er meine, er entgegnete nur, er habe die Wahrheit über Postumus erfahren, er habe sogar keine Zweifel mehr über die Rolle, die Livia dabei gespielt habe, und er sei jetzt auf dem Wege zu Augustus. – Was in der Unterredung, die Germanicus an diesem Tag mit Augustus hatte, gesprochen wurde, weiß ich nicht. Aber zum Abendessen erschien er sehr erleichtert, und aus der Art, wie er meinen Fragen auswich, konnte ich schließen, daß Augustus ihm völliges Stillschweigen auferlegt hatte. Erst viel später habe ich erfahren, was damals gesprochen wurde und welche Entschlüsse Augustus gefaßt hatte. Er schrieb nach Corsica, von wo Beschwerden über Angriffe der Piraten eingegangen waren, er würde sich dieser Angelegenheit persönlich annehmen, da er ohnehin nach Marseille reisen müsse, wo er einen Tempel einzuweihen habe.

Kurz darauf segelte er ab, aber in Elba unterbrach er seine Fahrt für zwei Tage. Am ersten Tag gab er den Befehl, daß die gesamte Wachmannschaft des Postumus in Planasia abgelöst werden solle. Das geschah. In der gleichen Nacht segelte er heimlich in einem Fischerboot nach Planasia hinüber, begleitet nur von seinem bewährten Freund Fabius Maximus und einem gewissen Clemens, der ein Sklave des Postumus gewesen war und eine auffällige Ähnlichkeit mit seinem früheren Herrn hatte. (Man hat mir später erzählt, dieser Clemens sei ein natürlicher Sohn Agrippas gewesen). Die drei hatten Glück, denn sie trafen Postumus am Strand kurz nach ihrer Landung. Er hatte Nachtköder für Fische ausgelegt und dabei im Mondlicht das Segelboot bemerkt; er war allein. Augustus gab sich zu erkennen, streckte die Hand aus und rief: »Verzeih mir, mein Sohn!«

Postumus ergriff die Hand und küßte sie. Dann traten die beiden zur Seite, während Fabius und Clemens Wache hielten. Was zwischen ihnen beide gesprochen wurde, weiß niemand, aber Augustus weinte, als sie zurückkamen. Dann tauschten Postumus und Clemens ihre Kleider und sogar ihre Namen miteinander: Postumus segelte mit Augustus und Fabius nach Elba, während Clemens den Platz des Postumus solange einnehmen sollte, bis seine Befreiung bekanntgemacht werde, und das werde, wie Augustus sagte, nicht lange dauern. Dem Clemens wurde Befreiung aus der Sklaverei und eine große Summe Geldes versprochen, wenn er seine Rolle gut spielen würde. Er sollte sich in den nächsten Tagen krank stellen, bis sein Haar und Bart gewachsen seien, so daß niemand den Betrug merken konnte, besonders weil die neue Wachmannschaft ihn noch nicht länger als ein paar Augenblicke gesehen hatte.

Livia argwöhnte, daß Augustus etwas hinter ihrem Rücken unternähme. Sie wußte, wie ungern er zur See fuhr und daß er niemals ein Schiff benutzte, wenn er zu Land reisen konnte, selbst wenn die Landreise ihn wertvolle Zeit kostete. Allerdings konnte er nach Corsica nur auf dem Seeweg gelangen, aber die Angelegenheit der Piraten war ganz untergeordnet und erforderte keineswegs seine persönliche Gegenwart. So fing sie an, nachzuforschen, und bekam bald heraus, daß Augustus bei seinem Aufenthalt in Elba die Wachmannschaft für Postumus hatte ablösen lassen und daß er und Fabius in gleicher Nacht auf den Fang von Tintenfischen gefahren waren, nur von einem einzigen Sklaven begleitet. Fabius war mit Marcia verheiratet, die an allen Geheimnissen teilhatte. Livia hatte sich bisher kaum um sie gekümmert, auf einmal zog sie sie zu sich heran. Marcia war ein ganz unkomplizierter Mensch und leicht zu täuschen. Als Livia sicher war, daß sie sich das Vertrauen der Marcia vollständig erobert hatte, nahm sie sie eines Tages beiseite und fragte: »Sagen Sie doch, Liebe, war Augustus sehr erschüttert, als er Postumus nach all den Jahren wiedersah? Er ist viel weichherziger, als er es wahrhaben möchte«. Nun hatte zwar Fabius seiner Frau von der geheimnisvollen Fahrt nach Planasia erzählt, da er alles, was ihn anging, ihr mitzuteilen pflegte, aber er hatte ihr gleichzeitig auferlegt, vor niemandem ein Wort laut werden zu lassen, denn das könne leicht seinen Tod bedeuten. So wollte Marcia zuerst keine Antwort geben. Aber Livia lachte und sagte: »Sie sind wie der Soldat, der den Tiberius nicht in sein eigenes Lager zurücklassen wollte, weil er die Parole vergessen hatte. Befehl ist Befehl,

General, unterstand ein solcher Kerl sich zu sagen! Liebe, Augustus und ich, wir haben keine Geheimnisse voreinander, aber Sie wissen selbst, was Sie tun.« Daraufhin blieb Marcia nichts weiter übrig, als sich zu entschuldigen, und sie sagte: »Ja, Fabius hat mir erzählt, daß Augustus sehr geweint hat.« Livia antwortete: »Ich habe es nicht anders erwartet. Vielleicht ist es besser, daß Sie über unser Gespräch nichts zu Fabius sagen – Augustus sieht es nicht gern, daß andere Leute erfahren, daß er alles mir anvertraut. Hat Ihnen Fabius auch von dem Sklaven erzählt?«

Dies war ein Schuß ins Dunkle. Der Sklave konnte ganz unwichtig sein, aber vielleicht lohnte sich diese Frage. Marcia entgegnete: »Ja, Fabius hat mir gesagt, daß er fast genau so aussah wie Postumus, nur war er etwas kleiner.« – »Sie glauben nicht, daß die Wachmannschaften den Unterschied bemerken?« – »Fabius glaubt es nicht. Clemens war früher ein Sklave des Postumus, wenn er also aufpaßt, wird er sich richtig benehmen können.«

Jetzt brauchte Livia nur noch herauszufinden, wo Postumus sich aufhielt. Sie nahm an, daß er irgendwo unter dem Namen Clemens versteckt gehalten werde. Sie vermutete, daß Augustus ihn öffentlich wieder in seine Gunst aufnehmen, vielleicht sogar den Tiberius übergehen und ihn zu seinem unmittelbaren Nachfolger bestimmen wollte, um ihn zu entschädigen. Daher zog sie zunächst den Tiberius ins Vertrauen. Inzwischen waren neue Unruhen auf dem Balkan ausgebrochen, und Augustus plante, den Tiberius dorthin zu senden. Germanicus war in Frankreich, der Sohn des Tiberius, Castor, sollte nach Deutschland geschickt werden. Augustus hatte häufig Unterredungen mit Fabius, von dem Livia annahm, daß er der Mittelsmann zu Postumus war. Sobald die Luft rein war, fürchtete Livia, würde Augustus den Postumus vor den Senat führen und die Beschlüsse gegen ihn widerrufen lassen. Wenn Postumus aber rehabilitiert war, schien ihr eigenes Leben nicht mehr sicher. Denn Postumus war der einzige, der seinen Verdacht gegen sie offen aussprach, er hatte sie angeklagt, daß sie seinen Vater und seine Brüder habe vergiften lassen, und wenn Augustus ihn zurückholte, so konnte dies bedeuten, daß er diesen Anschuldigungen Glauben schenkte. Sie setzte ihre besten Spione auf die Fährte des Fabius, um einen Sklaven Clemens zu entdecken, aber die Spione konnten nichts feststellen. Um keine Zeit zu verlieren, beschloß sie zunächst, den Fabius zu beseitigen. Eines Nachts wurde er auf dem Wege zum Palast überfallen und erstochen: Zwölf Wunden wies der

Leichnam auf. Die maskierten Mörder entkamen. Beim Begräbnis gab es einen kleinen Skandal. Marcia warf sich über die Leiche ihres Mannes und bat ihn um Verzeihung, denn sie allein habe seinen Tod verschuldet durch ihre Gedankenlosigkeit und ihren Ungehorsam. Indessen verstand niemand, was sie meinte, und man dachte, daß sie vor Schmerz nicht ganz bei Sinnen sei.

Livia hatte dem Tiberius aufgegeben, sich in ständiger Fühlung mit ihr zu halten und so langsam wie nur möglich nach dem Balkan zu reisen. Jeden Augenblick könne er zurückgerufen werden. Augustus, der ihn bis Neapel begleitet hatte, wurde plötzlich krank: Sein Magen schien nicht in Ordnung zu sein. Livia traf Anstalten, ihn zu pflegen, aber er dankte ihr und meinte, er könne sich selbst heilen. Er ging an seinen eigenen Arzneischrank, nahm ein starkes Abführmittel und aß einen ganzen Tag lang nichts. Er verbot ihr geradezu, sich über seine Gesundheit irgendwelche Gedanken zu machen, sie habe selbst genug Sorgen. Lachend lehnte er es ab, etwas anderes als Brot zu essen, von dem sie auch aß, und das Wasser zu trinken, das in der gemeinsamen Karaffe war. Schließlich pflückte er sich selbst ein paar Feigen. In seinem äußeren Verhalten zu Livia schien nichts geändert zu sein, und auch ihr war nichts anzumerken, aber jeder las des anderen Gedanken.

Trotz aller Vorsicht wurde sein Magen nicht besser. In Nola mußte er die Rückreise unterbrechen. Von dort sandte Livia einen Boten an Tiberius, er möge sofort zurückkehren. Als er ankam, hieß es, daß die Kräfte des Augustus abnähmen und daß er dringend nach ihm gefragt habe. Er hatte schon Abschied von einigen früheren Consuln genommen, die auf die Nachricht von seiner Krankheit aus Rom herbeigeeilt waren. Lächelnd hatte er sie gefragt, ob er nach ihrer Meinung »mit Anstand gespielt habe«; dies war die übliche Frage der Schauspieler an das Publikum nach Beendigung des Stücks. Und sie hatten ihm geantwortet, lächelnd, obwohl die meisten von ihnen Tränen in den Augen hatten: »Keiner hat es je besser gekonnt, Augustus.« – »Dann entlaßt mich mit herzlichem Beifall!« hatte Augustus entgegnet.

Tiberius weilte drei Stunden an seinem Bett. Als er aus dem Krankenzimmer heraustrat, teilte er mit, in einem schmerzlichen Ton, daß der Vater des Vaterlandes soeben in Livias Armen verschieden sei, mit einem letzten Gruß an ihn selbst, an den Senat und an das römische Volk. Er dankte den Göttern, daß er noch rechtzeitig angekommen sei, um die Augen seines Vaters und Wohltäters zuzudrücken. Tatsächlich war Augustus schon einen ganzen Tag tot gewesen, als Tiberius eintraf, aber Livia hatte die Tatsache verheimlicht, indem sie alle zwei, drei Stunden günstige oder weniger günstige Bulletins ausgab.

Ich weiß noch genau, wie mich die Nachricht erreichte. Es war am 20. August. Ich hatte die ganze Nacht gearbeitet und schlief darum lang, denn ich hatte es bequemer gefunden, im Sommer nachts zu arbeiten und tags zu schlafen. Ich wurde von zwei alten Adligen geweckt, die sich entschuldigten, aber die Angelegenheit sei zu wichtig! Augustus sei tot, und der Ritterorden, dem sie angehörten, hätte mich ausersehen, dem Senat eine Bitte zu unterbreiten. Der Orden bat um die Ehre, den Leichnam des Augustus auf seinen Schultern in die Stadt zurückbringen zu dürfen. Ich war noch halb im Schlaf und wußte nicht, was ich sagte. Ich schrie: »Gift ist Trumpf, Gift ist Trumpf!« Die beiden alten Herren sahen mich mit Unbehagen an, ich kam zu mir und entschuldigte mich, indem ich die Worte einem heftigen Traum zuschrieb, den ich soeben gehabt hätte. Ich erklärte mich bereit, ihre Bitte zu vermitteln. Bei dieser Gelegenheit betrat ich den Senat zum erstenmal während einer Sitzung. Ich brachte mein Anliegen vor, ohne zu stottern oder Worte auszulassen oder mich sonst irgendwie unwürdig aufzuführen.

Zwölftes Kapitel

Obwohl man gewußt hatte, daß die Kräfte des Augustus im Schwinden begriffen waren und daß er nicht mehr lange leben werde, konnte sich Rom mit der Tatsache seines Todes nicht abfinden. Die Stadt fühlte sich wie ein Knabe, der seinen Vater verliert. Ob dieser Vater gut oder böse war, gerecht oder ungerecht, ist dabei ziemlich gleichgültig – er war eben der Vater, und kein Onkel oder älterer Bruder konnte je seinen Platz einnehmen. Denn Augustus hatte sehr lange regiert, und man mußte schon über das mittlere Alter hinaus sein, wenn man sich der Anfänge seiner Regierung erinnern wollte. Es war darum ganz natürlich, daß der Senat sich mit der Frage befaßte, ob die göttlichen Ehren, die dem Augustus zu seinen Lebzeiten bereits in den Provinzen erwiesen worden waren, ihm jetzt nicht auch von der Stadt Rom selbst erwiesen werden sollten. Die Frage wurde bejaht, und die Erhebung des Augustus zu einem römischen Gott wurde beschlossen. Altäre wurden ihm in Rom und den benachbarten Städten errichtet. Ein Priesterorden wurde gegründet, der sich nur des Augustuskults anzunehmen hatte, und Livia, der der Titel Augusta verliehen war, wurde zur Oberpriesterin bestimmt.

Die Schilderung des Staatsbegräbnisses will ich mir erlassen, obwohl es das prächtigste war, das Rom je gesehen hat. Aber nicht übergehen will ich den Inhalt des Testaments, das Augustus hinterließ. Die Bekanntgabe dieses Testaments wurde allgemein mit Interesse und Ungeduld erwartet. Niemand war begieriger, zu erfahren, was es enthielt, als ich, und ich will gleich sagen, warum. Einen Monat vor seinem Tod war Augustus plötzlich in der Tür meines Arbeitszimmers erschienen, denn er hatte meine Mutter besucht, die krank gewesen war. Nachdem er sein Gefolge fortgeschickt hatte, fing er an, sich mit mir auf unsichere Weise zu unterhalten; er vermied es, mich direkt anzusehen, und betrug sich so scheu, als ob er Claudius und ich Augustus wäre. Er nahm ein Kapitel meiner Geschichte in die Hand, las einen Absatz und sagte: »Ausgezeichnet geschrieben! Und wann wird das ganze Werk fertig sein?« Ich erwiderte: »In einem Monat spätestens«, und er gratulierte mir und sagte, er werde auf seine Kosten eine öffentliche Vorlesung daraus veranstalten und seine Freunde dazu einladen. Ich war sehr erstaunt, aber er fuhr fort, mich aufs freundlichste zu fragen, ob es nicht besser sei, wenn statt meiner ein Rezitator vorlese, denn er denke sich das Vorlesen aus eigenen Werken sehr unbehaglich. Ich dankte ihm herzlich und sagte, daß ein Rezitator sicherlich vorzuziehen sei, wenn meine Arbeit überhaupt eine solche Ehre verdiene. Da streckte er plötzlich seine Hand nach mir aus: »Claudius, empfindest du etwas gegen mich?«

Was sollte ich darauf sagen? Mir traten die Tränen in die Augen, und ich murmelte, daß ich ihn verehre und daß er niemals etwas getan habe, was mich hätte verletzen können. Er sagte mit einem Seufzer: »Vielleicht ist das richtig. Aber um mir deine Liebe zu gewinnen, habe ich auch nichts getan. Warte noch ein paar Monate, Claudius, und ich hoffe, daß ich mir dann deine Liebe und deine Dankbarkeit verdient habe. Germanicus hat mit mir über dich gesprochen. Er hat mir gesagt, daß du drei Dingen die Treue hältst: deinen Freunden, deinem Land und der Wahrheit. Ich wäre stolz, wenn Germanicus das auch von mir dächte.«

»Die Liebe, die Germanicus für dich empfindet, grenzt an

Verehrung, wie man sie sonst nur einer Gottheit erweist«, entgegnete ich, »er hat mir das oft gesagt.«

Sein Gesicht leuchtete. »Kannst du das schwören? Das macht mich sehr glücklich. So, Claudius, jetzt sind wir zwei durch ein starkes Band verbunden: durch die gute Meinung des Germanicus. Ich bin hierhergekonmen, um dir zu sagen, daß ich dich in all diesen Jahren sehr schlecht behandelt habe. Das tut mir aufrichtig leid, und du sollst sehen, daß das jetzt anders wird.« Er zitierte ein griechisches Sprichwort: »Wer dich verwundet, soll dich heilen«, und dabei umarmte er mich. Als er der Tür zuging, sagte er beiläufig und über die Schulter: »Ich bin eben bei den vestalischen Jungfrauen gewesen und habe einige wichtige Änderungen in einem Dokument vorgenommen, das bei ihnen aufbewahrt ist. In diesem Dokument kommt deinem Namen jetzt größere Bedeutung zu als vorher. Aber kein Wort darüber!«

Dieser Besuch konnte nur eins bedeuten: Er sah die Angelegenheit Postumus jetzt so, wie ich sie dem Germanicus berichtet hatte, und Postumus war daraufhin in seinem Testament, das von den Vestalinnen verwahrt wurde, als Erbe und Nachfolger bezeichnet worden. Ich aber sollte für meine Gesinnung belohnt werden und wurde ebenfalls in seinem Testament bedacht. Ich wußte damals noch nichts von dem Besuch des Augustus auf Planasia, aber ich war sicher, daß Postumus in Ehren zurückgerufen würde. Ich wurde aber sehr enttäuscht. Da Augustus ein so großes Geheimnis aus der Änderung seines Testaments gemacht hatte – nur Fabius Maximus und ein paar alte Priester waren Zeugen gewesen –, so war es leicht, dieses revidierte Testament verschwinden zu lassen zugunsten eines Testaments, das er vor sechs Jahren gemacht hatte, gerade zu der Zeit, als Postumus enterbt wurde. Dieses Testament setzte also Tiberius zum Nachfolger ein und vermachte ihm zwei Drittel seines Besitzes, den Rest sollte Livia bekommen. Für den Fall, daß Livia nicht mehr am Leben sein sollte, war genau bestimmt, wie dieses Drittel zwischen seinen Enkeln, Urenkeln und Großneffen zu verteilen sei, und in diesem Zusammenhang, an fünfzigster oder noch späterer Stelle, fand sich als letzter – mein Name.

Augustus hatte den Tiberius zu seinem Nachfolger und Haupterben zwar bestimmt, aber die Monarchie vermachen konnte er nicht. Er konnte ihn lediglich dem Senat empfehlen, an den alle Vollzugsgewalt mit seinem Tod übergegangen war. Der Senat hatte keine Sympathien für Tiberius und wünschte auch nicht, ihn als Kaiser zu sehen, aber Germanicus, den man lieber gewählt hätte, war außer Landes. Zudem konnte man die Ansprüche, die Tiberius durch das Testament hatte, nicht ganz außer acht lassen. Wie es bei solchen Gelegenheiten immer geht: Jeder murrte, und keiner hatte den Mut, ein erstes Wort der Auflehnung zu sprechen, also ließ man die Dinge unbeeinflußt und ersuchte den Tiberius, die Aufgaben des Augustus zu übernehmen. Tiberius gab eine ausweichende Antwort, sprach von der ungeheuren Verantwortung, die man ihm auferlegen wolle, und von seinem dem Ehrgeiz abgeneigten Charakter. Er schlug vor, die Verantwortung zu teilen und auf drei verschiedene Schultern zu legen, denn die Aufgabe allein zu vollbringen sei eben nur ein Augustus imstande gewesen. Die Senatoren, die ihm das Gesuch unterbreiteten, erinnerten sich der ungünstigen Wirkungen, die ein Triumvirat früher gehabt hatte. Es kam zu einem würdelosen Auftritt. Die Senatoren taten so, als ob sie, aufs tiefste bekümmert, weinen müßten, fielen vor Tiberius nieder, umschlangen seine Knie und flehten ihn an, ihrem Vorschlag zuzustimmen. Um die Peinlichkeit abzukürzen, erklärte Tiberius, daß er sich um keine Mühe für das Vaterland herumdrücken wolle, obwohl die Last für ihn zu schwer sei. Er war damals schon sechsundfünfzig Jahre alt.

Die ganze Szene wurde aufgeführt, damit ihm niemand später vorwerfen konnte, er hätte die Macht an sich gerissen. Außerdem wollte er dadurch seine persönliche Stellung und Popularität verbessern, denn er hatte Angst vor Germanicus und dessen grenzenloser Beliebtheit, besonders bei der Armee. Er glaubte zwar nicht, daß Germanicus die Macht aus egoistischen Motiven an sich reißen würde, aber er fürchtete mit Recht, daß Germanicus versuchen würde, den Postumus in seine ihm von Augustus zuerkannten Rechte einzusetzen, sobald er von dem unterdrückten Testament hören würde. Wenn Germanicus an der Spitze eines Heeres gegen Rom anrücken sollte, würde der Senat wie ein Mann ihm entgegenziehen und ihn begeistert empfangen. Das wußte Tiberius. Darum bemühte er sich, jetzt so bescheiden wie möglich aufzutreten, um bei irgendwelchen Komplikationen wenigstens mit dem Leben davonzukommen und irgendwo ehrenvoll in der Verbannung leben zu können.

Der Senat wußte natürlich, daß Tiberius nichts anderes erstrebte als das, was er mit soviel Bescheidenheit von sich wies. Das üble Schauspiel ging eine Zeitlang weiter. Die Entscheidung wurde mehrere Male vertagt. Endlich gestattete Tiberius, daß man ihn wählte.

So war Tiberius Imperator geworden. Aber er vermied es, sich jemals Augustus zu nennen, ein Name, der ihm ebenfalls vermacht worden war, und gab sorgfältig darauf acht, daß ihm keine göttlichen Ehren erwiesen wurden. Auch den Titel »Vater des Vaterlandes« lehnte er ab. Vor Livia, die vom Senat mit immer neuen Ehrungen überschüttet wurde, hatte er Angst. Aber vorläufig war er völlig abhängig von ihr, denn nur sie wußte um die Geheimnisse des Staatsapparates. Alles mußte er von ihr erfahren. Zu chiffrierten Briefen und Dokumenten hatte nur sie den Schlüssel. Allerdings wußte er, daß sie auch von ihm abhängig war. Dies schuf ein gewisses mißtrauisches Einvernehmen zwischen beiden.

Germanicus bekam die Nachricht vom Tod des Augustus in Lyon. Als er den Inhalt des Testaments erfuhr, hielt er es für seine Pflicht, treu zu dem neuen Imperator zu halten. Er glaubte nicht, daß auch Tiberius an dem Komplott gegen Postumus beteiligt sei. Er wußte nichts von dem unterdrückten Testament und war damals außerdem der Meinung, daß Postumus nach wie vor auf Planasia sei. Er wollte indessen sofort nach Rom zurückkehren und die Angelegenheit Postumus offen mit Tiberius erörtern. Er wollte ihm sagen, daß Augustus ihm bereits die Rehabilitierung des Postumus fest zugesagt hatte. Obwohl der Tod die Erfüllung dieser Absicht verhindert habe, müsse man sie respektieren. Er wollte darauf bestehen, daß Postumus sofort zurückberufen werde, daß er sein Vermögen und seine Güter wiederbekäme und sogleich in ein wichtiges Amt erhoben würde. Schließlich wollte er verlangen, daß Livia gezwungen werde, sich von aller Anteilnahme an den Staatsgeschäften zurückzuziehen.

Aber ehe er seine Absichten ausführen konnte, brach eine Meuterei unter den römischen Rheintruppen aus, und er mußte dorthin, um die Unruhen zu ersticken. Die Meuterei hing mit dem Tod des Augustus zusammen. Die Truppen waren enttäuscht, daß sie in seinem Testament viel kärglicher bedacht waren, als es zu erwarten stand. Ferner glaubten sie, daß die schwierige und unsichere Lage, in der sich Tiberius befand, ein günstiger Anlaß sei, von ihm eine Erhöhung ihres Solds zu erzwingen.

Noch auf dem Weg zum Rhein hörte Germanicus, daß Postumus nicht mehr lebe. Er sei vom Hauptmann der Wachmannschaft getötet worden, dem befohlen gewesen sei, und zwar von Augustus selbst, daß sein Enkel ihn nicht überleben dürfe. Für mich war diese Nachricht ein furchtbarer Schmerz. Wie konnte ich damals wissen, daß nur Clemens getötet worden war? Wie konnte ich wissen, daß weder Augustus diesen Mord befohlen hatte, noch daß Livia und Tiberius daran unschuldig waren?

Dreizehntes Kapitel

Die Meuterei am Rhein wurde begleitet von einer Meuterei der Balkantruppen, die aus ähnlichen Motiven entstanden war. Ich kann auf alle die Vorgänge in dem großen Reich nicht eingehen, ohne meine Geschichte ins Unendliche auszudehnen. So will ich mich im wesentlichen auf die Ereignisse in Rom selbst beschränken und auf das, was ich aus nächster Nähe miterlebt habe. Nur dort, wo Personen betroffen sind, die im Spiel dieser Zeit eine sehr wichtige Rolle innehatten, will ich von diesem Grundsatz abgehen. So ist es nicht unwichtig, zu hören, wie Germanicus mit der Meuterei am Rhein fertig wurde. Er ritt in das Lager der Meuterer, nur von wenigen Offizieren seines Stabes begleitet. Die Leute drängten sich geräuschvoll und zügellos um ihn, doch Germanicus blieb ruhig auf seinem Pferd sitzen und erklärte, er könne zu ihnen nur sprechen, wenn sie in Kompanie- und Bataillonsform anträten und ihre Adler und Feldzeichen brächten, denn er müsse wissen, mit wem er spräche. Die Leute wollten hören, was er zu sagen hatte, und gehorchten. Kaum standen sie aber wieder in Formationen, als ein gewisser Sinn für Disziplin zurückkehrte. Germanicus sprach vom Tod des Augustus. Er sagte: »Denkt an die Siege meines Vaters! Mancher von euch ist dabeigewesen!« Hier wurde er unterbrochen, ein Veteran brachte ein Hurra aus auf Germanicus, den Vater und den Sohn.

Es ist bezeichnend für die Geradheit des Germanicus, daß er sich über die Wirkung seiner Worte oft im unklaren war. Mit seinem »Vater« meinte er dieses Mal Tiberius, aber die Soldaten glaubten, er spiele auf seinen leiblichen Vater an. Ruhig fuhr Germanicus fort. Er sprach von den Vorgängen in Italien. Worüber hätten sie sich zu beschweren? Wo ihre Offiziere seien? Ob es wahr sei, daß sie von ihren eigenen Leuten aus dem Lager vertrieben wurden? (Germanicus wußte, daß die Offiziere im ersten Aufruhr ermordet worden waren.)

»Ein paar von uns leben noch!« rief eine Stimme, und Cassius drängte sich hinkend durch die Reihen. »Gerade hat ein alter Soldat mich freigelassen, ich habe vier Tage in der Wachstube und ohne etwas zu essen zugebracht!«

»Das hat man dir angetan? Dir, Cassius? Hast du nicht deine Soldaten aus dem Teutoburger Wald gerettet? Hast du nicht die Rheinbrücken gerettet? – Soldaten, ist das wahr?«

Die Leute wurden trotzig, es entstand lautes Geschrei über Löhnung und außergewöhnliche Anstrengung, über zuwenig Freizeit und was es sonst im Leben eines Soldaten gibt, worüber er sich beklagen kann. Germanicus aber ließ den Sturm verbrausen und wartete erneut, bis völlige Ruhe eintrat. Dann sagte er: »Im Namen des Tiberius verspreche ich Gerechtigkeit. Ihm liegt euer Wohlergehen genauso am Herzen wie mir. Was er für euch tun kann, ohne das Reich zu gefährden: Er wird es tun. Ich stehe dafür ein.«

»Was geht uns Tiberius an«, schrie jemand. Und plötzlich setzte von allen Seiten ein lautes Rufen ein: »Hoch Germanicus! Du bist unser Imperator! Den Tiberius schmeißt in den Tiber! Germanicus hoch! Germanicus Imperator! Macht die Sau Livia tot! Wir marschieren mit dir gegen Rom! Du bist unser Mann! Wir lassen uns von dir führen!«

Germanicus war wie vom Blitz getroffen. Er rief: »Ihr seid toll, Leute! Was redet ihr da für Unsinn! Wer, denkt ihr denn, bin ich? Ein Verräter?«

Aber das Geschrei nahm nur noch zu. Germanicus wollte sein Pferd herumwerfen, um davonzureiten, aber die Leute zogen ihre Schwerter und stellten sich ihm in den Weg. Germanicus, der jetzt seine Beherrschung verlor, schrie ihnen zu: »Laßt mich durch, oder ich töte mich selbst!«

»Du bist unser Imperator!« entgegneten sie ihm. Germanicus wollte sein Schwert ziehen, aber jemand fiel ihm in den Arm. Nur mit Mühe gelang es schließlich seinen Offizieren, ihn den Ausgang des Lagers erreichen zu lassen.

Diese Episode war der Anfang langwieriger Verhandlungen, schwieriger Maßnahmen und Gegenmaßnahmen, neuen Ungehorsams gegen Tiberius, neuer Begeisterung für Germanicus. Es dauerte viele Monate, bis es dem Germanicus gelang, die widerspenstigen Truppen zum Gehorsam zurückzuführen und sie den Treueid auf Tiberius schwören zu lassen.

Roms bemächtigte sich eine ungeheure Erregung, als die ersten Nachrichten über die Meuterei eintrafen. Überall wurde, versteckt und offen, Tiberius verantwortlich gemacht. Auf der

Straße wurde er verschiedentlich angepöbelt und gefragt, warum nur die Truppen meuterten, die einstmals unter seinem Befehl gestanden hätten – eine Behauptung, die richtig war, denn die Regimenter, die sowohl an der Balkanfront wie am Rhein einst dem Germanicus unterstellt waren, hielten sich der Meuterei fern. Der Pöbel schrie ihm zu, wo sich Tiberius auch zeigen mochte, er solle selbst nach Deutschland gehen und die dreckige Suppe ausfressen, die er eingerührt habe, aber keine anständigen Leute wie Germanicus dazu mißbrauchen. Unter dem Druck der öffentlichen Meinung teilte Tiberius dem Senat mit, daß er sich nach Deutschland begeben werde. Langsam wurden Reisevorbereitungen getroffen. Bis er damit fertig wurde, war es Winter. Die Seereise erschien gefährlich, zudem kamen Nachrichten aus Deutschland, die etwas hoffnungsvoller klangen. So reiste er nicht; er hatte auch niemals die Absicht gehabt.

Germanicus hatte sich in Deutschland zu längerem Aufenthalt eingerichtet und auch, wie gewöhnlich, seine Frau Agrippina zu sich kommen lassen. Sie war schon wieder in anderen Umständen. Ihre beiden kleinen Söhne, Nero und Drusus, hatte sie zwar in Rom zurückgelassen, in unserem Haus, aber den kleinen Gaius hatte sie bei sich. Gaius war ein sehr hübsches Kind und wurde sehr bald der Liebling des Lagers. Irgend jemand hatte ihm eine Kinderrüstung gemacht und ein kleines Schwert nebst Helm und Lanze gegeben. Er sah darin reizend aus, und jeder verwöhnte ihn. Als seine Mutter ihm einmal seine gewöhnlichen Kleider und seine Sandalen anziehen wollte, fing er an zu weinen und wollte sein Schwert und seine kleinen Soldatenstiefel haben, weil ihn sonst jeder auslachen würde. So bekam er den Spitznamen »Kleiner Soldatenstiefel« oder Caligula.

Germanicus wollte, solange die Meuterei nicht gänzlich niedergeschlagen war, seine Familie nicht in Gefahr bringen. Darum bestand er darauf, daß Agrippina und der kleine Gaius das Lager verließen. Sie erklärte ihm zwar, daß sie sich vor nichts fürchte und daß sie lieber hier mit ihm sterben würde als in Sicherheit die Nachricht von seiner Ermordung durch die Aufständischen erhalten. Aber als er sie fragte, ob wohl Livia eine gute Mutter für seine Kinder sein würde, wenn sie beide umkämen, gab sie nach. In ihrer Begleitung reisten die Frauen einiger Offiziere ab, ebenfalls mit ihren Kindern; alle weinten und trugen Trauerkleidung. Sie gingen zu Fuß langsam durchs Lager, mit ihrer Dienerschaft, wie Flüchtlinge, die eine dem Untergang geweihte Stadt verlassen. Cassius Chaerea begleitete sie als Führer und einziger

Schutz. Der kleine Gaius-»Caligula« saß auf den Schultern des Cassius wie auf einem Schlachtroß, er schrie militärische Kommandos und fuchtelte mit seinem Schwert. Sie verließen das Lager am frühen Morgen, und fast niemand bemerkte sie. Da die Truppen damals immer noch nicht zum Gehorsam zurückgeführt waren, wurde weder zum Wecken geblasen noch die Wache ordnungsgemäß aufgestellt. Einige der Soldaten sammelten Reisig zum Feueranmachen vor dem Lager und fragten, wohin die Damen reisten. »Nach Trier«, rief Cassius zurück. »Der General schickt seine Frau und sein Kind lieber in den Schutz der Franzosen, die zwar Barbaren, aber zuverlässig sind, als daß er sie von dem berühmten Ersten Regiment ermorden läßt. Das sagt euren Kameraden!«

Die Soldaten liefen ins Lager zurück, und einer von ihnen blies Alarm. Von allen Seiten kamen die Leute schlaftrunken und mit dem Schwert in der Hand herbeigetaumelt: »Was ist los? Was ist geschehen?«

»Er wird fortgeschickt! Das ist das Ende unserer guten Tage, wir werden ihn nie wiedersehen!«

»Wen meint ihr? Wer ist das?«

»Unser Junge, der kleine Stiefel! Sein Vater sagt, er kann ihn dem Ersten Regiment nicht länger anvertrauen, und nun wird er zu den verdammten Franzosen geschickt!«

Soldaten sind eine seltsame Menschenart. Obwohl zäh und fest wie Schildleder, sind sie abergläubisch wie die Ägypter und sentimental wie sabinische Großmütter. Zehn Minuten nach diesem Vorfall umstanden an die zweitausend Mann das Zelt des Germanicus, und in einer Trunkenheit von Schmerz und Reue beschworen sie ihn, seine Frau und ihren »großartigen kleinen Kerl« zurückzuholen. Germanicus erschien vor ihnen mit einem zornigen Gesicht und verlangte, sie sollten ihn in Ruhe lassen. Als sie ihn aufs neue beschworen, ihnen zu verzeihen und ihnen den kleinen Spielkameraden zurückzugeben, sagte er: »Gut, dann will ich euch meine Bedingung sagen: Wenn ihr meinem Vater Tiberius den Treueid leistet, wenn ihr die Leute herausstellt, die ihre Offiziere ermordet haben, dann will ich euch verzeihen und euch euren Spielkameraden zurückgeben. Im Augenblick ist das nicht möglich, denn meine Frau soll in diesem Lager kein Kind bekommen, ehe der letzte Fleck von der Ehre des Regiments entfernt ist. Ich kann sie aber nach Köln schicken statt nach Trier, wenn ihr nicht wollt, daß ich sie dem Schutz der Barbaren anvertraue.«

Die Soldaten gingen auf diese Bedingungen ein. Innerhalb kurzer Zeit war die Ordnung wiederhergestellt, der Treueid geleistet und waren die Übeltäter bestraft. Daraufhin ließ Germanicus seinen kleinen Sohn wieder ins Lager kommen. Die Freude und Begeisterung der Soldaten war unbeschreiblich. Sie redeten ihm ein, daß er ganz allein die Meuterei niedergerungen habe, und eines Tages werde er ein großartiger Imperator werden und noch großartigere Siege gewinnen. Solche Dinge zu hören tat dem Jungen keineswegs gut, der schon damals sehr verwöhnt, sehr eingebildet und launenhaft war.

Im Laufe der nächsten Monate stellte Germanicus völlig die Ruhe unter den Truppen her. Er führte sie sogar über den Rhein und gewann eine Schlacht gegen Hermann, die unter beinahe so ungünstigen örtlichen Umständen begann wie die Varusschlacht im Teutoburger Wald. Aber Germanicus hatte gerade die taktischen Fehler des Varus genau studiert, und so gelang es ihm, einen schweren Angriff in dichtem Wald auf günstiges Gelände hinüberzuziehen und dann die Deutschen entscheidend zu schlagen. Er hatte sich den Namen, den er geerbt hatte, Germanicus, nun auch durch die Tat verdient.

Vierzehntes Kapitel

Kurz nachdem Tiberius zur Macht gelangt war, schrieb ich ihm, daß ich Gesetz und Verwaltung ziemlich gründlich studiert hätte und daß ich hoffte, jetzt einen Posten zu erhalten, auf dem ich meinem Land von wirklichem Nutzen sein könnte. Er schrieb zurück, es sei sicherlich ungewöhnlich, daß jemand, der ein Bruder des Germanicus und sein eigener Neffe sei, noch immer als einfacher Mann herumginge, und da ich zum Priester des Augustus bestimmt sei, müsse man mir auch erlauben, die Toga eines Senators zu tragen. Wenn ich mich nicht blamieren würde, so wolle er für mich die Erlaubnis beantragen, daß ich das Gewand eines Consuls oder Exconsuls tragen dürfe. Ich schrieb ihm sofort zurück, daß ich ein Amt ohne äußere Abzeichen den äußeren Abzeichen ohne Amt bei weitem vorzöge, aber seine einzige Antwort darauf war ein Geschenk von vierzig Goldstükken: Ich solle mir dafür Spielsachen kaufen. Der Senat bewilligte mir – auch um Germanicus in mir zu ehren – das Gewand eines Consuls und wollte mir sogar einen Platz im Hause unter den Exconsuln anweisen. Aber hiergegen opponierte Tiberius energisch. Nach seiner Ansicht sei ich unfähig, eine Rede zu halten, die nicht für alle Zuhörer eine schwere Zumutung bedeute.

Um diese Zeit starb Julia, die einzige Tochter des Augustus, die Mutter des Postumus. Kaum war Tiberius Imperator geworden, als die tägliche Ration seiner ehemaligen Frau auf vier Unzen Brot und eine Unze Käse herabgesetzt wurde. Die unglückliche Frau war durch den ungesunden Aufenthalt ohnehin schon schwindsüchtig geworden, diese Hungerkur tat das Ihrige und raffte sie schnell dahin. Über Postumus wußte man immer noch nichts, und ehe Livia nicht seines Todes sicher war, konnte sie nicht aufatmen.

Tiberius regierte sehr vorsichtig. Ehe er eine Entscheidung traf, befragte er den Senat. Aber der Senat war seit langem so sehr gewöhnt, sich für das zu entscheiden, was ihm als Entscheidung nahegelegt wurde, daß er alle Fähigkeit, selbständig ein Urteil zu bilden, verloren zu haben schien. Tiberius erschwerte es ihm sehr, indem er niemals zum Ausdruck brachte, welche Entscheidung er für wünschenswert hielt, selbst wenn er eine ganz bestimmte Meinung hatte. Er wollte um keinen Preis in den Ruf eines Diktators kommen. Dem Senat bereitete er damit großes Kopfzerbrechen. Aber da schließlich jeder Mensch zu jeder Frage irgendeine Einstellung hat, und sei sie noch so unbestimmt, so verlegte sich der Senat darauf, die Untertöne des Tiberius zu studieren, um auf diese Weise einen Anhaltspunkt zu erhalten, wie er abstimmen sollte. So fand der Senat bald heraus, daß, wenn Tiberius sich mit Schwung für eine Sache einsetzte, er sie abgelehnt haben wollte, wenn er mit Schwung sich gegen etwas erklärte, daß er es angenommen haben wollte, und daß er es nur bei den seltenen Gelegenheiten ehrlich meinte und wörtlich genommen werden wollte, wenn er kurz und ohne jeden Schwung seine Ansicht heruntermurmelte. Einige Senatoren machten sich einen Ulk daraus, einer Sache, die Tiberius »mit Schwung« vorgetragen hatte, noch neue Argumente im Sinne der soeben gehörten Rede des Imperators abzugewinnen, dann aber im Augenblick der Abstimmung gerade anders zu stimmen, als Tiberius und sie selbst gesprochen hatten. Auf diese Weise gaben sie ihm zu verstehen, daß sie ihn durchschauten. Zwei Senatoren, Gallus und der alte Witzbold Haterius, zeichneten sich in diesem Sport besonders aus. Haterius hatte ein großes parodistisches

Talent. Er hatte eine dröhnende Stimme, ein Gesicht, das stets Grimasse sein konnte, und eine unerschöpfliche Erfindungsgabe, was Worte und Assoziationen anlangte. Sobald Tiberius in einer seiner Reden irgendein mühevoll weit hergeholtes Wort fand, griff Haterius es auf und machte es zum Stichwort für seine Entgegnung. Das bewußte Wort wurde dann von Haterius in allen Gangarten vorgeritten, und der langsame Geist des Tiberius war in keiner Weise imstande, ihm zu folgen oder ihn zu parieren. Gallus war ein Spezialist für künstliche Begeisterung. Die beiden spielten sich, zum Gaudium des ganzen Senats, unausgesetzt in die Hände. Wenn Gallus im Brustton der Überzeugung von Tiberius als von »Seiner heiligen Majestät« gesprochen hatte, pflegte Haterius sich zu erheben und ihn entrüstet zurechtzuweisen. Ob er nicht wüßte, daß Heiligkeit lediglich dem einen, dem Augustus, zukäme, während Tiberius doch bekannt sei für seine Bescheidenheit, worauf Gallus mit neuen Ergüssen zu antworten pflegte.

Sie hatten einen Trick, über den Tiberius sich am meisten ärgern konnte. Wenn er den Bescheidenen spielte, wenn er dem Senat dankte, daß man wieder einmal einer nationalen Pflicht genügt habe, während er sich im Grunde seines Herzens alle Verdienste allein zuschrieb, pflegten Gallus und Haterius seinen Gerechtigkeitssinn, seine Ehrenhaftigkeit und seine noble Gesinnung zu preisen, daß er für nichts Beifall einstecken wolle, was eigentlich das Werk seiner Mutter Livia sei, und sie beglückwünschten die Livia, daß sie einen so ergebenen Sohn habe. Als sie merkten, daß nichts den Tiberius mehr ärgern konnte, als wenn sie die Livia lobten, entwickelten sie ihr ironisches Spiel nur noch mehr. Haterius schlug mit dröhnenden Worten vor, daß Tiberius nach dem Namen seiner Mutter genannt werden sollte, denn bei den alten Griechen sei es höchste Ehrung gewesen, nach dem Namen des Vaters genannt zu werden, und es sei geradezu ein Verbrechen, ihn anders als Tiberius Liviades zu nennen oder vielleicht auch Livigena, was, wenn man es sorgfältig erwäge, die dem lateinischen Sprachgebrauch angemessenere Form sei. Gallus fand noch eine andere Achillesferse des Tiberius heraus: Er konnte es nicht vertragen, an seinen Aufenthalt in Rhodos erinnert zu werden. Das tollste Stückchen, das sie sich leisteten, war eine große Rede über die Menschlichkeit und Milde, die im Herzen des Tiberius wohne, und diese Rede hielten sie am Tag, als die Nachricht von Julias Tod in Rom eingetroffen war.

Es gelang dem Tiberius schließlich, Haterius zum Schweigen zu bringen, indem er eines Tages sehr langsam zu ihm sagte: »Sie werden entschuldigen, Haterius, wenn ich etwas offener zu Ihnen spreche, als dies sonst unter Senatoren üblich ist. Ich muß nämlich erklären, daß Sie mich fürchterlich langweilen und daß ich Sie nicht im mindesten witzig finde.« Darauf wandte er sich an die gesamte Senatsversammlung: »Auch Sie werden verzeihen, meine Herren, aber ich habe immer gesagt und werde nicht aufhören, es zu sagen, solange ich die Macht trage, die Ihre Güte auf meine Schultern gelegt hat, daß ich nie zögern werde, sie zum allgemeinen Wohl zu verwenden. Wenn ich sie jetzt gebrauche, um Hanswurste zum Schweigen zu bringen, die sowohl Sie wie mich selbst durch ihre alberne Aufspielerei beleidigen, so kann ich hoffen, daß ich damit Ihren Beifall finde. Sie sind stets freundlich und nachsichtig mit mir gewesen.« Da auf diese Weise Haterius stillgelegt war, hatte auch Gallus keine Spielmöglichkeiten mehr.

Obwohl Tiberius seine Mutter genauso haßte wie früher, ließ er sie doch weiterregieren. Alle Ernennungen von Consuln oder Gouverneuren der Provinzen erfolgten im Grunde durch sie, und sie waren stets sehr vernünftig, denn sie wählte die Leute nur nach den Fähigkeiten aus und nicht wegen ihrer gesellschaftlichen Stellung oder weil sie sich unterwürfig gezeigt oder ihr irgendwelche persönlichen Dienste erwiesen hätten. Und ich muß hier etwas einfügen, was gebührend zu erwähnen ich bisher wohl unterlassen habe: So verbrecherisch oft die Mittel sein mochten, die sie gebrauchte, um sich die Herrschaft zu sichern – erst durch Augustus, jetzt durch Tiberius –, sie war eine Frau von ganz ungewöhnlichen Fähigkeiten, eine Herrscherin von großer Gerechtigkeit. Ihre Menschenkenntnis war außerordentlich, und das System, das sie aufgebaut hatte, zeigte erst seine Schattenseiten, als sie nicht mehr war. Es war natürlich, daß mich damals die Persönlichkeit mehr abstoßen mußte, als ich die Verdienste der Herrscherin anerkennen konnte. Aber ich möchte meine Leser warnen, in dieser außergewöhnlichen Frau etwa nur eine gewissenlose Intrigantin zu sehen.

Da ich den ständigen Schwierigkeiten meiner Mutter aus dem Weg gehen wollte, verließ ich Rom und zog in mein Landhaus bei Capua. In die Stadt kam ich nur, wenn meine Eigenschaft als Priester es verlangte, und das war sehr selten. Meine Frau Urgulanilla besuchte mich nie in Capua, und auch in Rom sahen wir uns selten. Wenn wir uns trafen, grüßte sie kaum, und nur wenn

Gäste im Haus waren, ließ sie sich so weit herab, mich zu kennen. Sie schien unsern Jungen, Drusillus, gern zu haben, aber ihm irgend etwas zu geben, war sie nicht imstande. Die eigentliche Erziehung des Jungen lag in den Händen meiner Mutter. Ich habe mich nie mit ihm befreunden können, er war ein tückisches, freches Kind, und da seine Mutter mich in seiner Gegenwart oft genug hart anfuhr, hatte er keinerlei Achtung vor mir. Ich weiß nicht, was Urgulanilla mit ihrer Zeit anfing. Sie schien sich nie zu langweilen, hatte, soweit ich wußte, keine geheimen Liebhaber und vertilgte ungeheure Mengen von Eßwaren. Wir hatten natürlich längst schon kein gemeinsames Schlafzimmer mehr.

Unbequem war der Aufenthalt in Capua für mich lediglich durch das Fehlen einer guten Bibliothek. Ich begann daher ein Buch zu schreiben, für das ich keine Bibliothek brauchte: eine Geschichte von Etrurien. Diese Arbeit begann ich im zweiten Jahr der Regierung des Tiberius, und ich beendete sie einundzwanzig Jahre später. Ich halte das Buch für mein bestes. Sicher ist, daß ich die meiste Mühe darauf verwendet habe. Ich hatte meine Sekretäre Callon und Pallas bei mir und führte ein sehr stilles, geordnetes Leben. Ich fing an, mich für den Gutsbetrieb zu interessieren, der zu meinem Landhaus gehörte, und gelegentlich wurde ich durch Besuche von Freunden erfreut, die bei mir ihre Ferien verbrachten. Ich lebte damals mit einer Frau zusammen, Acte mit Namen, die eine Kurtisane war und dabei eine der anständigsten Frauen, die ich gekannt habe. In den Jahren, die sie bei mir war, habe ich nie die geringste Schwierigkeit mit ihr gehabt. Unsere Beziehung war rein geschäftsmäßig. Sie hatte ihren Beruf, und ich bezahlte sie gut dafür, Vertuschungen und Sentimentalitäten gab es nicht. Bis zu einem gewissen Grad mochten wir uns gegenseitig gut leiden. Später, sagte sie mir, wolle sie sich mit ihren Ersparnissen zurückziehen. Sie wollte einen anständigen Mann heiraten, einen ehemaligen Soldaten, den sie gern hatte, wollte in einer der Kolonien wohnen und Kinder haben, ehe es zu spät war. Ihr Traum war immer ein eigener Haushalt mit Kindern gewesen. So küßte ich sie und sagte ihr Lebewohl und gab ihr genug Geld für die Aussteuer. Sie verließ mich aber nicht, bevor sie mir eine Nachfolgerin besorgt hatte, bei der mir nichts fehlen würde. Sie fand mir Calpurnia, die ihr so ähnelte, daß ich oft dachte, Calpurnia sei ihre Tochter. Acte hatte mir nämlich einmal erzählt, daß sie eine Tochter habe, die sie in Pflege gegeben hatte, weil man nicht Kurtisane und Mutter zu gleicher Zeit sein kann. Acte heiratete also ihren

Soldaten, der sehr gut zu ihr war und von dem sie allmählich fünf Kinder bekam. Ich habe mich stets um die Familie gekümmert. Ich erwähne sie nur, weil meine Leser sich vielleicht über meine Lebensführung wundern, da ich ja von Urgulanilla getrennt war. Ich halte es für unnatürlich, daß ein normaler Mann lange ohne Frau lebt, und da Urgulanilla keine Frau war, wenigstens nicht für mich, wird man mich kaum tadeln können, daß ich mit Acte lebte. Acte und ich waren übereingekommen, daß wir beide mit niemandem anders zu tun haben wollten, solange wir zusammen waren. – Ich möchte bei dieser Gelegenheit erwähnen, daß ich niemals in meinem Leben mich an der Homosexualität versucht habe. Ich hatte mir nicht etwa das Argument des Augustus zu eigen gemacht, daß Homosexualität den Mann behindere, wehrfähige Männer in die Welt zu setzen. Ich habe es nur immer für erbärmlich und ekelhaft gehalten, wenn ein erwachsener Mann, ein hoher Amtsträger zum Beispiel, der eine Familie hatte, mit einem etwas aufgeschwemmten kleinen Jungen schöntat und verliebt in dessen gemaltes Gesicht und gefärbte Haare starrte, oder wenn ein alter Senator die Liebesgöttin für einen schlanken jungen Kavalleristen spielte, der sich den alten Trottel nur gefallen ließ, weil er Geld hatte.

Wenn ich einmal in Rom zu tun hatte, hielt ich mich dort nur so kurz wie möglich auf. Ich fühlte mich unbehaglich in der Atmosphäre des Palatinischen Hügels, woran wohl am meisten die zunehmende Spannung zwischen Tiberius und Livia schuld war. Er ließ sich einen großen Palast im Nordwesten des Hügels bauen und bezog das untere Stockwerk, ehe das obere beendet war, so daß Livia nun den Palast des Augustus allein bewohnte.

Was mir weiter den Aufenthalt in Rom verleiden konnte, waren Begegnungen mit Seianus, dem Kommandeur der kaiserlichen Garde. Ich wollte nicht das geringste mit ihm zu tun haben, obwohl er stets übertrieben höflich zu mir war und ich ihm nicht nachweisen konnte, daß er gegen mich etwas plane. Er war weder von guter Geburt noch sonderlich reich, aber sein Erfolg in der Stadt war überraschend groß. Er hatte ein vollkommen unzuverlässiges Gesicht – verkniffen, grausam, unregelmäßig –, das einzige, was es zusammenhielt, war eine gewisse tierhafte Härte und Entschlossenheit. Seltsam genug, daß verschiedene Frauen der Gesellschaft als Rivalinnen um seine Liebe galten. Er stand sich sehr schlecht mit Castor, aber Tiberius schien unbegrenztes Vertrauen zu ihm zu haben.

Eines Nachmittags saß ich in Capua auf einer Steinbank im

Freien, als ein zerlumpt aussehender Mann vor mir auftauchte und mich fragte, ob ich Tiberius Claudius Drusus Nero Germanicus wäre – er sei aus Rom geschickt worden.

»Ich habe eine Mitteilung an Sie. Ich weiß nicht, ob sie wichtig ist, aber ich bin ein ausgedienter Soldat auf der Walze, einer von den Veteranen Ihres Vaters, und Sie können sich vorstellen: Man ist froh, wenn man gesagt bekommt, auf welcher Straße man entlangziehen soll.«

»Von wem kommst du?«

»Mich hat einer geschickt, den ich im Wald bei Kap Cosa getroffen habe. Komischer Kerl. Angezogen wie ein Sklave, aber gesprochen hat er wie ein Caesar! Groß und stark, aber halb verhungert.«

»Hat er seinen Namen gesagt?«

»Er hat gesagt, Sie wüßten schon, wer er sei, und Sie würden sehr überrascht sein. Ich habe die Bestellung ihm zweimal wiederholen müssen, damit ich sie richtig begriffen hätte. Ich soll ausrichten, daß er immer noch Fische fängt, aber daß ein Mann nicht nur von Fisch leben kann. Sie sollen es Ihrem Bruder weitersagen, und die an ihn geschickte Milch hätte er niemals bekommen. Und ein kleines Buch zum Lesen wolle er haben, wenigstens sieben Seiten lang. Und Sie sollen nichts unternehmen, bevor Sie wieder von ihm gehört haben. Ist das nun was Vernünftiges, oder hatte der Kerl einen Sparren?«

Ich konnte meinen Ohren nicht trauen! Postumus! Aber Postumus war tot. Ich stellte einige hastige Fragen über das Aussehen des Mannes – kein Zweifel! Ich ließ den Boten warten und ging ins Haus. Ich holte zwei einfache Gewänder, etwas Unterzeug, ein paar Sandalen, Rasierzeug und Seife. Dann nahm ich das erste beste Buch, das zur Hand war, und auf die siebente Seite schrieb ich in Milch: *»Voller Freude! Ich schreibe an Germanicus sofort. Größte Vorsicht! Ich schicke Dir alles. Wo treffe ich Dich?«* Ich ließ die Seite trocknen, dann packte ich alles in ein Bündel zusammen, gab es dem Mann und dazu eine Börse. »Hier sind dreißig Goldstücke. Zehn für dich, zwanzig für den Mann im Wald. Wenn du mir wieder Nachricht bringst, sollst du noch zehn bekommen. Rede zu niemandem, und komm bald zurück.«

»Ganz schön, Herr«, sagte er, »will ich besorgen. Aber wenn ich nun durchgehe mit dem Bündel und dem vielen Geld?«

»Wenn du kein ehrlicher Kerl wärst, würdest du das nicht fragen. Also iß und trink bei mir, und dann schleunigst fort.«

Schon nach einigen Tagen brachte der Mann mir schriftlich

Antwort von Postumus. Er dankte mir für Sachen und Geld. Ich solle nicht nach ihm suchen, aber die Mutter des Krokodils wisse, wo er sich aufhalte und daß er jetzt Pantherus heiße. Die Antwort meines Bruders möchte ich ihm so schnell wie möglich zustellen. Ich wußte, wen Postumus mit der Mutter des Krokodils meinte. Das Krokodil war ein alter Freigelassener des Agrippa, den wir als Kinder wegen seines enormen Unterkiefers so genannt hatten. Seine Mutter, die noch am Leben war, führte ein Gasthaus in Perusia. Ich kannte dieses Haus gut. Sofort schrieb ich an Germanicus und berichtete ihm die große Neuigkeit. Ich schickte meinen Brief durch meinen Sekretär Pallas nach Rom, wo er ihn selbst dem nächsten Kurier nach Deutschland mitgeben sollte. In dem Brief schrieb ich nur, daß Postumus am Leben sei und sich versteckt halte – wo, sagte ich nicht –, und ich bat Germanicus, mir den Erhalt des Briefes sogleich zu bestätigen. Ich wartete und wartete: Keine Antwort. Ich ließ die Mutter des Krokodils wissen, daß der Schwager des Pantherus nichts habe von sich hören lassen.

Aber auch von Postumus hörte ich nichts mehr. Er wollte mich wohl nicht kompromittieren, und jetzt, da er Geld hatte und nicht mehr Gefahr lief, als entsprungener Sklave aufgegriffen zu werden, war er auch nicht mehr auf meine Hilfe angewiesen. Er war in dem Gasthaus erkannt worden und hatte sich einen anderen Unterschlupf gesucht. Bald ging ein Gerücht, daß er am Leben sei, über ganz Italien. In Rom sprach jeder darüber. Ein Dutzend Leute, darunter drei Senatoren, besuchten mich in Capua, um mich vertraulich zu fragen, ob das Gerücht auf Wahrheit beruhe. Ich entgegnete, daß ich ihn selbst zwar nicht gesehen habe, aber daß ich jemanden getroffen habe, der sogar mit ihm geredet hatte. Ich fragte, was sie tun würden, wenn er nach Rom zurückkäme und die Unterstützung der Bevölkerung fände. Aber meine unverblümte Frage verwirrte sie, und ich bekam keine Antwort.

Postumus sollte in verschiedenen Landstädten in der Umgebung gewesen sein, aber anscheinend betrat er keinen Ort vor Abend und verließ ihn vor Morgengrauen. Erkannt wurde er nirgends. Er wohnte in kleinen Gasthöfen, die er von Zeit zu Zeit wechselte. Bei der Abreise pflegte er neuerdings einen Zettel zurückzulassen, auf dem er für die gastfreie Aufnahme dankte, diese Zettel waren mit seinem wirklichen Namen unterzeichnet.

Endlich traf er eines Tags in Ostia auf einem Küstenfahrzeug ein, von einem anderen Hafenort kommend. Merkwürdigerweise war die ganze Stadt von seiner Ankunft unterrichtet, und er wurde mit einer unbeschreiblichen Begeisterung empfangen, als er an Land stieg. Er wählte Ostia als Ort seines Wiederauftauchens, weil dort die Flotte während des Sommers zu liegen pflegte, die Flotte, die einst sein Vater Agrippa befehligt hatte. Agrippas Schiff führte noch immer seinen Wimpel, zu ehrendem Angedenken an seinen Seesieg bei Actium, und in Ostia wurde Agrippa mehr verehrt als Augustus. Postumus schwebte noch immer in größter Lebensgefahr, denn das Urteil seiner Verbannung und das Verbot, italienischen Boden zu betreten, war offiziell noch nicht widerrufen. Er dankte der begeisterten Menge mit kurzen Worten. Wenn man ihm Gerechtigkeit widerfahren lassen würde, sollte den Einwohnern von Ostia und den Matrosen der Flotte dieser Empfang unvergessen bleiben. Als eine Kompanie der kaiserlichen Garde erschien, um ihn zu verhaften, nahm die Menge, besonders die Matrosen, eine so bedrohliche Haltung an, daß die Soldaten nichts ausrichten konnten. In dem allgemeinen Tumult war Postumus verschwunden.

In Rom war die Erregung wieder einmal groß. Die Sympathien für Postumus wurden überall offen erklärt, die Matrosen ließen sich zu Rempeleien hinreißen. Wenn jetzt ein einziges Wort von Germanicus gekommen wäre, hätten Tiberius und Livia keinen Tag länger regiert. Aber ohne die Unterstützung des Germanicus hätte jede Bewegung, den Postumus zur Herrschaft zu bringen, Bürgerkrieg bedeutet. Denn gegen Germanicus – und dessen Einstellung kannte man nicht – hätte Postumus wahrscheinlich nicht viel Aussichten gehabt.

Jetzt holte Tiberius zu einem sehr geschickten Schlag aus. Er teilte dem Senat mit, daß ein ehemaliger Sklave des Postumus, ein gewisser Clemens, aus der Ähnlichkeit mit seinem früheren Herrn Vorteil schlagen wolle, indem er dessen Rolle spiele. Inzwischen setzte er sich durch Mittelsleute mit Postumus in Verbindung, die ihm vorredeten, sie kämen von Germanicus. Postumus ging in die Falle, und während noch Tiberius seine große Rede über den frechen Betrüger Clemens hielt, wurde Postumus unauffällig in den Palast geschafft. Ich habe später in Erfahrung gebracht, daß Tiberius erklärte, den Postumus nicht wiederzuerkennen, als er vor ihn gebracht wurde. Er fragte ihn spöttisch: »Wieso kommst du unter die Caesaren?« Postumus antwortete: »Auf dieselbe Weise wie du. Hast du das vergessen?« Tiberius befahl einem Sklaven, den Postumus auf den Mund zu schlagen für seine Frechheit; dann wurde er auf die Folter gelegt, damit er seine Mitverschworenen verriete. Aber der Gefolterte erzählte nur skandalöse Einzelheiten aus dem Leben des Tiberius, die so aufreizend waren, daß Tiberius mit seinen klobigen Fäusten sich auf den Wehrlosen stürzte und ihn beinahe totschlug. Den Rest besorgten dann seine Soldaten, die den Postumus im Keller des Palastes enthaupteten und buchstäblich in Stücke hieben.

Kann es einen größeren Schmerz geben, als einen geliebten Freund unter solchen Umständen zu verlieren? Mein einziger Trost war, daß Germanicus auf die Nachricht von diesem Mord seinen Feldzug in Deutschland abbrechen und mit seinen Regimentern auf Rom marschieren würde, um an Livia und Tiberius den Tod des Postumus zu rächen. Ich schrieb ihm: Wieder kam keine Antwort. Nach längerer Zeit erhielt ich einen sehr herzlichen Brief von ihm, in dem er sich über die Erfolge wunderte, die der Betrüger Clemens hatte erringen können – also war klar, daß keiner meiner wichtigen Briefe ihn erreicht hatte. Mit plötzlichem Erschrecken wurde mir klar, daß Livia und Tiberius alle meine Briefe an Germanicus abgefangen hatten.

Mein chronisches Magenleiden wurde nicht besser durch die Furcht vor Gift, die mich jetzt nicht losließ. Mein Stottern wurde schlimmer, und ich hatte häufig unter Schwindelanfällen zu leiden. Ich hielt mich nicht mehr für geeignet, meine Obliegenheiten als Priester zu erfüllen, denn es ist eine alte Sitte, daß jeder Gottesdienst von Anfang an wiederholt werden muß, wenn in seiner Zelebrierung irgendein Fehler gemacht wird. Ich konnte mich jetzt so wenig auf mich selbst verlassen, daß ich den Tiberius bat, mich wegen meiner Krankheit für ein Jahr von allen priesterlichen Pflichten zu befreien. Er gab meinem Ersuchen ohne Kommentar statt.

Fünfzehntes Kapitel

Im dritten Jahr seines Krieges gegen die Deutschen gelang es Germanicus, den endgültigen Sieg zu erringen. Er kehrte nach Rom zurück, und zu seinen Ehren fand ein großer Triumphzug statt. Die ganze Bevölkerung strömte ihm zwanzig Meilen weit entgegen, um ihn zu begrüßen. Ein großer steinerner Bogen war errichtet worden. Unübersehbar war die Zahl der mit Beute beladenen Wagen und der Gefangenen. Die Frau Hermanns, Thusnelda, und ihr kleiner Sohn wurden auf einem besonderen Wagen mitgeführt. Hermann selbst war der Gefangennahme entgangen. Germanicus stand auf seinem Wagen, lorbeergeschmückt, Agrippina saß neben ihm. Hinter ihnen ihre fünf Kinder: Nero, Drusus, Caligula, Agrippinilla und Drusilla. Seit dem Triumphzug des Augustus nach der Schlacht von Actium hatte Rom keine solche Begeisterung gesehen.

Aber ich durfte nicht daran teilnehmen! Ich war in Carthago! Einen Monat vor der Rückkehr des Germanicus hatte Livia mir schriftlich kurz mitgeteilt, ich solle mich auf eine Reise nach Afrika vorbereiten. Ein Tempel für Augustus sollte in Carthago eingeweiht werden, und dazu müsse ein Mitglied der kaiserlichen Familie entsandt werden. Ich sei der einzige, der im Augenblick abkömmlich sei. Ich wußte gleich, warum ich verschickt wurde. Es war nämlich sinnlos, jetzt schon abzureisen, da der Tempel frühestens in einem Vierteljahr fertig sein würde. Ich sollte keine Gelegenheit haben, mit Germanicus zu sprechen, solange er sich in Rom aufhielt. So war mir jede Möglichkeit genommen, mir das vom Herzen zu reden, was ich schon seit so langer Zeit aufgespart hatte. Allerdings hatte Germanicus von sich aus eine Unterredung mit Tiberius. Er erklärte ihm, daß die Verbannung des Postumus auf eine abscheuliche Intrige der Livia zurückzuführen sei – er hätte vollgültige Beweise dafür. Livia dürfe unter keinen Umständen mehr teil an der Regierung haben. Ihr Verhalten sei durch kein noch so schlechtes Gebaren des Postumus gegen sie zu rechtfertigen, und Postumus hätte vollkommen recht gehabt, wenn er sich gegen das Unrecht, das ihm angetan worden sei, mit allen Kräften aufgelehnt habe. Tiberius tat so, als ob er aufs tiefste entsetzt sei von den Enthüllungen, die ihm Germanicus machte. Allerdings wolle er keinen öffentlichen Skandal heraufbeschwören, indem er seine Mutter bloßstelle, aber er werde in persönlicher Aussprache ihr das Verbrechen vorwerfen und sie schrittweise ihrer Macht entkleiden.

In Wirklichkeit ging er sofort nach dieser Unterredung zu Livia, berichtete ihr haargenau, was Germanicus ihm gesagt hatte – Germanicus sei ein leichtgläubiger Narr, aber er scheine zu meinen, was er sage, und populär sei er auch, daher wäre es wohl am besten, wenn Livia ihn selbst von ihrer Unschuld überzeugte, vorausgesetzt, daß sie dies nicht für unter ihrer Würde hielte. Er fügte hinzu, daß er Germanicus so bald wie möglich wieder fortschicken werde, wahrscheinlich nach dem Orient. Er hatte Livia richtig genommen, denn sie war erfreut, daß er immer noch so viel Angst vor ihr hatte, daß er ihr in einer so wichtigen Sache die volle Wahrheit sagte; sie nannte ihn einen pflichttreuen Sohn. Sie schwor, daß sie gegen Postumus keine falschen Anschuldigungen erhoben habe, wahrscheinlich sei die ganze Geschichte von der Frau des Germanicus, Agrippina, erfunden worden, der Germanicus hörig sei und die ihn aufhetzen wolle, die Macht an sich zu reißen. Agrippina hätte wahrscheinlich nur das eine Ziel, eine Entfremdung zwischen Tiberius und seine sorgende Mutter zu tragen. Schließlich seufzte Livia, sie sei nun schon eine alte Frau – sie war damals nahe den Siebzig –, und die Arbeitslast werde zu schwer für sie: Vielleicht könne er sie etwas entlasten und sie nur noch bei ganz besonders wichtigen Anlässen konsultieren. Dies war eine neue Versöhnung zwischen Mutter und Sohn, aber beide mißtrauten einander wie zuvor.

Tiberius ernannte jetzt den Germanicus zu seinem Mitconsul und erzählte ihm auch, daß er Livia überredet habe, sich von den Regierungsgeschäften zurückzuziehen. Damit schien Germanicus sich zufriedenzugeben. Aber Tiberius fühlte sich nicht behaglich. Agrippina pflegte ihn kaum zu beachten, und da er wußte, daß die beiden ein Herz und eine Seele waren, konnte er nicht glauben, daß Germanicus für ihn gewonnen sei. Außerdem gab es viele Dinge in Rom zu sehen, gegen die ein Mensch wie Germanicus sich mit aller Entschiedenheit auflehnen mußte. Besonders das großangelegte Spitzelsystem, das eine sehr wesentliche Stütze der Herrschaft geworden war, mußte ihn anekeln und empören. Die Rechtspflege war völlig korrupt, und ein rechtlich denkender Mensch wie Germanicus würde hier unbedingt Änderungen schaffen wollen. Daher wurde angeordnet, daß während des Aufenthalts des Germanicus in Rom die Bespitzelei nach Möglichkeit einzudämmen sei und daß alle wesentlichen politischen Prozesse vertagt würden. Tiberius zeigte sich von überfließender Güte, und seine Reden im Senat waren vorbildlich durch ihre Offenheit und Lauterkeit.

In Carthago habe ich fast ein ganzes Jahr zugebracht. (Während dieser Zeit starb Livius.) Das alte Carthago war bis auf die Grundmauern zerstört worden, und die Stadt, die ich kennenlernte, war ganz neu. Augustus hatte sie angelegt, sie sollte die größte und wichtigste Stadt Afrikas werden. Seit den Tagen meiner frühesten Kindheit war ich nicht im Ausland gewesen. Ich fand das Klima ermüdend, die afrikanischen Eingeborenen unkultiviert, degeneriert und überanstrengt, die Römer, die dort ihren Wohnsitz genommen hatten, stumpf, streitsüchtig, geldgierig und hinter der Zeit zurück, und die Menge seltsamer fliegender und kriechender Insekten war mir entsetzlich. Am meisten fehlte mir der Wald. In Tripolis gibt es nur zweierlei: das regelmäßig bestellte Land – Haine von Feigen- und Olivenbäumen, Kornfelder – und die nackte steinige Wüste.

Ich wohnte im Hause des Gouverneurs Furius Camillus, des Onkels meiner unvergeßlichen Camilla; er hatte damals die Nachricht von ihrem Tod gebracht. Er war sehr freundlich zu mir. Er tat alles, was in seiner Macht stand, um die Einweihung des Tempels zu einem Erfolg für mich zu machen. Unermüdlich war er darin, mir die Besonderheiten der Stadt und des Landes zu zeigen. Carthago stand in sehr guter Handelsverbindung mit Rom, wohin es nicht nur große Mengen von Getreide und Öl exportierte, sondern auch Sklaven, Schwämme, Gold, Elfenbein und wilde Tiere für die Kampfspiele. Da ich so gut wie nichts zu tun hatte, schlug mir Furius vor, während meines Aufenthaltes Material für eine vollständige Geschichte von Carthago zu sammeln. Es gab darüber in den Bibliotheken Roms kein einziges Werk. Furius hatte die Archive der alten Stadt kürzlich durch einen Zufall entdeckt. Wenn ich Interesse dafür hätte, würde er sie mir schenken. Ich mußte ihm gestehen, daß ich kein Wort Phönizisch konnte, aber er schlug mir vor, die wichtigsten Manuskripte durch seine Sekretäre ins Griechische übersetzen zu lassen. Mir gefiel der Gedanke sehr, eine solche Geschichte zu schreiben, denn den Carthagern war bislang noch keine Gerechtigkeit in der Geschichtsschreibung widerfahren.

Zunächst untersuchte ich die Ruinen der Stadt mit Hilfe alter Stadtpläne und machte mich auf diese Weise mit der Geographie des ganzen Landstrichs vertraut. Ich lernte auch die Grundlagen der Sprache so weit, daß ich einfache Inschriften lesen konnte. Später habe ich dann die Geschichte Carthagos neben meiner Geschichte der Etrusker tatsächlich geschrieben. Ich habe es gern, zwei Arbeiten zu gleicher Zeit zu verfolgen. Wenn ich bei der einen erschlaffe, wende ich mich der anderen zu. Mit diesen beiden Büchern habe ich mir so viel Mühe gegeben, daß sie mich fünfundzwanzig Jahre lang stark beschäftigt haben. Für jedes Wort, das ich schließlich schrieb, habe ich viele hundert gelesen. Die Geschichte von Carthago wurde zuerst fertig.

Als mir schließlich gestattet wurde, nach Rom zurückzukehren, war Germanicus schon im Orient, wohin der Senat ihn als Oberkommandierenden für alle Provinzen geschickt hatte. Ihn begleitete, wie immer, Agrippina. Auch Caligula, der jetzt acht Jahre alt war, wurde mitgenommen. Seine anderen Kinder blieben in Rom bei meiner Mutter. Auf dem Wege nach dem Osten besuchte er die Bucht von Actium, wo sein Großvater Marc Anton und Cleopatra so entscheidend besiegt worden waren. Für ihn war der Orient mit einigen trübseligen Betrachtungen verbunden. Er erklärte seinem kleinen Sohn den Verlauf der Schlacht, als ihn Caligula mit einem albernen Lachen unterbrach: »Mein Großvater Agrippa und mein Urgroßvater Augustus haben es deinem Großvater Antonius schön gegeben. Daß du dich nicht schämst, mir die Geschichte zu erzählen!« Dies war nicht das erstemal, daß Caligula unverschämt zu seinem Vater wurde, und Germanicus kam zu der Überzeugung, daß es keinen Zweck habe, ihn so freundlich wie seine anderen Kinder zu behandeln. Um mit Caligula einigermaßen fertig zu werden, bedurfte es strenger Disziplin und harter Strafen.

Kaum hatte Germanicus Rom verlassen, als wieder alles aufs alte Gleis geschoben wurde. Auch die Mißgunst und Furcht des Tiberius vor ihm bekamen neue Nahrung. Er sprach darüber mit Livia, die sofort Rat wußte. Sie ernannte einen gewissen Gnaeus Piso zum Gouverneur von Syrien und sagte ihm im Vertrauen, daß er auf kaiserliche Hilfe rechen könne, wenn Germanicus sich irgendwie in seine militärischen oder politischen Anordnungen mengen würde. Die Wahl war geschickt. Piso war ein hochmütiger alter Herr, grausam und geizig und tief verschuldet. Der Hinweis, daß er sich in Syrien aufführen könnte, wie er wolle, wenn er nur damit den Germanicus provoziere, erschien ihm als Aufforderung, sich ein Vermögen zu machen und seine Finanzen in Ordnung zu bringen. Überdies war Germanicus ihm verhaßt wegen seiner Ernsthaftigkeit und seiner Frömmigkeit. Er pflegte ihn ein abergläubisches altes Weib zu nennen und war außerordentlich eifersüchtig auf ihn.

Auf seiner Reise hatte Germanicus in Athen Aufenthalt genommen und eine bemerkenswerte Rede auf die Griechen und ihre alte Kultur gehalten. Als Piso etwas später sich ebenfalls in Athen aufhielt, konnte er es nicht unterlassen, auch seinerseits eine Rede zu halten. Aber er brachte einen leidenschaftlichen Angriff auf das zeitgenössische Athen vor, das in keiner Weise mit dem Athen der Perikles, Demosthenes, Aischylos und Platon zu vergleichen sei. Jeder Römer, der die heutigen Athener als

Erben jener großen Vergangenheit bezeichne, mache sich schlimmer Schmeichelei schuldig und verletze die Ehre Roms.

Von dieser Rede, die eine offene Herausforderung an ihn darstellte, hörte Germanicus in Rhodos. Auch Piso sollte nach Rhodos kommen. Kurz vor seiner Ankunft erhob sich plötzlich ein Sturm, und zwei Schiffe seiner Flotte scheiterten buchstäblich vor den Augen des Germanicus. Das dritte, auf dem Piso reiste, war in schwerer Seenot. Ohne Mast wurde es den Felsen an der Nordküste zugetrieben. Hätte nicht jeder, außer Germanicus, den Piso seinem Schicksal überlassen? Aber Germanicus sandte einige gut bemannte Galeeren aus, die durch verzweifeltes Rudern an das treibende Wrack herankamen und es in den Hafen von Rhodos einschleppen konnten. Hätte nicht jeder, außer einem Piso, diese Tat mit lebenslänglicher Dankbarkeit vergolten? Aber Piso beklagte sich nur darüber, daß Germanicus seine Rettungsaktion bis zur letzten Stunde aufgeschoben habe, und ohne sich auch nur einen Tag in Rhodos aufzuhalten, segelte er weiter.

Kaum war Piso in Syrien angelangt, als ein Schreckensregiment sondersgleichen einsetzte. Mord war Pisos einzige Regierungsmethode. Wer sich über Ungeheuerlichkeiten beklagte, wurde eingesperrt und von sadistischen Söldnern zu Tode gequält. Die Einwohner schickten eine Abordnung zu Tiberius, der von nichts zu wissen vorgab und Untersuchung versprach. Auch zu Germanicus kam eine Abordnung, und er war auf das höchste entsetzt und empört. Er schrieb einen Bericht an Tiberius und teilte ihm mit, daß er sich nach Syrien in Marsch setze. Gleichzeitig bat er um Erlaubnis, Piso entfernen und einen besseren Mann an seine Stelle bringen zu dürfen. Tiberius antwortete, daß ihm allerdings einige Klagen zu Ohren gekommen seien, aber sie erschienen ihm übertrieben und bösartig, und er habe Vertrauen zu Piso. Germanicus glaubte nicht, daß Tiberius irgendwelche Gemeinheiten im Sinne habe, er hielt ihn nur für zu schwerfällig, um die Dinge zu durchschauen. Er machte sich Vorwürfe, daß er Tiberius um diese Erlaubnis gebeten hatte, da die ihm erteilten Vollmachten sowieso ausreichten. Er hörte noch eine andere schwere Anschuldigung gegen Piso: Er wolle den abgesetzten König von Armenien, Vonones, wieder in seine Macht einsetzen. Vonones hielt sich als Flüchtling in Syrien auf. Er war unermeßlich reich, hatte seinen ganzen Schatz gerettet, und so hoffte Piso, aus der Angelegenheit ein gutes Geschäft zu machen. Diesen Plan durchkreuzte Germanicus, indem er sich selbst nach Armenien begab, dort eine Versammlung des Adels abhielt und schließlich mit eigenen Händen, aber im Namen des Tiberius, den Mann krönte, den die Armenier als neuen König haben wollten. Er befahl dann dem Piso, mit zwei Regimentern Armenien zu besuchen und dem neuen König seine nachbarliche Verehrung zu bezeigen. Piso folgte dem Befehl nicht. Etwas später rückte Germanicus in Syrien ein und traf Piso im Winterquartier des Zehnten Regiments.

Einige Offiziere waren bei der Unterredung als Zeugen zugegen, damit Tiberius einen objektiven Bericht erhielte. Germanicus begann so freundlich, wie es ihm unter den Umständen möglich war, mit der Frage, warum Piso seinem Befehl nicht gehorcht hätte. Er erhielt keine Antwort. Darauf fragte Germanicus nach den Gründen, warum das Zehnte Regiment – obwohl voller Friedenszustand herrschte – sich in einem so undisziplinierten und verdreckten Zustand befände. Piso grinste: »Sie sind eine dreckige Bande, was? Wenn ich sie nach Armenien geschickt hätte, was hätte man dort für einen Begriff von der Macht und Größe Roms bekommen?« (»Die Macht und Größe Roms« war ein Lieblingsausdruck meines Bruders.) Germanicus beherrschte sich nur noch mühsam. Er sagte, die Verlotterung des Regiments datiere erst seit Pisos Ankunft, und er werde dem Tiberius darüber berichten. Piso entschuldigte sich ironisch, indem er bedauerte, daß die hohen Ideale der Jugend sich oft dem Zwang der harten Welt beugen müßten. Da unterbrach ihn Germanicus mit flammenden Augen: »Oft, Piso, aber nicht immer! Morgen zum Beispiel werde ich mich mit Ihnen bei den Gerichtsverhandlungen treffen, und da wird sich zeigen, ob es irgendeinen Widerstand gegen die hohen Ideale der Jugend gibt und ob den Syriern die Gerechtigkeit vorenthalten werden kann durch einen ungebildeten, geldgierigen, blutrünstigen und verlumpten alten Wüstling!«

Damit fand die Unterredung ihr Ende. Piso schrieb sofort an Tiberius und Livia und beschrieb den Vorfall so, daß es aussehen mußte, als ob der verlumpte Wüstling Tiberius selbst sei. Dieser Bericht trug dem Piso ein neues Vertrauensvotum ein. Unterdessen saß Germanicus tagelang und unermüdlich auf dem Beschwerdegericht und hörte sich die Klagen der Syrier an.

Noch ehe es gelang, auch nur einigermaßen Ordnung in die verlotterte Provinz zu bringen – wobei die Schwierigkeiten mit Piso sich häuften –, zwang eine Hungersnot in Ägypten den Germanicus zu sofortiger Abreise. Die großen Getreidehändler hielten mit ihren Vorräten zurück, um den Preis in die Höhe zu treiben, bis Germanicus eintraf und sie zwang, zu den üblichen Preisen zu verkaufen. Er war ganz froh, daß er Ägypten besuchen konnte, das ihn von jeher noch mehr interessiert hatte als Griechenland. Alexandria war damals, was es auch jetzt noch ist, das kulturelle Zentrum der Welt. Germanicus fuhr den Nil aufwärts, besuchte die Pyramiden und die gewaltigen Ruinen von Theben. Er machte eine gründliche Studienreise und führte darüber genaues Tagebuch. Agrippina begleitete ihn, aber Caligula war in Antiochia zurückgelassen worden, zur Strafe für sein ungezogenes Verhalten.

Germanicus konnte ohnehin nichts unternehmen, was das Mißtrauen des Tiberius gegen ihn nicht schürte, aber dieser Besuch Ägyptens war vielleicht das Schlimmste, was er – in den Augen des Tiberius – tun konnte. Ägypten war die Kornkammer Roms. Damit sie nicht in die Hände eines Abenteurers fiele, der sie mit verhältnismäßig geringen Kräften hätte verteidigen können, war schon von Augustus angeordnet worden, daß kein römischer Senator oder Angehöriger des Adels Ägypten ohne ausdrückliche Erlaubnis von ihm selbst besuchen dürfe. Diese Verfügung galt als nicht erloschen. Aber Germanicus, durch die Nachrichten über die Hungersnot aufs äußerste beunruhigt, wollte keine Zeit verlieren, indem er auf die Erlaubnis des Tiberius wartete. Tiberius aber glaubte nun, daß Germanicus zu dem tödlichen Schlag aushole, den er so lange vorbereitet habe. Sicherlich war er nur nach Ägypten gegangen, um die dort liegenden Regimenter auf seine Seite zu ziehen. Die Studienreise nilaufwärts war nur ein Vorwand, um die Grenzstationen zu inspizieren – kurz und gut, Tiberius beklagte sich öffentlich beim Senat, daß Germanicus einen der wichtigsten Befehle des Augustus verletzt habe.

Als Germanicus nach Syrien zurückkehrte, mußte er feststellen, daß alle seine Befehle oder Bestimmungen nicht ausgeführt oder sogar durch Gegenbefehle Pisos durchkreuzt worden waren. Er erließ seine Verordnungen von neuem und machte gleichzeitig öffentlich bekannt, daß alles, was Piso unterdessen verfügt hatte, ungültig sei und daß von jetzt ab jede amtliche Bekanntmachung von ihm selbst gegengezeichnet sein müsse.

Er hatte kaum diesen Erlaß herausgegeben, als er erkrankte. Sein Magen konnte nichts bei sich behalten. Germanicus befürchtete sogleich, daß seine Speisen vergiftet würden, und ergriff jede erdenkliche Vorsichtsmaßregel. Agrippina bereitete alle Mahlzeiten selbst, und niemand von der Dienerschaft hatte die geringste Möglichkeit, weder vor noch nach dem Kochen mit dem Essen in Berührung zu kommen. Aber es dauerte ziemlich lange, bis Germanicus sich erholte, sein Bett verlassen und wieder in einem Stuhl sitzen konnte. Der Hunger hatte seinen Geruchssinn außerordentlich geschärft, und er sagte, daß es im Haus nach Tod rieche. Außer ihm konnte das niemand finden, und Agrippina glaubte zuerst, es sei eine Übertreibung, hervorgerufen durch die Krankheit. Aber er wiederholte seine Behauptung immer wieder: Der Geruch nehme täglich zu. Schließlich mußte auch Agrippina zugeben, daß sie es wahrnehme. Der Geruch schien in jedem Zimmer des Hauses zu sein. Sie räucherte das ganze Gebäude aus, aber der Geruch blieb. Die Dienerschaft wurde nervös und flüsterte von Hexenwerk.

Germanicus war selbst immer sehr abergläubisch gewesen, gleich allen Mitgliedern unserer Familie, abgesehen von mir! Die Zahl 17 und ein um Mitternacht krähender Hahn waren die Omina, die ihn am meisten entmutigen konnten. Da er glaubte, daß vielleicht die Frau des Piso irgendwelche Hexenkünste gegen ihn wirken lasse, brachte er der Hecate ein Opfer dar, um sie zu versöhnen. Am Tag darauf berichtete ihm ein Sklave mit schrekkensbleichem Gesicht, daß er beim Aufwaschen in der Eingangshalle eine lose Fliese entdeckt habe. Er habe sie aufgehoben und darunter etwas gefunden, das der nackte und verwesende Leichnam eines Säuglings zu sein schien, der Bauch sei rot angestrichen gewesen, und an die Stirn habe man Hörner gebunden. Sofort wurde das ganze Haus durchsucht, und ungefähr ein Dutzend ähnlich grausiger Funde wurde gemacht, unter den Fliesen, oder in Mauerlöchern, oder hinter dem Wandbehang, so zum Beispiel eine tote Katze, der verkümmerte Flügel aus dem Rücken gewachsen waren, und der Kopf eines Mohren, dem eine Kinderhand im Mund steckte. An jedem dieser entsetzlichen Gegenstände war ein Bleitäfelchen befestigt, das den Namen »Germanicus« trug. Das Haus wurde neu geweiht, und Germanicus fühlte sich besser, obwohl der Magen ihm immer noch Sorgen machte.

Aber bald darauf begann es in dem Haus zu spuken. Blutbeschmierte Hahnenfedern wurden zwischen den Kissen der Betten gefunden, und unglückbringende Zeichen waren mit Kohle an die Wände geschmiert, manchmal so tief, als ob ein Zwerg sie geschrieben habe, manchmal so hoch, daß nur ein Riese hätte hinaufreichen können. Das Schlimmste war, daß auf all diesen

Zeichen die Nummer 17 ständig wiederkehrte, obwohl ausschließlich Agrippina von diesem besonderen Aberglauben wußte. Dann erschien der Name Germanicus an der Wand, verkehrt herum geschrieben, und jeden Tag wurde er um einen Buchstaben kürzer. Verdacht auf die Dienerschaft konnte man nicht haben, weil die Zeichen sich nur in Zimmern vorfanden, zu denen sie keinen Zutritt hatte. In einem kleinen Raum mit einem so engen Fenster, daß sich unmöglich ein erwachsener Mensch hätte durchzwängen können, war die Wand von oben bis unten mit solchen unheilkündenden Zeichen bedeckt. Der einzige Trost des Germanicus war der Mut, den Agrippina und der kleine Caligula zeigten. Agrippina tat alles, um hinter das Geheimnis zu kommen. Caligula sagte, er fühle sich sicher, denn einem Urenkel des Augustus könne keine Hexe etwas anhaben. Germanicus mußte wieder ins Bett. Mitten in einer Nacht, als nur noch drei Buchstaben von seinem Namen übriggeblieben waren, wurde er durch lautes Krähen geweckt. Trotz seiner Mattigkeit sprang er aus dem Bett, ergriff sein Schwert und stürzte in das benachbarte Zimmer, wo Caligula und dessen jüngstes Schwesterchen, Lesbia, schliefen. Dort sah er einen Hahn, einen großen schwarzen Hahn mit einem goldenen Ring um den Hals, und der Hahn krähte, als ob er Tote erwecken wollte. Germanicus wollte ihm den Kopf abschlagen, aber der Hahn entkam durchs Fenster. Germanicus wurde ohnmächtig. Als er wieder zu sich kam, sagte er, daß es mit ihm vorbei sei. Agrippina vermochte ihm noch einmal Mut einzuflößen, so daß er am Morgen an Piso schrieb und ihm befahl, Syrien sofort zu verlassen. Aber Piso war schon fort und wartete auf der Insel Chios auf die Nachricht, daß Germanicus tot sei. Erst dann wollte er zurückkehren.

Mit jeder Stunde wurde mein armer Bruder schwächer. Er versammelte sein Freunde um sich und sagte ihnen, daß er sterben müsse, ermordet von Piso. Er bat sie, dem Tiberius alles zu erzählen und seinen schrecklichen Tod zu rächen. »Und sagt dem römischen Volk«, fuhr er fort, »daß ich ihm meine geliebte Frau und meine sechs Kinder anvertraue. Und wenn Piso behaupten sollte, er habe Befehl gehabt, mich zu töten, so soll das Volk von Rom das nicht glauben. Oder aber, wenn es ihm glaubt, soll es ihm deshalb nicht verzeihen.«

Er starb am neunten Oktober, dem Tag, an dem von seinem Namen nur noch der Buchstabe G an der Wand erschien, die seinem Bett gegenüberlag, und am siebzehnten Tag seiner

Krankheit. Sein Leichnam wurde auf dem Marktplatz von Antiochia öffentlich aufgebahrt, so daß jeder den Ausschlag auf seinem Leib und die Bläue seiner Nägel erkennen konnte. Seine Sklaven wurden gefoltert, seine Freigelassenen wurden – jeder vierundzwanzig Stunden lang – von stets wechselnden Befragern verhört, und wenn irgend jemand etwas gewußt hätte, wäre es sicherlich bei dieser Gelegenheit zutage gekommen. Das einzige, was man in Erfahrung brachte, war, daß Martina, eine notorische Hexe, einmal unbeaufsichtigt im Hause gewesen war, und ihr war eine Verbindung mit Piso nachzuweisen. Trotzdem fand sich für diese seltsamen Geschehnisse keine natürliche Erklärung.

Alle Regimentskommandeure und alle prominenten Römer in Syrien versammelten sich, wählten den Obersten des Sechsten Regiments zum vorläufigen Gouverneur und schickten jene Martina nach Rom. In einem Prozeß gegen Piso konnte sie die wichtigste Zeugin sein. Piso gab seiner Genugtuung und Freude offen Ausdruck. Er kehrte zurück, um sein Amt wieder zu übernehmen, aber die Offiziere verhafteten ihn und schickten ihn ebenfalls nach Rom, denn sie waren überzeugt, daß ihm dort der Prozeß gemacht werde.

Unterdessen war Agrippina mit ihren Kindern und der Asche ihres Mannes schon auf der Rückreise nach Rom. Die Todesnachricht hatte solchen Schmerz über die Stadt gebracht, daß es jedem einzelnen Haushalt erschien, als sei er des liebsten Familienmitglieds beraubt worden. Drei ganze Tage, und ohne daß der Senat irgendwelche Vorschriften erlassen hätte, herrschte die tiefste Trauer: Die Läden waren geschlossen, die Gerichte verwaist, keinerlei Geschäfte wurden gemacht und nur die nötigsten Arbeiten verrichtet. Ich hörte einen einfachen Mann auf der Straße sagen, die Sonne sei untergegangen und werde nie wieder aufgehen. Über meinen eigenen Schmerz zu schreiben, habe ich nicht die Kraft.

Sechzehntes Kapitel

Livia und Tiberius schlossen sich in ihren Palästen ein und gaben vor, so erschüttert zu sein, daß sie sich nicht öffentlich zeigen könnten. Agrippina hätte über Land heimkehren müssen, weil der Winter begonnen hatte und die Jahreszeit für Seereisen vorbei war. Aber sie legte die ganze Strecke auf dem Schiff zurück und betrat in Brindisi italienischen Boden. Hier ruhte sie sich etwas aus und schickte Boten, die verkünden sollten, daß sie käme, um beim römischen Volk Schutz zu suchen. Castor, der jetzt wieder in Rom lebte, ihre vier Kinder und ich verließen Rom, um ihr entgegenzureisen. Tiberius schickte zwei Bataillone der kaiserlichen Garde nach Brindisi, um Agrippina einzuholen. Die Urne mit der Asche meines Bruders wurde auf einen Katafalk gestellt, den Gardeoffiziere auf ihren Schultern trugen. Die Truppe marschierte mit allen Symbolen des Schmerzes, der Not und der Trauer. Viele tausend Menschen schlossen sich dieser Prozession nach und nach an, die sich langsam durch Calabrien, Apulien und Campanien bewegte. Die Landbevölkerung war in tiefes Schwarz gekleidet, der Adel trug seine Purpurroben – jeder weinte und wehklagte, und ohne Unterlaß wurden Rauchopfer für den Geist des toten Helden dargebracht.

Wir trafen die Prozession in Terracina, ungefähr sechzig Meilen südöstlich von Rom. Beim Anblick ihrer vier vaterlosen Kinder brach Agrippinas Schmerz von neuem auf. Sie hatte mit marmornem Gesicht und starren Augen den ganzen Weg von Brindisi zu Fuß zurückgelegt und nicht ein einziges Wort bisher gesprochen. Jetzt rief sie aus und wandte sich an Castor: »Bei der Liebe, die du für meinen toten Mann empfunden hast, schwöre mir, daß du das Leben seiner Kinder mit deinem eigenen Leben schützen willst und seinen Tod rächen! Es war sein letztes Vermächtnis an dich!« Castor, weinend – vielleicht zum erstenmal seit seiner Kindheit –, schwor ihr zu, daß er diesen letzten Willen ehren werde.

Meiner Mutter war von Tiberius und Livia nicht gestattet worden, uns zu begleiten. Sie durfte nicht einmal an den Beisetzungsfeierlichkeiten teilnehmen. Wenn übermäßiger Schmerz sie beide, die Großmutter und den Adoptivvater, hindern konnte, sich zu zeigen, dann mußte auch der Schmerz der leiblichen Mutter so groß sein, daß sie das Haus nicht zu verlassen vermochte. Dieses Ausharren im Versteck war sehr schlau, soweit Livia und Tiberius betroffen waren. Denn die Bevölkerung hätte sich bestimmt gegen sie erhoben, auch wenn sie Schmerz zur Schau getragen hätten, und die kaiserliche Garde würde keinen Finger gerührt haben, sie zu schützen. Die Totenfeier fand nachts auf dem Marsfeld statt. Der weite Platz erschien durch unzählige Fackeln in ein Flammenmeer verwandelt. Die

Menge umdrängte das Grabmal des Augustus, wo die Urne beigesetzt wurde, so dicht, daß viele Menschen zu Tode gedrückt wurden. Ganz allgemein hieß es, daß Rom jetzt verloren sei – keine Hoffnung gebe es mehr. Germanicus sei der letzte Wall gegen Unterdrückung gewesen, und Germanicus sei auf das gemeinste ermordet worden! Eine ungeheure Woge des Mitgefühls legte sich um Agrippina, überall wurde für sie und ihre Kinder gebetet. Die Landestrauer währte ein volles Vierteljahr, erst im April konnte man das öffentliche Leben Roms wieder als normal bezeichnen.

Piso aber hatte es vermeiden können, nach Rom gebracht zu werden, und wollte sich bei Castor aufhalten, der ein Kommando an der Donau innehatte. Er hoffte, daß Castor ihm dankbar sein werde, denn nur durch den Tod des Germanicus bestand Aussicht für ihn, jemals zur Herrschaft zu kommen. Aber Castor weigerte sich, ihn aufzunehmen. Öffentlich sagte er dem Boten des Piso, daß er Rache für den Tod seines Stiefbruders nehmen werde, wie er es geschworen habe, falls sich gewisse Gerüchte als wahr herausstellen sollten. Nach einigem Herumirren entschloß sich Piso, den Stier bei den Hörnern zu packen und in Rom aufzutauchen. Bei seiner Ankunft mußte er durch eine feindselige Menge hindurch, die beinahe tätlich geworden wäre. Aber er wollte zeigen, daß er keine Angst hatte und daß er sich auf Tiberius und Livia verlassen konnte. Daher lud er alle seine Freunde und Verwandten ein, um seine Rückkehr zu feiern. Er veranstaltete ein großes Bankett, das wieder Anlaß zu schweren Unruhen wurde. Tiberius hatte vorgehabt, den Piso vor eine Kammer des Gerichts zu bringen, der ein schwerfälliger, unfähiger und zweifelhafter Senator vorsaß. Er hoffte, auf diese Weise einen Freispruch für Piso zu erlangen. Aber die Freunde des Germanicus, besonders drei Senatoren, die ihn nach Syrien begleitet hatten, widersetzten sich dieser Absicht auf das entschiedenste. So mußte Tiberius sich bereit finden, selbst die Untersuchung zu führen und die Angelegenheit dem Senat zu unterbreiten. Im Senat aber fanden die Freunde des Germanicus jede nur denkbare Unterstützung, zumal der Senat dem Germanicus soeben eine ganze Reihe ungewöhnlicher Ehrungen zugesprochen hatte, die Tiberius nicht zu verhindern gewagt hatte.

Piso bat nacheinander vier Senatoren, seine Verteidigung zu übernehmen. Drei von ihnen entschuldigten sich mit ihrem »leidenden Zustand« oder mit »Überbürdung«. Der vierte, Gallus, erklärte, daß er niemanden gegen eine Anklage des Mordes zu verteidigen pflege, der schuldig zu sein scheine, es sei denn, daß man damit der kaiserlichen Familie wenigstens einen kleinen Gefallen erweise. Schließlich fand sich sein Verwandter Calpurnius zur Wahrung der Familienehre bereit, ihn zu verteidigen. Piso war seiner Sache trotzdem sicher, denn Seianus hatte ihm zu verstehen gegeben, daß Tiberius so tun würde, als ob er sehr streng und unparteiisch sei, daß aber kein Urteil gesprochen, sondern der Fall bis ins Endlose vertagt werden würde. Die Hauptzeugin, Martina, war bereits aus dem Weg geräumt worden, und die Staatsanwaltschaft hatte sehr wenig greifbares Material.

Allein für die Erhebung der Anklage waren zwei Tage vorgesehen. Die offizielle Anklage lautete nur auf Korruption in seiner Verwaltung und den ihm unterstellten Truppen und auf »Ungehorsam« gegen Germanicus. Aber die Freunde des Germanicus, die sich gut vorbereitet hatten, beschuldigten ihn offen des Mordes, »begangen durch Gift und Zauberei«. Piso leugnete die Anschuldigungen wegen Korruption nicht ab, er bemerkte lediglich, daß sie übertrieben seien. Aber voller Empörung bestritt er, irgend etwas mit Gift oder Zauberei zu tun zu haben. Er hatte ein Bündel Briefe bei sich. Jedermann konnte erkennen, aus der Farbe und der Größe, daß sie von Tiberius sein mußten. Die Freunde des Germanicus verlangten, daß diese Briefe verlesen würden. Piso weigerte sich, weil diese Briefe mit der Sphinx gesiegelt seien, was seit Augustus »geheim und vertraulich« bedeute. Es sei Hochverrat, sie vorzulesen. Tiberius gab dem Antrag nicht statt: Eine Verlesung dieser Briefe sei Zeitvergeudung, da sie nichts Wichtiges enthielten. Der Senat konnte die Sache nicht weiterverfolgen, und Piso übergab die Briefe dem Tiberius, als Zeichen, daß er sein Leben in seine Hand lege – um es zu retten.

Die Volksmenge vor dem Gerichtsgebäude, die über den Prozeß fortlaufend unterrichtet war, wurde sehr unruhig, als sie von der Ablehnung dieses Antrags erfuhr. Wütende Rufe wurden laut: »Euch mag er entkommen, aber nicht uns!« Tiberius nahm die Unruhe, die deutlich durch die Fenster drang, zum Anlaß, den Prozeß bis zum Abend zu vertagen. Piso wurde unter Bedeckung abgeführt.

Der Frau des Piso schien die Sache nicht absolut sicher zu stehen, und sie beschloß, auf eigene Faust etwas zu unternehmen. Piso hatte den belastendsten aller Briefe für sich zurückbehalten. Dieser Brief war von Livia an ihn geschrieben worden, im Namen des Tiberius, aber nicht mit der Sphinx versiegelt. Über diesen Brief sprach Pisos Frau zu Livia und deutete ziemlich unverhüllt an, daß sie ihn gegen Tiberius und Livia ausspielen würde, falls ihr Mann in irgendwelche Gefahr geriete. Livia befahl ihr zu warten, bis sie sich mit Tiberius beraten hätte. Aus diesem Anlaß gab es den ersten offenen Streit zwischen den beiden. Tiberius war wütend, daß Livia den Brief geschrieben hatte. Livia entgegnete, er sei an den jetzt entstandenen Unannehmlichkeiten selbst schuld: Er habe ihr damals das Sphinxsiegel vorenthalten. Außerdem betrage er sich seit einiger Zeit unverschämt gegen sie. Tiberius schrie: »Wer ist Kaiser? Du oder ich?« Livia entgegnete: »Wenn du Kaiser bist, dann nur, weil ich dir dazu verholfen habe. Es ist reichlich töricht, Streit mit mir zu beginnen, denn wer dich erheben konnte, wird auch die Kraft haben, dich zu stürzen.« Damit setzte sie sich nieder und begann zu lesen: einen alten Brief, den Augustus an sie geschrieben hatte, während Tiberius in Rhodos war. In diesem Brief beklagte sich Augustus in heftigen Ausdrücken über den verdorbenen Charakter des Tiberius. Wenn er nicht Livias Sohn wäre, hätte er ihn längst beseitigt. »Das ist nur eine Abschrift«, sagte sie langsam. »Das Original ist sicher verwahrt. Nur ein Brief von vielen, die auf die gleiche Tonart abgestimmt sind. Möchtest du, daß ich sie dem Senat vorlege, oder wie denkst du?«

Tiberius nahm sich zusammen und entschuldigte sich für seinen Ausbruch. Es sei klar, daß sie sich gegenseitig ruinieren könnten, darum sei es außerordentlich töricht von ihnen, miteinander zu streiten. Als am Abend die Verhandlung gegen Piso fortgesetzt werden sollte, wurde bekannt, daß Piso Selbstmord verübt habe. Aber in Wirklichkeit war es kein Selbstmord.

Ich selbst hatte mich an den Vorbereitungen zu dem Prozeß dadurch beteiligt, daß ich den Freunden des Germanicus jede nur erdenkliche Hilfe leistete. Das einzig Schöne in dieser ganzen trüben Zeit war für mich der Augenblick, als Agrippina mir für meine Hilfe dankte und sagte, sie begriffe jetzt, warum Germanicus kurz vor seinem Tode einmal erklärt habe, daß der wahrste und beste Freund, den er in seinem Leben gehabt habe, sein armer Bruder Claudius gewesen sei.

Germanicus war tot, aber trotzdem fühlte Tiberius sich nicht gesicherter als zuvor. Wenn früher, wie er einstmals von seinen Soldaten gesagt hatte, sein Motto gewesen war: »Sollen sie mich fürchten, solange sie mir nur gehorchen«, so schien dieses Motto jetzt zu lauten: »Sollen sie mich hassen, solange sie mich nur fürchten!«

Eines Tages, als ich gerade in Rom war, besuchte mich Agrippina und bat in großer Unruhe um meinen Rat. Sie fühlte sich auf Schritt und Tritt beobachtet und verfolgt und litt sehr darunter. Ob ich irgend jemanden wüßte, außer Seianus, der Einfluß auf Tiberius hätte. Sie war sich ganz klar in dem Gefühl, daß man sie töten oder verbannen würde, sobald man die geringste Handhabe gegen sie bekäme. Ich sagte ihr, daß nur zwei Menschen einen guten Einfluß auf Tiberius hätten: Cocceius Nerva und Vipsania. Tiberius hatte nie die Liebe zu seiner ersten Frau aus seinem Herzen verbannen können. Vipsania hatte später den Gallus geheiratet, und als den beiden eine Enkelin geboren wurde, die im Alter von fünfzehn Jahren genauso aussah wie Vipsania zur Zeit ihrer Ehe mit Tiberius, war Tiberius von einer Ehe mit diesem jungen Mädchen nur abzubringen gewesen, indem man ihm nachwies, daß sie mit ihm verwandt sei. Aber da machte er sie zur obersten Vestalin, weil er sie keinem Manne gönnte. Nerva war einer der größten Rechtsgelehrten der Zeit, Agrippina folgte meinem Rat. Vipsania und Gallus, die aufrichtiges Mitleid für sie empfanden, öffneten ihr ihre Häuser, hielten sich stets zu ihrer Verfügung und kümmerten sich sehr um Agrippinas Kinder. Nerva war zwar ebenfalls sehr freundlich zu ihr, aber er verstand weder, was sie eigentlich von ihm wollte, noch hatte er für die Realität viel Blick. Er lebte, ziemlich geistesabwesend, unter seinen Büchern.

Unglücklicherweise starb Vipsania sehr bald darauf. Die Wirkung dieses Todes auf Tiberius war erstaunlich. Er machte jetzt kein Hehl mehr aus seiner sexuellen Verkommenheit. Es wurde zwar schon genug darüber geredet, jedoch jedermann scheute sich, den Gerüchten zu glauben. Jetzt aber legte er sich keine Schranken mehr auf. Einige seiner Perversitäten waren so abscheulich, daß sie mit der Würde eines römischen Imperators nicht zu vereinen waren. Keine Frau, kein Knabe war in seiner Nähe noch sicher, nicht einmal die Frauen und Kinder von

Senatoren. Wenn ihnen das Leben ihrer Männer oder Väter lieb war, mußten sie tun, was Tiberius von ihnen verlangte. Damals kursierte ein Gassenhauer: »Wo und wie der alte Bock – –« Es ist unmöglich, mehr von diesem Lied zu zitieren, das ebenso geistvoll wie obszön war und von dem es allgemein hieß, daß es von Livia selbst verfaßt worden sei.

Damals fing Livia an, freundlich gegen Agrippina zu werden. Agrippina war sehr zurückhaltend und mißtrauisch, aber es war offenbar, daß die Feindschaft zwischen Livia und Tiberius jetzt schon sehr tief sein mußte. Sie sagte mir, wenn sie sich schon für einen von beiden entscheiden müsse – unter dem Schutz der Livia fühle sie sich sicherer. Ich mußte ihr recht geben, denn bisher war es dem Tiberius noch nie gelungen, eine von Livia unterstützte Persönlichkeit zu beseitigen, während das Gegenteil oft genug der Fall gewesen war. Aber ich hatte trübe Ahnungen für die Zeit, in der Livia nicht mehr leben würde. Was mich besonders beeindruckte, war die starke Bindung, die Livia zu Caligula hatte. Caligula, damals knapp zehn Jahre alt, konnte sich nur auf zwei Arten betragen: unverschämt oder servil. Zu Agrippina, zu meiner Mutter oder mir zum Beispiel war er unverschämt, zu Seianus und Tiberius servil. Wie er sich gegen Livia benahm, ist nicht leicht zu beschreiben. Er führte sich beinahe wie ihr Liebhaber auf. Es war nicht die übliche Zärtlichkeit, die ein kleiner Junge für seine Großmutter oder Urgroßmutter empfindet – vielmehr machte das Verhältnis zwischen den beiden den Eindruck, als ob sie irgendein unerfreuliches Geheimnis teilten. Ich möchte nicht behaupten, daß irgendwelche unerlaubten Beziehungen zwischen ihnen bestanden, aber auch Agrippina, die mit mir darüber sprach, hatte ein unangenehmes Gefühl, obwohl auch sie nichts Genaues feststellen konnte.

Eines Tages begann ich zu verstehen, warum Seianus sich immer so höflich gegen mich betrug. Er schlug mir vor, meinen kleinen Sohn Drusillus mit seiner Tochter zu verloben. Mein erstes Gefühl war Mitleid mit dem Mädchen, das ein nettes kleines Ding zu sein schien, denn Drusillus wurde mit jedem Tag ein größerer Taugenichts. Aber als Vater konnte ich das wohl nicht gut sagen. Noch weniger konnte ich sagen, wie abscheulich mir der Gedanke war, mich verwandtschaftlich mit einem Schurken wie Seianus zu verbinden. Er bemerkte mein Zaudern und fragte mich, ob ich die Heirat für unter der Würde meiner Familie hielte. Ich stotterte etwas und sagte nein, gegen seine Familie sei nicht das geringste einzuwenden. Er beschwor mich, ihm alle meine Bedenken zu sagen. Natürlich hatte er den Vorschlag nur auf Anraten des Tiberius gemacht. So sagte ich nur, wenn Tiberius sich einverstanden erklären würde, sei mit meiner Zustimmung zu rechnen. Mein Hauptbedenken käme daher, daß ich es für verfrüht hielte, ein vierjähriges Mädchen an einen dreizehnjährigen Knaben zu binden. Bis er heiraten könnte, würde mein Sohn einundzwanzig sein, und bis dahin könnte er längst sein Herz anderswo verloren haben. Seianus lachte und sagte, unter meiner Obhut würde der Junge vor jedem Unheil bewahrt bleiben.

In der Stadt regte man sich sehr auf, als bekannt wurde, daß Seianus in verwandtschaftliche Beziehungen zur kaiserlichen Familie treten werde. Jedermann beeilte sich, ihm zu gratulieren und auch mir. Ein paar Tage später war mein Sohn Drusillus tot. Er wurde im Gebüsch eines Gartens in Pompeji aufgefunden. Dorthin hatten ihn Freunde von Urgulanilla schon vor längerer Zeit eingeladen, damit er mit den Kindern spiele. Eine kleine Birne stak ihm in der Kehle. Bei der Untersuchung wurde festgestellt, daß man ihn beobachtet habe, wie er die Frucht in die Höhe geworfen und versucht habe, sie mit dem Munde wieder zu fangen. Sein Tod sei auf einen Unglücksfall zurückzuführen. Aber diese Auslegung glaubte niemand. Es war offensichtlich, daß Livia, die man nicht befragt hatte, als einer ihrer Urenkel verlobt werden sollte, das Kind hatte erwürgen lassen. Die Birne wurde ihm nachträglich in den Schlund gestopft. Wie es Sitte war, wurde der Birnbaum des Mordes beschuldigt und verurteilt, ausgerissen und verbrannt.

Tiberius bat den Senat, seinen Sohn Castor zum Volkstribunen zu ernennen. Auch dieses Amt bestand noch. Dem Klang nach sollte der erwählte Tribun die Rechte des Volkes wahrnehmen. Der praktischen Bedeutung nach war diese Ernennung nichts anderes, als daß nun Castor als Erbe des Tiberius eingesetzt war. Die Bevölkerung nahm dies für ein Zeichen, daß Tiberius dem Ehrgeiz des Seianus entgegentreten wollte, und atmete auf. Denn Castor erfreute sich jetzt einer etwas größeren Beliebtheit als früher. Er hatte das übermäßige Trinken aufgegeben – der Tod des Germanicus schien ihn ernüchtert zu haben. Obwohl ihm immer noch ein Gladiatorenkampf nicht blutig genug sein konnte, obwohl er sich auffallend und herausfordernd kleidete und ungeheure Summen bei den Wagenrennen verwettete, so nahm er seine Pflichten ernst und war ein zuverlässiger Freund geworden. Ich hatte wenig mit ihm zu tun, doch wenn er mich traf, behandelte er mich mit viel mehr Rücksicht als vor dem Tod des Germanicus.

Der wilde Haß zwischen ihm und Seianus drohte täglich zu offener Flamme emporzuschlagen. Seianus, der sich bis jetzt zurückgehalten hatte, suchte nach einer Gelegenheit. Er fand sie, provozierte einen Streit wegen einer Nichtigkeit und trieb ihn so weit, daß Castor sich vergaß und ihm ins Gesicht schlug. Dieser Schlag wurde für Castor verhängnisvoll. Tiberius entzog ihm seine Gunst, da man ihn zu überzeugen gewußt hatte, daß Castor in seine alten Raufboldmanieren zurückgefallen sei. Kurze Zeit darauf wurde Castor krank. Den Symptomen nach hatte er galoppierende Schwindsucht. Er verlor Farbe und Gewicht und begann Blut zu spucken. Er bat seinen Vater Tiberius, ihn zu besuchen. Er fühle seinen Tod nahen und wolle seinen Vater um Verzeihung bitten, falls er ihn gekränkt habe. Seianus riet dem Tiberius, seinem Sohn nicht mehr nahe zu kommen. Wenn es ernst mit der Krankheit sei, so müsse man die hohe Ansteckungsgefahr fürchten. Wenn die Krankheit vorgespiegelt werde, so sei sie nur ein Vorwand, um den Tiberius zu ermorden. Einige Tage darauf starb Castor. Er wurde in Rom nicht sehr betrauert.

Jetzt waren die drei Söhne des Germanicus: Nero – nicht zu verwechseln mit dem später zum Kaiser bestimmten Nero –, Drusus und Caligula, die nächsten Erben des Tiberius. Sie standen denjenigen im Wege, die selbst Kaiser und Kaiserin werden wollten: dem Seianus und meiner Schwester Livilla, der Witwe Castors. Es war ein offenes Geheimnis gewesen, daß die Beziehungen zwischen beiden auch schon zu Lebzeiten Castors außerordentlich »innig« gewesen waren. Es tauchte die Lesart auf, daß Castors Ernennung zum Volkstribunen nur den Erfolg haben sollte, der Partei des Seianus, zu der Livilla gehörte, unauffällig die Möglichkeit einzuräumen, ihn zu beseitigen. Seianus ließ sich jetzt von seiner Frau Apicata, von der er drei Kinder hatte, scheiden. Als Grund gab er an, daß sein drittes Kind von einem anderen Mann herrühre, und im Gespräch mit Tiberius beschuldigte er Nero. Überhaupt habe Nero bereits einen schlechten Ruf durch seine Frauenaffären. Er halte sich für den künftigen Herrscher und glaube, sich jeden Hochmut leisten zu können. Inzwischen versuchte Livilla alles, um Agrippina von Livia zu trennen. Sie redete ersterer ein, daß Livia sie nur als Waffe im Kampf gegen Tiberius brauche – was übrigens richtig war. Der Livia aber redete sie ein, daß Agrippina sie nur als Waffe in ihrem Konflikt mit Tiberius brauche – was ebenfalls richtig war.

Die Priester begannen, die Kinder des Germanicus jetzt, wie es angemessen war, in dem Gebet zu erwähnen, in dem sie Gesundheit und Glück für Tiberius erflehten. Tiberius, als oberster Priester, beklagte sich schriftlich: Es werde kein Unterschied mehr zwischen diesen Knaben und ihm selbst gemacht. Er ließ die Priester zu sich kommen und fragte, ob Agrippina ihnen diese Ehrung für ihre Kinder nur abgeschmeichelt habe oder ob sie sie mit Drohungen durchgesetzt habe. Sie leugneten, wie es den Tatsachen entsprach, daß überhaupt eine Einmischung durch Agrippina stattgefunden habe, aber Tiberius glaubte ihnen nicht. Er machte ihnen die heftigsten Vorwürfe. In seiner nächsten Rede im Senat warnte er öffentlich, »keine Vorschußlorbeeren mehr zu verteilen, wodurch unreife junge Leute zu falschem Ehrgeiz verleitet werden können!«

Als ihm Seianus berichtete, daß es eine organisierte Partei der Agrippina gäbe, glaubte er es sofort. Unter den nichtigsten Vorwänden wurden Verhaftungen und Hinrichtungen verhängt. Überall hatte er seine Aufpasser, die ohne Abzeichen in den Straßen herumlungerten und die Gespräche der Leute belauschten. Aus harmlosen Bemerkungen wurden Verbrechen konstruiert. Ich erinnere mich eines Falles: Er beschuldigte einen Senator, den er für einen Parteigänger Agrippinas hielt, ein ihn herabsetzendes Epigramm »öffentlich zum Vortrag gebracht zu haben«.

Der Sachverhalt war folgender: Die Frau des Senators bemerkte eines Morgens, daß oben an das Gitter ihres Hauses ein Zettel mit einer Inschrift gespießt worden war. Sie bat ihren Mann, der größer war und bessere Augen hatte, ihr vorzulesen, was auf dem Zettel stand. Er buchstabierte ihr langsam:

»In frühern Tagen soff ich Wein,
heut schmeckt er nicht mehr gut,
heut lab' ich mich an edlerm Trank
und saufe Menschenblut.«

Die Frau fragte nichtsahnend, was der grobe Vers bedeute, und er antwortete ihr: »Das erklärt man lieber hinter verschlossenen Türen.« Zufällig strich einer der bezahlten Aufpasser herum, der den Zettel ebenfalls gesehen hatte und auf die Leute wartete, die ihre Bemerkungen darüber machen würden. Er meldete den Vorfall sofort dem Seianus. Tiberius selbst verhörte den Senator, fragte ihn, was er mit »verschlossenen Türen« gemeint habe und auf wen seiner Meinung nach der Vers gemünzt sei. Der Senator wand sich und konnte keine direkten Antworten geben. Tiberius sagte dann, daß er selbst von Jugend auf als Säufer bekannt sei, und wenn er in letzter Zeit einen nüchternen Eindruck mache, so käme das nur daher, daß sein Arzt ihm jeden Alkohol wegen seiner Gicht verboten habe. Indessen werde jetzt erzählt, daß er seitdem von einem wahren Blutdurst befallen sei. »Also«, fragte Tiberius den Angeschuldigten, »kann das Epigramm auf irgend jemand anders zielen als auf mich selbst? Weißt du nicht, wie man in Rom über mich redet?« Der verängstigte Mann gab zu, von den Gerüchten über die Trunkenheit des Tiberius gehört zu haben, aber niemals habe er sie für wahr gehalten, und irgendeine Verbindung zwischen Tiberius und dem Zettel an seinem Gitter sei ihm nicht in den Sinn gekommen. Darauf fragte Tiberius, warum er solche Verleumdungen – wenn der Senator sie dafür gehalten hätte – nicht sogleich dem Senat gemeldet hätte, wie es seine Pflicht gewesen sei. Der Senator entschuldigte sich: Damals sei es noch nicht strafbar gewesen, irgendwelche satirischen Verse anzuhören oder weiterzugeben, und wären sie selbst gegen Augustus gerichtet gewesen. Tiberius fragte, wann das gewesen sei, und der Senator hatte das Pech, zu antworten: »Als Sie in Rhodos waren.« Tiberius schrie: »Meine Herren, können Sie dulden, daß dieser Bursche mich auf so ungeheuerliche Weise beschimpft?« So verurteilte der Senat den Angeklagten, vom Tarpejischen Felsen hinabgestürzt zu werden, eine Strafe, die sonst nur für gemeine Verbrechen und üblen Verrat verhängt wurde. Und ein anderer Mann, ebenfalls ein Mitglied des Adels und ebenfalls im Verdacht, zur »Partei« der Agrippina zu gehören, wurde zum Tode verurteilt, weil er eine Tragödie über König Agamemnon geschrieben hatte. In diesem Stück hatte Klytaimnestra ihn im Bad zu ermorden, die Axt zu schwingen und dabei zu sagen:

»Hör, blutiger Tyrann, 's ist kein Verbrechen,
mich so für alle Schuld an dir zu rächen!«

Tiberius behauptete, daß mit Agamemnon er selbst gemeint sei und daß diese beiden Zeilen die Aufforderung enthielten, ihn meuchlings zu ermorden. So gewann die Tragödie, die vorher wegen ihrer Langweiligkeit ausgelacht worden war, einen gewissen Ruhm, als jedes vorhandene Exemplar verbrannt und ihr Autor hingerichtet wurde.

Fälle dieser Art häuften sich in erschreckender Weise. Ich

selbst hatte in dieser ganzen Zeit zu mir gesagt: »Claudius, du bist ein armer Hund und in dieser Welt kaum zu etwas zu brauchen, du hast ein unbedeutendes Leben geführt und deine Zeit so gut und so schlecht verbracht, wie es ging, aber eins hast du vor den andern voraus: Dein Leben ist sicher.« Aber als der alte Cremutius, ein wohlwollender Historiker, mit dem ich mich oft in der Bibliothek unterhalten hatte, plötzlich auch sein Leben verlor, und durch keine gewichtigere Anschuldigung als der Autor jenes Agamemnonstücks, erschrak ich plötzlich sehr. Ich hatte in meinem Leben viel freiheitlichere, also verräterischere Dinge geschrieben als er. Meine Geschichte der religiösen Reformen des Augustus enthielt eine ganze Anzahl Stellen, die leicht zum Gegenstand einer Anklage hätten werden können. Ich führte mir gleichzeitig vor Augen, daß alle Opfer der letzten Zeit zu den Freunden der Agrippina gehört hatten, und ich pflegte nach wie vor Agrippina zu besuchen, sooft ich nach Rom kam. Ich war mir ganz unsicher, wieweit mein Schwager Seianus imstande sein würde, mich zu schützen. Jawohl, mein Schwager Seianus – ich war kürzlich verwandt geworden mit ihm.

Eines Tages hatte mir Seianus gesagt, ich müsse mich wieder verheiraten, da ich mich offenbar mit meiner Frau nicht glücklich fühle. Ich entgegnete ihm, daß Urgulanilla mir von meiner Großmutter Livia ausgesucht worden sei und daß ich mich ohne deren Einwilligung nicht scheiden lassen könne. »Natürlich nicht«, rief er aus, »das versteht sich von selbst, aber Ihre Lage stelle ich mir nicht sehr angenehm vor.« – »Danke«, erwiderte ich, »ich werde gut fertig.« Er tat so, als hätte ich einen ausgezeichneten Witz gemacht, und lachte schallend. Dann riet er mir, ihn ins Vertrauen zu ziehen, sobald ich die Möglichkeit für eine Scheidung sähe. Er wüßte eine Frau für mich – aus bester Familie, jung und klug. Ich dankte ihm, aber fühlte mich sehr unbehaglich. Immerhin war es nicht unwichtig, daß ein so einflußreicher Mann wie Seianus sich um mich bemühte.

Am nächsten Tag, bei den Wagenrennen, sah Tiberius mich kommen, schickte nach mir und fragte mich in gnädiger Stimmung: »Womit beschäftigst du dich denn jetzt, Claudius?« Ich stotterte, daß ich an der Geschichte der Etrusker arbeite, mit Verlaub. Er entgegnete: »Was du nicht sagst! Das ehrt deinen Verstand: Da kein alter Etrusker lebt, der dir widersprechen könnte, und es keinen modernen Etrusker gibt, der sich für seine Vorfahren interessiert, kannst du schreiben, was du willst! Was tust du sonst?«

»Ich sch–sch–schreibe eine Geschichte des alten Ca–Ca–Ca–Carthago, mit Verlaub.«

»Großartig! Und was noch? Aber verliere nicht zuviel Zeit mit Stottern, denn meine Zeit ist knapp!«

»Augenblicklich wi–wi–wi…«

»Wi–wi–wi–willst du eine Ge–Ge–Geschichte von Claudius im Ku–Ku–Kuckucksland schreiben?«

»Nein, ich will we–we–wetten.«

Er gab mir eine Börse und flüsterte mir ins Ohr, ich solle dies Geld verwetten. Ich hatte Glück und gewann an die 2000 Goldstücke. Am Abend hielt ich es für klug, selbst in den Palast zu gehen. »Hier ist deine Börse, Onkel, mit der zahlreichen Nachkommenschaft, die sie im Lauf dieses Tags bekommen hat.«

»Das gehört alles mir?« rief er aus. »Habe ich aber Glück!«

Das war echt Tiberius. Eigentlich durfte ich annehmen, daß die Börse und auch die Gewinne für mich bestimmt waren. Aber hätte ich das Geld verloren, würde er mir angedeutet haben, daß ich in seiner Schuld stünde. Jetzt aber gab er mir nicht einmal einen Anteil!

Als ich das nächste Mal nach Rom kam, fand ich meine Mutter in solcher Erregung, daß ich zunächst kein Wort zu äußern wagte, aus Furcht, sie könne mich schlagen. Ich vermutete, daß sie sich über Caligula, damals zwölf Jahre alt, und Drusilla, dreizehn Jahre alt, aufgeregt hatte, die beide in ihrem Haus wohnten. Drusilla nämlich hatte Stubenarrest, und Caligula strich zwar in Freiheit herum, aber er sah gedrückt und sehr ängstlich aus. Am Abend kam er in mein Zimmer und sagte: »Onkel Claudius, bitte deine Mutter, daß sie es nicht dem Kaiser sagt. Ich schwöre dir, daß es nichts Unrechtes war. Nur ein Spiel. Du wirst das nicht von uns glauben. Bitte sage, daß du es nicht glaubst.«

Als er mir näher erklärt hatte, was der Kaiser nicht wissen sollte, und als er bei der Ehre seines Vaters geschworen hatte, daß er und Drusilla vollkommen unschuldig seien, fühlte ich mich verpflichtet, für die Kinder einzutreten. Ich ging zu meiner Mutter und sagte ihr: »Caligula schwört, daß du dich irrst. Er schwört bei der Ehre seines Vaters, und selbst wenn du Zweifel hättest, müßte dir dieser Eid genügen. Ich selbst, ich kann mir nicht vorstellen, daß ein Junge von zwölf Jahren–«

»Caligula ist eine Bestie und Drusilla auch, und ich verlasse mich mehr auf meine Augen als auf ihre Schwüre und dein

Geschwätz. Das erste, was ich morgen früh tue, ist ein Besuch bei Tiberius.«

»Aber Mutter, wenn du es ihm sagst, werden nicht allein die beiden Kinder bestraft. Laß uns doch ein einziges Mal offen und vernünftig miteinander reden! Du weißt genau, wie Tiberius zu Agrippina steht. Wenn du ihre Kinder der Blutschande zeihst – glaubst du nicht, daß es ihm gelingen wird, auch die älteren Mitglieder der Familie in die Schuld zu verwickeln?«

»Du bist unverbesserlich dumm! Ich kann es nicht ertragen, wie dein Kopf zuckt und dein Adamsapfel hin und her wackelt!« Aber ich bemerkte, daß meine Worte Eindruck auf sie gemacht hatten, und wenn ich ihr nicht unter die Augen kommen würde und sie dadurch an meinen Rat erinnern, dachte ich mir, daß Tiberius von der peinlichen Angelegenheit nichts erfahren würde. Ich packte also meine Sachen und ging noch am selben Tag in das Haus meines Schwagers Plautius und bat ihn, mich für den Rest meines Aufenthalts in Rom bei sich wohnen zu lassen. Es war schon ziemlich spät, und ich traf ihn in seinem Arbeitszimmer. Seine Frau sei schon zu Bett gegangen. Ich fragte: »Wie geht es ihr? Als ich sie das letztemal traf, sah sie nicht wohl aus.«

Er lachte: »Du Landbewohner kommst vom Mond! Von Numantina habe ich mich vor einem Monat scheiden lassen. Wenn ich von meiner Frau spreche, so meine ich meine neue Frau, Apronia.« Ich entschuldigte mich und brachte einige Glückwünsche vor. Er erzählte mir dann die Geschichte seiner Scheidung. Apronia war sehr reich und er sehr verschuldet. »Aber erzähle nichts deiner Frau. Sie ist auf seiten Numantinas und ärgert sich über die Sache«.

»Ich sehe sie überhaupt nicht mehr.«

»Aber wenn du sie siehst, wirst du ihr nichts sagen. Kannst du das schwören?«

»Ich schwöre es bei der Göttlichkeit des Augustus.«

»Das genügt. Du kennst das Zimmer, in dem du schon das letztemal geschlafen hast?«

»Ja, danke. Wenn du noch zu tun hast, will ich ins Bett gehen.« Wir sagten uns gute Nacht, und ich stieg hinauf. Ein Freigelassener gab mir eine Lampe, mit einem seltsamen Blick, und ich ging in mein Zimmer, das auf dem Korridor gegenüber von dem Zimmer des Plautius lag. Ich verschloß die Tür und fing an, mich auszuziehen. Das Bett stand hinter einem Vorhang. Ich legte die Kleider ab und wusch mir Hände und Füße. Plötzlich hörte ich einen schweren Schritt hinter mir, und die Lampe wurde ausgeblasen. Mein erster Gedanke war: Jetzt ist es zu Ende. Hier ist jemand mit einem Dolch. Aber ich sagte laut und so ruhig ich konnte: »Bitte, entzünde die Lampe, wer du auch sein magst, und dann wollen wir sehen, ob wir uns nicht verständigen können. Wenn du mich umbringen willst, kannst du bei Licht besser sehen.«

Eine tiefe Stimme antwortete: »Bleib, wo du bist!« Dann hörte ich Schlürfen und Grunzen und das Geräusch von jemandem, der sich hastig anzieht. Schließlich wurden Stahl und Kiesel aneinandergeschlagen, und die Lampe wurde entzündet. Vor mir stand Urgulanilla. Ich hatte sie seit dem Begräbnis unseres Sohnes Drusillus nicht gesehen, und hübscher war sie in der langen Zwischenzeit nicht geworden. Sie war dicker als je, und sie hätte sich nur auf mich werfen müssen, um mich zu Tode zu drücken. Sie kam langsam auf mich zu und fragte: »Was hast du in meinem Schlafzimmer zu suchen?«

Ich erklärte es ihr, so gut ich konnte, und sagte, es sei ein übler Scherz von Plautius, mich in ihr Zimmer zu schicken, ohne mir zu sagen, daß sie da sei. Ich hätte die größte Achtung für sie, fügte ich hinzu und enschuldigte mich für mein Eindringen. Ich würde sofort wieder gehen und mir eine andere Stelle zum Schlafen aussuchen.

»Nein, mein Lieber. Wo du einmal bist, mußt du auch bleiben. Ich habe nicht allzu oft das Vergnügen, meinen Gemahl bei mir zu sehen. Darüber mußt du dir klar sein: Jetzt gibt's kein Entrinnen. Geh immer ins Bett und schlafe, ich komme später. Ich will mich noch durch ein Buch müde machen. Seit vielen Nächten kann ich nicht richtig schlafen.«

»Es tut mir aufrichtig leid, wenn ich dich geweckt haben sollte –«

»Geh du ins Bett!«

»Mir tut es sehr leid, daß Numantina geschieden ist. Ich hatte keine Ahnung, bis der Freigelassene es mir vor ein paar Minuten gesagt hat.«

»Du gehst zu Bett und redest nicht mehr!«

»Gute Nacht, Urgulanilla. Es tut mir wirklich sehr leid –«

»Halt den Mund!« Sie trat an das Bett und zog den Vorhang vor. Obwohl ich todmüde war und kaum die Augen offenhalten konnte, versuchte ich mit aller Kraft, mich wach zu erhalten. Ich war überzeugt, daß Urgulanilla nur darauf wartete, bis ich eingeschlafen war, und mich dann erwürgen wollte. Unterdessen las sie sich selbst sehr langsam ein ungemein törichtes Buch vor, eine griechische Liebesgeschichte, und dabei knitterte sie mit den Seiten und buchstabierte, heiser wispernd, jede Silbe vor sich hin. »O Liebling, sagte sie, jetzt hast du sowohl den Ho–nig wie die Gal–le ge–kos–tet. Sei auf der Hut, Herz–blatt, daß aus der Sü–ßig–keit unsrer Lust nicht eilends die Bit–terkeit der Reu–e wer–de. Ha, entgegnete jener, wofern du mir noch einen Kuß gibst, der mich so brennt wie der letzte, bin ich auch be–reit, mich auf of–fenem Feuer für dich bra–ten zu lassen wie ein Huhn oder ein Ent–lein! Denn dann macht mir die Hitze nichts aus!« Sie kicherte über diese Stelle, dann sagte sie laut: »Schlaf, Claudius. Ich warte, bis du schnarchst.«

»Du solltest nicht so aufregende Geschichten lesen!« Nach einiger Zeit hörte ich Plautius zu Bett gehen. Das kann schön werden, dachte ich. Er wird in zwei Minuten schlafen und nichts hören, wenn Urgulanilla mich erdrosselt. Jetzt war Urgulanilla fertig mit dem Lesen, und ihr Gemurmel und das Knittern des Papiers halfen mir nicht mehr, gegen den Schlaf anzukämpfen. Ich fühlte, wie ich einschlief. Und ich schlief ein. Aber ich wußte doch, daß ich schlief und daß ich eigentlich wach sein müßte. Ich kämpfte verzweifelt, um wieder zu erwachen. Endlich erwachte ich. Ich hörte ein dumpfes Geräusch und das Rascheln von Papier. Das Buch war vom Tisch auf die Erde gefallen. Die Lampe war ausgegangen, und ich spürte einen starken Luftzug im Zimmer. Die Tür mußte offen sein. Ich lauschte angestrengt ungefähr drei Minuten lang. Urgulanilla war bestimmt nicht mehr da.

Als ich zu überlegen versuchte, was ich tun sollte, hörte ich einen entsetzlichen Schrei – ganz nahe! Eine Frau gellte: »Schone mich! Schone mich! Das kommt von Numantina! Oh, oh!« Dann folgte ein Dröhnen, als ob ein schwerer metallischer Gegenstand zu Boden stürzte, ein neuer Schrei, eine Tür fiel zu, und eilige Schritte auf dem Korridor. Es war wieder jemand in meinem Zimmer. Die Tür wurde leise geschlossen und verriegelt. Ich erkannte Urgulanillas keuchenden Atem. Ich hörte, wie sie sich auszog, und bald lag sie neben mir. Ich tat so, als ob ich schliefe. Sie tastete im Dunkeln nach meiner Kehle. Ich sagte, wie in einem Traum: »Laß das, mein Liebes, es kitzelt. Ich will doch morgen nach Rom und dir etwas Schönes zum Anziehen kaufen.« Ich tat, als ob ich allmählich zu Sinnen käme. »Urgulanilla! Bist du da? Was ist das für ein Lärm? Wie spät ist es denn? Haben wir lange geschlafen?« Sie antwortete: »Ich weiß es nicht. Ich muß drei Stunden geschlafen haben. Es dämmert schon. Irgend etwas Furchtbares scheint geschehen zu sein. Wir wollen nachsehen.«

Wir standen auf, zogen uns hastig an und öffneten die Tür. Plautius, nackt bis auf ein Laken, das er umgeschlagen hatte, stand inmitten einer ganzen Menge aufgeregter Leute, die alle Fackeln trugen. Er war vollkommen verstört und sagte immer wieder: »Ich war's nicht. Ich habe geschlafen. Ich habe nur gefühlt, wie sie mir aus den Armen gerissen wurde, und jemand trug sie fort, und sie schrie um Hilfe, und schon hörte ich einen dumpfen Fall, und dann war es, als ob sie durch ein Fenster stürzte. Es war stockdunkel. Sie schrie: ›Schone mich! Das kommt von Numantina!‹«

»Erzähle das dem Gericht«, sagte Apronias Bruder und trat dicht an ihn heran, »man wird ja sehn, ob es dir glaubt. Du hast sie getötet! Du hast ihr den Schädel eingeschlagen!«

»Ich war es nicht«, wiederholte Plautius, »ich habe geschlafen. Es war Hexerei! Numantina ist eine Hexe.«

Am frühen Morgen wurde er von Apronias Vater vor den Kaiser geführt. Tiberius verhörte ihn sehr streng. Er blieb bei seiner Darstellung. Tiberius ließ sich von Plautius an den Ort der Tat bringen. Den Freunden des Plautius war es klar, daß er schuldig gesprochen und hingerichtet werden würde. Seine Großmutter Urgulania schickte ihm daher einen Dolch und legte ihm nahe, sich selbst zu töten, weil dann wenigstens sein Besitz seinen Erben erhalten bliebe. Aber er war ein Feigling und konnte sich nicht entschließen, zuzustoßen. Schließlich nahm er ein warmes Bad und ließ sich von seinem Arzt die Adern öffnen: Langsam und schmerzlos blutete er sich zu Tode. Ich fühlte mich sehr unbehaglich. Ich hatte Urgulanilla nicht sogleich des Mordes bezichtigt, weil man mich gefragt hätte, warum ich nicht versucht hätte, Apronia zu retten, als ich die ersten Schreie hörte. Ich wollte warten bis zur Gerichtsverhandlung und mich nur melden, wenn die Sache für Plautius ungünstig werden sollte. Von dem Dolch wußte ich nichts, bis es zu spät war. Ich tröstete mich damit, daß Plautius sich unerhört gegen Numantina benommen hatte.

Seit jener Nacht hatte ich mit Urgulanilla kein Wort gesprochen. Einen Monat später besuchte Seianus mich überraschend in Capua, als er auf der Durchreise war. Er begleitete den Tiberius nach Capri, wohin dieser häufig ging, um sich zu zerstreuen. Er besaß dort zwölf Landhäuser. Seianus sagte: »Sie können sich von Urgulanilla jetzt scheiden lassen. Meine Agenten haben festgestellt, daß sie in ungefähr fünf Monaten ein Kind bekommen wird. Dafür dürfen Sie sich bei mir bedanken. Ich wußte, wie sehr Urgulanilla an Numantina hing. Zufällig sah ich einen jungen griechischen Sklaven, der das männliche Ebenbild Numantinas war. Ich habe ihr den Sklaven geschenkt, und sie verliebte sich sofort in ihn. Er heißt Boter.«

Was blieb mir übrig, als mich bei ihm zu bedanken? Dann fragte ich: »Und wer soll meine neue Frau sein?«

»Aha, Sie erinnern sich an unsere Unterhaltung! Die Dame, die ich ins Auge gefaßt habe, ist meine Adoptivschwester Aelia. Sie kennen sie?«

Natürlich kannte ich sie, aber ich verbarg meine Enttäuschung und fragte nur, wieso jemand, der so jung, schön und klug sei, einen alten, lahmen, stotternden Narren wie mich heiraten wolle.

»Oh«, erwiderte er roh, »das ist ihr gleichgültig. Sie wird den Neffen des Tiberius heiraten und den Onkel des kleinen Nero, und alles andere ist ihr gleichgültig. Natürlich ist sie nicht verliebt in Sie. Aber vielleicht glückt es Ihnen, von ihr ein Kind zu bekommen, und das könnte eine wichtige Rolle spielen. Aber was Gefühle anlangt –«

»Abgesehen von der Ehre, Ihr Schwager zu werden – dann brauchte ich mich nicht von Urgulanilla zu trennen. Verbessern werde ich mein Dasein nicht.«

»Das werden Sie sich schon einrichten«, lachte er. »Also, einsam scheinen Sie nicht zu leben, nach diesem Zimmer zu urteilen. Irgendwo muß hier eine nette Frau sein: Handschuhe, ein kleiner Spiegel, ein Stickrahmen, eine Schachtel mit Süßigkeiten, überall Blumen, sorgfältig aufgestellt. Aelia wird nicht eifersüchtig sein. Sie hat auch ihre Freunde, wenigstens nehme ich das an, obwohl ich mich um ihre Privatangelegenheiten nicht kümmere.«

»Also gut«, sagte ich, »einverstanden.«

»Sehr dankbar scheinen Sie nicht zu sein.«

»Es ist nicht Undankbarkeit. Sie haben sich um mich sehr bemüht, und ich bin verlegen, wie ich Ihnen danken soll. Außerdem fühle ich mich etwas bedrückt, denn soviel ich weiß, ist Aelia sehr kritisch, wenn Sie verstehen, was ich damit meine.«

Er mußte schallend lachen. »Sie hat eine Zunge wie eine Nadel! Aber gegen Zank sind Sie mittlerweile wohl gefeit? Ihre Mutter hat Sie in eine gute Schule genommen, was?«

»Ich bin oft noch recht empfindlich«, sagte ich, »an bestimmten Stellen.«

»Wird sich alles finden, mein lieber Claudius. Aber ich muß

fort, Tiberius wird sich wundern, wo ich geblieben bin. Abgemacht?«

»Gewiß, und ich danke Ihnen sehr.«

»Übrigens, es war doch Urgulanilla, nicht wahr, die die arme Apronia umgebracht hat? Ich dachte mir immer, daß dahinter noch eine besondere Tragödie steckt. Urgulanilla hatte einen Brief von Numantina erhalten, in dem sie gebeten worden war, die Numantina zu rächen. Aber geschrieben war dieser Brief von jemand anderem. Sie verstehen?«

»Ich weiß nichts, ich schlief fest.«

»Das Beste, was Sie tun konnten. Auf Wiedersehen, Claudius!«

»Auf Wiedersehen!« Er ritt davon.

Ich ließ mich von Urgulanilla scheiden, nachdem ich die Erlaubnis dazu von Livia bekommen hatte. Livia schrieb mir, das Kind solle ausgesetzt werden, sobald es geboren sei. Das sei ihr und Urgulanias Wunsch. Daraufhin schickte ich einen verläßlichen Boten an Urgulanilla nach Herculanum, um ihr den Befehl zu sagen, den ich erhalten hatte. Wenn sie ihr Kind behalten wolle, müsse sie es sofort nach der Geburt mit einem toten Kinde vertauschen. Ich sei verpflichtet, ein Kind auszusetzen, und wenn es nicht schon allzu lang tot sei, würde jeder Leichnam eines Säuglings den Zweck erfüllen. Auf diese Weise wurde das Kind gerettet. Später ließ Urgulanilla es sich von den Pflegeltern zurückgeben, von denen das tote Kind gestammt hatte. Ich weiß nicht, was aus Boter geworden ist, aber das kleine Mädchen soll ein lebendiges Ebenbild der Numantina gewesen sein. Jetzt, da ich dies schreibe, ist Urgulanilla schon viele Jahre tot. In ihrem Testament tat sie meiner auf seltsame Weise Erwähnung: »Mir ist gleichgültig, was die Leute sagen, aber Claudius ist klug.« Sie vermachte mir eine Sammlung griechischer Gemmen, einige persische Spitzen und das Bildnis der Numantina, das sie so sehr geliebt hatte.

Achtzehntes Kapitel

Tiberius und Livia kamen jetzt überhaupt nicht mehr zusammen. Livia hatte alle Damen der römischen Gesellschaft zu einem ganztägigen Fest eingeladen. Zauberkünstler und Akrobaten wurden ebenso vorgeführt, wie Rezitationen bekannter Schriftsteller geboten wurden. Es gab herrliche Kuchen und Süßspeisen, und jede Dame erhielt einen wundervollen Edelstein zur Erinnerung. Als Abschluß der Festlichkeit las Livia aus den Briefen des Augustus vor. Sie war jetzt dreiundachtzig Jahre alt, und ihre Stimme war nicht mehr so klar wie früher, und das S machte ihr Schwierigkeiten, aber für anderthalb Stunden hielt sie ihre Zuhörerinnen in atemloser Spannung. Sie besaß Zehntausende von Briefen des Augustus, die er ihr in einem Zeitraum von zweiundfünfzig Jahren geschrieben hatte; alle waren sorgfältig in Buchform geheftet und katalogisiert. Sie begann mit einigen Stellen über Politik. Später ging sie zu einem anderen Thema über. Aus Tausenden hatte sie die fünfzehn herausgesucht, die für Tiberius vernichtend waren. Zunächst kamen Klagen über das unerfreuliche Verhalten, das Tiberius schon als kleiner Junge an den Tag gelegt hatte. Augustus schrieb, wie unbeliebt Tiberius bei seinen Schulkameraden sei, er schilderte die Rauflust und die anmaßende Gesinnung des werdenden Jünglings, und immer wieder kam die Redewendung vor: »Wenn er nicht Dein Sohn wäre, meine geliebte Livia, müßte ich sagen –« Etwas später beklagte er sich über seine brutale Strenge gegen die Truppen, »die einer Aufforderung zur Meuterei gleichkommt«. An einer anderen Stelle wies er es auf das heftigste zurück, den Tiberius als Schwiegersohn je in Betracht zu ziehen: »Meine geliebte Julia für einen solchen Menschen?« Und er zählte alle moralischen Defekte des Tiberius auf. Der letzte Brief, den Livia zur Verlesung brachte, datierte aus dem Jahr vor dem Tode des Augustus. »Ich hatte ein plötzliches Gefühl tiefster Verzweiflung, geliebte Frau, als ich gestern mit Tiberius über Politik sprach. Ich kann mir nicht vorstellen, daß das römische Volk verurteilt sein soll, einmal auf die Gnade dieses Unmenschen angewiesen zu sein. Aber in diesem Augenblick hatte ich vergessen, daß Du ja noch bist und unser lieber Germanicus. Wenn ich nicht sicher wäre, daß er nach meinem Tod von dir in allen Dingen der Regierung geleitet und von Germanicus beschämt werden wird, so würde ich ihn jetzt noch, das schwöre ich dir, enterben und den Senat bitten, ihn aller seiner Ehren verlustig zu erklären. Dieser Mensch ist ein Vieh und braucht Wärter.«

Als sie geredet hatte, stand sie auf und sagte: »Vielleicht, meine Damen, wird es sich empfehlen, Ihren Männern über diese eigentümlichen Briefe nichts zu erzählen. Als ich zu lesen anfing, habe ich mir nicht vorgestellt, wie – eigentümlich sie sind. Ich bitte Sie nicht aus persönlichen Gründen, sondern im Interesse des Reiches.«

Tiberius hörte von der Vorlesung durch Seianus, als er gerade auf dem Wege zum Senat war, und ihn überwältigten Scham, Wut und Angst! An diesem Nachmittag sollte er zufällig eine Verhandlung gegen Lentulus hören, der sich verdächtig gemacht hatte durch seine öffentlichen Gebete für Nero und Drusus. Als Lentulus, ein aufrechter, alter Mann, durch Geburt ebenso ausgezeichnet wie durch seine Siege in Afrika, erfuhr, daß man ihn des Verrats am Staat bezichtigte, brach er in Lachen aus. Tiberius, ohnedies schon sehr verwirrt, verlor die Beherrschung und sagte, beinahe weinend: »Wenn mich auch noch Lentulus haßt, bin ich nicht mehr würdig zu leben.« Gallus erhob sich: »Raffen Sie sich auf, Majestät – Verzeihung, ich hatte vergessen, daß Ihnen dieser Titel mißfällt –, ich hätte sagen sollen: Raffen Sie sich auf, Tiberius Caesar! Lentulus hat nicht über Sie gelacht, sondern er hat mit Ihnen gelacht. Er hat sich mit Ihnen gefreut, daß endlich einmal eine Anklage wegen Hochverrats vor den Senat kam, die absolut unbegründet war.« Die Anklage gegen Lentulus wurde zurückgezogen.

Derartige Anklagen waren jüngsthin nicht selten erhoben worden, weil Tiberius sich das Vermögen der Beschuldigten aneignen wollte. Seitdem er es einmal getan hatte und von niemandem gehemmt worden war, konnte seine Habsucht nicht widerstehen. Trotzdem muß ich hier eins klarstellen: Aus meiner Schilderung der vielen Greuel und der ungerechtfertigten Prozesse könnte man schließen, daß das ganze Reich in allen Teilen unerträglich schlecht regiert und verwaltet wurde. Das war nicht der Fall. Für ungezählte Menschen, die nicht mit seinem Haus oder seinen Privatinteressen allzu nahe verknüpft waren, erschien er und war er ein gerechter und vernünftiger Herrscher. Von sechs Millionen römischer Bürger hatten zwei- bis dreihundert unter seinen Launen und Lastern zu leiden. Denn vieles von dem, was – besonders für die Provinzen – von Augustus eingeleitet worden war, wurde unter Tiberius – und durch die weise Mitarbeit der Livia – bekräftigt und wirksam. Gewiß, Tiberius führte keine Reformen mehr ein, aber es war an und für sich schon eine Riesenaufgabe, die zahllosen Reformen, die Augustus eingeführt hatte, wirksam werden zu lassen und zu stabilisieren.

Gegen Livia war die einzige Waffe, auf die er vertraute, die Hoffnung, sie zu überleben. Aber diese außergewöhnliche alte

Frau war noch längst nicht besiegt. Eines Tages bekam ich einen Brief von ihr: »Livia Augusta erwartet von ihrem lieben Enkel Tiberius Claudius, daß er sie an ihrem Geburtstag besuchen und mit ihr zu Abend essen wird. Sie hofft, daß er sich guter Gesundheit erfreut.« Ich stand vor einem Rätsel. Ich ihr lieber Enkel?! Zärtliche Erkundigung nach meiner Gesundheit?! Ich wußte nicht, ob ich lachen sollte oder mich fürchten. Noch niemals war mir gestattet worden, sie an ihrem Geburtstag zu besuchen. Niemals hatte ich mit ihr zu Abend gegessen. Außer bei offiziellen Gelegenheiten hatte ich seit zehn Jahren kein Wort mit ihr gesprochen. Was hatte sie vor?

Als ich drei Tage später bei ihr eintrat, empfing sie mich sehr freundlich und schien aufrichtig entzückt zu sein von dem Geschenk, das ich ihr mitgebracht hatte. Während des Essens, an dem sonst niemand teilnahm außer der alten Urgulania und Caligula – jetzt vierzehn Jahre alt, hochaufgeschossen und blaß, mit Sommersprossen und tiefliegenden Augen –, überraschte sie mich durch die Schärfe ihres Geistes und die Klarheit ihres Gedächtnisses. Sie fragte mich nach meiner Arbeit, und als ich über den ersten Punischen Krieg zu reden begann und gewisse Einzelheiten in Frage zog, die der Dichter Naevius berichtet hat, stimmte sie mir zu, aber ertappte mich bei einem falschen Zitat. Sie sagte: »Du bist dankbar, mein Enkel, nicht wahr, daß ich dich die Biographie deines Vaters nicht schreiben ließ? Glaubst du, daß du heute mit mir zu Abend essen könntest, wenn ich dich nicht davon abgehalten hätte?«

Jedesmal, wenn der Sklave meinen Becher gefüllt hatte, trank ich ihn in einem Zuge aus. Daher fühlte ich mich wie ein Löwe. Ich antwortete kühn: »Ich bin dir sehr dankbar, Großmutter, und fühle mich bei den alten Carthagern und Etruskern sehr sicher. Aber würdest du mir nicht sagen, warum ich heute hier zu Abend esse?«

Sie lächelte: »Ich gebe zu, daß mir deine Gegenwart bei Tisch immer noch ein gewisses – – aber reden wir nicht davon. Wenn ich eine meiner ältesten Gewohnheiten durchbreche, so ist das meine Sache, nicht die deine. Du hast mich nicht gern, Claudius? Sei offen!«

»Vielleicht nur so, wie du mich nicht gern hast, Großmutter.« (War dies noch mein eigener Mund, der das sprach?)

Caligula kicherte, Urgulania krächzte, Livia lachte: »Das ist offen genug! Hast du übrigens die Bestie bemerkt? Sie beträgt sich heute abend ungewöhnlich ruhig.«

»Wen, Großmutter?«

»Deinen Neffen.«

»Ist er eine Bestie?«

»Tu nicht so, als ob du das nicht wüßtest. Du bist eine Bestie, nicht wahr, Caligula?«

»Wie du meinst, Urgroßmutter«, sagte Caligula mit gesenkten Augen.

»Ja, Claudius, diese Bestie, dein leiblicher Neffe – – jetzt wirst du etwas erfahren: Er wird der nächste Imperator sein.«

Ich hielt das für einen Scherz und sagte lächelnd: »Wenn du es sagst, Großmutter, wird es so sein. Aber hat er besondere Aussichten? Er ist der Jüngste der Familie, und wenn er auch viel natürliches Talent bewiesen hat –«

»Glaubst du trotzdem nicht, daß er sich gegen Seianus oder deine Schwester Livilla behaupten könnte?«

Ich war überrascht, daß die Unterhaltung so ungezwungen geführt wurde. »Das wollte ich damit nicht sagen. Ich kümmere mich kaum um die hohe Politik. Ich meine nur, daß er noch sehr jung ist, viel zu jung, um ein Imperator zu werden, und deine Prophezeiung erstreckt sich auf weite Sicht.«

»Nicht so weit, wie du denkst. Tiberius ernennt ihn zu seinem Nachfolger. Daran ist nicht zu zweifeln. Und warum nicht? Weil das zum Bild des Tiberius paßt. Er ist genauso eitel wie der arme Augustus: Er kann den Gedanken nicht ertragen, daß sein Nachfolger berühmter sein könnte, als er es gewesen ist. Obwohl er gleichzeitig alles tut, um sich verhaßt und gefürchtet zu machen. Wenn er sein Ende nahen fühlt, wird er sich nach einem Nachfolger umsehen, der etwas schlechter ist als er selbst. Und dann wird er auf Caligula verfallen. Eine Leistung hat Caligula bereits hinter sich, die ihm einen höheren Rang von Kriminalität einräumt, als ihn Tiberius jemals erreichen kann.«

»Bitte, Urgroßmutter, bitte – –«, flehte Caligula.

»Gut, meine Bestie, dein Geheimnis wird von mir behütet, solange du dich gut beträgst.«

»Kennt Urgulania das Geheimnis?« fragte ich.

»Nein, das kennen nur die Bestie und ich selbst.«

»Hat er es freiwillig gestanden?«

»Wo denkst du hin? Er wird niemals etwas freiwillig gestehen! Ich bin durch Zufall dahintergekommen. Eines Abends habe ich mir sein Schlafzimmer etwas genauer angesehen, um herauszufinden, ob er irgendwelche Schuljungenstreiche gegen mich vorbereite, Zauberkunststücke oder kleine Experimente mit Gift – und da fand ich –«

»Bitte nicht, Urgroßmutter –!«

»– einen grünen Gegenstand, der mir eine sehr interessante Geschichte erzählte. Aber ich gab ihn zurück.«

Urgulania sagte grinsend: »Man hat mir prophezeit, daß ich in diesem Jahr sterben muß. So werde ich nicht das Vergnügen haben, unter deiner Regierung zu leben, Caligula, wenn du dich nicht beeilst und Tiberius umbringst.«

Ich wendete mich an Livia: »Wird er das tun?«

Caligula fragte: »Ist es anständig gegen Onkel Claudius, wenn man ihn einweiht? Oder denkst du daran, ihn zu vergiften, Urgroßmutter?«

Sie antwortete: »Er ist vollkommen sicher; von Gift keine Rede! Aber ich will, daß ihr einander besser kennenlernt. Das ist einer der Gründe für dieses Abendessen. Paß auf, Caligula: Dein Onkel Claudius ist ein Phänomen. Er ist so altmodisch, daß du dich immer auf ihn verlassen kannst, und nur, weil er einen Schwur getan hat, die Kinder seines Bruders – solange sie leben – zu lieben und zu beschützen. Paß auf, Claudius: Dein Neffe Caligula ist ein Phänomen. Er ist verlogen, feig, verräterisch, eingebildet und geil, und ehe es mit ihm vorbei sein wird, hat er dir übel mitgespielt. Aber töten wird er dich nie.«

»Warum nicht?« fragte ich, indem ich meinen Becher von neuem leerte. Die Unterhaltung glich den Gesprächen, die wir im Traum führen: toll, aber interessant.

»Weil du derjenige sein wirst, der seinen Tod rächt.«

Auf diese Worte folgte ein betretenes Schweigen, das bis zur Beendigung des Mahles anhielt. Als wir uns erhoben, sagte Livia: »Komm, Claudius, was wir uns jetzt noch zu sagen haben, braucht niemand zu hören.« Die anderen beiden ließen uns allein.

Ich sagte: »Das war eine seltsame Unterhaltung, Großmutter. War ich daran schuld? Habe ich zuviel getrunken? Ich meine, es gibt Scherze, die man nicht machen soll heutzutage. Ich hoffe, die Dienerschaft –«

»Oh, sie ist taubstumm. Nein, der Wein ist nicht daran schuld. Im Wein ist Wahrheit. Die Unterhaltung war vollkommen ernst, wenigstens was mich betraf.«

»Aber wenn du wirklich denkst, daß er eine Bestie ist, warum leihst du nicht deine Unterstützung dem Nero? Das ist ein prächtiger Junge!«

»Weil Caligula, und nicht Nero, der nächste Kaiser sein wird.«

»Aber er wird ein bemerkenswert schlechter Kaiser sein, wenn er so ist, wie du sagst. Und du, die ihr ganzes Leben in den Dienst Roms gestellt hat –«

»Ja, aber du kannst nicht gegen das Schicksal ankämpfen. Nachdem Rom so undankbar und toll gewesen ist, meinem jämmerlichen Sohn zu gestatten, daß er mich aufs Altenteil setzt, mich unentwegt beleidigt – mich, kannst du dir vorstellen, was das heißt? Mich, die vielleicht die größte Herrscherin ist, die die Welt je gesehen hat! Mich, seine Mutter –« Ihre Stimme wurde schrill.

Ich bemühte mich, das Thema zu wechseln. »Bitte, errege dich nicht, Großmutter. Ja, gegen das Schicksal kann man nicht ankämpfen. Aber wolltest du mir nicht etwas Besonderes heute abend sagen?«

»Alles, was ich erlebt habe, hat man mir prophezeit. Auch meinen Zwist mit Tiberius, obwohl ich es damals nicht glauben wollte. Man hat mir prophezeit, daß ich als enttäuschte alte Frau sterben, aber viele Jahre später zur Gottheit erhoben würde. Und kürzlich hat man mir gesagt, daß einer, der im gleichen Jahr stirbt, von dem ich weiß, daß es mein Todesjahr ist, die größte Gottheit werden wird, die die Welt je gekannt hat, und daß alle Tempel im Reich und in Rom nur noch ihm geweiht werden – niemandem sonst, selbst dem Augustus nicht.«

»Wann mußt du sterben?«

»In drei Jahren, im Frühjahr. Ich weiß sogar den Tag.«

»Möchtest du gern eine Göttin werden?«

»Ich habe keinen anderen Gedanken, jetzt, da meine Arbeit getan ist. Und warum auch nicht? Wenn Augustus ein Gott ist, wäre es sinnwidrig, wenn ich nur seine Priesterin bliebe. Habe ich nicht alle Arbeit getan? Von Natur aus hatte er keine größeren Fähigkeiten zum Herrscher als Tiberius.«

»Gewiß, Großmutter. Aber genügt es dir nicht, zu wissen, was du vollbracht hast? Brauchst du noch die Verehrung der blöden Menge?«

»Du mußt mich verstehen, Claudius: An der blöden Menge liegt mir nichts. Ich denke aber auch nicht an meinen Ruhm auf Erden, sondern an die Stellung, die ich dereinst im Himmel einnehmen werde. Ich habe sehr viel Böses in meinem Leben getan. Kein großer Herrscher kann das vermeiden. Das Wohl des Reiches habe ich über alle menschlichen Rücksichten gestellt. Sage nicht, daß du mich niemals im Verdacht hattest, reichlichen

Gebrauch von Gift zu machen. Was ist die einzige Belohnung für einen Herrscher, der solche Verbrechen zum Wohl seiner Untertanen auf sich nimmt? Die einzige Belohnung ist: göttlich gesprochen zu werden. Glaubst du, daß die Seelen von Verbrechern ewigen Qualen ausgesetzt sind?«

»Man hat mich immer gelehrt, das zu glauben.«

»Aber die unsterblichen Götter sind frei von aller Strafe, und mögen sie noch so viele Verbrechen begangen haben.«

»Ja, denn Jupiter entthronte seinen Vater und tötete einen seiner Enkel und heiratete seine Schwester – du hast recht. Nach unseren Begriffen werden sie nicht beurteilt.«

»Also verstehst du, warum ich eine Göttin werden möchte. Und das ist der Grund, warum ich mich mit Caligula abfinde. Er hat mir geschworen, daß er mich zur Göttin erklären wird, sobald er Kaiser ist, falls ich sein Geheimnis für mich behalte. Und ich möchte auch, daß du mir schwörst, alles zu tun, was in deiner Macht steht, daß ich so bald wie möglich eine Göttin werde. Kannst du mich verstehen? Denn ehe ich es bin, muß ich in der Unterwelt die furchtbarsten Qualen erdulden.«

Der plötzliche Wechsel in ihrer Stimme, von kalter Arroganz zu verzweifelter Bitte, überraschte mich ungeheuerlich. Ich mußte etwas sagen, und so entgegnete ich: »Ich kann mir nicht vorstellen, was für einen Einfluß der arme Onkel Claudius jemals haben sollte – auf den Imperator oder auf den Senat –«

»Gleichgültig, was du dir vorstellen kannst! Willst du mir schwören, worum ich bitte, schwören bei deinem eigenen Leben?«

»Ich will es schwören, Großmutter, bei meinem Leben, aber unter einer Bedingung –«

»Du wagst es, mir Bedingungen zu stellen?«

»Es ist eine sehr einfache Bedingung. Nach sechsunddreißig Jahren, in denen ich nur Vernachlässigung und Abneigung von dir erfahren habe, wirst du nicht erwarten, daß ich bedingungslos etwas für dich tue!«

Sie lächelte: »Und was ist deine einfache Bedingung?«

»Es gibt eine Menge Dinge, über die ich vollständig im dunkeln bin. Ich möchte wissen, zuallererst, wer meinen Vater getötet hat, wer den Agrippa getötet hat, wer meinen Bruder Germanicus getötet hat und wer meinen Sohn Drusillus getötet hat –«

»Warum willst du das wissen? Irgendeine kindische Hoffnung, sie an mir rächen zu können?«

»Nein, selbst wenn du sie getötet hättest! Ich räche mich nie, es sei, daß ein Eid oder Notwehr mich dazu zwängen. Ich weiß, daß das Böse sich selbst bestraft. Mir liegt nur daran, die Wahrheit zu erfahren. Mein Beruf ist die Geschichtsschreibung, und das einzige, was mich interessiert, sind die Gründe der Ereignisse und ihr Hergang. Ich schreibe Geschichte, um meine Leser aufzuklären und nicht mich selbst.«

»Der alte Athenodorus hat dich sehr beeinflußt, man merkt es.«

»Du kannst dich darauf verlassen, daß ich über nichts sprechen werde, was du mir anvertraust. Und sollte es einmal gelesen werden, dann sind du und ich und alle unsere Heroen und Zeitgenossen fast nur noch Legenden.«

Ich überzeugte sie, daß ich es aufrichtig meinte, und für mehr als vier Stunden stellte ich eine gefährliche Frage nach der andern an sie, und jede einzelne Frage beantwortete sie kühl und sachlich und ohne mir im geringsten auszuweichen. Ja, sie hatte meinen Großvater vergiftet. Nein, meinen Vater hatte sie trotz des Verdachts des Tiberius nicht vergiftet: Er starb an einer natürlichen Blutvergiftung. Ja, den Augustus hatte sie vergiftet, und zwar hatte sie Gift auf die Feigen gestrichen, während sie noch am Baum hingen. Ja, sie gab alles Unrecht zu, das dem Postumus geschehen war. Und den Agrippa hatte sie vergiftet und den Sohn der unglücklichen Tochter des Augustus: Lucius. Ja, den ersten Mann der Julia, Marcellus – auch ihn hatte sie vergiftet. Ja, meine Briefe an Germanicus über Postumus hatte sie abgefangen. Nein, den Germanicus hatte sie nicht vergiftet, das hatte die Frau des Piso auf eigene Veranlassung getan – allerdings war er von ihr zum Tode bestimmt worden. Ja, meinen Sohn Drusillus hatte sie erwürgen lassen, und sie enthüllte mir, wie nahe ich selbst dem Tode gewesen war, als sie meinen ersten Brief an Germanicus über das Wiederauftauchen des Postumus gelesen hatte. Der einzige Grund, warum ich verschont wurde, war, daß sie aus meinen Briefen zu entnehmen hoffte, wo Postumus sich versteckt hielt.

Ich fragte sie, ob sie keine Gewissensbisse empfände, daß sie den Augustus und so viele Angehörige seiner Familie getötet habe. Sie antwortete: »Ich habe niemals vergessen, wessen Tochter ich bin.« Das erklärte allerdings viel. Denn Livias Vater, Claudian, war von Augustus nach der Schlacht von Philippi geächtet worden und hatte daraufhin Selbstmord begangen, um nicht in seine Hände zu fallen. So entdeckte sie mir alles, was ich wissen wollte. Nur den Spuk im Hause des Germanicus in Antiochien konnte sie nicht erklären. Sie wiederholte, daß sie nichts damit zu tun hätte.

Ich sah schließlich ein, daß es zwecklos sein würde, noch weiter in sie zu dringen. So dankte ich ihr für die Geduld, die sie mir bewiesen hatte , und schwor ihr den Eid, den sie verlangte: Ich wolle alles daransetzen, was in meiner Macht stünde, um sie zu einer Gottheit zu machen.

Als ich mich verabschiedete, gab sie mir einen schmalen Band, den ich erst lesen sollte, wenn ich nach Capua zurückgekehrt sei. Es war eine Sammlung von Sibyllinischen Versen, die nicht an die Öffentlichkeit gedrungen waren. Als ich diese Verse las, kam ich an die Stelle, die auch mein künftiges Schicksal behandelte. Jetzt wunderte ich mich nicht mehr, warum Livia mich eingeladen hatte und so sehr darauf bedacht war, daß ich ihr den verlangten Eid leistete.

Neunzehntes Kapitel

Seianus suchte verschiedentlich um die Erlaubnis nach, sich mit meiner Schwester Livilla verheiraten zu dürfen. Stets aber hatte Tiberius ausweichend, obwohl gnädig und Hoffnungen erwekkend, geantwortet. Entscheidungen dieser Art ging er mit zunehmendem Alter immer lieber aus dem Wege. Er war jetzt siebenundsechzig Jahre alt und bot einen abstoßenden Anblick: dünn, vornübergebeugt, kahl, steifbeinig, mit zernarbtem Gesicht. Sein alter Wahrsager Thrasyllus, auf den er sich blind verließ, hatte ihm prophezeit, daß er bald sterben müsse. So zog er sich für immer aus Rom zurück. Er ging nach Capri, und eine seltsame Gesellschaft suchte er sich zu seiner Begleitung aus: griechische Gelehrte, eine Abteilung ausgesuchter Soldaten, darunter seine deutsche Leibwache, eine Anzahl geschminkter eigentümlicher Geschöpfe unbestimmbaren Geschlechts und – seltsamste Wahl von allen – den Rechtsgelehrten Cocceius Nerva.

Die Insel Capri besitzt nur eine einzige Möglichkeit für eine Landung, die ganze übrige Insel ist durch steile Felsen und unpassierbares Gestrüpp geschützt. Wie er dort seine Mußestunden verbracht hat – wenn er nicht Probleme der Dichtkunst oder

Mythologie mit den Griechen, Gesetz und Politik mit Nerva erörterte –, darf selbst ein Geschichtsschreiber dem Papier nicht anvertrauen. Ich will nur so viel andeuten, daß er die berühmteste Sammlung pornographischer Bücher bei sich hatte. In Capri konnte er tun, was in Rom unmöglich war, konnte im Freien, unter Bäumen und Blumen oder unten am Wasser seinen Perversitäten obliegen und dabei so viel Lärm machen, wie er wollte. Gelegentlich besuchte er Capua, Baiae oder Antium. Aber sein Hauptquartier war Capri. Er stand in täglicher Verbindung mit Seianus, dessen Maßnahmen er im allgemeinen guthieß.

Ich selbst wurde, zu meiner Freude, niemals eingeladen, den Tiberius in Capri zu besuchen. Ich hatte Livia um die Erlaubnis gefragt, Aelia zu heiraten, und sie hatte sie mit boshaften Glückwünschen erteilt. Sie nahm sogar an der Hochzeit teil. Seianus hatte dafür gesorgt, daß die Hochzeit auf das prächtigste gefeiert wurde. Der erste Erfolg dieser Heirat war, daß ich von Agrippina, Nero und ihren Freunden unmerklich getrennt wurde. Man dachte, ich würde keine Geheimnisse vor Aelia haben, und Aelia würde alles dem Seianus berichten. Dies machte mich sehr traurig, aber ich sah sehr rasch ein, daß es zwecklos war, Agrippina eines anderen belehren zu wollen. So hörte ich allmählich ganz auf, sie zu besuchen, um keine unangenehmen Situationen zu schaffen. Aelia und ich waren nur dem Namen nach verheiratet. Das erste, was sie mir sagte, als wir nach der Hochzeit das festlich geschmückte Brautgemach betraten, war: »Also, Claudius, anrühren darfst du mich nicht, und sollten wir noch einmal – wie heute nacht – gemeinsam in einem Bett schlafen müssen, so legen wir – wie heute nacht – eine Decke zwischen uns, und wenn du nur die geringste Bewegung machst, verläßt du das Zimmer. Und noch etwas: Du kümmerst dich um dich, und ich kümmere mich um mich.« Ich erwiderte: »Vielen Dank, du hast mir eine große Last vom Herzen genommen.« Sie war eine unausstehliche Person. Ihr lauter, unerschöpflicher Redestrom erinnerte an einen Auktionator auf dem Sklavenmarkt. Ich gab es sofort auf, mich mit ihr zu unterhalten. Natürlich lebte ich nach wie vor in Capua, und Aelia besuchte mich dort nie, aber wenn ich nach Rom kam, bestand Seianus darauf, daß ich mich soviel wie möglich in ihrer Gesellschaft zeigte.

Ich komme jetzt zum Wendepunkt meiner Geschichte, zum Tod meiner Großmutter Livia im Alter von sechsundachtzig Jahren. Sie hätte noch manches Jahr leben können, denn ihr Gehör und Gesicht waren noch sehr gut, ihre Glieder gehorchten ihr, und ihr Verstand und ihre Gedächtniskraft waren ungebrochen. Aber kürzlich hatte sie sich öfters erkältet, und davon war ihre Lunge in Mitleidenschaft gezogen worden. Sie befahl mich an ihr Bett. Ich sah sofort, daß sie nicht mehr lange leben werde. Sie erinnerte mich an meinen Schwur.

»Ich werde nicht ruhen, Großmutter, als bis er erfüllt ist«, sagte ich. »Aber sollte nicht Caligula derjenige sein, der ihn erfüllt?«

Eine Zeitlang gab sie mir keine Antwort. Dann sagte sie, mit der letzten schwindenden Kraft ihres Zornes: »Vor zehn Minuten war er bei mir. Er hat mich ausgelacht! Ihm sei gleich, was nach meinem Tod mit mir geschehe! Jetzt, da ich stürbe, brauche er sich nicht mehr um mich zu mühen. Und an den Eid werde er sich nicht halten, denn er sei ihm abgezwungen! Er selbst werde jener allmächtige Gott sein, von dem die seltsame Prophezeiung gesprochen hat, nicht ich!«

»Errege dich jetzt nicht, Großmutter. Du wirst schließlich doch die Oberhand behalten. Du wirst längst Königin des Himmels sein, wenn sie ihn in der Unterwelt auf ein ewig kreisendes Rad flechten.«

»Und dich habe ich für einen Toren gehalten!« rief sie aus. »Ich muß jetzt fort, Claudius. Drücke mir die Augen zu und lege mir die Münze in den Mund nachher, die du unter meinem Kopfkissen findest. Der Fährmann wird damit zufrieden sein und mir die Ehren erweisen ...«

Damit starb sie, und ich drückte ihr die Augen zu und legte ihr die Münze in den Mund, die nach uraltem Brauch für den Fährmann Charon bestimmt ist, der in seinem Nachen die Toten an das Gestade der Unterwelt bringt. Die Münze war ein Goldstück, wie ich es noch niemals gesehen hatte: Auf der Vorderseite blickten der Kopf des Augustus und ihr eigener einander an, auf der Rückseite war ein Triumphwagen.

Tiberius schrieb auf die Nachricht ihres Todes an den Senat, er werde zur Beisetzung nach Rom kommen. Er hatte seit Jahren mit seiner Mutter nicht mehr gesprochen. Inzwischen verlieh der Senat der Livia eine Anzahl außergewöhnlicher Ehrungen, aber Tiberius wandte sich brieflich dagegen, indem er ausführte, daß Livia eine besonders bescheidene Frau gewesen sei und allen öffentlichen Ehrungen abhold. Er kümmerte sich dann um die Feierlichkeiten, aber nur, um sie nach Möglichkeit zu beschneiden. Selbst kam er nicht. Zur allgemeinen Überraschung hielt Caligula die Leichenrede, nicht Nero, von dem man annahm, daß er zum Erben des Tiberius bestimmt sei. Aber Nero war längst in eine ganz schwache Position gedrängt worden. Der Senat hatte beschlossen, daß ein großer, steinerner Bogen zu Livias Ehren errichtet werden sollte. Tiberius legte hiergegen zwar kein Veto ein, aber er versprach, diesen Bogen auf eigene Kosten ausführen zu lassen, und dann verabsäumte er, sein Versprechen zu halten. Durch Livias Testament erbte er den größten Teil ihres Vermögens, aber soviel sie nach dem Gesetz ihren Verwandten und den Angehörigen ihres Haushalts vermachen konnte, hatte sie vermacht. Indessen zahlte Tiberius diese Summen nicht aus. Ich selbst hätte zwanzigtausend Goldstücke erhalten müssen.

Ich hätte es niemals für möglich gehalten, daß ich Livia vermissen würde. Als Kind pflegte ich heimlich Abend für Abend zu den Göttern der Unterwelt zu beten, sie mitzunehmen. Und jetzt hätte ich die reichsten Opfer dargebracht, wenn ich sie dadurch hätte ins Leben zurückrufen können. Denn jetzt wurde offenbar, daß lediglich die Furcht vor seiner Mutter den Tiberius in seinen Grenzen gehalten hatte. Schon wenige Tage nach Livias Tod holte er zum Schlag gegen Agrippina und ihren ältesten Sohn Nero aus. Seianus hatte genug »Material« gesammelt. Tiberius schrieb einen Brief an den Senat, in dem er sich über die sexuelle Verkommenheit Neros und den Hochmut der Agrippina und ihre skandalverbreitende Zunge beklagte. Man müsse ernsthafte Maßnahmen ergreifen, beide im Zaum zu halten.

Als dieser Brief im Senat verlesen wurde, sagte für geraume Zeit niemand ein Wort. Jeder dachte darüber nach, über wieviel Freunde die Familie des Germanicus noch verfügen würde, jetzt, da es klar war, daß Tiberius sie zur Strecke bringen wollte, und ob es sicherer sei, gegen die Stimmung der Bevölkerung oder gegen Tiberius anzugehen. Schon die nächsten Tage gaben Antwort auf diese Frage. Die Menge demonstrierte für die Familie des Germanicus mit dem Ruf: »Es lebe Tiberius!«, denn allgemein nahm man an, daß Seianus den kaiserlichen Brief gefälscht habe. Dies gab dem Tiberius Mut, und da Seianus auf einer »starken« Entscheidung bestand, schrieb er einen neuen Brief an den Senat, in dem er sich mit drohenden Worten beschwerte, daß man seinem ersten Brief keinerlei Beachtung geschenkt habe und daß er die erwähnte Angelegenheit nunmehr eigenmächtig regeln werde. Der Senat ließ sich einschüchtern. Tiberius ließ die kaiserliche Garde mit gezogenen Schwertern durch die Stadt marschieren, um jede Demonstration zu verhindern. Agrippina wurde nach Pandataria verbannt, auf die gleiche Insel, wohin ihre Mutter Julia zuerst verschickt worden war. Nero bekam die kleine felsige Insel Ponza angewiesen, halbwegs zwischen Capri und Rom, aber nicht mehr in Sicht der Küste. Sein nächstes Opfer war Agrippinas zweiter Sohn, Drusus. Er wurde, völlig grundlos, beschuldigt, mit den Regimentern am Rhein konspiriert zu haben. Tiberius ließ ihn in einen entlegenen Giebel des Palastes sperren und Tag und Nacht von den Leuten des Seianus bewachen. Auch Gallus erfreute sich nicht mehr lange der Freiheit, auch er wurde, bei knappsten Rationen, eingesperrt.

Jetzt teilte Seianus dem Tiberius mit großen Worten mit, daß die Macht der Partei der Agrippina gebrochen sei und daß er keine Befürchtungen mehr zu hegen brauche. Zum Lohn wurde Seianus sein Mitconsul, und Caligula wurde seiner besonderen Obhut anvertraut. Darin sah man ein Zeichen, daß Caligula der nächste Imperator werden würde. Allgemein machte dies einen sehr günstigen Eindruck: Ein Sohn des Germanicus würde zur Herrschaft kommen. Wenn vielleicht auch Nero und Drusus von Tiberius beseitigt werden sollten – den Caligula wollte er offensichtlich schonen. Und noch ein anderes las man aus dieser Tatsache: Seianus würde nicht Imperator werden. Jeder, den Tiberius über diese Angelegenheit befragte, war ehrlich befriedigt über diese Entscheidung, denn damals bestand noch die allgemeine Ansicht, daß im großen und ganzen Caligula die guten Eigenschaften seines Vaters geerbt habe. Caligula wurde geradezu populär, und diese Beliebtheit nutzte Tiberius geschickt aus, um Seianus und Livilla in Schach zu halten, die ihre ehrgeizigen Pläne noch längst nicht begraben hatten und nach wie vor alles versuchten, um sich zu heiraten.

Tiberius zog den Caligula jetzt ein wenig ins Vertrauen. Er gab ihm einen Auftrag: Er solle durch persönliche Gespräche mit Soldaten der kaiserlichen Garde herausfinden, welche ihrer Offiziere, nächst dem Seianus, den größten Einfluß bei ihnen hatten – sie müßten aber genauso skrupellos sein. Caligula stülpte sich eine Perücke über und zog sich als Frau an. Abends mengte er sich unter eine Schar von jungen Prostituierten und trieb sich in den Kneipen herum, die die Soldaten zu besuchen pflegten. Wenn er gut geschminkt war, konnte er für eine Frau gelten – allerdings für eine etwas zu große und nicht gerade anziehende Frau. In den Kneipen erzählte er von sich, daß er von einem reichen Ladenbesitzer ausgehalten werde, der mit Geld nicht knauserig sei, deshalb mache es ihm nichts aus, wenn er hier und da eine »Runde« spendiere. Durch diese Freigebigkeit wurde er rasch beliebt, und bald wußte er allen Kasernenklatsch, und der Name, der in allen Gesprächen immer wiederkehrte, war der Name des Hauptmanns Macro. Dieser Macro war der Sohn eines Freigelassenen des Tiberius und einer der handfestesten Burschen Roms. Die Soldaten waren einig in ihrer Bewunderung für seine Sauffestigkeit und seine Hurereien, sein Übergewicht über die anderen Offiziere und seine Geistesgegenwart. Selbst Seianus habe vor ihm Angst. So machte sich Caligula eines Abends an Macro heran, und unauffällig sagte er ihm, wer er war: Die beiden entfernten sich und hatten eine lange Unterredung.

Jetzt begann Tiberius eine Serie von lamentierenden Briefen an den Senat zu schreiben. Er klagte über seine schlechte Gesundheit, und vor allen Dingen beschäftigte er sich mit Seianus. Einmal lobte er ihn außerordentlich, dann wiederum machte er kleinliche Ausstellungen – der allgemeine Eindruck dieser Briefe im Senat war, daß er anfing, senil zu werden. Nur Seianus war ernstlich beunruhigt und schwankte, ob er sogleich zu offener Revolution übergehen sollte oder die kurze Zeit warten, bis – allem Anschein nach – Tiberius gestorben sein würde. Er wollte Tiberius besuchen, um sich durch den Augenschein für eine der beiden Möglichkeiten zu entscheiden. Aber Tiberius erwiderte auf sein Gesuch, ein Consul dürfe Rom nicht verlassen. Seianus wurde noch unruhiger. Zudem lief seine Consulschaft ab.

Wieder einmal hatte Tiberius geschrieben, jetzt werde er nach Rom zurückkehren. Bisher hatte er es nie wahr gemacht. Also wiederum erwartete ihn Seianus an der Spitze eines Bataillons der kaiserlichen Garde vor dem Tempel des Apollo, wo augenblicklich der Senat seine Sitzungen abhielt, da das Senatsgebäude renoviert wurde. Plötzlich erschien Macro, hoch zu Roß, und begrüßte ihn. Seianus fragte ihn, wieso er ohne seine Erlaubnis die Kaserne verlassen habe. Macro entgegnete, daß er von Tiberius den Auftrag habe, dem Senat einen Brief zu übermitteln. »Wie kommen Sie dazu?« fragte Seianus argwöhnisch.

»Wie sollte ich nicht dazu kommen?«

»Aber warum hat er nicht mich bestimmt?«

»Weil der Brief von Ihnen handelt.« Darauf wisperte ihm Macro ins Ohr: »Herzlichen Glückwunsch, General, der Brief enthält eine Überraschung. Sie sollen Volkstribun werden, das heißt: Sie sollen der nächste Kaiser sein.« Seianus hatte kaum erwartet, daß Tiberius diesmal nach Rom kommen werde. So eilte er jetzt erleichtert vor den Senat.

Kaum war er im Apollotempel verschwunden, als Macro das

Bataillon stillstehen ließ. Er sagte: »Kerls, der Kaiser hat soeben mich an Stelle des Seianus zu eurem General befördert. Hier ist die Ernennung! Ihr geht zurück in die Kaserne und sagt euren Kameraden, daß jetzt Macro euer Kommandant ist und daß dreißig Goldstücke jeden erwarten, der seine Pflicht tut.«

So marschierte die Garde ab. Macro folgte dem Seianus ins Haus, überreichte den Brief den Consuln und ging wieder hinaus, ehe ein Wort davon verlesen worden war. Die Nachricht vom Sturz des Seianus hatte sich mit Windeseile verbreitet, denn als kaum eine halbe Stunde später Seianus, der sich bemühte, sein Gesicht zu verhüllen, ins Gefängnis abgeführt wurde, mußte er durch eine dichte Menschenmenge hindurch, die drohte, ihn zu erschlagen. Sein Sturz hatte nur ein paar Minuten gedauert, denn während er, bei der Verlesung des kaiserlichen Briefs, immer noch auf die Stelle wartete, die ihn zum Volkstribunen ernannte, hatten seine Feinde bereits die wahre Sachlage erkannt, und der Brief wurde kaum zu Ende gelesen, als sich Seianus bereits einem Sturm des Hasses und der Empörung gegenübersah. Am gleichen Tage noch, da die Haltung der Menge vor dem Gefängnis immer drohender wurde und das Gebäude nicht länger zu schützen war, beschloß der Senat, dem Pöbel diese Beute nicht zu überlassen, und verurteilte den Seianus zum Tode.

Caligula schickte dem Tiberius die Nachricht durch Lichtsignale. Tiberius hatte einige Schiffe bereit, für den Fall, daß der Handstreich mißlingen und ins Gegenteil umschlagen sollte – dann wäre er nach Ägypten entflohen. Seianus wurde am nächsten Tag hingerichtet und sein Leichnam dem Pöbel überlassen, der drei Tage lang auf die abscheulichste Weise seine Rache daran ausließ. Die Kinder des Seianus, die er von Apicata hatte, wurden ebenfalls zum Tode verurteilt. Da man niemanden vor seiner Großjährigkeit hinrichten darf, mußten die Knaben zu diesem Zweck die männliche Toga anlegen. Seine Tochter, dieselbe, die mit meinem Sohn Drusillus verlobt gewesen war, zählte erst vierzehn Jahre. Sie hinzurichten war – dem Gesetz nach – noch schwieriger, da sie noch Jungfrau war. Um das Unglück, das die Stadt bei einer Verletzung dieser Tradition befallen konnte, zu vermeiden, gab Macro Befehl, daß sie im Gefängnis vom Henker geschändet werde. Dann wurde sie hingerichtet. Als ich von dieser Entsetzlichkeit hörte, sagte ich zu mir: »Das ist dein Ende, Rom, für ein solches Verbrechen kann es nie eine Sühne geben!« Und ich rief die Götter als Zeugen an, daß ich an dieser Regierung keinen Anteil hatte!

Als Apicata erfuhr, was ihren Kindern geschehen war, tötete sie sich selbst. Aber vorher schrieb sie einen Brief an Tiberius, in dem sie ihm mitteilte, daß Livilla den Castor vergiftet hatte und daß sie gemeinsam mit Seianus geplant hatte, sich der Monarchie zu bemächtigen. Alle Schuld schob sie der Livilla zu. Tiberius ließ meine Mutter nach Capri kommen und zeigte ihr den Brief der Apicata. Meine Mutter bat ihn, den Namen der Familie nicht durch eine öffentliche Hinrichtung zu entehren, sie würde selbst dafür aufkommen, daß Livilla nicht am Leben bliebe. So wurde öffentlich nichts gegen Livilla unternommen. Sie wurde meiner Mutter überantwortet, die sie in unserem Haus einschloß und sie buchstäblich zu Tode hungern ließ. Sie konnte ihr verzweifeltes Schreien und Fluchen hören, Tag um Tag, Nacht um Nacht, bis es allmählich schwächer und schwächer wurde. Meine Mutter sperrte sie nicht in den Keller oder irgendwohin, wo sie sie nicht hören konnte, sondern die ganze Zeit hatte sie sie im Nebenzimmer, bis endlich Livilla verstummte. Sie tat dies nicht, weil sie Livillas Qualen genießen wollte. Sie litt unsäglich darunter, aber sie tat es, um sich selbst zu strafen, daß sie eine so entartete Tochter in die Welt gesetzt hatte.

Dem Sturz und Tod des Seianus folgte eine ganze Reihe von Hinrichtungen von Senatoren. Ihr Besitz wurde ausnahmslos konfisziert. Mich selbst hätte meine Ehe mit einer Adoptivschwester des Seianus das Leben kosten können, aber als Sohn meiner Mutter blieb ich unangetastet. Ich bekam sogar die Erlaubnis, mich von Aelia scheiden zu lassen und ein Achtel ihrer Mitgift zu behalten. In Wirklichkeit gab ich ihr die ganze Mitgift zurück. Aelia hat mich für sehr töricht gehalten, aber ich machte dieses Zugeständnis, weil ich unsere kleine Tochter Antonia ihr sofort nach der Geburt hatte wegnehmen lassen. Denn Aelia hatte sich von mir schwängern lassen, als sie merkte, daß die Stellung des Seianus erschüttert war. Sie hoffte, auf diese Weise sich selbst zu schützen, denn Tiberius würde sie kaum hinrichten lassen, wenn sie ein Kind von einem Neffen trug. Ich freute mich über die Scheidung, aber das Kind hätte ich ihr nicht weggenommen, wenn nicht meine Mutter darauf bestanden hätte: Sie wollte die kleine Antonia für sich selbst, um etwas zu haben, wofür sie sorgen konnte – Großmutterhunger, wie man das nennt.

Tiberius war sich darüber klar, daß die kaiserliche Garde sein einziger sicherer Schutz gegen Volk und Senat sei. Fünfzig Goldstücke hatte er jedem Soldaten als Ehrensold auszahlen lassen, nicht nur dreißig, wie Macro versprochen hatte. Er äußerte sich zu Caligula: »Es gibt keinen Menschen in Rom, der mich nicht mit Vergnügen auffressen würde.« Als sich die Verhältnisse etwas beruhigt hatten, veröffentlichte Tiberius eine Amnestie. Niemand mehr durfte verhaftet und angeklagt werden, weil er in irgendeiner Verbindung mit Seianus gestanden hatte, und wenn jemand Trauer seinetwegen anlegen wollte, so bestanden hiergegen keine Bedenken, da seine bösen Taten bestraft waren und man sich seiner guten jetzt gern erinnern durfte. Eine Anzahl von Leuten folgte dieser Aufforderung, da sie glaubten, Tiberius würde sich darüber freuen, aber sie glaubten das Falsche. Sie wurden sofort verhaftet, willkürlich irgendwelcher Verbrechen beschuldigt, die sie begangen haben sollten, und alle hingerichtet. Tiberius hatte seinen Zweck erreicht: Alle etwa noch vorhandenen Feinde hatten freiwillig und öffentlich sich als solche bekannt. Man wird sich wundern, daß nach all diesem Wüten überhaupt noch ein Senator oder ein Mitglied des Ritterordens am Leben war. Aber Tiberius füllte die »Verluste« stets sofort wieder auf. Die Geburt als freier Mann, der Nachweis, unbescholten zu sein, und einige tausend Goldstücke genügten, um in diese Gemeinschaft, aus der die Senatoren hervorgingen, aufgenommen zu werden.

Tiberius wurde immer habgieriger. Er legte den reichen Leuten nahe, ihm mindestens die Hälfte ihres Besitzes zu vermachen. Wenn sich nach ihrem Tod herausstellte, daß sie dies verabsäumt hatten, erklärte er unter irgendeinem windigen juristischen Vorwand das Testament für ungültig und ergriff den ganzen Besitz. An öffentliche Arbeiten wandte er keinen Pfennig mehr, selbst den Tempel des Augustus vollendete er nicht. Er schränkte die Ausgaben für öffentliche Vergnügungen und freies Getreide an Arme wesentlich ein. Nur das Heer wurde pünktlich bezahlt. Um die Provinzen kümmerte er sich nicht, vorausgesetzt, daß die Abgaben regelmäßig eingingen. Die Parther überrannten Armenien, ohne daß er den Finger rührte, die Deutschen überschritten häufig den Rhein und plünderten in Frankreich. In den Schatzkammern stauten sich große Mengen von Gold und Silber, die auf diese Weise der Wirtschaft entzogen waren. Als die Lage anfing, bedrohlich zu werden, mußte er sich entschließen, den Großbanken eine Million Goldstücke vom Staat aus zu leihen, ohne Zinsen dafür verlangen zu können. Er hätte sich zu diesem Entschluß niemals durchgerungen, wenn ihn nicht Cocceius Nerva überzeugt hätte. Auf Nerva hörte er, der immer noch in Capri sich zu seiner Verfügung halten mußte. Aber Nerva wurde sorgsam von den Schauplätzen der Orgien ferngehalten, und seine Post wurde streng zensiert. So war der rechtlich gesinnte alte Herr vielleicht der einzige Mensch auf der Welt, der immer noch an die Güte des Tiberius glaubte.

Zwanzigstes Kapitel

Je weniger man über die letzten Jahre der Regierung des Tiberius spricht, desto besser. Es ist mir noch heute zu schmerzlich, genau über den ältesten Sohn des Germanicus zu schreiben, über Nero, den man verhungern ließ, über Agrippina, die aus Verzweiflung über die Hoffnungslosigkeit ihrer Lage eines Tages aufhörte, Nahrung zu sich zu nehmen, und starb. Gallus kam um, wie es hieß, durch Schwindsucht, und der zweite Sohn des Germanicus, Drusus, wurde verhungert in einem Keller des Palastes aufgefunden.

Caligula verbrachte jetzt seine Zeit meistens auf Capri. Gelegentlich machte er Besuch in Rom und kümmerte sich bei dieser Gelegenheit stets genau um Macro, der jetzt sämtliche Funktionen des Seianus verrichtete. Tiberius hatte den Caligula zum Nachfolger aus verschiedenen Gründen bestimmt. Einmal war er, als Sohn des Germanicus, beliebt. Ferner war er zu allem zu gebrauchen und ein durch und durch verdorbener Mensch, so daß Tiberius, wenn er sich selbst mit ihm verglich, den seltenen Genuß verspürte, sich tugendhaft und gut vorzukommen. Und schließlich glaubte er nicht daran, daß Caligula Kaiser werden würde, weil einige trügerische und doppeldeutige Wahrsagungen ihn verwirrt hatten.

Seine Umgebung lichtete sich. Sein Wahrsager Thrasyllus starb, und der alte Nerva, der jetzt täglich die Mahlzeiten mit ihm teilte, lehnte es eines Tages ab, etwas zu sich zu nehmen. Tiberius war bestürzt und drang in ihn, aber Nerva blieb unerschütterlich und war am neunten Tage tot. Es ist niemals enthüllt worden, ob er plötzlich den wahren Charakter des Tiberius erkannt hatte und sich so von ihm lossagen wollte. Denn bis zuletzt sprach er mit ihm, wie er stets gesprochen hatte, bewundernd und überzeugt, daß Tiberius ein guter Mensch und großer Herrscher sei.

Tiberius war jetzt achtundsiebzig Jahre alt. Der unausgesetzte

Genuß von Mitteln, die seine Liebesfähigkeit steigern sollten, hatte ihn sehr geschwächt. Aber er fuhr fort, sich auffallend und jugendlich zu kleiden und sich das Gehaben eines Mannes in mittleren Jahren zu geben. Jetzt, da Nerva und Thrasyllus nicht mehr um ihn waren, bekam er Capri satt. Er wollte nach Rom zurückkehren. Er reiste auch wirklich ab, aber ein Omen erschreckte ihn kurz vor der Stadt, und er kehrte hastig um. Er erkältete sich, und die Erkältung wurde schlimmer, als er in einer Garnisonstadt, durch die ihn sein Weg führte, den Kampfspielen der Soldaten beiwohnte. Die Erkältung legte sich auf die Leber, aber er ließ sich bei der Rückreise nach Capri nicht aufhalten. Er erreichte Misenum an der Bucht von Neapel. Die See war so bewegt, daß er nicht nach Capri übersetzen konnte. Er war wütend, aber mußte sich entschließen, seine Villa auf den Felsen von Kap Misenum aufzusuchen. Caligula und Macro waren bei ihm. Um zu beweisen, daß er sich nicht ernstlich krank fühlte, gab er den örtlichen Behörden der Gegend ein großes Bankett. Er wohnte dem Bankett die ganze Nacht über bei, aber der nächste Tag sah ihn in einem Zustand völliger Entkräftung. In Misenum erzählte man sich – und die Nachricht drang sogar schon bis Rom –, daß er im Sterben liege.

Macro und Caligula konnten sich aufeinander verlassen. Dem Heer wurde mitgeteilt, daß mit einem Ableben des Tiberius jeden Augenblick zu rechnen sei. Caligula sei zum Kaiser ernannt, er trüge bereits den Siegelring seiner Macht. Tatsächlich ließ Caligula diesen Ring vor jedermann funkeln und empfing daraufhin Huldigungen und Glückwünsche. Damals hätte niemand gedacht, daß Caligula imstande war, diesen Ring von der Hand eines Sterbenden, der in tiefe Bewußtlosigkeit verfallen war, zu rauben.

Aber noch lebte Tiberius. Er stöhnte und rief nach seinen Dienern. Noch fühlte er sich Herr seiner Macht. Niemand hörte ihn. Er rief wieder und wieder. Die Dienerschaft saß in der Küche und trank auf die Gesundheit Caligulas. Zufällig war ein unternehmungslustiger Sklave auf den Gedanken gekommen, sich im Sterbezimmer nach wertvollen »Andenken« umzusehen. Das Zimmer lag in tiefem Dunkel. Der Sklave wurde beinahe geisteskrank vor Schreck, als Tiberius ihn plötzlich anbrüllte: »Wo ist die verdammte Dienerschaft? Hört mich keiner? Ich will Butter und Käse, ein Omelette und Hammelkeule und Chioswein, und sofort! Schweine und Säue, wer hat meinen Ring gestohlen?« Der Sklave stürzte davon und rannte beinahe den

Macro um, der vorüberkam: »Der Kaiser lebt noch und will Essen und seinen Ring!« Die Neuigkeit lief durch den Palast und hatte eine lächerliche Szene zur Folge: Alles, was sich bereits um Caligula geschart hatte, zerstreute sich eilends in alle Winde. Biederleute riefen: »Gott sei Dank! Die trübe Nachricht war falsch! Lang lebe Tiberius!« Caligula war in einem kläglichen Zustand von Scham und Angst. Er zog sich den Ring vom Finger und sah nach einer Stelle, wo er ihn verstecken könnte. Nur Macro behielt klaren Kopf. »Blödsinnige Lüge!« schrie er. »Der Sklave hat seinen Verstand verloren. Laß ihn kreuzigen, Caesar! (Diese Worte waren an Caligula gerichtet.) Vor einer Stunde haben wir dem alten Kaiser die Augen zugedrückt!« Er wisperte mit Caligula, der mit merklichem Aufatmen nickte. Dann eilte Macro in das Zimmer des Tiberius. Tiberius war aufgestanden, fluchend und stöhnend tastete er sich zur Tür. Macro nahm ihn, ohne ein Wort zu reden, auf die Arme und warf ihn zurück auf sein Bett. Dann erstickte er ihn mit einem Kissen. Caligula stand dabei.

Der Leichnam wurde unter strenger Bewachung durch die kaiserliche Garde nach Rom gebracht. Caligula ging zu Fuß in Trauerkleidern hinter dem Toten her. Von allen Seiten strömte die Landbevölkerung herbei, aber nicht in Trauerkleidern, sondern im Festgewand, weinend vor Dankbarkeit, daß der Himmel einen Sohn des Germanicus am Leben gelassen hatte, damit er über sie regiere.

Kurz vor der Stadt ritt Caligula voraus, um Vorbereitungen für die feierliche Einholung zu treffen. Aber kaum hatte er die Stadt betreten, als sich eine große Menge ansammelte und die Via Appia verbarrikadierte. Als die Vorreiter des Leichenzuges in Sicht kamen, fing ein allgemeines Geheul an: »Schmeißt den Tiberius in den Tiber! Ewiger Fluch auf Tiberius!« Der Wortführer schrie zur Garde hinüber: »Soldaten, wir Römer lassen diesen verruchten Kadaver nicht in die Stadt! Er bringt nur Unglück!« Macro ließ seine Leute die Barrikade erstürmen, wobei ein Dutzend Menschen getötet oder verwundet wurde. Caligula sorgte dafür, daß keine neuen Unruhen ausbrechen konnten, und der Leichnam des Tiberius wurde mit allen Ehren auf dem Marsfeld verbrannt. Caligula hielt die Grabrede, die zwar sehr korrekt, aber gleichzeitig sehr ironisch war und daher überall gewürdigt wurde: Caligula sprach in den höchsten Tönen von Augustus und Germanicus, aber den Tiberius erwähnte er kaum.

Caligula war fünfundzwanzig Jahre alt, als er Kaiser wurde. Selten ist ein neuer Herrscher mit größerer Begeisterung begrüßt worden, selten hatte einer es leichter, Wünsche der Bevölkerung zu erfüllen, die nichts anderes als Frieden und Sicherheit erhoffte. Mit einer bis zum Platzen gefüllten Staatskasse, einem glänzend geschulten Heer, einem hervorragenden Verwaltungssystem, an das nur wenig Sorgfalt zu wenden gewesen wäre, um es wieder auf die alte Höhe zu bringen, mit der Erleichterung, die man über den Tod des Tiberius empfand, nicht zuletzt mit dem Vertrauen und der Liebe, die er als Sohn des Germanicus genoß – was für außerordentliche Vorbedingungen, um in die Geschichte als »Caligula der Große« oder »Caligula der Retter« einzugehen! Aber schon diese Betrachtung ist müßig. Denn wäre er der gewesen, für den ihn das Volk damals hielt, hätte er nicht länger als seine Brüder gelebt oder wäre niemals von einem Tiberius zum Nachfolger bestimmt worden.

Anfänglich machte es dem Caligula Spaß, die lächerliche Vorstellung zu nähren, die jedermann von ihm hatte, abgesehen von meiner Mutter und mir, von Macro und zwei oder drei andern, die Gelegenheit gehabt hatten, ihn genau zu beobachten. Er verrichtete sogar einige Regierungshandlungen, die das öffentliche Urteil über ihn zu rechtfertigen schienen. Außerdem wollte er sich seine Stellung sichern. Zunächst standen ihm zwei Hindernisse im Weg. Das eine war Macro, dessen Einfluß ihn gefährlich erscheinen ließ. Das zweite war Gemellus, der kleine Sohn Castors und meiner Schwester Livilla. Denn als das Testament des Tiberius verlesen wurde, stellte sich heraus, daß – nur, um Verwirrung zu stiften – nicht Caligula als einziger Erbe eingesetzt war. Vielmehr hatte Tiberius bestimmt, daß er mit Gemellus gemeinsam herrschen solle, und zwar immer abwechselnd. Indessen war Gemellus noch nicht einmal volljährig. Daher schloß sich der Senat der Ansicht des Caligula gern an, daß der alte Herr diese Bestimmung in einem Anfall von Geistesverwirrung getroffen habe, und übertrug die alleinige Macht dem Caligula. Abgesehen von diesem einen Punkt, führte Caligula das Testament des Tiberius genau durch und zahlte jedes Vermächtnis pünktlich aus. Mir hatte Tiberius die Bücher vermacht, die einst der alte Pollio mir bestimmt und die man mir vorenthalten hatte. Außerdem erhielt ich zwanzigtausend Goldstücke. So wurde ich durch das, was ich von Livia und Tiberius geerbt hatte, plötzlich recht wohlhabend. Als ich meiner Freundin Calpurnia von diesem plötzlichen Goldregen erzählte, schien sie eher betrübt als erfreut zu sein. »Es bringt dir kein Glück«, sagte sie, »lieber in bescheidenen Verhältnissen gesichert sein, als durch Reichtum andere Menschen anregen, dich zu verraten und zu berauben.« Calpurnia war damals erst siebzehn Jahre alt, aber schon sehr gescheit.

Ich antwortete: »Aber ist es jetzt nicht mit den alten Unsitten vorbei? Jetzt wird niemand mehr angeklagt, nur damit sein Vermögen konfisziert werden kann.« Sie legte ihren Stickrahmen fort: »Claudius, ich bin kein Politiker und bin nicht gelehrt, aber eine einfache Rechnung kann ich machen. Wieviel Geld hat Tiberius hinterlassen?«

»Ungefähr siebenundzwanzig Millionen Goldstücke – das ist ein Riesenvermögen.«

»Und wieviel davon hat der neue Kaiser ausgezahlt?« Und sie rechnete mir die Legate vor, die Caligula im Namen des Tiberius gemacht hatte, rechnete mir vor, was Caligula sonst bei Übernahme der Macht für Bankette und Schaukämpfe und Tierhetzen ausgegeben hatte, und ich mußte ihr sehr bald zugeben, daß innerhalb von drei Monaten sieben Millionen Goldstücke verbraucht worden waren. »Wie kann er mit dem auskommen, was ihm Tiberius hinterlassen hat, wenn es so weitergeht? Und selbst wenn alle reichen Leute in ihren Testamenten nur ihn bedenken würden, müßte er auf andere Geldquellen sinnen.«

»Vielleicht«, warf ich ein, »wird er sparsamer werden, nachdem der erste Rausch vorüber ist. Vorläufig hat er noch eine gute Entschuldigung für seine Verschwendung: Er will Geld unter die Leute bringen. Er erinnert sich, welche unglücklichen Folgen mit der Methode des Tiberius verbunden waren, alles Geld in Verwahrung zu nehmen.«

»Du wirst ihn besser kennen als ich. Vielleicht weiß er, wann er aufhören muß.«

»Calpurnia, ich werde dir ein Perlenhalsband kaufen, solange ich noch bei Kasse bin. Du bist ebenso klug, wie du schön bist.«

»Kaufe mir kein Halsband, gib mir das Geld, wenn es dir recht ist.«

Am nächsten Tage schenkte ich ihr fünfhundert Goldstücke. Calpurnia, die Kurtisane, war aufrichtiger, freundlicher und zuverlässiger als die vier hochgeborenen Damen, mit denen ich im Lauf meines Lebens verheiratet war. Sehr schnell wurde sie meine Vertraute in allen persönlichen Angelegenheiten, und ich muß sagen, daß ich dies niemals bereut habe.

Schon kurz nach der Bestattung des Tiberius hatte Caligula

eine allgemeine Amnestie erlassen. Alle Verbannten, Männer und Frauen, wurden zurückgerufen und alle politischen Gefangenen in Freiheit gesetzt. Alle Erinnerung an die böse Zeit sollte ausgelöscht sein, so erklärte er. Dem Beispiel des Augustus folgend, reinigte er den Adel von unwürdigen Elementen, und nach dem Beispiel des Tiberius lehnte er alle Ehrentitel ab, außer denen des Imperators und des Volkstribunen. Auch verbot er, daß Statuen von ihm aufgestellt würden. Ich machte mir im stillen meine Gedanken darüber, wie lange die Periode des Edelmuts wohl anhalten könne und wie lange er sein Versprechen halten werde, die Macht mit dem Senat zu teilen und stets ein Diener des Volkes zu sein.

Als er sechs Monate regiert hatte, war die Zeit der amtierenden Consuln zufällig vorüber. Für eine gewisse Weile wollte er selbst die Funktionen eines Consuls ausüben. Nach dem Gesetz mußte noch ein zweiter Consul gewählt werden, und auf wen fiel seine Wahl? Auf mich! Und ich, der ich vor langer Zeit den Tiberius angefleht hatte, mir ein Amt zu geben statt irgendwelcher leerer Titel, hätte diese Ernennung am liebsten abgelehnt. Nicht, daß mich meine historischen Studien gerade besonders beschäftigt hätten – nein, ich hatte mit der Zeit alles vergessen, was an Formalem für ein solches Amt zu wissen unerläßlich ist. Außerdem fühlte ich mich nicht wohl im Senat. Ich war so lange von Rom abwesend gewesen, daß ich von all den Zusammenhängen hinter den Kulissen keine Ahnung mehr hatte. Aber ablehnen konnte ich diese Berufung nicht. – Sofort gab es Schwierigkeiten mit Caligula. Er beauftragte mich, Statuen seiner Brüder Nero und Drusus herstellen zu lassen, die auf dem Marktplatz aufgestellt und geweiht werden sollten. Die griechische Firma, der ich den Auftrag gab, versprach, sie pünktlich fertig zu haben. Drei Tage vor der festgesetzten Feier wollte ich die Statuen besichtigen. Die Kerle hatten überhaupt noch nicht angefangen. Sie entschuldigten sich damit, daß der richtig getönte Marmor soeben erst eingetroffen sei. Ich wurde wütend – wie mir das bei solchen Gelegenheiten häufig passiert, nur hält meine Wut niemals lange an – und verlangte, daß Tag und Nacht an den Blöcken gearbeitet werde. Wenn die Statuen nicht rechtzeitig fertig seien, würde ich die ganze Firma aus der Stadt weisen. Vielleicht machte ich sie unsicher durch meine Drohung. Denn obwohl Nero rechtzeitig fertig wurde – und sogar sehr ähnlich ausfiel –, mit Drusus passierte ein Unglück: Seine rechte Hand brach am Handgelenk ab. Zwar läßt sich ein solcher Bruch reparieren, aber die Bruchstelle ist niemals ganz zu verdecken, und es schien mir unmöglich, dem Caligula eine beschädigte Statue zu einer solch feierlichen Gelegenheit anzubieten. Ich ging also zu ihm und sagte, daß Drusus nicht fertig sein würde. Himmel, wie wurde er wütend! Er drohte, mir das Amt des Consuls wieder zu nehmen, und wollte zunächst auf keine Entschuldigung hören. Es dauerte einige Weile, bis dieser Zwischenfall vergessen wurde.

Ich mußte eine Zimmerflucht im Palast beziehen, und da Caligula die heftigsten Reden gegen Unmoral gehalten hatte, konnte ich Calpurnia nicht bei mir haben. Ich war damals unverheiratet. Calpurnia mußte in Capua bleiben, und ich konnte sie nur gelegentlich besuchen. Sosehr er in seinen Reden dem Augustus nachzueifern schien, in Wirklichkeit hatten seine Sitten nichts mit der alten Zucht gemein. Die Frau des Macro, die sich seinetwegen hatte scheiden lassen und der er die Ehe versprochen, hatte er bereits satt. Nachts pflegte er auf galante Abenteuer auszugehen, begleitet von einigen unternehmungslustigen Leuten, die er »Pfadfinder« nannte. Zu ihnen gehörten im allgemeinen drei junge Stabsoffiziere, zwei berühmte Gladiatoren, der Schauspieler Apelles und Eutychus, der beste Wagenlenker Roms. Die übelsten Lokale wurden aufgesucht, und fast regelmäßig gab es Streit mit der Polizei, der nach Feststellung seiner Person sorgfältig vertuscht wurde.

Caligulas drei Schwestern, Drusilla, Agrippinilla und Lesbia, waren alle gut und standesgemäß verheiratet worden, aber er bestand darauf, daß sie trotzdem im Palast wohnten. Agrippinilla und Lesbia durften ihre Männer mitbringen, aber Drusilla hatte den ihren aufzugeben. Er hieß Cassius Longinus und wurde als Gouverneur nach Kleinasien geschickt. Caligula verlangte, daß seine drei Schwestern mit der gleichen Achtung wie er behandelt würden, und in den Gebeten, die seiner Gesundheit und Sicherheit gedachten, mußte auch für sie der Segen des Himmels erfleht werden. Er benahm sich gegen sie auf eine Weise, daß die Leute anfingen, sich darüber zu wundern. Sie schienen eher seine Frauen als seine Schwestern zu sein. Drusilla war sein besonderer Liebling. Aber sie schien von einer geheimen Trauer erfüllt, und je kummervoller sie war, desto eifriger bemühte Caligula sich um sie. Dem Anschein nach war sie jetzt mit Aemilius Lepidus verheiratet, einem Vetter des Caligula. Dieser Lepidus war unter dem Namen Ganymed bekannt, weil er so weibisch aussah. Er war sieben Jahre älter als Caligula, aber er ließ sich von ihm behandeln, als wäre er ein Junge von dreizehn Jahren, und schien obendrein Freude daran zu haben. Drusilla konnte ihn nicht ausstehen. Aber Agrippinilla und Lesbia machten sich unausgesetzt in seinem Schlafzimmer zu schaffen, wo es ein großes Gekreische gab. Ihren Ehemännern schien das gleichgültig zu sein.

Mir war das Leben im Palast sehr unangenehm. Nicht, daß es mir an äußerer Bequemlichkeit im geringsten gefehlt hätte. Aber mich störte zum Beispiel, daß ich über die Herzensbeziehungen meiner Mitbewohner niemals ins reine kommen konnte. Zeitweise schienen Agrippinilla und Lesbia ihre Männer getauscht zu haben, dann wieder hatte der Schauspieler Apelles Zutritt zu Lesbias Schlafzimmer, während der Wagenlenker Eutychus bei Agrippinilla zu finden war. Oder aber Caligula und Ganymed – aber ich habe mich wohl schon allzu klar ausgedrückt. Ich war der einzige der ganzen Gesellschaft, der schon im mittleren Alter war. Ich verstand die junge Generation nicht mehr. Auch Gemellus wohnte im Palast. Er war ein ängstliches, zartes Kind. Am liebsten verkroch er sich in eine Ecke und versuchte, Nymphen und Satyrn für Vasenbilder zu entwerfen. Ich habe nur ein- oder zweimal mit ihm gesprochen.

Caligula wurde krank, und einen ganzen Monat lang galt er als verloren. Die Ärzte nannten es Gehirnfieber. Die Bestürzung in Rom war so groß, daß Tag und Nacht eine riesige Menschenmenge den Palast umlagerte und auf die neuesten Bulletins wartete. Die Besorgnis war echt. Leute hängten Inschriften an die Front ihrer Häuser, in denen sie erklärten, daß sie sich selbst töten würden, wenn der Tod den Kaiser verschonte. Im Umkreis einer halben Meile wurde freiwillig jeder Lärm auf das ängstlichste vermieden. Das war nicht einmal während der Krankheit des Augustus geschehen. Unverändert lauteten die Nachrichten vom Krankenbett: Keine Besserung.

Eines Abends klopfte Drusilla an meine Tür und rief: »Onkel Claudius! Der Kaiser verlangt nach dir! Komm sofort!«

»Was will er von mir?«

»Ich weiß nicht! Er ist toll! Er hat ein Schwert neben sich und wird dich töten, wenn du nicht sagst, was er wissen will!«

Ich ging ins Schlafzimmer Caligulas, das mit dichten Vorhängen gegen Geräusche geschützt war. Eine schwache Öllampe brannte neben dem Bett. Die Luft war verbraucht. Mit nörgelnder Stimme begrüßte er mich: »Verspätet wie immer?« Er sah eigentlich nicht krank aus, nur ungesund. Zwei baumstarke

Taubstumme mit Äxten standen als Wache zu beiden Seiten seines Bettes.

Ich begrüßte ihn und sagte: »Wie freue ich mich, wieder deine Stimme zu hören; darf ich hoffen, daß du bald wieder ganz gesund bist?«

»Ich bin keinen Tag wirklich krank gewesen. Ich ruhe mich nur aus. Eine Verwandlung vollzieht sich mit mir. Das ist das wichtigste religionsgeschichtliche Ereignis der Welt. Kein Wunder, daß sich die Stadt so still hält.«

Ich spürte, daß ich ihn bemitleiden sollte: »Ist die Verwandlung schmerzhaft gewesen?«

»So schmerzhaft, als ob ich meine eigene Mutter wäre. Ich hatte eine sehr schwere Geburt. Glücklicherweise habe ich alles vergessen.«

»Darf ich fragen, welches der wundervolle Wechsel ist, der über dich gekommen ist?«

»Ist das nicht deutlich genug zu sehen?« fragte er ärgerlich.

Ich erinnerte mich an die Prophezeiung über den größten aller Götter, von der mir Livia gesprochen hatte. Ich ließ mich auf mein Angesicht nieder und erwies ihm meine Ehrfurcht – als einem Gott. Nach einigen Minuten – immer noch am Boden kniend – fragte ich, ob ich der erste Sterbliche sei, der das Vorrecht genösse, ihn anzubeten. Er antwortete mit Ja und wurde plötzlich überschwenglich dankbar. In Gedanken versunken, hielt er die Spitze seines Schwerts über meinen Hals. Schon dachte ich, daß es um mich geschehen sei. Da fing er wieder an zu reden: »Ich bin noch gekleidet in meine Sterblichkeit, daher ist es kein Wunder, daß du meine Göttlichkeit nicht sofort bemerkt hast.«

»Ich wundere mich jetzt, daß ich so blind sein konnte. Dein Gesicht leuchtet in dieser Dämmerung wie eine Lampe.«

»Wirklich?« fragte er interessiert. »Steh auf und gib mir den Spiegel.« Ich gab ihm den Spiegel, und er stimmte mir bei, daß sein Gesicht auf eine seltsame Art leuchte. Dies brachte ihn in so gute Laune, daß er mir eine Menge Dinge aus seinem Leben erzählte. »Ich wußte, daß es eines Tags sich ereignen würde. Ich habe das Göttliche immer gespürt. Als kleines Kind habe ich die Meuterei unter den Soldaten meines Vaters unterdrückt und Rom gerettet. Und mit acht Jahren habe ich meinen Vater getötet. Das hat selbst Jupiter nicht fertiggebracht. Er konnte seinen Vater nur in die Verbannung schicken.«

Mir war allmählich klar, daß er geistesgestört war, und ich

fragte, ohne mir etwas anmerken zu lassen, auf ihn eingehend: »Warum hast du deinen Vater getötet?«

»Er stand mir im Weg. Er wollte mich erziehen, mich, einen jungen Gott – stell dir das vor! So habe ich ihn so lange geängstigt, bis er sterben mußte. Ich habe Kadaver von Menschen und Tieren in unser Haus in Antiochia geschmuggelt und sie unter lockeren Fliesen verborgen. Ich habe Zaubersprüche an die Wände gekritzelt, und ich habe mir einen Hahn ins Zimmer geholt, der ihn auf den Weg gebracht hat.«

Mir wurde eiskalt. »Also du bist es gewesen? Du bist in das verschlossene Zimmer geklettert und hast die Wände mit Zeichen bedeckt?« – Er nickte stolz. Ich wechselte das Thema: »Darf ich nach deinen Plänen fragen? Deine Verwandlung wird eine große Bedeutung für Rom haben.«

»Gewiß. Zuerst verlange ich von der ganzen Welt, daß sie mich anbetet. Von einem Haufen erbärmlicher Senatoren lasse ich mich nicht länger regieren. Als damals die Prophezeiung aufkam, dachte Livia, daß sie gemeint sei. Aber die Prophezeiung spricht von einem Mann, nicht von einer Frau. Und er darf nicht in Rom geboren sein, obwohl er von Rom aus herrschen wird. Ich bin in Antium geboren. Und jung muß er sterben, und erst liebt ihn sein Volk, und dann haßt es ihn, und sein Tod ist einsam und elend. Aber nach seinem Tod regiert er über alle Götter der Welt und über Länder, die wir jetzt noch nicht kennen. Das kann nur auf mich gemünzt sein.«

»Mit welchem Namen«, fragte ich weiter, »willst du angebetet werden? Wäre es nicht falsch, dich Jupiter zu nennen? Bist du nicht größer als Jupiter?«

»Größer als Jupiter, gewiß, aber noch habe ich keinen Namen.«

Da Drusilla mir geraten hatte, ihm nach dem Munde zu reden, sagte ich: »Dies ist die gewaltigste Stunde meines Lebens. Erlaube mir, mich zurückzuziehen und mit meiner letzten Kraft dir sogleich ein Opfer darzubringen. Die Luft der Göttlichkeit, die du ausstrahlst, ist zu stark für meine sterblichen Nasenlöcher. Ich fürchte, ich bin einer Ohnmacht nahe.« Die Luft im Zimmer war immer stickiger geworden. Caligula hatte nicht gestattet, daß auch nur ein einziges Mal während seiner Krankheit die Fenster geöffnet wurden.

Er sagte: »Gehe in Frieden. Sage meinen Pfadfindern, daß ich ein Gott geworden bin, daß mein Angesicht leuchtet, aber sonst sage es keinem. Ich lege dir heiliges Stillschweigen auf.«

Ich warf mich noch einmal zu Boden, dann verließ ich das Zimmer, rückwärts gehend. Ganymed hielt mich auf dem Korridor an und fragte, wie es stünde. Ich sagte: »Er ist gerade ein Gott geworden, und nach seiner Meinung ein sehr wichtiger. Sein Gesicht leuchtet.«

»Schlecht für uns Sterbliche«, entgegnete Ganymed. »Aber das mußte kommen. Danke schön für die Nachricht. Ich werd' es den anderen sagen. Weiß es Drusilla schon? Nein? Dann werd' ich es ihr mitteilen.«

»Laß sie wissen, daß auch sie eine Gottheit ist«, schloß ich das Gespräch, »falls sie es noch nicht bemerkt haben sollte.«

Ich ging zurück in mein Zimmer, schloß mich ein und dachte nach. Mir schien die »Verwandlung« nicht ungünstig zu sein. Jeder wird merken, daß er geisteskrank ist. Man wird ihn einsperren. Erben des Augustus, die seine Nachfolger werden könnten, gibt es nicht – also wird die Republik wiederhergestellt werden. Man müßte nur Macro loswerden und für die Garde einen neuen Kommandeur finden.

So wiegte ich mich in allerhand Hoffnungen, aber – wer wird es glauben – die Wandlung des Caligula wurde ohne Widerspruch hingenommen. Seine Genesung erweckte unbeschreibliche Erleichterung. Als er zehn Tage später erklärte, daß er alle Ehren des Augustus auf sich genommen habe, fand man das selbstverständlich. Später proklamierte er sich zum Gott, zum Vater der Armee, zum gnädigsten und mächtigsten Caesar.

Einundzwanzigstes Kapitel

Gemellus wurde sein erstes Opfer. Er wurde ohne weiteres enthauptet, in seinem eigenen Zimmer. Auch meine Mutter wurde ein Opfer dieser Zeit. Sie hatte zu viel Unglück erlebt. Der Tod des Gemellus wurde der letzte Anstoß. Sie besuchte mich, sprach mit mir über Angelegenheiten der Familie und des Vermögens, ließ einfließen, daß es ihr leid tue, immer hart zu mir gewesen zu sein , und schloß mit den Worten: »Aber du wirst sie alle überleben, du wirst den Weltuntergang überleben.« Sie ging nach Hause, wo sie ihre letzten Anordnungen traf – nach einigen Stunden war sie tot.

Der Trick, den Tiberius dem Seianus gegenüber angewendet hatte, wurde an Macro wiederholt. Cassius Chaerea wurde Kommandeur der Garde, und Macro bekam den Gouverneursposten in Ägypten, den er mit Freuden annahm. Auf dem Weg zum Hafen wurde er verhaftet, nach Rom zurückgebracht und – samt seiner Frau – gezwungen, sich selbst zu töten.

Drusilla starb. Ich bin sicher, daß Caligula sie mit eigenen Händen getötet hat, aber ich habe keinen Beweis. Sooft er jetzt eine Frau küßte, sollte er die Äußerung gebrauchen: »Was für ein weißer und schöner Nacken – und nur ein Wort brauche ich zu sagen, und er wird durchgeschnitten.« Wenn der Hals besonders weiß und schön war, konnte er verschiedentlich der Versuchung nicht widerstehen, diese Vorstellung in die Wirklichkeit übertragen zu lassen. Bei Drusilla wird er selbst Hand angelegt haben. Niemand durfte ihren Leichnam sehen. Er ließ bekanntgeben, daß sie an Schwindsucht gestorben sei, und richtete ihr ein ungemein prächtiges Leichenbegräbnis aus. Sie wurde eine Göttin unter den Namen Panthea, und adlige Priester wurden zu ihrem Kult ernannt, und jedes Jahr sollte sie durch ein besonders imposantes Fest gefeiert werden. Landestrauer wurde ihretwegen bestimmt, und es war ein todeswürdiges Verbrechen, zu lachen, zu singen, sich zu rasieren, in die Bäder zu gehen oder ein Essen selbst im engsten Familienkreis zu geben. Die Gerichte waren geschlossen, Hochzeiten durften nicht gefeiert, Manöver nicht abgehalten werden. Ein Mann, der in den Straßen heißes Wasser verkaufte, wurde zum Tode verurteilt, ein anderer, weil er Rasiermesser zum Verkauf anbot. Die Stadt wurde daraufhin so dumpf und trübsinnig, daß Caligula es selbst nicht mehr aushalten konnte. Er reiste, um sich zu zerstreuen, nach Messina, aber der Anblick des zufällig tätigen Aetna entsetzte ihn, und er eilte nach Rom zurück. Dort wurde das übliche Leben wiederhergestellt, indem Wagenrennen und Schaukämpfe in besonders großen Ausmaßen veranstaltet wurden.

Bei dieser Gelegenheit, als wir alle gemeinsam zu Abend aßen, sprach ich, in nicht mehr ganz nüchterner Verfassung, über die Gesetze, unter denen frauliche Schönheit sich vererbt. Unglücklicherweise schloß ich mit folgendem Satz: »Die schönste Frau aus dem Rom meiner Knabentage ist wieder lebendig geworden, und zwar Glied um Glied in der Person ihrer Enkelin, mit Namen Lollia, der Frau des augenblicklichen Gouverneurs von Griechenland. Von den Anwesenden abgesehen, ist meiner Meinung nach Lollia die schönste Frau unseres Zeitalters.« Natürlich war Lollia viel schöner als meine Nichten Agrippinilla und Lesbia, oder wer sonst an diesem Abend noch zugegen sein mochte. Caligula interessierte sich sehr für meine Worte und stellte Fragen. Noch am gleichen Abend schrieb er an den Mann der Lollia, ließ ihn nach Rom zurückkehren, wo ihm eine einzigartige Ehre zuteil werden sollte. Die einzigartige Ehre bestand darin, daß er sich von Lollia scheiden lassen mußte, damit sie die Frau des Imperators werden konnte.

Die Bevölkerung fühlte sich immer noch wohl. Es dauerte lange, bis sie ihre Illusionen aufgab. Caligula machte es ihr zudem schwierig genug, indem er die Zahl und Pracht der öffentlichen Vergnügen immer mehr steigerte. Was innerhalb des Palastes vorging, welche Heiraten er stiftete, welche Morde er ausführen ließ – das waren Dinge, die der Bevölkerung gleichgültig sein konnten.

Es mußte erst eine Überfütterung durch die Kämpfe, Spiele und Aufführungen eintreten, es mußte erst dem Caligula zum Bewußtsein kommen, daß er dem Staatsbankrott entgegentrieb, bis eine deutliche Veränderung der öffentlichen Meinung zu erkennen war. Das wirtschaftliche Wohlergehen des einzelnen ist die unbestreitbar stärkste Macht, die ein Herrscher über ein Volk haben kann. Mit diesem wirtschaftlichen Wohlergehen sah es plötzlich von Tag zu Tag trüber aus. Wieder trat jener Zustand der Unsicherheit von Leben und Eigentum ein, der den Tiberius so verhaßt gemacht hatte. Nur wußte man damals, daß die öffentlichen Kassen gefüllt waren, und daraus ergab sich noch ein gewisses Gefühl des Rückhalts. Jetzt wußte man, daß die öffentlichen Kassen leer waren, und sehr schnell erhob sich ein Gefühl, das die »Sinnlosigkeit der Vergnügungen« anklagte, an denen man soeben sich noch so herzlich erfreut hatte. Bei einer besonders kostspieligen Tierhetze machte sich die veränderte Stimmung zum erstenmal Luft. Das Theater war zwar wie üblich überfüllt, seitdem es sozusagen für jeden Römer Pflicht geworden war, die Veranstaltungen des Kaisers zu besuchen. (Alles berufliche Leben mußte, bei strenger Strafe, für die Dauer der Spiele unterbrochen werden.) Aber dieses Mal murrte die Menge und lärmte und widmete den Vorführungen auf das sichtbarste keine Aufmerksamkeit. Dann wurden Rufe laut, am anderen Ende des Amphitheaters, die offensichtlich Forderungen und Wünsche bedeuteten. Caligula stand auf und befahl Stillschweigen, aber ein allgemeines Geheul erhob sich. Er schickte an die betreffende Stelle die Garde, die mit Knütteln auf die Menge einhieb, aber da brach an einer anderen Stelle ein noch stärkeres Geheul aus. Caligula erschrak sehr und verließ das Theater.

Für einige Tage ließ er sich nicht in Rom sehen. Mir wurde berichtet, daß die Rufe der Menge »Schluß mit den Spielen! Denke an unser Brot!« gelautet hatten.

Uns Mitgliedern des Senats waren die Hände gebunden. Er hatte die Armee hinter sich, und unser Leben hing von seinen Launen ab. Bevor nicht jemand kühn und geschickt genug war, ihn zu beseitigen, war unsere Aufgabe im Senat nichts anderes, als ihn bei möglichst gnädiger Stimmung zu halten und im übrigen zu hoffen, daß alles möglichst gelinde ablaufen werde. Hochverrat wurde erneut mit Todesstrafe belegt. Längst hatte Caligula die Amnestie vergessen, die er den wegen »Hochverrats« seinerzeit Verurteilten gewährt hatte. Jetzt wurden die Bestimmungen erheblich verschärft. Die zwanzig reichsten Männer sahen sich eines Tages wegen Hochverrats verhaftet. Da Selbstmord vor der Gerichtsverhandlung ihren Besitz ihren Erben gesichert hätte, wurden sie nicht aus den Augen gelassen, vor Gericht gestellt, zum Tode verurteilt und hingerichtet. Ihr Geld verfiel dem Staat und füllte die an und für sich kläglich leeren Kassen Caligulas. Als sich herausstellte, daß der eine der zwanzig so gut wie nichts besaß, rief Caligula aus: »Der arme dumme Kerl! Warum hat er immer getan, als ob er wer weiß wie reich wär'! Er hätte nicht sterben müssen!« Auf alle mögliche Weise suchte er zu Geld zu kommen. Die unwürdigsten Mittel waren ihm recht. Wenn reiche Provinzler die Stadt besuchten, wurden sie stets durch eine Einladung an die kaiserliche Tafel überrascht und geehrt. Nach dem Essen wurde ein freundschaftliches Würfelspielchen veranstaltet. Die Provinzler waren erstaunt und entsetzt über das Glück, das der Kaiser bewies: Immer warf er Venus, und so plünderte er seine Opfer vollständig aus. Sie wären nicht auf den Gedanken gekommen, daß der Kaiser mit falschen Würfeln spielte.

Von Lollia ließ Caligula sich bald wieder scheiden. Er behauptete, sie sei unfruchtbar. Jetzt heiratete er eine Frau namens Caesonia. Sie war weder jung noch schön, sie war die Tochter eines Polizeihauptmanns und war mit einem Bäcker verheiratet gewesen, von dem sie bereits drei Kinder hatte. Aber irgend etwas an ihr zog den Caligula an, das weder er noch andere zu erklären vermochten. Er pflegte zu sagen, daß er das Geheimnis noch aus ihr herausziehen würde, warum sie ihn so zwänge, sie zu lieben, und wenn er sie auf die Folter legen müßte. Es wurde erzähhlt, daß sie ihn mit einem Liebestrank sich erobert hätte und daß außerdem dieser Liebestrank ihm den Verstand geraubt habe. Aber die Geschichte mit dem Liebestrank ist nur ein Gerede, und geisteskrank war er schon geraume Zeit vorher gewesen. Ich kann schwer alle Symptome dafür hier aufzählen, die allmählich immer unverhüllter in Rom herumerzählt wurden. Ich erinnere mich nur an die Bestürzung, die die Nachricht auslöste, daß er alle Schiffe des Landes habe am Ausfahren hindern und in die Bucht von Baiae bringen lassen. Eine Prophezeiung des Thrasyllus hatte gesagt, daß er so wenig ein Kaiser sein würde, wie er nicht imstande sei, die Bucht von Baiae zu Fuß zu überschreiten. Um zu beweisen, daß er dazu sehr wohl imstande sei, wurden alle Schiffe, mehrere tausend an der Zahl, Breitseite neben Breitseite verankert, wurden mit Rasenstücken und Blumen bedeckt, und so wandelte der Imperator über die Bucht von Baiae.

Kurz nach seiner Hochzeit mit Caesonia bekam er ein Kind von ihr. Diese Tatsache beschäftigte und erregte ihn sehr. Es mag mit der Geburt dieses Kindes zusammenhängen, daß er jetzt mit der vollen und unverhüllten Erklärung seiner Göttlichkeit an die Öffentlichkeit kam. Er besuchte den Tempel Jupiters auf dem Capitolinischen Hügel. Apelles war bei ihm. Er fragte den Apelles: »Wer ist der größere Gott? Jupiter oder ich?« Apelles zögerte, da er glaubte, daß Caligula einen Witz mache, und wagte es nicht, den Jupiter in seinem eigenen Tempel zu lästern. Caligula pfiff zwei Leuten seiner Leibwache, die den Apelles zu Füßen der Statue des Jupiters auszogen und auspeitschten. »Nicht so schnell!« befahl Caligula. Apelles wurde langsam zu Tode geprügelt. Diesen Anlaß benutzte er, um dem Senat in aller Form die Tatsache seiner Göttlichkeit mitzuteilen. Er befahl die Errichtung eines Tempels, unmittelbar neben dem Jupitertempel, »auf daß er bei seinem Bruder Jupiter wohne«. In diesem seinem Tempel ließ er eine Statue von sich aufstellen, dreimal so groß, wie er im Leben war. Sie bestand aus reinem Gold, und jeden Tag mußten ihr neue Kleider angelegt werden.

Aber bald fing er an, mit Jupiter zu streiten: »Wenn du nicht verstehen willst, wer hier Herr ist, ich oder du, dann schicke ich dich nach Griechenland zurück. Du bist hier nur geduldet, und ein Gast hat dankbar zu sein!«

Bei dieser Gelegenheit erzählte er, daß er die Diana nicht nur in ihren Standbildern sähe: »Sie ist sehr schön und besucht mich oft, um die Nacht bei mir zu verbringen.«

Für seinen Kult brauchte er Priester. Sein Hoherpriester war er selbst, seine Stellvertreter waren ich, Caesonia, Ganymed, vierzehn ehemalige Consuln und sein edler Freund Incitatus, sein Lieblingspferd. Jeder von uns mußte für diese Ehre achtzigtausend Goldstücke bezahlen. Er half seinem Freund Incitatus, das Geld aufzubringen, indem er in seinem Namen eine jährliche Steuer auf jedes Pferd in Italien legte. Ein Pferd, das sich weigern würde, sollte zum Abdecker geschickt werden. Da auch Caesonia ohne Geld war, half er ihr, die Summe aufzubringen, indem er eine Steuer von allen verheirateten Männern erhob – für das Vergnügen und Vorrecht, daß sie bei ihren Frauen schlafen durften. Die anderen hatten Geld, abgesehen von mir. Das Leben im Palast kam mich sehr teuer zu stehen. Die Rechnungen, die ich für Wohnung und Unterhalt zu bezahlen hatte, waren ungeheuerlich. Von meinem Vermögen waren mir dreißigtausend Goldstücke geblieben und kein Grundbesitz, außer meinem Landhaus in Capua und dem Haus meiner Mutter. Ich zahlte Caligula die dreißigtausend Goldstücke und sagte ihm, daß ich meinen Grundbesitz verkaufen würde, sobald ich einen Käufer fände, um ihm den Rest zu bezahlen. »Sonst habe ich nichts zu verkaufen.« Caligula hielt dies für einen glänzenden Witz. »Nichts zu verkaufen?« fragte er. »Aber du hast doch noch Kleider an!«

Wie ich es damals für das klügste hielt, möglichst nichts zu besitzen, schien es mir ebenso ratsam, den Toren zu spielen. »Himmel«, sagte ich, »an meine Kleidung habe ich nicht gedacht. Willst du so gut sein und sie unter der Gesellschaft versteigern?« (Die Szene spielte während eines Abendessens, an dem zahlreiche Freunde des Caligula teilnahmen.) Er ging auf den Vorschlag begeistert ein. Zuerst setzte er meine Sandalen ab, jede für hundert Goldstücke. Dann kam meine Toga dran, die tausend Goldstücke erzielte, und so ging es weiter. Bei jedem Zuschlag schien ich vor Entzücken überzuschnappen. Ich hatte jetzt nur noch ein Tischtuch um, das ich mir rasch um die Hüften geschlungen hatte. Caligula wollte auch das Tischtuch versteigern. Ich sagte: »Natürliche Scham würde mich nicht davon abhalten, zu deinen Gunsten auch meinen letzten Lumpen herzugeben, besonders wenn ich hoffen könnte, dadurch den Rest der fehlenden Summe aufzubringen. Aber in diesem Fall hindert mich etwas Stärkeres als Scham, mich von diesem Tischtuch zu trennen.« Caligula runzelte die Stirn: »Was kann das sein?« – »Meine Verehrung für dich! Denn es ist das Tischtuch, auf dem du mir und uns allen so gnädig ein so herrliches Mahl aufgetischt hast!« – Das alberne Spiel hatte immerhin meine Schuld auf dreitausend Goldstücke reduziert. Und – es hatte den Caligula von meiner Armut überzeugt.

Ich mußte meine Zimmer im Palast und meinen Platz an seinem Tisch aufgeben und wohnte eine Zeitlang im Haus meiner Mutter, das von ihrer alten Magd Briseïs betreut wurde. Calpurnia kam nach Rom und wohnte bei mir. Das gute Kind hatte die fünfhundert Goldstücke, die ich ihr damals für das Perlenhalsband geschenkt hatte, und noch andere Summen, die sie für sich verwenden sollte, gespart und bot mir jetzt an, sie mir zu leihen. Sie hatte außerdem, in weiser Voraussicht des Kommenden, meinen Gutsbetrieb so geführt, daß sie zweitausend Goldstücke daraus erübrigt hatte, die sie mir jetzt lächelnd überreichte. So ging es uns nicht schlecht, aber um den Anschein völliger Armut aufrechtzuerhalten, pflegte ich allabendlich mit einem Henkelkrug auszugehen, nicht in der Sänfte, sondern an einem Krückstock, und kaufte mir meinen Wein in einer kleinen Schenke. Wir bewohnten nur vier Zimmer im Haus, und außer der guten alten Briseïs hatten wir nur noch einen alten Sklaven bei uns, der das Amt des Hausmanns innehatte. Es war, trotz allem, eine sehr glückliche Zeit.

Sein kleines Töchterchen Drusilla wurde dem Caligula geboren, als er erst einen Monat mit Caesonia verheiratet war. Er legte dies als ein Wunder aus, wie es nur Göttern zustoßen kann. Er war völlig vernarrt in das zarte, allzu zarte Geschöpfchen, und Drusilla wurde sehr bald nach ihrer Geburt ebenfalls zur Priesterin des Caligulakultes erhoben. Um die achtzigtausend Goldstücke zusammenzubringen, die nun einmal mit dieser Bestallung verbunden waren, ließ er an allen Ecken der Stadt Sammelbüchsen aufstellen, in denen für »Drusillas Essen«, »Drusillas Trinken«, »Drusillas Aussteuer« gesammelt wurde, und niemand wagte, an diesen Büchsen vorüberzugehen, ohne eine Kupfermünze hineingleiten zu lassen, denn neben jeder Büchse stand ein Soldat der kaiserlichen Garde. Aus Anlaß dieser Sammlung erklärte Caligula öffentlich, daß er ein armer Mann sei und daß Vaterschaft viel Geld koste. Er kümmerte sich unermüdlich um das Kind. Sobald er eine Tugend, eine Fähigkeit, eine gute Eigenschaft an ihm entdeckt zu haben glaubte, pflegte er zu kichern: »Kein Zweifel, mein kleines Herz, wer dein Vater ist. Das kannst du von keinem anderen haben.« Einmal, in meiner Gegenwart, beugte er sich über sie und flüsterte: »Für den ersten ausgewachsenen Mord, der dir gelingt, und wenn es nur der arme Onkel Claudius ist, mache ich dich zur Göttin.«

Die Geldknappheit wurde immer größer. Caligula entschloß sich zu einem Zug nach Frankreich, weil er hoffte, dort irgendwelche Hilfsquellen erschließen zu können. Aber eine bestimmte Vorstellung, welcher Art diese Quellen sein würden, hatte er nicht. Er begann damit, daß er ein ungeheures Truppenkontingent zusammenzog. An der Spitze von hundertfünfzigtausend Mann marschierte er ab, und in Frankreich selbst brachte er sein Heer durch Hilfstruppen auf die Stärke von einer Viertelmillion Mann. Die Kosten für Ausrüstung und Unterhalt dieser gewaltigen Macht hatten die Landstriche zu bezahlen, durch die er zog. Manchmal galoppierte er voraus und ließ das Heer in Gewaltmärschen folgen, manchmal ließ er sich in einer Sänfte tragen, bewunderte die Landschaft, pflückte Blumen und kam überhaupt nicht vorwärts. Nach Lyon schickte er den Befehl, daß alle höheren Beamten aus Frankreich und den Rheinprovinzen ihn dort erwarten sollten. Unter diesen war auch Gaetulicus erschienen, einer der fähigsten Offiziere meines Bruders Germanicus. Er führte das Kommando über vier Regimenter am Oberrhein und war bei den Truppen sehr beliebt. Tiberius war ihm nicht wohlgesinnt gewesen, aber eine Abberufung dieses beliebten Offiziers hätte das Signal zu einer Revolte bedeutet, und dieses Mal stand kein Germanicus zur Verfügung, sie zu unterdrücken. Caligula hielt diesen durchaus ehrenhaften Menschen für eine große Gefahr, und kaum war er in Lyon eingetroffen, als er offenbar völlig vergessen zu haben schien, warum er nach Frankreich gekommen war: Er setzte seine Palastpolitik fort. Gaetulicus wurde verhaftet, weil er mit Ganymed, der an dem Feldzug teilnahm, konspiriert hätte. Beide wurden ohne Gerichtsverfahren beseitigt. Hätten die Truppen des Gaetulicus gewußt, wie es um den Führer dieser imposanten Heeresmacht bestellt war, hätten sie diese Ermordung nicht so ohnmächtig hingenommen. Lesbia und Agrippinilla, ebenfalls in seiner Begleitung, wurden beschuldigt, an dieser »Verschwörung« teilzuhaben. Sie wurden auf eine Insel bei Carthago verbannt, wo das Fischen nach Schwämmen die einzige Verdienstmöglichkeit war. Caligula ließ seine beiden Schwestern im Tauchen nach Schwämmen unterrichten, da sie ihren Lebensunterhalt selbst verdienen müßten. Er sei nicht in der Lage, ihnen Geld zu geben. Ich nahm an diesem Zug zunächst nicht teil, bekam aber dann den unangenehmen Befehl, dem Caligula, begleitet von vier ehemaligen Consuln, in Frankreich die Glückwünsche des Senats zur erfolgreichen Unterdrückung der »Verschwörung« zu überbringen. Seit meinen

Kindertagen war dies mein erster Besuch in Frankreich. Ich mußte mir von Calpurnia das Reisegeld leihen. Ich benutzte den Seeweg und fuhr von Ostia nach Marseille. Da Caligula das Eigentum seiner Schwestern zu hohen Preisen an Provinzler verkauft hatte, die es sich zur Ehre anrechneten, Gegenstände aus dem kaiserlichen Haushalt zu erwerben, war Caligula auf den Gedanken gekommen, Livias Palast zu plündern. Einen Tag, bevor mein Schiff abgehen sollte, erhielt ich den Befehl, das gesamte ungeheure Inventar des Augustus und der Livia auf Karren zu laden und über Land – denn »er stehe sich mit Neptun nicht gut« – an ihn zu schicken. Ich mußte Pallas mit der Durchführung dieser Anordnung betrauen, da ich mein Schiff nicht versäumen durfte. Die Schwierigkeit bestand darin, daß alle irgendwie entbehrlichen Wagen und Pferde schon für die Armee requiriert worden waren. Der Senat mußte daher Privatleuten ihre Wagen und Pferde wegnehmen, was für die Allgemeinheit außerordentlich störend war.

An einem Maiabend kam ich in Lyon an. Caligula saß mitten auf der Rhonebrücke und pflegte Zwiesprache mit einem imaginären Flußgott. Schon von weitem rief er mir zu: »Heda, wo hast du die Wagen? Solltest du nicht die Wagen mitbringen?« Ich begrüßte ihn und sagte: »Die Wagen werden erst in einigen Tagen eintreffen. Sie kommen über Land. Meine Freunde und ich sind über See gereist.« – »Dann wirst du dich freuen, wenn du dich nicht vom Wasser trennen mußt!« Und er winkte zwei riesigen Kerlen seiner deutschen Leibwache, die mich ergriffen und mich auf die steinerne Brüstung hoben, mit dem Rücken zum Fluß. Dann eilte der Kaiser selbst herbei und stieß mich von der Brücke hinunter. Ich drehte mich zweimal um mich selbst und schien tausend Fuß zu fallen, ehe ich auf das Wasser aufschlug. Ich erinnere mich, daß ich während dieser Ewigkeit zu mir sagte: »Geboren und gestorben zu Lyon.« Die Rhone ist sehr kalt, sehr tief und sehr schnell. Meine schweren Reisekleider wickelten sich um meine Arme und Beine, aber trotzdem gelang es mir, mich über Wasser zu halten, das mich eilends stromabwärts trug. Eine halbe Meile unterhalb, und längst der Sicht von der Brücke aus entronnen, wurde ich gegen einige Boote getrieben, an die ich mich anklammern konnte. So schwach meine Beine sind, so stark sind meine Arme, und ich konnte mich retten. Als ich kurz darauf, hinkend, durchnäßt und schlammbedeckt, vor Caligula auftauchte, schien er sich des ganzen Vorfalls nicht mehr zu erinnern, sondern beschäftigte sich damit, den vier mit mir angekommenen ehemaligen Consuln hohe Summen abzupressen, als Entschädigung für das verspätete Eintreffen der Wagen.

Bevor nun der Lastenzug kam, studierte er genau die Steuerlisten der wohlhabenden Leute in Frankreich, und alle wurden nach Lyon zur Auktion befohlen. Er eröffnete sie mit einer Rede, in der er betonte, er sei ein bemitleidenswerter ruinierter Mann mit enormen Schulden, aber er dürfe sich wohl der Erwartung hingeben, daß seine lieben Freunde und Verbündeten keinen Vorteil aus dieser offenen Erklärung seiner Notlage ziehen würden. »Niemand möge weniger bieten, als der wirkliche Wert dieses teuren Familienbesitzes ausmacht, den ich zu meiner aufrichtigen Trauer veräußern muß.«

Es gab keinen Trick, auf den er sich nicht sorgfältig vorbereitet hatte. Das künstliche Steigern der Gebote war noch der einfachste. Viele Gegenstände wurden mehrere Male verschiedenen Käufern zugeschlagen, indem er sie bei jedem neuen Ausbieten neu beschrieb. Unter dem »wirklichen« Wert verstand er den Gefühlswert, der sich stets als viel größer herausstellte: »Dies war der berühmte Ruhesessel meines Großvaters! – Aus diesem Becher hat der mächtige Kaiser Augustus bei seinem Hochzeitsmahl getrunken. – Dieses herrliche Gewand hat meine Schwester, die Göttin Panthea, mit eigener Hand entworfen!« Ferner gab es »günstige Gelegenheiten« – man kaufte eine Anzahl von Gegenständen, die in ein Tuch eingeschlagen waren. Als er auf diese Weise einem Mann für ein Paar alte Sandalen und ein Stück steinharten Käses tausend Goldstücke abgenommen hatte, kannte sein Vergnügen keine Grenzen. So konnte er ungeheure Summen aus den wehrlosen »Bietern« herauspressen und feierte seinen Erfolg durch ein zehntägiges Fest.

Daraufhin setzte er seinen Vormarsch fort. Er kam an den Rhein, überschritt ihn, machte einige hundert Gefangene, die er sogleich seiner Leibwache eingliederte. Das Land, durch das er kam, war vollkommen verlassen. Um endlich einen Sieg zu erringen, ließ er eines Abends, während die Biwakfeuer brannten, seine deutsche Leibgarde ihre heimatliche Tracht anlegen und befahl ihr, sich in den umliegenden Wäldern zu verstecken. Ihm wurde dann eine, ebenfalls verabredete, Meldung überbracht, daß der Feind in gewaltiger Überzahl das Lager umzingelt habe. An der Spitze der Gardekavallerie machte er einen stürmischen Angriff und kehrte nach einiger Zeit mit den Leuten seiner Leibwache zurück, die als »Gefangene« schwer mit Ketten beladen waren. Als man am nächsten Tag durch einen dichten Wald kam, der die Heereskolonne sehr auseinanderzog, sagte Cassius Chaerea zu ihm: »Genauso sah der Ort aus, wo sie den Varus in den Hinterhalt gelockt haben.« Die Erinnerung an diese Katastrophe und die Unheimlichkeit der ihm nicht vertrauten Landschaft jagten ihm plötzlich einen unbändigen Schrecken ein. »Die Straße frei!« schrie er, aus seiner Sänfte springend. Nicht schnell genug konnte er sich aufs Pferd schwingen und raste zurück. In vier Stunden kam er an der nächsten Rheinbrücke an, die durch Troßwagen völlig verstopft war. In einem Stuhl mußten ihn die Soldaten von Wagen zu Wagen reichen, bis er sicher am anderen Ufer war. Dann rief er auch sein Heer zurück, sammelte es in Köln und zog nach Boulogne. Dort unterwarf sich ihm Cymbeline, der König von Britannien, mit einigen Freunden, da er mit seinem Vater in Streit lag und nicht nach Hause zurück konnte. Caligula, der dem Senat schon die völlige Unterwerfung Deutschlands mitgeteilt hatte, schrieb jetzt nach Rom, daß er die Oberhoheit über die gesamten britischen Inseln übernommen habe.

Ich mußte den ganzen Feldzug mitmachen und hatte die schwierige Aufgabe, ihn bei guter Laune zu halten. Er beklagte sich unausgesetzt über Schlaflosigkeit, und zwar sei sein alter Feind Neptun daran schuld, der ihn durch das Rauschen seiner Wellen zu quälen trachte. Ich schlug ihm vor: »Neptun? Ich würde mich an deiner Stelle von diesem frechen Burschen nicht so an der Nase herumführen lassen. Warum strafst du ihn nicht, wie du so erfolgreich die Deutschen gestraft hast? Du hast schon einmal gedroht, dich an ihm zu rächen, und du solltest deine Nachsicht nicht zu weit treiben.«

Er sah mich böse an. »Hältst du mich für wahnsinnig?« fragte er nach einer Weile. Ich lachte nervös: »Wahnsinnig? Du fragst mich, ob ich dich für wahnsinnig halte? So weit Menschen wohnen, bist du ihr Vorbild für gesunden Verstand.«

So konnte ich ihm gut zureden, und am nächsten Tag ließ er sein Heer längs der Küste aufmarschieren. Bogenschützen und Schleuderer in Front, dahinter die deutschen Speerwerfer, dann die römischen Regimenter und schließlich die Franzosen als Reserve. Die Kavallerie deckte die beiden Flügel, und die Belagerungsmaschinen wurden auf die Dünen geschafft. Kein Mensch wußte, was das bedeuten sollte. Caligula ritt auf seinem Pferd Penelope – denn Incitatus mußte bei den Rennen in Rom Geld für ihn verdienen – knietief ins Wasser und schrie: »Neptun, alter

Feind, jetzt schütze dich! Zum tödlichen Kampf fordere ich dich heraus. Beweise mir deine Macht, wenn du es wagst!«

Eine kleine Welle schlug leise auf den Strand. Er schlug danach mit seinem Schwert und lachte höhnisch. Dann ritt er wieder zurück und befahl »Generalangriff!« Die Bogenschützen schossen, die Schleuderer schleuderten, die Speerwerfer warfen. Die römischen Regimenter rückten im flachen Wasser so weit vor, daß nur noch Arme, Schultern und Kopf herausragten, und ließen ihre Schwerter auf die Wellen sausen, die Kavallerie unterstützte den Angriff von beiden Seiten und schwamm ein Stückchen hinaus, mit den Säbeln fuchtelnd, und die Belagerungsmaschinen schleuderten Felsklötze in die See. Schließlich bestieg der Kaiser ein Kriegsschiff, auf dem er gerade so weit hinausfuhr, daß die Wurfgeschosse ihn nicht mehr gefährden konnten, und spuckte über Bord und beschimpfte den Neptun. Aber Neptun versuchte nicht, sich zu verteidigen, und der einzige Schaden, für den man ihn verantwortlich machen konnte, war, daß ein Mann von der Schere eines Krebses gekniffen wurde. Daraufhin wurde zum Sammeln geblasen, und Caligula befahl der Armee, das Blut von den Waffen zu entfernen und die Beute zu teilen. Die Beute – das waren die Muscheln am Strand. Jeder Soldat mußte einen Helm voll Muscheln sammeln und auf einen großen Haufen werfen. Sie wurden sortiert und, in Kisten verpackt, nach Rom geschickt, als Beweis für seinen ungeheuren Sieg. Den Soldaten machte das Ganze diebischen Spaß, und als er jedem Mann vier Goldstücke auszahlen ließ, bereiteten sie ihm riesige Ovationen. Zur Erinnerung an seinen Sieg ließ er dort einen hohen, schönen Leuchtturm errichten, der sich seitdem als sehr nützlich für die Schiffahrt erwiesen hat.

Er marschierte zurück zum Rhein. Als wir in Bonn eintrafen, flüsterte er mir zu: »Die Regimenter sind immer noch nicht dafür bestraft worden, daß sie damals gegen meinen Vater gemeutert haben. Du weißt doch, ich mußte zurückgeholt werden und Ordnung stiften.«

»Ich weiß ganz genau«, entgegnete ich, »aber nach sechsundzwanzig Jahren werden nicht mehr viel Leute von damals im Dienst sein.«

»Vielleicht läßt man nur jeden zehnten Mann hinrichten«, meinte er.

Die Soldaten des Ersten und des Zwanzigsten Regiments wurden zu einem besonderen Appell befohlen, und es wurde angeordnet, die Truppe möchte ohne Waffen kommen, da es so heiß sei. Die Gardekavallerie bekam Befehl, sich bereit zu halten, aber sie sollte sowohl Lanze wie Säbel mitbringen. Ich ging durchs Lager und fand einen Feldwebel, der so aussah, als ob er schon bei Philippi mitgekämpft hätte, so alt und zernarbt war er. Ich fragte: »Kennst du mich?«

»Sie scheinen ein Consul zu sein, aber ich kenne Sie nicht.«

»Ich bin der Bruder des Germanicus.«

»Ach, ich wußte gar nicht, daß er einen Bruder hatte.«

»Ich bin auch kein Soldat oder sonst ein wichtiger Mann. Aber ich habe euch Leuten etwas Wichtiges zu sagen: Laßt eure Schwerter nicht allzusehr aus den Augen, wenn ihr heute nachmittag zum Appell geht.«

»Darf ich fragen, warum?«

»Weil ihr sie brauchen werdet. Vielleicht greifen die Deutschen an, vielleicht jemand anders.«

Er starrte mich an, dann schien er zu glauben, daß ich nicht geisteskrank sei, und bedankte sich. »Ich werde es weitersagen.«

Die beiden Regimenter waren angetreten, und Caligula begann auf einer Rednertribüne eine Rede. Er machte ein böses Gesicht, stampfte mit den Füßen und fuchtelte mit den Händen. Er erinnerte sie an eine gewisse Herbstnacht, lange Jahre sei es nun her, als unter einem sternlosen, finsteren Himmel – hier machte sich ein Trupp heimlich davon, um die Schwerter zu holen. Andere zogen sie unter den Mänteln hervor. Durch das Geräusch und die Unruhe, die entstand, muß Caligula gemerkt haben, daß die Truppen vorbereitet waren, und mitten im Satz änderte er den Ton und erging sich in einem Vergleich zwischen den überwundenen bösen Tagen von damals und der glorreichen Gegenwart. »Euer kleiner Spielkamerad ist ein Mann geworden und der mächtigste Kaiser dazu, den die Welt je gesehen hat und je sehen wird.«

Da stürzte mein alter Feldwebel vor. »Alles verloren!« schrie er. »Der Feind hat bei Köln den Rhein überschritten, dreihunderttausend Mann stark. Er ist auf dem Weg, Lyon zu zermalmen, und dann geht er über die Alpen und zermalmt Rom!« Niemand nahm diesen Unsinn ernst – außer Caligula. Er wurde gelb vor Angst, sprang von der Plattform, riß ein Pferd heran, schwang sich in den Sattel und war wie der Blitz den verdutzten Soldaten entschwunden. Ein Stallknecht folgte ihm, und ihm rief Caligula zu: »Den Göttern Dank, daß ich Ägypten noch fest in der Hand habe. Dort bin ich sicher. Die Deutschen haben keine Flotte!«

Die Heiterkeit im ganzen Lager war unbeschreiblich. Mit Mühe gelang es einigen Offizieren, den Kaiser einzufangen und zu beruhigen. Er schrieb an den Senat, daß er nunmehr alle seine Feldzüge erfolgreich beendet habe und heimzukehren gedenke.

Zweiundzwanzigstes Kapitel

Caligula war jetzt vor aller Welt Jupiter. Und zwar nicht nur römischer Jupiter, sondern der Göttervater des Olymps selbst. Kraft dieser Eigenschaft war es ihm erlaubt, je nach Belieben, auch die Gestalt der anderen Götter anzunehmen. So war er einmal Merkur, ein anderes Mal Apollo. Stets trug er dazu das richtige Kostüm, und die den betreffenden Göttern vorbehaltenen Opfer wurden ihm gebracht. Sogar als Venus habe ich ihn herumgehen sehen, in einem fließenden Seidenkleid, mit geschminktem Gesicht, roter Perücke, ausgestopftem Busen und hohen Absätzen unter den Schuhen.

Das Geld, das er aus Frankreich mitgebracht hatte, war sehr bald aufgezehrt, und seine alten Beraubungsmethoden setzten wieder ein, schlimmer als zuvor. Ich selbst lebte noch immer mit Calpurnia und Briseïs in äußerster Bescheidenheit. Ich hatte zwar keine Schulden, aber auch kein Einkommen, außer den geringen Erträgnissen meiner Landwirtschaft. Ich war wohl darauf bedacht, den Caligula nicht im unklaren über den Zustand meiner Finanzen zu lassen, aber gnädig erlaubte er mir, den Rang eines Senators zu behalten, obwohl ich die geldlichen Voraussetzungen dafür nicht mehr hatte. Aber mit jedem Tag erschien mir meine Stellung bedrohter. Eines Nachts – es war schon sehr spät – wurde ich durch lautes Klopfen an meiner Haustür geweckt. Ich fragte zum Fenster hinaus: »Wer ist da?«

»Sie sollen sofort in den Palast kommen.«

»Sind Sie das, Cassius Chaerea? Wissen Sie schon, daß ich umgebracht werden soll?«

»Ich habe den Befehl, Sie augenblicklich zu ihm zu bringen.«

Calpurnia weinte, und Briseïs weinte, und beide küßten mich zum Abschied sehr zärtlich. Ich sagte ihnen noch hastig, was mit meinem Besitztum und der kleinen Antonia werden sollte, und gab einige Anordnungen über mein Begräbnis. Wir waren alle drei sehr bewegt. Kurze Zeit darauf humpelte ich neben Cassius eilends dem Palast zu. Er sagte mürrisch: »Zwei andere ehemalige Consuln müssen auch kommen.« Er nannte mir ihre Namen, woraufhin meine Besorgnis wuchs. Beide waren reiche Leute, also sehr geeignet, einer Verschwörung beschuldigt zu werden. Aber was konnte er von mir wollen? Wir kamen alle drei ziemlich gleichzeitig an. Wir wurden in die »Halle der Gerechtigkeit« geführt und mußten uns auf Stühle setzen, die auf ein schafottähnliches Podium gestellt waren. Hinter uns standen einige Soldaten mit ihren Waffen. Bis auf zwei schwache Öllampen war kein Licht in dem großen Raum. Die Fenster hinter uns waren verhängt. Wir drei Opfer drückten uns schweigend die Hand zum Abschied. Die beiden hatten mich in ihrem Leben zwar oft genug auf das schwerste gekränkt, aber im Angesicht des Todes vergißt man solche Kleinigkeiten schnell. Wir warteten. Plötzlich hörten wir lustige Musik von Oboen und Geigen, dazu das Schlagen von Tamburins. Sklaven, von denen jeder zwei Lampen trug, traten in zwei Reihen ein; dann hörte man einen Eunuchen mit lauter Stimme ein bekanntes Lied singen: »Lang, lang nach Mitternacht ...« Die Sklaven zogen sich zurück, nachdem sie die Lampen niedergestellt hatten. Man hörte ein schlürfendes Geräusch, und herein tanzte eine hohe Gestalt in einem rosafarbenen Kleid und einem Kranz künstlicher Rosen auf dem Kopf. Es war Caligula. Als der singende Eunuch zu der Stelle kam: »Die Morgenröte schelmisch blinkt«, streifte Caligula die Vorhänge von den Fenstern zurück und blies, eine nach der andern, die Lampen aus, im Rhythmus des Lieds. Von einem Bett, das wir bislang nicht bemerkt hatten, weil es in einer Nische stand, ließ jetzt die Göttin der Morgenröte, die Caligula darzustellen sich mühte, einen jungen Mann und ein Mädchen aufstehen, die beide vollkommen nackt waren, und bedeutete ihnen pantomimisch, daß es Zeit wäre, auseinanderzugehen. Das Mädchen war von auffallender Schönheit. Der Mann war der Eunuch, der das Lied gesungen hatte. Caligula tanzte hinaus, und kurz darauf wurden wir drei aufgefordert, mit ihm zu frühstücken. Wir konnten uns nicht genugtun, seinen Tanz zu loben und als höchste Offenbarung zu preisen, und wir bedauerten, daß nicht mehr Zuschauer diesem erlesenen Genuß beiwohnen durften. Er sagte geschmeichelt, dies sei nur eine Probe gewesen. Nächstens würde er den Tanz für die ganze Stadt im Amphitheater vorführen. Das Frühstück schmeckte uns sehr gut. Ich dachte gerade, wie glücklich Calpurnia und Briseïs sein würden, mich wiederzuhaben, als

Caligula, der in immer bessere Stimmung gekommen war, plötzlich zu mir sagte: »Hübsches Mädchen, was, alter Hurenbock?«

»Wirklich sehr hübsch.«

»Und überdies Jungfrau, soviel ich weiß. Willst du sie heiraten? Du kannst sie haben. Ich wollte sie eigentlich selbst nehmen, aber komisch, mir gefallen unreife Frauen nicht mehr. Übrigens auch keine reifen Frauen, Caesonia ausgenommen. Kennst du das Mädchen?«

»Nein, denn nur auf dich habe ich geblickt.«

»Sie ist deine Kusine Messalina, die Tochter des Barbatus. Der alte Kuppler hat nicht mit der Wimper gezuckt, als ich sie herbestellte. Wie feige die Leute sind, was?«

»Ja, du mein Herr und Gott!«

»Also gut, dann werdet ihr morgen heiraten. Und ich gehe jetzt zu Bett.«

»Ich danke dir aus demütigstem Herzen.«

Er befahl mir, seinen Fuß zu küssen. Am nächsten Tag hielt er Wort und verheiratete uns. Er behielt ein Zehntel von Messalinas Aussteuer als Dank für seine Vermittlung, aber sonst zeigte er sich großzügig. Calpurnia hatte sich sehr gefreut, mich lebendig wiederzusehen, und gab vor, an meiner Heirat keinen Anstoß zu nehmen. Sie sagte in einem geschäftlichen Ton: »Also gehe ich zurück nach Capua und verwalte das Gut. Fehlen werde ich dir nicht, wenn du so eine hübsche Frau hast. Und auch Geld wird dir nicht mehr fehlen.« Ich erklärte ihr alles, so gut ich konnte, und sagte, daß sie mir fehlen werde, aber sie behauptete, daß ich bereits in Messalina verliebt sei. Mir war sehr unbehaglich zumute. Calpurnia war in dieser ganzen Zeit mein einziger wirklicher Freund gewesen. Was hatte sie nicht alles für mich getan! Und doch hatte sie recht: Ich hatte mich in Messalina verliebt, und Messalina sollte jetzt meine Frau werden. Für Calpurnia würde kein Platz mehr sein.

Wir weinten beide, als sie abreiste. Ich wußte, daß sie immer für mich dasein würde, wenn ich sie brauchte.

Messalinas Schönheit war außerordentlich. Sie hatte schwarze Augen und dichtes, schwarzes, gelocktes Haar. Sie war schlank, und ihre Bewegungen waren schnell und anmutig. Sie sprach zuerst fast kein Wort, sondern lächelte nur geheimnisvoll, und gerade das steigerte meine Liebe bis zum Wahnsinn. Sie war froh, dem Caligula entronnen zu sein, und war sich sehr schnell über die Vorteile einer Ehe mit mir klargeworden. Daher verhielt sie sich gegen mich so, daß ich überzeugt war, sie liebe mich nicht weniger als ich sie. Seit meiner Liebe zu Camilla hatte ich eine solche Liebe nicht gekannt. Wir heirateten im Oktober, und im Dezember fühlte sie sich Mutter. Sie schien meine kleine Antonia sehr gern zu haben, die jetzt bald zehn Jahre alt war, und ich freute mich, daß das Kind jemanden hatte, den es Mutter nennen konnte, obwohl diese Mutter zur Zeit unserer Hochzeit gerade erst fünfzehn Jahre alt geworden war. Auch konnte Messalina meine Tochter in die Gesellschaft einführen, und es war für ein herzliches Verhältnis zwischen beiden vielleicht sehr günstig, daß der Altersunterschied nur gering war.

Messalina und ich wurden aufgefordert, im Palast zu wohnen. Wir zogen zu einer sehr ungünstigen Zeit ein. Ein gewisser Bassus war gerade verhaftet worden, der tatsächlich die Absicht gehabt hatte, den Kaiser zu ermorden. Aber selbst auf der Folter leugnete er, daß er Mitverschworene habe. Der Vater des Bassus wurde aufgefordert, der Hinrichtung seines Sohnes beizuwohnen. Der alte Mann, der weder von den Absichten seines Sohnes noch von der Tatsache seiner Verhaftung wußte, war entsetzt, als er seinen Sohn stöhnend im Palast vorfand. Als Caligula auch ihm ans Leben wollte, schrie er: »Schone uns, wir sind nur Spielzeug in deiner mächtigen Hand! Ich nenne dir alle Namen!« Dies machte Eindruck auf Caligula, und als der alte Mann ihm nacheinander den Kommandeur der Garde, Cassius, den Schatzmeister Callistus, Caesonia, den Schauspieler und Tänzer Mnester und drei oder vier andere aufzählte, wurde Caligula blaß vor Schreck. »Und wen wollten sie statt meiner zum Kaiser machen?« fragte er.

»Ihren Oheim Claudius.«

»Gehört er auch zur Verschwörung?«

»Nein, er sollte nur Aushängeschild sein.«

Caligula rannte davon und ließ alle, die ihm namhaft gemacht waren, vor sich kommen, auch mich. Er fragte die andern, indem er auf mich zeigte: »Ist dieses Geschöpf geeignet, Kaiser zu werden?«

Sie antworteten überrascht: »Nein, es sei denn, daß du ihn dazu erhebst, Jupiter!« Darauf lächelte er gekünstelt schwermütig und rief aus: »Ich bin allein, ihr seid in der Überzahl. Ihr seid bewaffnet, ich bin waffenlos. Wenn ihr mich haßt und mich töten wollt, tut es sogleich, und laßt diesen armen Narren statt meiner Kaiser werden!«

Wir fielen vor ihm nieder, und wer von uns bewaffnet war, legte Schwert oder Dolch vor sich auf die Erde: »Wir sind unschuldig, Caesar! Niemals würden wir eines so verräterischen Gedankens fähig sein. Wenn du unsern Worten nicht glaubst, töte uns!«

Beinahe hätte er dieser Aufforderung entsprochen. Aber wir vermochten ihn zu überzeugen, daß die Behauptungen des Vaters von Bassus nur aus seinem Zustand völliger Verzweiflung und Angst zu erklären seien. So ließ er uns aufstehen, gestattete mir, ihm die Hand zu küssen, und gab die Waffen zurück. Bassus und sein Vater wurden daraufhin von seiner Leibwache in Stücke zerhackt. Aber Caligula wurde jetzt die Furcht vor einem Attentat nicht mehr los. Einige ungünstige Omina vergrößerten die Furcht.

Caesonia war die erste, die ihm offen riet, seine Taktik zu ändern und sich nicht länger die Furcht und den Haß des Volks zu erwerben, sondern dessen Liebe. Denn es war jetzt soweit, daß die Nennung seines Namens genügte, um die Leute erschrecken zu lassen. Caesonia machte ihm diesen Vorschlag nicht aus politischen Gründen, sondern nur, weil sie um ihr eigenes Leben besorgt war. Sie wußte, daß es um sie geschehen sein würde, sobald ihm etwas zustieße. So wollte sie wenigstens jetzt den Eindruck erwecken, als ob sie ihm von seinen Grausamkeiten abgeraten habe. Caligula dankte ihr für den guten Rat und sagte, er würde ihm folgen, sobald er mit seinen Feinden Frieden geschlossen hätte. Er begab sich in den Senat und hielt uns eine Rede: »Bald werde ich für euch alle eine Amnestie aussprechen, meine lieben Feinde, und dann werde ich in Liebe und Frieden tausend Jahre regieren. So sagt es die Prophezeiung. Aber ehe dieses goldene Zeitalter anbricht, muß noch einmal das Blut spritzen bis an die Balken der Decke. Das werden fünf wüste Minuten sein.« Uns allen wäre es lieber gewesen, wenn zuerst die friedlichen tausend Jahre gekommen wären und erst dann die wüsten Minuten.

Endlich formte sich eine wirkliche Verschwörung. Ihr Haupt war Cassius Chaerea. Ehe ein alter Soldat seiner Art, an blinden Gehorsam gewöhnt, sich zu einem solchen Schritt entschließt, müssen die Verhältnisse unerträglich geworden sein. Einige Demütigungen, mit denen Caligula ihn bedacht hatte und die mit der Ehre dieses aufrechten Mannes unvereinbar waren, hatten den ersten Anstoß gegeben.

Das große Palatinische Fest fand statt. Es war zu Ehren des Augustus von Livia eingeführt worden, kurz nach dem Tod des Augustus. Es begann mit der Darbringung des Opfers an Augustus und einer symbolischen Prozession. Es dauerte drei Tage lang, und die Darbietungen bestanden aus Theateraufführungen, Gesängen und Tänzen. Tribünen für sechzigtausend Zuschauer pflegten für diesen Zweck aufgeschlagen zu werden. In diesem Jahr hatte Caligula aus den drei Festtagen acht gemacht, indem er noch Wagenrennen und Schiffskämpfe in einem künstlichen See stattfinden ließ. – Die Feierlichkeiten begannen. Caligula brachte selbst das Opfer dar. Darauf fragte er mit lauter Stimme, ob irgendein Bürger eine Bitte auszusprechen hätte, die zu erfüllen im Bereich seiner Macht stünde. Die Menge rief begeistert: »Mehr Brot, weniger Steuern!« Caligula wurde wütend. Er schickte eine Abteilung seiner Leibwache los, und ungefähr hundert Köpfe wurden in einem wüsten Tumult abgeschlagen. Dieser Zwischenfall wurde der Anlaß für die Verschworenen zu handeln. Damals gab es nicht einen Menschen in Rom, der sich über den Tod des Caligula nicht gefreut hätte. Dem Cassius war es gleichgültig, was mit ihm geschehen würde. Die einzige Gefahr drohte von seiten der Leibwache des Kaisers, die ausschließlich aus Deutschen bestand und bedingungslos zu ihm hielt. Cassius achtete diese Gefahr nicht, aber seine Mitverschworenen zauderten noch. Cassius wurde zornig. Wenn sie auf die »günstige Gelegenheit« warten wollten, seien sie Feiglinge und Helfer des Caligula. Cassius wollte unbedingt, daß der entscheidende Schlag während dieses Festes fiele, aber der letzte Tag des Festes brach an, und noch immer war kein einheitlicher Plan unter den Verschworenen zustande gekommen. Da wurde bekannt, daß Caligula das Fest um drei weitere Tage verlängert habe. Er wollte in einer Pantomime tanzen und singen, die er selbst erfunden und komponiert hatte. Diese Änderung gab den Verschworenen neuen Mut. Sie sahen darin ein Omen, daß Cassius recht hatte. Nach einigen Schwierigkeiten – man wollte alles bis auf den letzten Tag des Festes verschieben – gelang es ihm, sie zu überzeugen, daß sofort gehandelt werden müsse. Er erinnerte sie an ihr Gelübde, den Plan unter allen Umständen durchzuführen. »Wenn ihr mir heute nicht beisteht, tu' ich's allein! Die deutsche Leibwache wird sich zwar auf mich stürzen, aber den Caligula kann sie nicht wieder lebendig machen, nachdem ich ihn einmal getroffen habe! Und wenn ich nicht an den Kaiser herankomme, werde ich euch alle beim Namen nennen und rufen und fragen, warum ihr nicht da seid, wie ihr geschworen habt.« So kam man endlich überein, bei dem festgelegten Plan zu bleiben. Caligula sollte um die Mittagszeit von einigen Verschworenen gebeten werden, das Theater für kurze Zeit zu verlassen und im Schwimmbad einen Imbiß einzunehmen. Sobald der Kaiser das Theater verlassen würde, sollten Cassius und die übrigen durch den Bühneneingang rasch und unauffällig das Freie suchen. Caligula sollte überredet werden, zu Fuß einen direkten Arkadenweg zu benutzen.

Caligula hatte versprochen, nach Beendigung der Vorstellung – ungefähr um die Mittagszeit – Früchte, Kuchen und Geld unter die Menge zu werfen. Da er dies natürlich von seiner Loge aus tun würde, gab es ein großes Gerenne und Geraufe um die Sitze in seiner Nähe. Niemand achtete darauf, ob er einen reservierten Sitz einnahm. Ohne die Rangunterschiede zu achten, drängte das Volk sich heran, so daß keinerlei Ordnung mehr herrschte. Ich sah einen ehrwürdigen Senator zwischen einem Negersklaven und einer aufgedonnerten Hure sitzen. »Um so besser für uns«, meinte Cassius zu seinen Freunden, »uns kann die Verwirrung nur nützen.«

Außer der deutschen Leibwache und Caligula selbst war fast die einzige Person, die im Palast nichts von dem Anschlag wußte, der arme Onkel Claudius. Und zwar sollte der arme Onkel auch getötet werden, weil der Kaiser sein Neffe war. Die ganze Familie des Caligula sollte mit einem Schlag beseitigt werden, denn die Verschwörer fürchteten, ich würde mich zum Kaiser machen wollen, um den Tod des Caligula zu rächen! Ich! Denn jetzt sollte die Republik wiederhergestellt werden. Wenn die Dummköpfe mich ins Vertrauen gezogen hätten, würde diese Geschichte einen ganz anderen Ausgang nehmen. Denn ich war ein besserer Republikaner als jeder von ihnen. Aber sie mißtrauten mir und hatten mich bereits zum Tod verurteilt.

Ich kam an diesem Morgen früh um acht ins Theater und erfuhr, daß man mir einen Platz reserviert hatte. Ich saß zwischen dem Kommandeur der Garde und dem Kommandeur der Leibwache. Der Kommandeur der Garde beugte sich zu mir und fragte: »Haben Sie schon gehört?«

»Was soll man gehört haben?« fragte der Kommandeur der Deutschen.

»Es gibt heute ein neues Stück.«

»Wie heißt es?«

»Der Tod des Tyrannen.«

Ich sagte: »Ja, das Programm ist geändert. Mnester spielt den Tod des Tyrannen. Das Stück ist seit Jahren nicht aufgeführt worden. Es handelt vom König Cinyras, der nicht gegen Troja kämpfen wollte und für seine Feigheit getötet wurde.«

Das Stück begann, und Mnester war in großer Form. Als er durch Apollo getötet wurde, lief Blut über sein Gewand. Dieses Blut tropfte aus einer kleinen Blase, die er im letzten Augenblick sich in den Mund geschoben hatte. Caligula befahl ihn in seine Loge und küßte ihn auf beide Wangen. Cassius und ein anderer Verschworener begleiteten den Mnester zurück in seine Garderobe, als ob sie ihn vor seinen allzu stürmischen Verehrern beschützen müßten. Unmittelbar darauf verließen sie das Haus durch den Bühneneingang. Die übrigen folgten, während Caligula seine Geschenke unter die Menge warf, was natürlich eine große Unordnung zur Folge hatte. Asprenas, einer der Verschworenen, schlug dem Caligula vor: »Wie wäre es jetzt mit einem Schwimmbad und einem schönen leichten Frühstück?«

»Nein«, sagte Caligula, der sich in außerordentlich gnädiger Stimmung befand, »ich möchte die Akrobatinnen sehen. Sie sollen ausgezeichnet sein. Heute ist der letzte Tag im Theater, und ich möchte nicht fortgehen.« Asprenas wollte sich darauf unauffällig entfernen, um dem Cassius Bescheid zu sagen, aber Caligula hielt ihn zurück: »Aber, lieber Freund, du mußt dir die Truppe auch ansehen! Hiergeblieben!« Erst nach einiger Zeit gelang es, den Cassius zu verständigen, daß der Kaiser das Theater nicht verlassen werde. Cassius entgegnete: »Dann gehen auch wir ins Theater. Dann töten wir ihn auf seinem Stuhl.« Inzwischen aber hatte Caligula bereits seinen Sinn geändert, er wollte jetzt mit einer Tanzgruppe griechischer Knaben eine Probe abhalten. Er ging hinaus, und wir alle mit. Ich hatte großen Hunger bekommen und ging den andern voraus. Wir benutzten alle die gedeckten Arkaden. Ich sah Cassius und einige Offiziere herumstehen, die mich nicht grüßten. Ich wunderte mich darüber, denn die andern, die nach mir kamen, wurden gegrüßt. Ich war, mit einigen Senatoren, der erste im Palast. Es roch gut nach Essen, wir nahmen Platz, um auf den Kaiser zu warten, und hofften zu allen Göttern, daß es mit der Probe schnell gehen werde. Wir waren im Vorzimmer der großen Banketthalle. Nirgends ein Offizier der Garde zu sehen, nur Soldaten. Ich wollte mich gerade darüber mit meinen Begleitern unterhalten, als ich feststellen mußte, daß sie, ohne ein Wort zu sagen, verschwunden waren. In diesem Augenblick hörte ich in der Ferne lautes Geschrei, dann gellende Rufe und wieder Geschrei. Jemand lief unter den Fenstern vorüber und schrie: »Alles vorbei, er ist tot!«

Zwei Minuten später hörte ich ein entsetzliches Heulen vom Theater herüberdringen. Es klang, als ob die ganze Zuhörerschaft umgebracht würde. Es hielt eine geraume Zeit an, dann war eine Pause tiefer Stille, und dann schien eine tobende Begeisterung auszubrechen. Ich stolperte die Treppe hinauf in mein kleines Lesezimmer, wo ich zitternd in einen Stuhl sank.

Die Büsten von Herodot, Polybius, Thukydides und Asinius Pollio sahen mich an. Ihre unbewegten Gesichter schienen zu sagen: »Ein wahrer Historiker wird sich stets über die politischen Mißstände seiner eigenen Zeit erheben.« Ich beschloß, mich wie ein wahrer Historiker zu verhalten.

Zugetragen hatte sich folgendes: Caligula war aus dem Theater gekommen, wo – wie üblich – ihn die Sänfte erwartete, die ihn durch die mit doppeltem Gardespalier geschützten Straßen bringen sollte. Aber einer hatte ihm gesagt: »Wollen wir nicht zu Fuß durch die Arkaden gehen? Ich habe die griechischen Jungen dort warten sehen.« Caligula war einverstanden. Die Menge wurde zurückgedrängt, die großen Gittertüren wurden geschlossen, denn die Arkaden gehörten bereits zum Grundstück des Palastes. Caligula ging voran. Cassius trat auf ihn zu, grüßte und fragte: »Die Parole, Caesar?«

Caligula lachte: »Die Parole? Ach so, ich will euch für heute eine schöne Parole geben: *Unterrock!«*

Einer der Verschworenen, der hinter dem Kaiser ging, rief: »Soll ich?« Dies war das vereinbarte Stichwort: »Los!« brüllte Cassius, riß sein Schwert heraus und hieb mit furchtbarer Gewalt nach Caligula. Er hatte vorgehabt, ihm den Schädel bis zum Kinn zu spalten, aber in seiner Erregung verfehlte er sein Ziel und schlug auf die Schulter. Die Schulterknochen fingen die Kraft des Schlags auf. Caligula war rasend vor Schmerz und Entsetzen. Wild drehte er sich um und rannte davon. Doch ehe ihm das gelang, hatte Cassius noch einmal nach ihm geschlagen. Die übrigen liefen hinter ihm her: Ein dritter Schlag brachte den Caligula in die Knie. »Noch einmal!« schrie Cassius. Caligula, dem das Blut in Strömen über das Gesicht lief, richtete sich etwas empor und betete: »O Jupiter!« Da streckte ihn ein letzter wilder Schlag nieder und tötete ihn. Aber noch zehn Schwerter wurden ihm in den Leib gerannt, ehe die Verschworenen sicher waren, daß er nicht mehr lebe.

Durch die ungewöhnlichen Rufe hatte sich außerhalb der Gittertore sehr schnell eine Menge angesammelt. Und schon hörte man den Ruf: »Die Deutschen kommen!« Die Mörder hatten keine Aussicht, sich gegen eine Kompanie der Leibwache zu halten, und flüchteten. So konnten die Deutschen nur noch einen von ihnen fassen. Zwei Senatoren, die zufällig getroffen wurden und nichts mit der Ermordung zu tun hatten, wurden von ihnen erschlagen. Um ihre, allerdings verständliche, Wut an irgend jemandem auszulassen, stürmte die Leibwache ins Theater, schloß sämtliche Türen und begann ein fürchterliches Gemetzel. Kein Mensch wußte zu dieser Stunde, was vorgefallen war. Da blies von der Bühne her eine Trompete. Mnester erschien und hob seine Hand. Und die Autorität dieses Schauspielers war so groß, daß die Menge verstummte und die Deutschen von ihrer grausigen Tätigkeit abließen. Vor dem Zeichen der Trompete, die das kaiserliche »Achtung« geblasen hatte, erstarrten sie zu Statuen.

Mnester rief: »Er ist nicht tot, meine Freunde! Mörder haben ihn angefallen und in die Knie gezwungen. Aber sogleich erhob er sich wieder, Schwerter vermögen nichts gegen unsern göttlichen Kaiser! Verwundet und blutend erhob er sich – so, wie ich es euch zeige. So lag er, so reckte er schließlich das Haupt, und so wandelte er davon. Mit göttlichem Schritt durch die Reihen der feigen und entsetzten Mordbuben. Erkennt ihr seinen göttlichen Schritt wieder, wenn ich ihn euch vormache! Seine Wunden sind bereits geheilt – ein Wunder! Zur Stunde befindet er sich auf dem Marktplatz und spricht zu seinen geliebten Untertanen schöner als je.« Gewaltige Begeisterung erhob sich, die Leibwache steckte ihre Säbel ein und marschierte aus dem Theater. Durch diese Lüge rettete Mnester den meisten der sechzigtausend Menschen, die das Theater füllten, das Leben.

Die Wahrheit war mittlerweile bis zum Palast gedrungen, wo sie größte Bestürzung auslöste. Einige Gardesoldaten hielten den Wirrwarr für geeignet, im Palast zu plündern, und unter dem Vorwand, den Tod des Kaisers rächen zu wollen, durchsuchten sie jeden Raum. Ich hörte ihr Geschrei und versteckte mich hinter einem Vorhang. Die Tür wurde aufgerissen, zwei Mann traten ein. Sie sahen meine Füße unter dem Vorhang herausgukken. »Komm 'raus, feiger Mörder! Hat keinen Zweck, sich noch zu verstecken.«

Ich kam heraus und fiel nieder: »Tötötötötöten Sie mich nicht, meine Heheherren«, sagte ich, »ich hahahabe nininichts damit zu tun.«

»Wer ist der alte Mann?« fragte der eine der Soldaten. »Er sieht nicht gefährlich aus.«

»Den kennst du nicht? Das ist der Bruder des Germanicus, immer krank, anständiger alter Knabe. Stehen Sie auf, Herr. Wir tun Ihnen nichts.« Dieser Soldat hieß Gratus. Ich mußte mit ihnen hinunterkommen, wo die Palastwache – nicht die Leibwache – einen Kriegsrat abhielt. Einer rief gerade: »Keine Republik! Wir wollen einen neuen Kaiser! Jeder Kaiser ist gut, den auch die Leibwache billigt!«

»Ich schlage Incitatus vor!« rief ein anderer.

»Bravo! Besser den alten Gaul als keinen Kaiser! Denn wir brauchen jemanden, der die Deutschen beruhigt.« Meine beiden Soldaten hatten mich inzwischen durch ihre Kameraden geschoben, und Gratus rief aus: »Seht, wen wir hier haben! Den alten Claudius! Ist das kein Glück? Warum soll der alte Claudius nicht Kaiser sein? Der beste Mann, den wir in Rom auftreiben können, und wenn er hinkt und manchmal auch stottert, so macht das meiner Meinung nach nichts!«

Es wurde laut Bravo geschrien und gelacht. Einer rief: »Lang lebe Kaiser Claudius!« Ein Feldwebel drängte sich an mich heran: »Wir dachten, Sie wären schon tot. Aber jetzt sind Sie unser Mann! Hebt ihn hoch, Kameraden, wir wollen ihn alle sehen.« Zwei starke Kerle hoben mich auf die Schultern. »Lang lebe Kaiser Claudius!«

»Laßt mich herunter!« rief ich wütend. »Laßt mich herunter! Ich will nicht Kaiser werden, ich lehne es ab! Lang lebe die Republik!«

Die Antwort war neues Gelächter. »Der ist richtig! Der will nicht Kaiser werden! Braver Mann!«

»Gebt mir ein Schwert!« schrie ich. »Eher bring' ich mich um!«

Messalina kam herbeigelaufen. »Um meinetwillen, Claudius, tu, was sie wollen! Denke an unser Kind! Sie töten uns alle, wenn du dich weigerst. Caesonia haben sie schon getötet!«

»Es wird Ihnen gut gefallen, wenn Sie sich erst dran gewöhnt haben«, sagte Gratus lachend. »So schlecht ist das Leben nicht, das ein Kaiser führt.«

Ich gab meinen Widerstand auf. Konnte ich mich gegen das Schicksal wenden? Sie trugen mich auf den großen Hof hinaus. Ich mußte den goldenen Eichenkranz des Caligula aufsetzen, aber der Kranz rutschte mir über die Ohren. Ich kam mir furchtbar lächerlich vor. Dazu mußte ich, um nicht herunterzufallen, mich fest an die Schultern meiner Träger klammern. Später erzählte man mir, ich hätte den Eindruck eines Verbrechers erweckt, der zum Schafott geschleppt wird. Ein Trompeterkorps blies den kaiserlichen Salut!

Die deutsche Leibwache strömte in den großen Hof. Sie hatte soeben erst erfahren, daß Caligula wirklich tot war. Sie war wütend, daß Mnester sie getäuscht hatte, und war in das Theater zurückgekehrt, aber dort hatte sie keine Menschenseele mehr angetroffen. Jetzt wollten die Deutschen sich an irgend jemandem rächen, und die kaiserliche Garde schien ihnen das beste Ziel zu sein. Aber die Garde war gleich ihnen bewaffnet, und jetzt hatte sie sogar einen neuen Kaiser gefunden! So – zu unser aller Erstaunen – liefen die Deutschen auf uns zu und stimmten in die Hochrufe der Garde ein. Zum zweitenmal an diesem Tage hatte ein Trompetensignal sie gelenkt. Sie legten zum Zeichen der Unterwerfung ihre Speere vor mir nieder. Die Gardesoldaten trugen mich begeistert im Hof herum.

Ich fühlte mich vollkommen verwirrt, und während ich mich vergebens in diesem Tumult zu sammeln suchte – was ging mir durch den Kopf? Die Prophezeiung der Sibylle oder der Rat des Pollio? Messalina und unser noch nicht geborenes Kind? Meine kaiserlichen Vorgänger? Postumus und Germanicus? Nichts von alledem. Ich dachte, wie in einem Anfall größter Erschlaffung: Warum soll ich nicht Kaiser werden? Dann kann ich die Leute wenigstens zwingen, meine Bücher zu lesen! Und zu allen Geheimakten werde ich Zutritt haben – welch herrliches Schicksal für einen Historiker! Ich werde es ausnutzen!

Dreiundzwanzigstes Kapitel

Ich war fünfzig Jahre alt, als die Soldaten und Unteroffiziere der kaiserlichen Garde auf den wahnwitzigen Einfall gekommen waren, mich zum Kaiser auszurufen, mich, der vom Vater, vom Großvater her einer der überzeugtesten Republikaner war, die es damals in Rom noch gab. Mit fünfzig Jahren ändert man seine politischen Überzeugungen kaum noch. Was sich also mit mir begab, mußte mir als der bitterste Hohn auf mein an unwürdigen Begebenheiten ohnehin nicht armes Dasein erscheinen. Und selbst heute, da ich diese weit zurückliegenden Ereignisse beschreibe, befällt mich eine Erregung, wie sie bei einem geborenen

Historiker nicht vorkommen darf. Um auch meinem Leser äußerlich klarzumachen, welch ein Einschnitt dies für mich war, und gleichzeitig, um meine Ruhe für die Fortsetzung meiner Geschichte wiederzufinden, will ich zunächst von einer Persönlichkeit reden, die bisher mit Absicht kein einziges Mal von mir genannt wurde. Diese Persönlichkeit ist Herodes Agrippa, der König der Juden. Hätte ich die Erlebnisse dieses Mannes, der mit meinem eigenen Geschick aufs engste verbunden ist, schon früher jeweils nach Gebühr geschildert, so wäre mein Bericht so angeschwollen, daß der Leser die Übersicht hätte verlieren können. Dazu kommt, daß Herodes Agrippa seine wichtigste Rolle in meinem Leben erst nach der Ermordung Caligulas spielen sollte. Ich führe ihn also jetzt in meine Erzählung ein und gebe eine Übersicht über sein Leben.

Herodes Agrippa war ein Enkel des großen Herodes und bekam von diesem den Beinamen Agrippa, zur Erinnerung an Marcus Vipsanius Agrippa, den großen Heerführer des Augustus. Seine Familie stammte ursprünglich aus Edom, dem hügeligen Land, das zwischen Arabien und Südjudaea liegt; sie war keine jüdische Familie. Herodes der Große wurde von Julius Caesar zum Gouverneur von Galilaea eingesetzt. Er war zehnmal verheiratet. Am bekanntesten wurde seine zweite Frau Mariamne und seine Tochter Salome. Durch Marc Anton und Augustus wurde er später zum König der Juden eingesetzt. Herodes Agrippa war Mariamnes ältester Enkel. Im Alter von vier Jahren wurde er an den Hof des Augustus geschickt, um dort erzogen zu werden, da sein Großvater ihn beider Eltern beraubt hatte.

Herodes Agrippa war genauso alt wie ich. Er war ein sehr hübscher Junge, und Augustus war ihm sehr zugetan. Wenn ich seinen Charakter durch ein einziges Wort umschreiben sollte, so müßte ich ihn einen Schurken mit einem goldenen Herzen nennen. Aber Menschen dieser Art können oft die besten Freunde sein. Man erwartet nichts von ihnen. Sie haben keine Grundsätze und lassen sich nur vom eigenen Vorteil leiten. Aber wenn man zu ihnen geht und sie um etwas bittet, so werden sie diese Bitte fast immer erfüllen, nicht, wie sie sich ausdrücken, um ihre Freundschaft zu zeigen, sondern weil der geäußerte Wunsch mit ihren eigenen unsauberen Absichten übereinstimmt. Nur bedanken darf man sich nicht bei ihnen. Herodes, wie ich ihn der Kürze halber von jetzt ab nennen will, betonte stets, daß er von Geburt an ein schlechter Mensch sei. Wenn ich ihm sagte: »Du bist von

Grund auf ein guter Mensch, der nur die Maske der Schlechtigkeit trägt«, konnte er zornig werden.

Am meisten befreundet war Herodes mit Postumus gewesen. Als Postumus verbannt worden war, schloß Herodes sich eng an Castor an, den Sohn des Tiberius. Die beiden waren sehr bald die gefürchtetsten Rauhbeine der Stadt, die der Polizei viel Ärger bereiteten oder mit eifersüchtigen Ehemännern und entrüsteten Vätern im Streit lagen. Obwohl Herodes eine beträchtliche Summe geerbt hatte, machte er schon frühzeitig Schulden, aus denen er sich nur durch neues Schuldenmachen zu befreien hoffte. Meine Mutter hatte – ganz im Gegensatz zu ihren sonstigen strengen Grundsätzen – ihn sehr gern. Sie bewunderte seine Leichtfertigkeit und das Geschick, womit er immer wieder zu Gelde kam. Auch an seinem Lebenswandel nahm sie durchaus keinen Anstoß, im Gegenteil, sie ergötzte sich sehr an seinen gewagten Geschichten, und oft genug hat sie ihm größere Summen Geldes geliehen, von denen er nur einen kleinen Teil zurückzahlte. Im Grunde war dieses Geld – nach dem Tod meines Vaters und der Adoption des Germanicus durch Tiberius – mein eigenes Geld. Herodes wußte es und hat mir später sehr dafür gedankt. Ich erinnere mich, daß ich den Herodes einmal fragte, ob ihn die langen Gespräche meiner Mutter über römische Tugend nicht langweilten. Er gab mir eine sehr bezeichnende Antwort: »Ich bewundere deine Mutter sehr, Claudius, denn ich bin im Herzen immer noch ein unzivilisierter Edomiter, und es ist ein großer Gewinn für mich, von einer römischen Dame aus so altem Geschlecht und von so reinem Charakter unterwiesen zu werden. Außerdem spricht deine Mutter das beste, das reinste Latein, das man sich vorstellen kann. Durch ein einziges Gespräch mit ihr lerne ich mehr stilistische Feinheiten, als wenn ich einen ganzen Kursus teurer Stunden bei einem berühmten Sprachmeister nähme.«

Herodes heiratete seine Kusine Kypros. Als seine Schulden ihm über den Kopf wuchsen, kehrte er mit seiner »Königin«, wie er sie bereits nannte, nach Syrien zurück, um von dort aus irgendwelche Unternehmungen einzuleiten, die seiner Kasse aufhelfen sollten. Aber zunächst schlugen seine Bemühungen fehl. Es war ihm nicht einmal möglich, in seine Heimat zurückzukehren, da einer seiner Hauptgläubiger Pontius Pilatus war, den Augustus zum Landpfleger von Judaea eingesetzt hatte. Der Sohn des großen Herodes, der nach ihm König geworden war, hatte so schlecht regiert, daß Augustus das jüdische Königtum abschaffte und das Land zu einer römischen Provinz erklärte. Daher kam es, daß Herodes Agrippa sich für den rechtmäßigen König der Juden hielt. Er ließ sich mit seiner Frau und seinen kleinen Kindern in Alexandria nieder, das von einer großen jüdischen Kolonie bevölkert war. Er machte dem Alabarchen Alexander, dem obersten Beamten dieser Kolonie, einen Besuch. Der Alabarch war dem Gouverneur von Ägypten für das gesetzmäßige Verhalten seiner Glaubensgenossen verantwortlich. Er mußte aufpassen, daß die Steuern pünktlich bezahlt wurden und daß es möglichst wenig Streit mit dem griechischen Teil der Bevölkerung gab. Ganz ausrotten ließen sich die bei fast jeder Gelegenheit aufflackernden Tumulte nicht. Mit schönen Worten gelang es dem Herodes, den Alabarchen von seinen guten Beziehungen zu Rom zu überzeugen. In Wirklichkeit waren diese Beziehungen durchaus privater Natur. Als Herodes sich der Gunst meiner Mutter rühmte, war der Alabarch gewonnen, denn meine Familie hatte ein großes Vermögen in Ägypten, das ihm zur Verwaltung anvertraut war. Auf die Tränen der Kypros, die dem Herodes in allen Dingen eine unbegrenzte Ergebenheit zeigte und auch hier auf das überzeugendste für ihn weinte, lieh ihm der Alabarch eine größere Summe, die ihn in den Stand setzen sollte, nach Italien zurückzukehren. Als Pfand sozusagen mußten Herodes und Kypros einwilligen, daß ihre Kinder nach Jerusalem gebracht und dort vom Hohenpriester, dem Schwager des Alabarchen, erzogen würden. Damit waren beide sehr einverstanden, denn sie wußten, daß damals in Rom kein hübsches Kind sicher war vor Tiberius.

Meine Mutter und ich hatten mit seiner Rückkehr nicht gerechnet, bis eines Tages ein paar flüchtige Zeilen uns von seiner Ankunft verständigten. Meine Mutter freute sich darüber sehr, denn er hatte ihr gefehlt, obwohl er ihr während seiner ganzen Reise regelmäßig Berichte geschickt hatte. Seine Briefe zu lesen war ein großer Genuß. Auf das witzigste und anschaulichste schilderte er seine Abenteuer und all seine Versuche, Geld aufzutreiben. Dem Selbstmord war er nahe gewesen, aber selbst seine düsteren Tage beschrieb er so, daß wir laut darüber lachen mußten. Er versuchte auch niemals, etwas zu seinen Gunsten schönzufärben, er gestand all seine »unvermeidlichen« – wie er sich ausdrückte – Schlechtigkeiten ein. Kaum war er in Rom angekommen, als sein Stern mit einemmal zu leuchten anfing. Tiberius machte ihn zum Vormund seines Enkels Gemellus. Dadurch kam er in Berührung mit Caligula, der nur auf den Tod des

Tiberius wartete, um Kaiser werden zu können. Caligula wurde von Tiberius sehr knapp gehalten, und da Herodes mittlerweile zu Geld gekommen war, lieh er dem künftigen Kaiser nicht unbeträchtliche Summen, wodurch er sich bald unentbehrlich machte. Die Gelder aber, die er dem Caligula vorstreckte, nahm er nicht aus seinem Besitz, sondern borgte sie sich von reichen Leuten, denen er die Überzeugung beizubringen verstand, daß er der wichtigste Mann im Reich sein würde, sobald nur Caligula zur Herrschaft käme. Den Caligula dazu zu bringen, daß er in aller Öffentlichkeit Gunstbeweise auf Herodes häufte, war nicht schwer. Dem Finanzgebaren des Herodes kam es zustatten, daß zahlreiche seiner Gläubiger durch das Schreckensregiment des Tiberius beseitigt wurden, wodurch ihre Ansprüche erloschen.

Es gelang dem Herodes durch seine Beziehungen zu Kleinasien, einige Angelegenheiten sehr zur Zufriedenheit des Tiberius zu ordnen. Er wurde daraufhin durch noch größeres Vertrauen ausgezeichnet. Und dieses größere Vertrauen diente ihm dazu, seine Stellung noch mehr zu festigen. Es war das Geheimnis und der Reiz seiner Persönlichkeit, daß jedermann von ihm das Höchste erwartete. Daher glaubte man all seinen Erzählungen, und darum wunderte man sich nicht, daß er so schnell in die Höhe stieg. Genauso schnell, wie er sich am kaiserlichen Hof unentbehrlich und beliebt gemacht hatte, fiel er wieder in Ungnade. Ein Kutscher, der ihn und Caligula auf einem Landausflug gefahren hatte, meldete dem Kaiser, daß Herodes sich mit zynischen Worten über den hoffentlich bald zu erwartenden Tod des Kaisers ausgelassen habe. Tiberius, stets zufrieden, wenn er jemanden stürzen konnte, den er gefördert oder sogar bewundert hatte, machte dem Herodes den Prozeß, und obwohl das Zeugnis des Kutschers nicht einwandfrei war, ließ er den Herodes in Handfesseln in das Gefängnis von Misenum abführen. Dieses Gefängnis war ein übles Loch, in dem armselige Gefangene festgehalten wurden, die auf Festsetzung ihres Berufungstermins vor Tiberius warteten. Aber viele warteten schon seit Jahren vergebens, und bei schlechtem Essen und in ungesunden Räumen wurden sie ihrem eigenen Schicksal überlassen.

Als Herodes das Gefängnis betrat, fand zufällig gerade die Freistunde statt: Die Gefangenen, die miteinander nicht reden durften, machten Turnübungen oder gingen in kleinen Rudeln spazieren. Die Ankunft dieses in tyrischen Purpur gekleideten orientalischen Fürsten machte die niedergeschlagenen und gelangweilten Leute außerordentlich neugierig. Sie starrten ihn an, und als Herodes den Hof überquerte, erschien – bei hellem Tageslicht – eine Eule, setzte sich auf einen Zweig, und gerade als Herodes unter ihr war, ließ sie ihren Schmutz auf ihn fallen. Es gab kaum ein glücklicheres Omen als dies, zumal die Eule nicht einen einzigen Warnungsruf ausstieß. Einige deutsche Gefangene bemerkten das Omen zuerst, und obwohl Herodes, darauf aufmerksam gemacht, ungläubig lächelte, gab er später zu, daß dieses Omen all seine Niedergeschlagenheit verbannt habe, weil er sich fest vorgenommen hatte, der guten Vorbedeutung zu glauben.

Trotzdem mußte er einige Monate lang im Gefängnis bleiben, bis zum Tode des Tiberius, der von einer Begnadigung nichts wissen wollte. Allerdings hatte meine Mutter es durchgesetzt, daß ihm zahlreiche Erleichterungen und Vergünstigungen gewährt wurden, so daß in Wirklichkeit der Aufenthalt im Gefängnis für Herodes mit keinen Strapazen verbunden war. Erst als Caligula Kaiser wurde, erhielt Herodes die Freiheit wieder. Und damit begann die wahrhaft glänzende Epoche im Leben dieses Mannes.

Nachdem auch die Statthalterschaft in Palästina weder die Römer noch die Juden befriedigt hatte, stellte Caligula das alte Vierfürstentum wieder her, belehnte den Herodes damit, überließ ihm alle Einkünfte, die damit verbunden waren, und gestattete ihm, den Titel zu tragen, den er von seinen Jünglingstagen an erwartet hatte und den zu erringen er sicher war: König der Juden. Kurz darauf segelte Herodes vergnügt nach Palästina ab, um seine Herrschaft anzutreten. Mit ihm fuhr Kypros, die sich vor Freude über ihre Wiedervereinigung nicht halten konnte. In Alexandria legte Herodes an, um dem Alabarchen einen Dankbesuch abzustatten, im übrigen wollte er völlig unerkannt bleiben. Aber die Juden hatten von seiner Ankunft erfahren, und viele Tausende empfingen ihn in Feiertagsgewändern und mit Hosiannagesängen. Ihre Begeisterung galt der Tatsache, daß es wieder einen jüdischen König gab und daß der Kaiser auf ihn so viel Gnade gehäuft hatte. Herodes mühte sich, die Ausbrüche der Freude nach Möglichkeit zu dämpfen, aber Kypros war so selig über den Empfang, der in solchem Gegensatz zu den trüben Tagen seiner Gefangenschaft stand, daß er seine Glaubensgenossen gewähren ließ. Dies hatte zur Folge, daß die Griechen zu Gegendemonstrationen ausholten, wodurch es Unruhen gab, so daß Herodes selbst und der Alabarch froh waren, als das königliche Schiff sich auf der Fahrt nach Jaffa befand. In Jaffa gingen Herodes und Kypros von Bord und begaben sich nach Jerusalem, wo sie ihre Kinder besuchten und Gäste des Hohenpriesters waren. Es war wichtig für Herodes, daß der Hohepriester seiner Herrschaft keine Schwierigkeiten bereitete. Denn Herodes war den orthodoxen Juden, die sich genau an die Gesetze und Vorschriften des Moses hielten, durch seine lange Abwesenheit vom Lande, durch seinen Verkehr mit Ausländern und durch seine Freidenkerei verdächtig geworden. Tatsächlich hatte er sich in Rom nur sehr unbestimmt zum Kult seiner Väter bekannt, was man ihm nicht übelnehmen kann, wenn man bedenkt, daß der jüdische Kult einen unsichtbaren Gott kennt, von dem man kein Bildnis anfertigen darf, dessen Namen man nicht nennen darf, zu dessen Ehren man jeden siebenten Tag durch völlige Ruhe feiern muß, der für Kochen, Essen und Schlachten die eigentümlichsten Vorschriften erlassen hat. Herodes hätte in der Gesellschaft Roms keine Rolle spielen können, wenn er alle diese zahlreichen Regeln hätte beachten wollen. Aber strenggläubige Juden, deren es auch viele im Rom gab, hatten über sein Verhalten nach Jerusalem berichtet, und der Hohepriester wußte genau, wie er den Mann einschätzen mußte, der ihm vom Kaiser gesandt war. Herodes gab sich zwar größte Mühe, einen günstigen Eindruck zu erwecken, aber überzeugt wurde der Hohepriester nicht.

Die Residenz des Königspaares sollte Caesarea Philippi sein, von wo aus auch schon andere jüdische Könige regiert hatten.

Widerstand erwuchs ihm zunächst aus der eigenen Familie heraus. Seine Schwester Herodias, die in zweiter Ehe den Vierfürsten von Galilaea, Antipas, geheiratet hatte, gönnte ihrem Bruder weder den Titel noch die Herrschaft. Sie versuchte ihn bei Caligula zu verdächtigen, aber Herodes hatte von ihrer Absicht gehört, und als Antipas bei Caligula eintraf, war bereits ein Abgesandter des Herodes beim Kaiser gewesen und hatte seinerseits den Antipas auf die geschickteste Weise verdächtigt. Antipas hatte nämlich eine Waffensammlung größten Ausmaßes in seinem Palast. Herodes wußte, daß diese Sammlung keinen Kriegswert hatte, aber er ließ die Tatsache, Antipas habe 70000 Rüstungen aufgestapelt, dem Caligula so schlau beibringen, daß Caligula beunruhigt wurde, die römische Macht in Palästina durch Antipas bedroht sah und den Antipas bei seinem Eintreten mit der Frage nach den 70000 Rüstungen überfiel. Ob es wahr sei, daß er eine so ungeheure Menge zusammengetragen habe, im tiefsten Frieden? Antipas war auf diese Frage nicht vorbereitet, wurde verwirrt, und ehe er sich rechtfertigen konnte, war er mit seiner Frau nach Lyon verbannt. Er verlor Fürstentum und Einkünfte, aber er blieb am Leben. Es spricht für diesen Mann, daß er niemals seiner Frau irgendwelche Vorwürfe machte, obgleich sie es gewesen war, die aus verletzter Eitelkeit ihn veranlaßt hatte, vor dem Kaiser zu erscheinen, um ihn gegen Herodes einzunehmen. Caligula bedankte sich bei Herodes für die rechtzeitige Warnung und belohnte ihn mit dem Fürstentum des Antipas, das seiner Herrschaft einverleibt wurde. Darauf schrieb Herodes an den Kaiser einen überschwenglichen Brief: Er werde sofort nach Rom zurückkehren, um sich persönlich beim Kaiser für solche Gnade zu bedanken. Es sei ein Verbrechen, Gefühle, wie sie ihn bewegten, dem Papier anzuvertrauen. Ehe er nach Rom abreiste, setzte er seinen Bruder Aristobulos zum Regenten in Galilaea und seinen Bruder Pollio zum Regenten in Baschan ein.

Er traf in Rom ein, begleitet von seiner Königin, und als erstes bezahlte er seine alten Schulden. Überall erklärte er feierlich, daß er sich nie wieder Geld leihen werde. Dem Caligula machte er sich durch sein geschicktes Wesen und seine große Menschenkenntnis vom ersten Tage an wieder unentbehrlich, und während der ersten Jahre, die Caligula regierte, hatte Herodes keinerlei Schwierigkeiten zu überwinden. Erst in der letzten Zeit, als Caligulas Geistesverwirrung immer deutlicher und gefährlicher zutage trat, wurde die Stellung des Herodes schwierig. Herodes empörte sich darüber, daß Caligula auch in den Provinzen allen Götterstandbildern den Kopf abhauen und seinen eigenen aufsetzen ließ. Als Herrscher über die Juden sah er Konflikte voraus. Die ersten Zeichen der Unruhe kamen aus Alexandria, wo die griechische Partei auf den Gouverneur einwirkte, in allen Tempeln, auch in denen der Juden, Standbilder des Caligula errichten zu lassen und auch die Juden zu verpflichten, den Caligula als Gott in ihren Gebeten zu nennen. Der Gouverneur von Ägypten wollte seine Treue zu Caligula beweisen und versuchte den Juden die neue Gottheit aufzuzwingen. Als die Juden sich weigerten, wurden sie vom Gouverneur zu unerwünschten Eindringlingen erklärt. Die Bevölkerung von Alexandria benutzte in ihrer Schadenfreude diese Erklärung, um ein Pogrom zu veranstalten. Die Juden schickten daraufhin zu Caligula einen Abgesandten, den Bruder des Alabarchen, Philo, der sich größten Ansehens erfreute und ein bedeutender Philosoph war. Als Philo in Rom ankam, war sein erster Gang naturgemäß zu Herodes. Aber Herodes, obwohl er dem Alabarchen zu Dank verpflichtet und neuerdings sogar verschwägert war, gab deutlich seinen Wunsch zu erkennen, mit der ganzen Angelegenheit nicht behelligt zu werden. Wie Herodes geahnt hatte, wurde Philo von Caligula hart angefahren. Er wünsche nichts mehr von den Versprechungen des Augustus zu hören, die den Juden Glaubensfreiheit zugestanden hätten. Augustus, so rief Caligula laut, sei längst tot, und seine Verordnungen seien ebenso veraltet, wie sie lächerlich seien. »Ich bin euer Gott, und ihr sollt neben mir keine anderen Götter haben!« Philo wandte sich zu seinen Begleitern, die mit ihm aus Alexandria gekommen waren, und sagte laut auf hebräisch: »Unsere Reise war nicht umsonst. Diese Worte sind eine bewußte Lästerung des lebendigen Gottes. Jetzt wissen wir, daß es mit diesem armen Narren ein klägliches Ende nehmen wird.« Glücklicherweise verstand keiner der anwesenden Römer Hebräisch.

Caligula schrieb an den Gouverneur von Ägypten, daß er mit den getroffenen Maßnahmen einverstanden sei. Gleichzeitig befahl er, daß der Alabarch und die führenden Juden verhaftet würden. Er betonte, daß er den Alabarchen und Philo zum Tode verurteilt hätte, wenn sie nicht mit seinem Freund Herodes verwandt wären. Herodes selbst konnte seinen Einfluß bei dieser ganzen Angelegenheit nicht anders geltend machen, als daß er sozusagen den Gouverneur von Ägypten den Juden zum Opfer brachte. Er verstand es, den Caligula gegen ihn einzunehmen und somit wenigstens den Schein einer Intervention zu wahren.

Kurze Zeit nach diesem Zwischenfall fuhr er nach Palästina zurück. Er begründete diese Reise vor Caligula, indem er ihm versprach, Geld für die leeren kaiserlichen Kassen zu beschaffen. In Wirklichkeit hatte seine Reise einen ganz anderen Grund. Caligula hatte nämlich befohlen, daß sein Standbild im Allerheiligsten des Tempels von Jerusalem aufgestellt werden sollte. Dieses Allerheiligste ist die geheime innere Kammer im Tempel der Juden, wo ihr Gott angeblich in einer hölzernen Lade wohnt, die alljährlich nur einmal vom Hohenpriester besucht wird. Als die kaiserliche Proklamation durch den neuen Gouverneur von Judaea, den Nachfolger des Pontius Pilatus, verlesen worden war, brach in der Stadt ein so ungeheurer Aufruhr los, daß der Gouverneur gezwungen war, im Lager außerhalb der Stadt Zuflucht zu suchen. Dort wurde er von den empörten Juden regelrecht belagert. Caligula erhielt die Nachricht von diesen Unruhen während seines Aufenthalts in Lyon, war wütend und befahl dem Gouverneur von Syrien, Publius Petronius, mit starken

Kräften in Judaea einzumarschieren. Als Petronius bis Akron vorgerückt war, schrieb er an den Hohenpriester und teilte ihm mit, welchen Befehl er erhalten habe. Herodes, der mittlerweile in Jerusalem eingetroffen war, begann vorsichtig sich einzumischen. Obwohl er völlig im Hintergrund blieb, gab er dem Hohenpriester genaue Ratschläge, wie er sich am besten verhielte. Auf Anraten des Herodes wurde die römische Garnison von Judaea samt dem Gouverneur mit allen militärischen Ehren zu dem Petronius nach Akron geschickt. Ihr folgte eine Prozession von zehntausend der vornehmsten, würdigsten und einflußreichsten Juden, die Einspruch erheben sollten gegen die geplante Schändung ihres Tempels. Sie erklärten dem Petronius, der ein guter Soldat der alten Schule war, daß sie ohne Waffen und ohne kriegerische Absicht gekommen seien. Aber ehe sie diese Entheiligung zulassen könnten, würden sie bis zum letzten Atemzug kämpfen und allesamt sterben.

Sie betonten ausdrücklich, daß sie in politischer Hinsicht von Rom abhängig seien und ihre Pflichten stets gern und pünktlich erfüllt hätten. Aber ihre größten und wichtigsten Pflichten hätten sie gegen den Gott ihrer Väter, der sie niemals verlassen habe und dem sie gelobt hätten, keinen anderen Gott neben ihm zu verehren.

Petronius antwortete: »Ich fühle mich nicht berufen, über Fragen der Religion mit euch zu sprechen. Meine Pflicht bindet mich an den Kaiser, und seinen Befehlen muß ich gehorchen.«

Sie entgegneten: »Wir sind treue Diener unseres Herrn und Gottes, und wir müssen seinen Befehlen gehorchen – geschehe, was mag.«

Auf diese Art kam man also nicht weiter. Petronius rückte zunächst in Galilaea ein. Auf den Rat des Herodes enthielten sich die Juden jeder Feindseligkeit. Aber obwohl die Zeit für die Herbstsaat gekommen war, wurden die Felder unbestellt gelassen, und jedermann ging umher in Trauerkleidern und streute sich Asche aufs Haupt. Handel und Handwerk wurden stillgelegt. Eine neue Abordnung der Juden besuchte den Petronius. Geführt wurde sie von Aristobulos, dem Bruder des Herodes. Wiederum sagten die Juden, daß sie keinerlei kriegerische Absichten hätten, aber wenn Petronius auf der Durchführung des kaiserlichen Erlasses bestünde, würde kein gottesfürchtiger Jude noch länger leben wollen, und das Land würde verfallen. Dies brachte den Petronius in große Verlegenheit. Er wollte den Herodes um Hilfe oder Rat angehen, aber für Herodes war das von den Juden vorgebrachte Ultimatum gleich unangenehm, denn jetzt hätte er unbedingt mit einer der Parteien endgültig brechen müssen – also reiste er nach Rom ab, noch ehe die Bitte des Petronius ihn erreichte.

Noch niemals hatte Petronius sich in einer solchen Lage befunden. Er hatte vor keinem Gegner Angst, er wußte in den schwierigsten militärischen Situationen stets einen Ausweg. Aber was ihm hier geschah, war etwas vollständig Neues. Alte ehrwürdige Männer schlugen ihm vor, sie zu töten, falls er gegen ihren Gott etwas unternehmen sollte. Fruchtbare Landstriche, die Petronius sonst nach allen Regeln der Kunst erobern und verwüsten konnte, wurden ihm ohne Widerstand überlassen, und ihr Verfall wurde von ihren Eigentümern verursacht. Petronius hielt eine Rede, die seinem Charakter ein hohes Zeugnis ausstellte. Er sagte, daß die Kriegsmacht, die ihn begleite, wohl keinen Zweifel daran ließe, daß er den kaiserlicher Befehl mit Gewalt durchführen könne. Indessen müsse er ihre aufrechte Gesinnung nicht minder anerkennen als ihren Entschluß, sich jeder Gewalttat zu enthalten. Er müsse offen zugeben, daß er aus Gründen der Menschlichkeit und der Vernunft es zunächst für unmöglich halte, das auszuführen, was man von ihm verlangt habe. Es sei eines Römers durchaus unwürdig, unbewaffnete alte Männer zu töten, nur weil sie für den Gott ihrer Väter einträten. Er werde also noch einmal an Caligula schreiben und versuchen, die Angelegenheit so darzustellen, wie die Juden sie sähen. Wahrscheinlich werde Caligula ihn diesen Brief mit dem Tod bezahlen lassen, aber das wolle er lieber auf sich nehmen als ein ganzes fleißiges und friedliches Volk unglücklich machen. Sobald er den Brief geschrieben habe, sei allerdings ihre erste Pflicht, unverzüglich an die Bestellung der Äcker zu gehen, sonst sei eine Hungersnot unvermeidlich. Zufällig wurden, noch während er sprach, dicke Regenwolken herangetrieben, und ein heftiges Gewitter entlud sich. Dies wurde, da die Trockenheit länger als sonst angehalten hatte, von den Juden als gutes Zeichen aufgefaßt. Die Trauerkleider verschwanden von den Straßen, überall hörte man Lobgesänge. Auf das Gewitter folgte ein Dauerregen, und sehr rasch erwachte das ganze Land zu neuem Leben. Petronius hielt Wort. Er schrieb an Caligula und erbat seine Entscheidung. Aber noch ehe sein Brief in Rom eintraf, hatte Herodes sich bereits bei Caligula für den jüdischen Gott ins Mittel gelegt. Ihm war vom Kaiser ein sehr herzlicher Empfang zuteil geworden, zumal Herodes ungeheure Mengen von Edelsteinen und

Goldbarren als Geschenk mitgebracht hatte. Herodes lud den Kaiser zu dem üppigsten Gastmahl ein, das Rom jemals gesehen hatte. Die ausgesuchtesten Leckerbissen wurden serviert, die man zum Teil aus Indien und dem Kaukasus hatte kommen lassen. Caligula war hingerissen und gab freimütig zu, daß ihm das Ersinnen so ausgesuchter Genüsse unmöglich sei, selbst wenn er sie bezahlen könnte. Der Wein war nicht schlechter als das Essen, und Caligula geriet in eine ungewöhnlich herzliche und gnädige Stimmung: »Geliebter Herodes«, sagte er, »verlange von mir, was du willst, du sollst es haben!« Herodes machte Ausflüchte, so daß der Kaiser noch mehr in ihn drang. »Großherziger und Göttlicher Caesar«, erklärte Herodes feierlich, »für mich verlange ich nichts, als daß ich dir dienen darf. Aber von jeher warst du imstande, meine Gedanken zu lesen. Nichts entgeht deinen klugen, forschenden Augen. Ich hätte tatsächlich eine große Bitte an dich zu stellen, aber wenn du sie mir gewährst, wirst du selbst davon Vorteil haben.« Caligula wurde neugierig: »Fürchte dich nicht, Herodes, habe ich nicht geschworen, daß du das haben sollst, was du verlangst, und bürgt ein Gott nicht für sein eigenes Wort?«

»In diesem Fall«, sagte Herodes, »ist mein einziger Wunsch, daß du die Absicht aufgibst, dein Standbild im Tempel von Jerusalem aufzustellen.«

Ein großes Stillschweigen trat ein. Ich war selbst bei diesem historischen Fest zugegen und habe mich niemals im Leben so unbehaglich und so erregt gefühlt wie damals, als wir alle auf Caligulas Antwort warteten. Was würde Caligula tun? Er hatte vor zahllosen Zeugen einen Schwur geleistet, aber würde er von seinem Entschluß lassen, den Gott der Juden zu demütigen, der als einziger von allen Göttern der Welt ihm Widerstand zu leisten schien? Endlich redete Caligula. Mit mildem Ton, beinahe bittend, als wolle er, daß Herodes selbst ihm aus dieser Schwierigkeit heraushelfe, sagte er: »Ich verstehe dich nicht, liebster Herodes. Wieso wird die Gewährung dieser Bitte mir selbst Vorteil bringen?«

Herodes hatte sich vor Beginn des Festes jedes Wort genau zurechtgelegt, das er sagen wollte. Mit gut gespielter Besorgnis begann er: »Weil die Aufstellung deines Standbildes im Innern des Tempels von Jerusalem deinem Ruhm nur abträglich sein könnte. Weißt du, was für ein Bild jetzt in diesem Tempel verborgen wird und welcher Art der Kult ist, mit dem man es an Feiertagen verehrt? Nein? Weißt du es nicht? Dann will ich es dir erklären, und du wirst zugeben, daß die Weigerung meiner Glaubensgenossen, die dir so verwerflich schien, nichts anderes ist als ihr demütiger Wunsch, deiner Herrlichkeit keine Schmach anzutun.« Und er begann auf das ausführlichste den jüdischen Gottesdienst zu erklären, der darin bestünde, das Götterbild zu beschmutzen und ihm lange Ohren und riesige Zähne anzusetzen. Das Volk würde auch sein Standbild so zurichten wollen, und darum hätten die Führer der Juden so große Angst, daß das Standbild des Kaisers im Tempel aufgestellt würde. Denn zu dem Tempel hätten Nichtjuden keinen Zutritt, und es gäbe keine Möglichkeit, das Standbild des Kaisers zu schützen. Da indessen ihnen völliges Stillschweigen über die Art ihrer Gottesdienste auferlegt sei, hätten sie dem Petronius diesen wahren Grund nicht angegeben.

Caligula glaubte dem Herodes jedes Wort, und selbst auf mich machte der Ernst, mit dem er sein Märchen vorbrachte, den Eindruck, daß zum mindesten einiges davon wahr sein könnte. Caligula sagte nur: »Wenn die dummen Juden so offen zu mir gewesen wären, wie du es bist, mein liebster Herodes, hätten wir alle uns viel Mühe und Ärger erspart. Du glaubst nicht, daß Petronius meinen Befehl schon ausgeführt hat?«

»Um deinetwillen hoffe ich es nicht«, entgegnete Herodes. So ließ Caligula den Petronius wissen, er solle sich um nichts bekümmern. Wenn das Standbild schon aufgestellt sei, solle man es stehenlassen, wenn nicht, solle er mit seinem Heer abrücken.

Dies war eines der besten Beispiele dafür, wie Herodes Politik machte.

Vierundzwanzigstes Kapitel

Ich komme zu dem Augenblick zurück, als zwei stämmige Unteroffiziere mich auf ihren Schultern im Hof des Palastes umhertrugen, mich, den die Truppe vor einer halben Stunde zum Kaiser erklärt hatte, während eine Kompanie der deutschen Leibwache mir zum Zeichen der Unterwerfung ihre Speere zu Füßen legte. Endlich gelang es mir, auf die Unteroffiziere einzuwirken, daß sie mich herunterließen. Die Deutschen holten meine Sänfte. Mir wurde gesagt, daß ich in die Kaserne der Garde gebracht werden würde, weil ich dort am besten vor Attentaten zu schützen sei. Ich erhob von neuem meine Einwendungen, als ich in einer Ecke des Hofes einen Mann in Purpur unentwegt seinen Arm schwenken sah, und zwar auf eine besondere Weise, die mich an meine Knabentage erinnerte. Es war Herodes, und ich bat die Soldaten, ihn zu mir zu lassen, falls er mich sprechen wolle. Als Caligula ermordet wurde, war Herodes ganz in der Nähe gewesen. Auch er hatte mit uns das Theater verlassen, aber als Caligula die Arkaden betrat, wurde Herodes unter irgendeinem Vorwand von einem der Verschwörer zurückgehalten, so daß er den Mord selbst nicht mit angesehen hat. Wie ich den Herodes kenne, hätte er durch seine Geistesgegenwart und Geschicklichkeit dem Caligula wahrscheinlich das Leben gerettet. Als er des Leichnams ansichtig wurde, umfing er ihn zärtlich und trug ihn auf seinen Armen in den Palast, wo er ihn auf das Bett des Kaisers legte. Als er bemerkte, was sich im Hof des Palastes um meine Person herum abspielte, kam er, ohne sich zu fürchten, herunter und machte mir unser altes Schuljungenzeichen, um zu fragen, ob er mir helfen könne. Ich muß gestehen, daß sein spitzbübisches Lächeln auch diesmal mich sehr ermutigte.

Er trat vor mich hin und sagte: »Ich lege dir meine Glückwünsche zu Füßen, Caesar! Mögest du dich lange der Ehre erfreuen, zu der diese tapferen Soldaten dich berufen haben! Möge es mir vergönnt sein, stets dein wichtigster Bundesgenosse zu bleiben!« Die Soldaten brachen in neue Begeisterung aus. Dann trat er nahe an mich heran und sprach zu mir auf phönizisch. Er wußte, daß keiner der Soldaten ihn verstehen würde. Er gab mir keine Gelegenheit, ihn zu unterbrechen: »Ich weiß, was du denkst, Claudius, ich weiß, daß du nicht Kaiser werden willst, aber um Roms und deinetwillen, sei jetzt vernünftig. Verweigere nicht, was die Götter dir in die Hand gelegt haben. Ich weiß, daß du die Macht dem Senat übergeben willst, sobald die Soldaten dich freilassen. Das wäre Tollheit! Das wäre der Bürgerkrieg! Der Senat hat verlernt zu regieren. Die Senatoren sind eine Herde geworden, die ihren Weg allein nicht zu finden versteht. Zwei oder drei brutale Burschen unter ihnen werden versuchen, die Herrschaft an sich zu reißen. Keiner hat die Möglichkeit, sie zu halten. Wenn du dich jetzt weigerst, die Verantwortung für uns alle zu übernehmen, und zwar nur, weil du einige unsinnige Vorurteile hast, dann ist es mit Rom vorbei. Mehr habe ich nicht zu sagen. Denke nach und sei vernünftig.« Dann wandte er sich den Soldaten zu und rief: »Römer, auch euch gelten meine Glückwünsche! Denn ihr konntet keine bessere Wahl treffen. Euer neuer Imperator ist mutig, hochherzig, gelehrt und gerecht. Ihr könnt ihm so sehr vertrauen, wie ihr seinem unvergeßlichen herrlichen Bruder Germanicus vertraut habt. Laßt euch nicht irremachen durch den Senat oder durch einige ehrgeizige Offiziere. Haltet zu eurem Kaiser Claudius, dann wird er auch zu euch halten. Am sichersten wird er zunächst in eurer Kaserne sein. Ich habe ihm soeben, um niemanden zu beschämen, auf phönizisch geraten, euch für eure Treue gut zu belohnen.« Mit diesen Worten verschwand er.

Sie trugen mich im Trab in die Kaserne. Die Deutschen liefen, laut rufend, voraus. Ich saß schweigend in meiner Sänfte, beherrscht; aber niemals hatte ich mich im Leben so erbärmlich gefühlt wie jetzt. Wir hatten gerade die Via Sacra erreicht, zu Füßen des Palatinischen Hügels, als uns zwei Boten des Senats einholten, die dagegen protestieren sollten, daß ich die Macht an mich »gerissen« hätte. Die beiden Herren waren mir persönlich nicht bekannt. Sie legten keinen sonderlichen Mut an den Tag, als mein Zug anhielt, um mit ihnen zu verhandeln. Angesichts der Soldaten wagten sie es nicht, ihren Auftrag wörtlich zu bestellen, sondern sie sagten nur so demütig wie möglich: »Sie werden verzeihen, Caesar« (dieser Titel kam mir nicht zu), »der Senat würde Ihnen sehr dankbar sein, wenn Sie so schnell, wie es Ihnen möglich ist, vor ihm erscheinen würden. Der Senat möchte von Ihnen selbst über Ihre weiteren Absichten unterrichtet werden.«

Ich war sofort bereit, dieser Aufforderung zu folgen, aber die Soldaten erlaubten es nicht. Sie verachteten den Senat, und jetzt, da sie selbst ihren Kaiser gewählt hatten, waren sie entschlossen, ihn nicht aus den Augen zu lassen und sich jedem Versuch des Senats zu widersetzen, die Republik wiederherzustellen oder einen Nebenkaiser zu ernennen. Ziemlich deutliche Rufe bekamen die beiden Abgesandten zu hören: »Aus dem Weg da, verstanden? Der Senat soll sich um seinen Dreck kümmern, wir bekümmern uns um den unsern. Wir lassen unsern neuen Kaiser von euch nicht ermorden!« Ich beugte mich aus der Sänfte und sagte zu den beiden Herren: »Bitte empfehlen Sie mich dem Senat und teilen Sie ihm mit, daß es mir augenblicklich unmöglich ist, seiner Einladung zu folgen. Denn ich bin leider versagt. Die Soldaten der Garde haben mir ihre Gastfreundschaft angeboten, und ich habe sie angenommen.«

So zogen sie weiter, und die Soldaten waren begeistert, daß ich es »ihnen ordentlich gegeben« hätte. »Feiner Kerl, unser Kaiser«, riefen sie. Als wir die Kaserne erreichten, begrüßte mich eine noch größere Begeisterung. Die Gardedivision bestand aus 12000 Mann, und jetzt waren es nicht nur die Mannschaften, die mich als ihren Kaiser umjubelten, sondern auch die Offiziere. Ich entmutigte sie, sosehr ich konnte, als ich ihnen für ihren guten Willen dankte. Ich sagte, ich könne mich nicht eher für ihren Kaiser halten, als bis der Senat mich dazu ernannt hätte, in dessen Händen ausschließlich die Entscheidung liege. Ich wurde mit einer Achtung behandelt, die für mich etwas ganz Neues war, aber tatsächlich war ich vorläufig der Gefangene der Soldaten.

Inzwischen hatten die Verschworenen, die fast alle ihr Leben hatten in Sicherheit bringen können, sich im Haus ihres Mitverschworenen Vinicius versammelt. Hier wurden sie von den Obersten der drei Regimenter erwartet, die in Rom in Garnison lagen – neben der Leibwache und der Garde. Die Obersten hatten an der Verschwörung zwar keinen Anteil genommen, aber sie hatten versprochen, ihre Truppen zur Verfügung des Senats zu halten, sobald Caligula tot und die Republik wiederhergestellt sein würde. Cassius Chaerea verlangte, daß Caesonia und ich sofort getötet würden: Beide seien wir dem Kaiser zu sehr verbunden, als daß wir ihn überleben dürften. Ein Oberst, genannt Lupus, meldete sich freiwillig, diese Aufgabe zu erfüllen. Er war ein Schwager des Gardekommandeurs. Er begab sich in den Palast, durchschritt mit dem blanken Schwert in der Hand zahllose der verödeten Räume und kam schließlich in Caligulas Schlafzimmer, wo der Leichnam auf dem Bett lag, noch blutend und in zerrissener Kleidung, genauso, wie Herodes ihn niedergelegt hatte. Nur Caesonia saß jetzt auf dem Bett, weinend, und hatte den Kopf ihres Mannes im Schoß. Die kleine Drusilla, das einzige Kind des Caligula, saß ihr zu Füßen. Als sie den Lupus eintreten sah, wußte sie, was das bedeutete. Sie streckte ihm ihren Hals entgegen: »Triff gut, stümpere nicht, wie es die anderen Meuchelmörder getan haben.« Lupus schlug zu und trennte ihr das Haupt vom Rumpf. Dann tötete er auch die kleine Drusilla.

Lupus durchsuchte den Palast weiter. Mich wollte er finden. Aber zu diesem Zeitpunkt war bereits der Hof von den dröhnenden Rufen der Soldaten erfüllt: »Lang lebe unser Kaiser Claudius!« Als Lupus sah, wie sehr die Soldaten für mich eintraten, ging er unbemerkt davon.

Auf dem Marktplatz war ein wüstes Durcheinander. Ein Teil der Menge schrie sich heiser vor Begeisterung über den Tod Caligulas, ein anderer Teil wollte das Blut der Mörder. Hartnäckig erhielt sich für einige Stunden das Gerücht, daß Caligula überhaupt nicht tot sei und daß er von irgendwoher die Freude des Volkes über sein vermeintliches Ende beobachte, um dann ein fürchterliches allgemeines Blutbad zu beginnen. Aber Asiaticus, ein ehemaliger Consul und ein Mann von imposanter Erscheinung, vermochte das Volk schließlich zu überzeugen, daß Caligula wirklich tot sei. Er forderte jeden auf, diesen Tod auf das festlichste zu begehen. »Endlich hat der Senat wieder die höchste Macht im Staat erhalten. Endlich sind wir wieder eine Republik!« So zog man in allgemeiner Begeisterung durch die Straßen, bis man sich zu überall schnell improvisierten Feiern zu Ehren der Republik niederließ.

Diejenigen der Verschworenen, die Senatoren waren, begaben sich vom Haus des Vinicius in den Senat, wohin zu einer außerordentlichen Sitzung eingeladen worden war. Auf dem Weg zum Senat begegnete ihnen Lupus, der von meiner Erhöhung zum Kaiser berichtete. Daraufhin schickten die Verschworenen jene beiden Herren an mich ab, die mit mir auf der Via Sacra sprachen. Sie sollten so tun, als ob der Senat bereits versammelt wäre. Die anderen Verschworenen, geführt von Cassius, besetzten die Festung auf dem Capitolinischen Hügel mit Teilen der Garnisonstruppen.

Wie gern wäre ich Zeuge jener historischen Senatssitzung geworden, die jetzt begann. Nicht nur alle Senatoren waren vollzählig erschienen, sondern zahllose andere Leute, die eigentlich dort gar nichts zu suchen hatten, aber »gute Beziehungen« aufweisen konnten. Die Sitzung begann damit, daß man von der Besetzung des Capitolinischen Hügels durch die treuergebenen Truppen der Garnison erfuhr. Man beschloß, das Senatsgebäude zu verlassen und im Jupitertempel zu tagen, weil man dort unmittelbar unter dem Schutz der Truppe war. Als man sich im Tempel niedergelassen hatte, fingen alle zur gleichen Zeit an zu reden. Einige Senatoren schrien, man müsse jede Erinnerung an die Caesaren auslöschen, jedes ihrer Standbilder müsse zerstört, jeder ihrer Tempel verbrannt werden! Die Consuln erhoben sich und verlangten Ruhe. »Alles zu seiner Zeit, meine Herren, alles zu seiner Zeit!« Dann erteilten sie das Wort einem Senator namens Sentius. Sie wußten, daß er stets eine Rede vorbereitet und eine laute und überzeugende Sprechweise hatte.

Sentius begann: »Meine Herren! Das Unglaubliche ist wahr geworden! Noch will es nicht in unsere Köpfe hinein, daß wir uns als freie Männer betrachten können und nicht länger als

Sklaven den Wahnsinnslaunen eines Tyrannen ausgeliefert sind. Oh, ich spüre, daß eure Herzen genauso stolz und freudig schlagen wie das meine, aber noch weiß niemand, wie lang dieser Segen des Glücks anhalten wird. Hundert Jahre ist es her, daß jemand in dieser Stadt sagen konnte: ›Wir sind frei.‹ Jetzt, meine Herren, kommt es darauf an, diese Freiheit uns zu erhalten. Nur gute und aufrechte Gesinnung kann sich Freiheit gewinnen. Es ist der größte Fluch der Tyrannei, daß sie die gute und aufrechte Gesinnung zerstört. Der erste unserer Tyrannen war Julius Caesar. Seitdem er die Herrschaft an sich gerissen hatte, gab es keine Schmach und Schande, die uns erspart geblieben wäre. (Lebhaftes »Sehr richtig!«) Denn seit Caesar ist jeder Imperator schlechter als sein Vorgänger gewesen! Und da sie schlechter waren, was mußten sie logischerweise hassen? Das Gute, das Anständige – mit einem Wort: die Tugend! (»Hört, hört!«) Der schlimmste dieser Tyrannen, dieser Gauner, Schurken, Betrüger, Wüstlinge und Verbrecher, war Caligula, der Feind der Götter und der Menschen. Möge er in der Unterwelt ewigen Qualen entgegengehen! (Lautes »Bravo!«) Jetzt aber, ich habe es schon gesagt, jetzt sind wir frei. Jetzt sind wir uns nur noch untereinander Rechenschaft schuldig. Offen wollen wir es aussprechen: Wie Sklaven haben wir gelebt. Von zahllosem Unrecht haben wir erfahren, aber ehe es uns nicht selbst traf, haben wir feig geschwiegen. Meine Herren, ich schlage vor, den tapferen Mördern des Tyrannen alle nur erdenklichen Ehren zuzuerkennen. (Stürmischer Beifall.) Der Name Cassius Chaerea soll und muß uns für alle Ewigkeit teurer sein als selbst der Name des Brutus!«

Niemand von denen, die diesem kindischen Geschwätz begeistert Beifall zollten, dachte jetzt noch daran, daß Sentius einer der übelsten Schmeichler des Caligula gewesen war. Sein unwürdiges Verhalten hatte ihm sogar den Spitznamen »Schoßhund« eingetragen. Neben Sentius saß ein Senator, der nicht weniger Schoßhund gewesen war. Er bemerkte am Finger des Sentius einen goldenen Ring mit einer großen Gemme, die den Kopf des Caligula trug. Er riß dem Sentius diesen Ring vom Finger, schleuderte ihn auf die Erde, und jedermann half ihm, den Ring völlig zu zerstampfen. Die Szene kam allen Beteiligten außerordentlich republikanisch vor. Noch während man sich dem Zerstampfen des Ringes hingab, war Cassius am Eingang erschienen. Er kümmerte sich um niemanden, sondern ging geradewegs auf die beiden Consuln zu und salutierte. »Die Parole für heute?« fragte er. Den glücklichen Senatoren erschien dies als der größte

Augenblick ihres Lebens. Seit über achtzig Jahren war die tägliche Parole nicht mehr von den Consuln ausgegeben worden. Der ältere der Consuln, auch einer von den »Schoßhunden«, richtete sich in ganzer Würde auf und entgegnete: »Die heutige Parole, Herr Oberst, heißt Freiheit!«

Es dauerte zehn Minuten, bis der Begeisterungssturm, der diesen Worten folgte, sich gelegt hatte. Erst dann konnte der Consul sich wieder verständlich machen. Etwas erregt teilte er dem Hause mit, daß die beiden Herren, die man an mich abgeschickt hatte, zurück seien. Ich hätte mein Bedauern ausgedrückt, daß ich vor dem Senat nicht erscheinen könne, aber ich würde von der Garde in ihrer Kaserne festgehalten. Diese Mitteilung rief einige Verwirrung und Bestürzung hervor. Es folgte ihr eine erregte Debatte, deren Ende war, daß mein Freund Vitellius vorschlug, den König Herodes zu Rate zu ziehen. Ein anderer pflichtete dem Vitellius bei und bemerkte, daß Herodes einen starken Einfluß auf mich habe und außerdem bei der Garde beliebt sei. Man dürfe nicht vergessen, daß Herodes sich auch gegen den Senat stets sehr zuverlässig gezeigt habe. So wurde beschlossen, nach Herodes zu schicken. Ich glaube, daß die zahlreichen Freunde, die Herodes unter den Senatoren hatte, diese Anregung auf Grund seines eigenen, vorher erteilten Rats gaben.

Herodes erschien bald. Allerdings hatte er es sich nicht entgehen lassen, zuerst einen Sklaven zu schicken, der seinen Herrn entschuldigte. König Herodes sei gerade beim Baden, aber er werde sich beeilen, so schnell wie möglich vor dem Senat zu erscheinen. In sehr kurzer Zeit trat er denn auch ein, wundervoll anzusehen in seiner orientalischen Tracht und starke Patschulidüfte verbreitend. Die Consuln erklärten ihm die Lage, und er tat sehr überrascht, als man ihm erzählte, daß ich zum Kaiser ausgerufen worden sei. Sodann begann er des längeren zu beteuern, daß er sich als Ausländer vollkommener Neutralität in diesen innerpolitischen Angelegenheiten befleißigen müsse. »Trotzdem«, erklärte er, »da Sie, meine Herren, meines Rates bedürftig erscheinen, will ich ihn so offen geben, wie es meiner Natur entspricht. Eine republikanische Regierungsform erscheint mir unter gewissen Voraussetzungen außerordentlich schätzenswert. Von einer wohlwollenden verständigen Monarchie läßt sich das gleiche sagen. Ein endgültiges Urteil darüber, welche Regierungsform die beste ist, läßt sich nicht abgeben. Nur eines läßt sich mit Bestimmtheit sagen: Keine Regierung hat die geringste Bedeutung, die geringste Aussicht, sich zu behaupten, die sich nicht auf die bewaffnete Macht stützen kann. Und daher, meine Herren, ehe ich Ihnen meinen praktischen Rat unterbreite, erlauben Sie mir, eine Frage an Sie zu richten: Haben Sie die Armee hinter sich?« Vinicius sprang auf und rief: »König Herodes, die Garnison ist bis auf den letzten Mann treu! Ihre Obersten sehen Sie unter uns! Wir haben Waffen und Geld. Ich glaube, daß nicht einer unter uns ist, der nicht freudigen Herzens seine Sklaven zu Kompanien formierte und ihnen die Freiheit verspräche, wenn sie sich tapfer für die Republik schlügen.«

Herodes bedeckte sich mit übertriebener Geste den Mund, damit jeder sehen konnte, wie er sich bemühte, nicht laut zu lachen. »Mein lieber Freund Vinicius«, sagte er, »ich möchte Ihnen raten, einen solchen Versuch nicht zu wagen! Wie, glauben Sie, werden sich Ihre Hausmänner, Bäcker oder Badewärter neben der Garde, der besten Truppe des Reiches, ausnehmen? Ich erwähne gerade die Garde, weil Sie es mir sicherlich gesagt hätten, wenn die Garde auf Ihrer Seite wäre. Wenn Sie wirklich der Meinung sind, daß man einem Sklaven nur einen Brustpanzer umbindet, einen Speer in die Hand drückt und ein Schwert anhängt, um ihm sagen zu können: Nun bist du ein Soldat, mein Sohn! – dann kann ich nur wiederholen: Wagen Sie einen solchen Versuch nicht!« Darauf wandte er sich an den gesamten Senat. »Meine Herren, Sie sagen, daß die Garde meinen Freund Tiberius Claudius Drusus Nero Germanicus zum Kaiser ausgerufen hat, ohne Ihre Einwilligung zu erbitten. Ich möchte annehmen, daß es dem Claudius nicht gestattet wurde, vor Ihnen zu erscheinen, und zwar weil eine aufgeregte Gruppe von Mannschaften Gewalt über ihn hat. Wenn aber jetzt, da Claudius, wie ich höre, in der Kaserne festgehalten wird, eine neue Abordnung von Ihnen geschickt würde, könnte man annehmen, daß auch die Offiziere ein Wort mitreden und daß sie wissen, wie man sich dem Senat gegenüber verhält. Wenn Sie wünschen, erkläre ich mich bereit, die Abordnung zu begleiten – selbstverständlich ohne mich Ihren Wortführern aufdrängen zu wollen. Ich glaube, daß ich genügend Einfluß auf meinen Freund Claudius besitze, um die augenblicklichen Schwierigkeiten auf befriedigende Weise zu lösen.«

Als ich gerade in der Offiziersmesse mein so lang verschobenes Mittagessen einnahm – jede meiner Bewegungen wurde sehr genau, aber auch sehr höflich von den Gardeoffizieren kontrolliert –, wurde mir die Abordnung des Senats gemeldet, der König Herodes sich angeschlossen habe. Und zwar wünsche Herodes zuvor mit mir allein zu reden. Herodes wurde eingelassen. Er begrüßte jeden der Offiziere mit seinem Namen, klopfte einem oder zweien wohlwollend auf die Schulter, dann trat er vor mich hin und machte eine sehr kunstvolle und zeremonielle Verbeugung. »Darf ich mit dir unter vier Augen sprechen, Caesar?« fragte er mit einem unmerklichen Grinsen. Ich ärgerte mich, daß er mich mit »Caesar« anredete, und bat ihn, mich bei meinem richtigen Namen zu nennen. »Wenn du nicht Caesar bist, wüßte ich nicht, wer es hier sonst sein könnte«, erwiderte Herodes, und jeder im Raum lachte mit ihm. Er kehrte sich ab, den Offizieren zu. »Meine tapferen Freunde«, fuhr er fort, »wenn ihr heute nachmittag bei der Senatssitzung zugegen gewesen wäret, hättet ihr genug zu lachen für den Rest eures Lebens. Wißt ihr, was ernsthaft vorgeschlagen wurde? Es sollte ein Bürgerkrieg gegen euch begonnen werden, und zwar mit Hilfe von Sklaven, Feuerwehrmännern, ausgedienten Polizisten und Nachtwächtern. Ausgezeichnet, wie? Vor euch allen möchte ich mit dem Kaiser über das sprechen, was ich eigentlich unter vier Augen mit ihm abmachen wollte. Der Senat hat eine neue Abordnung geschickt: Er verlangt, daß sich der Kaiser ihm unterwirft, und wenn er es nicht tut, werde er ihn zwingen. Wie finden Sie das? Ich habe die Abordnung begleitet, um dem Kaiser meinen unparteiischen Rat zu geben. Ich werde jetzt mein Versprechen halten.« Er drehte sich wieder mir zu: »Caesar, mein Rat ist: Tritt auf das Gewürm, und laß es sich unter deinem Fuß krümmen!« Ich antwortete sehr höflich: »Lieber Freund, König Herodes, du scheinst zu vergessen, daß ich ein Römer bin und daß sogar die Macht des Kaisers verfassungsgemäß vom Senat abhängt. Wenn der Senat mir etwas mitzuteilen hat, was ich höflich und bescheiden beantworten kann, so werde ich das tun.«

»Tu, wie du willst«, sagte Herodes und zuckte mit den Achseln, »besser werden sie dich für all deine Höflichkeit und Bescheidenheit nicht behandeln. Verfassungsgemäß? Wie? Natürlich muß ich mich der tieferen Kenntnis, die du als Historiker hast, unterwerfen, aber hat das Wort Verfassung noch irgendeine praktische Bedeutung?«

Nunmehr wurden die Boten des Senats vorgelassen. Sie leierten ihr Sprüchlein herunter, unbeteiligt und ohne jede innere Überzeugung. Ich möchte nichts Gewaltsames unternehmen, sondern mich ohne Zögern der Macht des Senats unterwerfen. Wenn ich die Macht, die mir entgegen der Verfassung verliehen worden sei, freiwillig abtrete, werde der Senat mich mit den höchsten Ehren bedenken, die ein freies Volk verleihen könne. Wenn alles gute Zureden nichts nützen sollte, würde man die ganze Stadt gegen mich bewaffnen, und sobald ich erst einmal gefangen wäre, hätte ich keine Gnade zu erwarten.

Bei diesen Worten drängten sich die Gardeoffiziere mit so drohenden Blicken und Worten um die Abgeordneten, daß diese eiligst beteuerten, sie wiederholten nur, was ihnen aufgetragen sei, und enthielten sich jeder Stellungnahme. Ihrer persönlichen Meinung nach sei ich die einzige Persönlichkeit, die in Betracht käme, über das Reich zu herrschen. Sie fügten hinzu: »Inoffiziell haben die Consuln uns einen zweiten Auftrag erteilt, den wir aber nur überbringen sollen, falls der erste hier keinen Anklang findet.«

Ich war neugierig, diesen zweiten Auftrag zu hören.

»Caesar«, erklärten sie, »wir sind angewiesen, Ihnen mitzuteilen, daß Sie die Monarchie – wenn Sie sie wirklich beanspruchen – nur aus den Händen des Senats, aber niemals aus den Händen der Garde empfangen können.«

Ich mußte laut lachen, und Herodes konnte sein Vergnügen ebenfalls nicht verbergen. Ich fragte: »Ist das alles, oder haben Sie einen dritten Auftrag bereit, falls der zweite mir nicht gefällt?«

»Wir haben keinen weiteren Auftrag, Caesar!« erwiderten sie demütig.

»Gut denn«, sagte ich, noch in sehr heiterer Stimmung, »bestellen Sie dem Senat, daß ich seine Abneigung gegen einen Kaiser gut verstehen kann. Der letzte Vertreter kaiserlicher Macht hat es kaum verstanden, zu den Herzen des Volkes zu finden. Andererseits besteht die Garde darauf, mich als Kaiser zu sehen, und die Offiziere haben mir bereits den Treueid geleistet – was soll ich tun? Bitte überbringen Sie dem Senat meine achtungsvollen Grüße und versichern Sie ihm, daß ich nichts gegen die Verfassung unternehmen werde« – bei diesen Worten sah ich Herodes triumphierend an – »und daß ich seine Autorität anerkenne. Aber ich bin in einer Lage, die es mir unmöglich macht, mich den Wünschen meiner militärischen Ratgeber zu widersetzen.«

Die beiden Abgesandten gingen, offenbar sehr erfreut, daß sie lebendig davonkamen. Herodes sagte: »Das war ganz gut, aber es wäre besser gewesen, wenn du noch entschiedener aufgetreten wärst. Auf diese Weise zögerst du alles nur hin.« Herodes folgte nach diesen Worten den Abgesandten des Senats. Jetzt traten die Gardeoffiziere um mich herum und erklärten, daß jeder Gardesoldat hundertfünfzig Goldstücke als Gratifikation anläßlich meiner Thronbesteigung erwarte, für jeden Hauptmann seien fünfhundert Goldstücke gedacht. Was ich den Obersten zahlen wolle, sei mir überlassen. Wir einigten uns auf zweitausend Goldstücke für jeden der Obersten. Darauf wurde der älteste Oberst, Rufrius Pollius, zum neuen Kommandeur der Garde gewählt, da der alte zu den Verschworenen zählte und augenblicklich der Senatssitzung beiwohnte. Schließlich mußte ich den Soldaten mitteilen, daß jeden von ihnen hundertfünfzig Goldstücke erwarteten, falls sie mir jetzt, Mann für Mann, den Treueid leisteten. Diese Zeremonie dauerte Stunden, denn jeder Soldat mußte die Formel nachsprechen.

Als dem Senat meine Antwort übermittelt wurde, vertagte er sich bis Mitternacht. Der Antrag auf Vertagung war von Sentius eingebracht worden, und ihn unterstützte jener Senator, der ihm den Ring vom Finger gerissen hatte. Kaum war die Vertagung beschlossen, als beide in größter Eile den Senat verließen, nach Hause stürzten, ihre Sachen packten und auf ihre Landgüter flüchteten. Sie fühlten sich allzu bedroht. Mitternacht kam, der Senat trat zusammen, aber wie dünn war das Haus besetzt! Kaum hundert Senatoren hatten sich versammelt, und selbst diese befanden sich in einer sehr wenig zuversichtlichen Stimmung. Die Offiziere der Garnison waren zwar erschienen, aber sie erklärten sogleich, der Senat möge ihnen jetzt einen neuen Kaiser geben. Alles andere werde der Stadt nur schaden.

Als erster schlug Vinicius sich selbst als Kaiser vor. Er fand nur wenig Unterstützung, und die Consuln lehnten ihn ab. Als nächster Kandidat meldete sich Asiaticus. Aber Vinicius erhob sich abrupt und fragte, ob irgend jemand unter den Anwesenden einen solchen Vorschlag ernst nehmen könne. Es gab Streit, der schließlich mit einer Schlägerei endete. Nur mit großer Mühe konnten die Consuln Ordnung schaffen. Da kam die Nachricht, daß die Marine und die Gilde der Gladiatoren sich soeben mit der Garde solidarisch erklärt hätten. Daraufhin zog Asiaticus seine Kandidatur eilig zurück. Niemand sonst meldete sich. Die Sitzung endete damit, daß man sich in kleine Gruppen auflöste und erregt und gedämpft miteinander flüsterte. Aber man blieb zusammen. Als der Morgen schon dämmerte, kamen Cassius, Lupus und andere der Verschworenen. Cassius versuchte eine Rede zu halten. Er begann damit, daß er die glänzende Wiederherstellung der Republik feierte. Schon hier wurde er durch ärgerliche Zwischenrufe der Garnisonsoffiziere unterbrochen. »Schluß mit der Republik, Cassius! Wir haben beschlossen, daß wir einen Imperator wollen. Wenn die Consuln sich nicht sehr dazuhalten und uns einen präsentieren, gehen wir in die Gardekaserne und verbinden uns mit Claudius!«

Einer der Consuln sagte nervös, mit einem hilfesuchenden Blick auf Cassius: »Nein, beschlossen ist das noch nicht. Vorläufig ist noch beschlossen, daß die Republik wiederhergestellt wird. Cassius hat den Caligula nicht getötet, damit nun ein neuer Kaiser drankommt, sondern – und darin glaube ich mich mit Cassius einig – damit die alte Freiheit wiedererrichtet wird.«

Cassius, weiß vor Erregung, schrie: »Römer, aus mir spricht Rom! Und Rom denkt nicht daran, einen neuen Kaiser hinzunehmen. Aber wenn ein neuer Kaiser ernannt wird, dann werde ich nicht zögern, ihm das zu tun, was ich dem Caligula getan habe.«

»Große Worte!« sagte einer der Obersten verächtlich. »Sie haben nur Angst vor Claudius, geben Sie's zu!«

Cassius brüllte: »Ich hätte Angst vor Claudius? Wenn der Senat mir befiehlt, in die Gardekaserne zu gehen und das Haupt des Claudius zu holen – ich würde es tun! Ich verstehe euch nicht! Vier Jahre habt ihr euch von einem Geisteskranken regieren lassen, und jetzt wollt ihr die Regierung einem Schwachsinnigen übertragen!«

Auf die Offiziere machte das nicht den geringsten Eindruck. Sie verließen ohne ein weiteres Wort den Senat, ließen die Garnison auf dem Marktplatz antreten und marschierten mit fliegenden Fahnen zu der Gardekaserne, um mir den Treueid zu schwören. Der Senat, oder was vom Senat übriggeblieben war, hatte jetzt keinen militärischen Schutz mehr. Jedermann, wie ich nachher erfuhr, begann dem andern Vorwürfe zu machen, und man gab sogar jeden Anschein der Begeisterung für die republikanische Sache endgültig auf. Wenn nur ein einziger Senator aufrecht in seiner Gesinnung geblieben wäre, hätte ich mich nicht so sehr für mein Land schämen müssen. Selbst die Verschworenen wurden jetzt untereinander uneinig. Während einige noch immer beteuerten, daß sie sich lieber töten würden, als einen neuen Kaiser ertragen, sagte Cassius auf solche Beteuerungen bereits: »Ihr meint nicht mehr, was ihr sagt, und für den Augenblick muß man andere Worte finden.«

Inzwischen hatten sich sämtliche Senatoren entfernt, und die Verschworenen fanden sich in der weiten Tempelhalle allein. Sie beschlossen zu frühstücken. Ich frühstückte auch, nach einer

Nacht, in der ich nur ein oder zwei Stunden ungestört hatte schlafen können. Da kam die Nachricht, daß die Consuln und alle jene Senatoren, die sich zu der Mitternachtssitzung eingefunden hatten, erschienen seien, um mir den Treueid zu schwören und ihre Glückwünsche darzubringen. Den Gardeoffizieren machte diese Ankündigung großen Spaß, und sie schlugen mir vor – in Anbetracht der frühen Morgenstunde –, die Abordnung warten zu lassen. Ich war durch die unruhige Nacht sehr reizbar geworden und sagte, daß ich überhaupt keine Lust hätte, sie zu empfangen, ich könnte nur Leute achten, die für ihre Gesinnung einträten. Ich versuchte nicht einmal mehr an die wartenden Senatoren zu denken und frühstückte weiter. Die deutsche Leibwache, die die ganze Nacht hindurch getrunken und gefeiert hatte, bemerkte die Senatoren, und wenn nicht Herodes, der in diesen kritischen Tagen überall im richtigen Augenblick einzugreifen verstand, die Deutschen unter Berufung auf mich zurückgehalten hätte, wären die Senatoren samt und sonders erschlagen worden. Er ließ die zu Tode geängstigten Senatoren in einem sicheren Raum warten und kam dann zu mir und sagte ironisch: »Verzeih mir, Caesar, ich habe nicht angenommen, daß du meinen Rat, auf das Gewürm der Senatoren zu treten, so wörtlich nehmen würdest. Du mußt etwas freundlicher zu den armen Leuten sein. Wenn ihnen etwas zustößt – wo bekommst du eine so servile Rotte schnell wieder her?«

Jeder Augenblick brachte mich tiefer in Konflikt mit meinen republikanischen Überzeugungen. Ich, der einzige wirkliche Gegner der Monarchie, sollte mich plötzlich wie ein Monarch aufführen! Auf den Rat des Herodes ließ ich den Wartenden mitteilen, ich erwarte den ganzen Senat im Palast. Die Garde machte keine Schwierigkeiten, mich aus der Kaserne zu lassen, aber die ganze Division begleitete mich: Neun Kompanien zogen vor mir her, drei folgten. Zum Schluß kamen die Truppen der Garnison und die deutsche Leibwache. Wir waren kaum unterwegs, als sich etwas Peinliches ereignete: Cassius und Lupus schlossen sich dem Zug an, und zwar nahmen sie ihren alten Platz an der Spitze ihrer Formationen ein. Ich erfuhr davon nichts, da der Zug viel zu weit auseinandergezogen war, als daß ich solche Einzelheiten von meiner Sänfte aus bemerken konnte. Die Soldaten dachten, daß die beiden auf Befehl des neuen Gardekommandeurs Rufrius handelten; sie konnten nicht wissen, daß Rufrius den beiden soeben hatte mitteilen lassen, daß sie ihres Kommandos enthoben seien. Die Eingeweihten verstanden nicht, was da vorging, und als bekannt wurde, daß die beiden sich bewußten Ungehorsams schuldig machten, gab es einen kleinen Aufruhr. Der Vorfall wurde mir, noch während wir nach dem Palast zogen, mitgeteilt.

Als wir im Palast ankamen, befragte ich Herodes, Rufrius und Messalina (die mich mit überschwenglichem Entzücken empfing), wie ich mich gegen Cassius und Lupus verhalten solle. Die Truppen waren vor dem Palast aufmarschiert, die beiden Frondeure noch immer mitten darunter, mit lauter, selbstbewußter Stimme redend, aber von allen übrigen Offizieren gemieden. Ich eröffnete unsere Beratung mit der Bemerkung, daß ich dem Cassius wegen seiner Tat keine Vorwürfe machen könne, und ich wies auf seine Verdienste als Soldat hin. Während Rufrius und Messalina ihm den Mord nicht verzeihen wollten, sagte Herodes: »Für dich, Claudius, sollte ausschlaggebend sein, daß Cassius den Lupus ausschickte, dich selbst zu ermorden. Wenn du ihm jetzt seinen Trotz hingehen läßt, wird die Stadt annehmen, daß du dich vor ihm fürchtest.«

Ich ließ mir den Cassius kommen und teilte ihm mit, daß sein Leben verwirkt sei. Ohne etwas zu entgegnen, ließ er sich abführen. Das gleiche ließ ich dem Lupus bestellen. Sie wurden am nächsten Tag hingerichtet. An den übrigen Verschworenen ließ ich keinerlei Rache üben. Sie fielen unter eine Amnestie, die ich kurz darauf, als der Senat im Palast versammelt war, verkünden ließ, wonach niemandem ein Leid geschehen sollte für alles, was er in diesen beiden Tagen gesagt und getan hatte.

Fünfundzwanzigstes Kapitel

Es gab so unendlich viel Arbeit, um den Unrat zu beseitigen, den Caligula während der vier Jahre seiner Mißwirtschaft angehäuft hatte, daß mir noch heute der Kopf schwindelt, wenn ich an die erste Zeit meiner Regierung zurückdenke. Diese unglaubliche Mißwirtschaft war der Grund, warum ich nicht dazu kam, die Herrschaft niederzulegen, nachdem die Erregung über das Ende des Caligula sich gelegt hatte. Denn ich wußte niemanden in Rom, der die Geduld gehabt hätte – selbst wenn er die Autorität gehabt hätte –, diese undankbare und mühselige Arbeit zu verrichten. Ich konnte unmöglich diese Tätigkeit den Consuln überlassen, die unfähig sind, nach einem weitgefaßten Plan zu arbeiten, weil sie stets nur die zwölf Monate ihrer Amtstätigkeit vor sich sehen. Entweder übertreiben sie ihre Reformen, um möglichst rasch Resultate aufweisen zu können, die sich dann meistens als neue Fehlschläge herausstellen, oder sie lassen alles, wie sie es vorfinden, und unternehmen überhaupt nichts. Die Aufgabe, die ich vorfand, hätte man nur einem Diktator übertragen können, der eine genau festgelegte längere Amtszeit vor sich sah. Aber wenn man einen Diktator erwählte – wo bestand die Möglichkeit, ihn davon abzuhalten, sich als Kaiser zu fühlen und sich schließlich zum Kaiser zu machen? So war es die Arbeit, die mich geduldig vorwärtsgehen und alle meine ursprünglichen Vorsätze vergessen ließ.

Voller Bitterkeit mußte ich an die günstigen Bedingungen denken, die Caligula bei seinem Amtsantritt vorgefunden hatte. Ich wollte ähnlich günstige Bedingungen schaffen, und dann, wenn ich Rom neu gefestigt hatte, wollte ich beweisen, wie ernst es mir mit meinen republikanischen Gedanken war. Ich selbst konnte mir keinen Vorwurf daraus machen, daß ich nach allem, was ich erlebt hatte, mich lieber auf mich als auf andere verließ. So unkaiserlich wie möglich wollte ich mich aufführen. Das erste Problem, das mir Schwierigkeiten machte, war das Problem der Titel. Der Senat wollte mir alle erdenklichen Ehrentitel anhängen. Ich lehnte sie fast alle ab, und lediglich aus Gründen der Autorität nahm ich den Titel Caesar an, zu dem ich berechtigt war aus Familiengründen. Außerdem war dieser Titel bei allen fremden Völkern des Reichs der wirksamste. Er enthob mich des Verdachts, in Gegensatz zu den Caesaren zu stehen. Ich übernahm ferner den Titel eines Volkstribunen, der meine Person unverletzlich machte und mir außerdem das Recht einräumte, gegen Beschlüsse des Senats mein Veto einzulegen. Aber die Titel »Vater des Vaterlandes« oder »Augustus« lehnte ich ab. Ebenso verbat ich mir, mit Majestät angeredet zu werden. Auch Imperator wollte ich nicht genannt werden, weil dieser Titel von jeher mit großen militärischen Erfolgen verbunden war. Ich hatte nichts dergleichen aufzuweisen. Ich schrieb indessen dem Senat, daß ich diesen Titel gern annehmen würde, nachdem es mir vielleicht einmal vergönnt sei, ihn im Feld zu erwerben.

Der Senat beschloß, dem Caligula alle Ehren abzusprechen, die ihm einstmals verliehen worden waren. Der Tag seiner Ermordung sollte Nationalfeiertag werden, aber ich machte Gebrauch von meinem Veto und ließ das Gedächtnis an Caligula unberührt, abgesehen davon, daß ich seine religiösen Edikte aufhob und den Kult, den er für sich selbst und seine arme Schwester Drusilla, die Göttin Panthea, eingesetzt hatte.

Es machte meiner Eitelkeit Freude, als ich die ersten Münzen überreicht bekam, die mein Bildnis trugen. Aber diese Ehre war unter der Republik hervorragenden Bürgern auch zuteil geworden, und so kann ich mir deshalb keine Gesinnungslosigkeit vorwerfen. Ein Bildnis auf Münzen wird bekanntlich immer im Profil ausgeführt. Ich war von mir selbst sehr enttäuscht, als ich mich zum erstenmal auf diese Art dargestellt sah: ein kleiner Kopf auf langem Hals mit hervorstehendem Adamsapfel. Aber Messalina tröstete mich: »Das ist sehr lebendig und sehr ähnlich. Man könnte sagen, es ist geschmeichelt.« – »Und einen solchen Mann kannst du lieben?« fragte ich. Sie schwor, daß es kein lieberes Gesicht für sie auf der ganzen Welt gäbe. Also gewöhnte ich mich an die Münzen.

Der Palast wurde einer gründlichen Reinigung unterzogen. Alle die goldenen Standbilder des Caligula, die in unsinniger Menge herumstanden und keinen künstlerischen, sondern nur Materialwert hatten, wurden ebenso eingeschmolzen wie der goldene Hausrat, den er um sich aufgehäuft hatte, von den goldenen Türdrückern bis zu den goldenen Fensterfüllungen. In Caligulas Schlafzimmer fand ich das geheime Giftschränkchen der Livia, das Caligula gut zu benutzen verstanden hatte. Ich nahm es eines Tages mit mir nach Ostia, ließ mich weit hinausrudern und warf es ins Meer. Nach einer kurzen Weile wurden Tausende von toten Fischen an die Oberfläche getrieben.

Eine der ersten Neuerungen, die ich einführte, war das Zurückgreifen auf den alten Brauch des Augustus und der Livia, wonach alle Beschlüsse und Anordnungen sofort schriftlich niedergelegt werden mußten. Unter Caligula war es Mode geworden, dem Kaiser eine Entscheidung abzupressen, indem man ihm sagte, er habe sich »neulich« bereits so und so geäußert. Caligula war viel zu eitel, um eine »einmal getroffene Entscheidung« zu ändern. Jetzt galt weder für die Gerichte noch für die Verwaltung irgendeine Anweisung, die ich nicht unterzeichnet hatte. Diese Methode wurde auch von den Vorstehern der einzelnen Ämter ihren Untergebenen gegenüber eingeführt, und obwohl sie zuerst als umständlich bezeichnet wurde, hat sie uns später sehr viel Zeit erspart.

Das Zentrum der ganzen Verwaltung war das kaiserliche Sekretariat. Von hier aus wurden alle Verfügungen verteilt, hier saßen geschulte Kräfte, die Auskünfte geben und Ausführungsbestimmungen erlassen konnten. Es war selbstverständlich, daß diese Instanz, wenn sie nicht genügend kontrolliert war, sehr schnell korrupt werden konnte, und ich trug mich zuerst mit dem Gedanken, sie aufzulösen. Aber ich sah, daß sie zu sehr ein Bestandteil der Verwaltung geworden war, und beschloß, dieses Sekretariat zu einer Art von Beamtenministerium auszubauen, wo ich ohne Rücksicht auf Geburt oder Rang – meistens waren es Freigelassene – fähige Männer einstellte, die zu einzelnen Abteilungen zusammengeschlossen wurden. So gab es eine Finanzabteilung, eine Abteilung für militärische Angelegenheiten, eine Abteilung für die innere Verwaltung. Alle Abteilungen bekamen Vorstände, zu denen meine langjährigen Sekretäre Myron (für Rechtspflege), Posides (für Militärausgaben), Harpocras (für Feste und Lustbarkeiten), Amphaeus (für die Einwohnerkontrolle) berufen wurden. Diese Staatssekretäre hatten weder einen Sitz im Senat, noch spielten sie sonst irgendwie eine selbständige Rolle: Sie waren nichts anderes als der Regierungsapparat, den die Consuln oder der Senat genauso benutzen konnten wie ich selbst. Myron war mein oberster Sekretär. Er hatte mich stets zu begleiten, wenn ich ausging, und auch Bittschriften entgegenzunehmen. Ferner wurden ernannt Pallas, der meine Privatverwaltung zu führen hatte, sein Bruder Felix, der sich mit den auswärtigen Angelegenheiten befaßte, Callon, der sich um die Wareneinfuhr bekümmerte, und dessen Sohn Narcissus, der meine persönliche Korrespondenz führte. Polybius wurde mit den religiösen Angelegenheiten betraut – denn ich war Oberster Priester – und sollte mich bei meinen historischen Arbeiten unterstützen, falls ich Zeit dafür haben würde.

Ich brachte sie alle im Neuen Palast unter. Dort war viel Platz, nachdem ich die Rotte von Wagenlenkern, Stallknechten, Schauspielern, Gauklern und anderen Drohnen entfernt hatte. Ich selbst bewohnte den Alten Palast des Augustus, und zwar lebte ich sehr bescheiden, nach dem Beispiel des Augustus. Für Empfänge, Feste oder Staatsbesuche benutzte ich die Zimmerflucht im Neuen Palast, die Caligula innegehabt hatte. Auch Messalina benutzte gelegentlich einen Flügel des Neuen Palastes. Ich mußte ihr, die mich bei der Berufung der Staatssekretäre sehr geschickt beraten hatte, gestehen, daß der Glanz meines republikanischen Eifers etwas zu verblassen beginne: Jeden Tag vermöchte ich den Augustus mehr zu verstehen und zu bewundern. Auch meine

Großmutter Livia mußte ich bewundern. Wenn es mir gelingen würde, der Republik eines Tages einen Regierungsapparat zu übergeben, der nur halb so gut arbeiten würde wie der ihre, konnte ich sehr zufrieden mit mir selbst sein. Messalina bot mir lächelnd an, für mich die Rolle zu spielen, die Livia für Augustus gespielt hätte. Sie glaube eine große Menschenkenntnis zu haben, und wenn ich ihr freie Hand lassen würde, sei sie gern bereit, mir alle gesellschaftlichen Pflichten abzunehmen, die mit meinem Amt als Wächter der öffentlichen Moral verbunden waren. Ich liebte Messalina aufrichtig, und Beispiele für ihre Menschenkenntnis hatte sie mir schon gegeben, aber ich zögerte, ihr so viel Verantwortung zu überlassen. Sie bat mich, einen stärkeren Beweis ihrer Fähigkeiten geben zu dürfen. Sie schlug vor, die ganze große Liste der Senatoren mit mir durchzugehen und mir diejenigen zu nennen, die ihrer Meinung nach würdig waren, Senatoren zu bleiben. Wir ließen uns die Liste kommen, und ich muß gestehen, daß ich äußerst überrascht war von ihrer bis ins einzelne gehenden Kenntnis von Charakter, Fähigkeiten und Privatleben der ersten zwanzig Namen. Ihre Vorschläge waren so begründet, daß ich ihr keine Gegengründe vorzuhalten wußte. Wir machten also die ganze Arbeit gemeinsam, ließen in Fällen, in denen wir beide nicht sicher waren, genaue Ermittlungen anstellen und strichen ungefähr ein Drittel der augenblicklichen Senatoren von der Liste. Die Lücke wurde aus den Reihen der »Ritter« neu ergänzt. Einer von denen, die gestrichen wurden, und zwar auf meinen Vorschlag, war Sentius. Ich wollte einen Menschen so üblen Charakters nicht länger um mich haben. Ein anderer Senator, der seiner Würde verlustig ging, war Incitatus, das Lieblingspferd des Caligula. Er mußte auch seinen kostbaren Stall räumen und durfte künftig weder aus einer Krippe von Elfenbein fressen noch sich an Fresken erfreuen, die zu seiner Zerstreuung auf die Stallwände gemalt wurden. Er wurde in einem der Marställe untergebracht, brauchte sich aber von seiner Frau, Penelope, nicht zu trennen.

Herodes mahnte mich unausgesetzt, vor Meuchelmördern auf der Hut zu sein. Die Änderungen auf der Liste der Senatoren hätten mir viele Feinde gemacht. Eine Amnestie – wie ich sie erlassen hatte – sei zwar ganz gut, aber die Großherzigkeit dürfe nicht nur von der einen Seite geübt werden. Nach seiner Mitteilung gingen Vinicius und Asiaticus bereits mit zynischen Bemerkungen umher: Neue Besen kehrten gut, und mit dieser Pose von Biederkeit und Rechtlichkeit hätten auch Caligula und Tiberius ihre Herrschaft begonnen, und ich würde als genauso wüster Despot enden wie diese beiden. Herodes riet mir, den Senat vorläufig nicht zu betreten und immer eine besondere Schutzwache um mich zu haben. Dieser Rat beunruhigte mich, und ich betrat den Senat einen ganzen Monat lang nicht. Später pflegte mich zu jeder Senatssitzung Rufrius zu begleiten, den ich zum Senator machte, und ein Gefolge von vier Gardeoffizieren. Auf Messalinas Vorschlag, die sehr besorgt um mich war, wurde jeder, der im Palast zu mir kam, zunächst auf Waffen untersucht, sogar Frauen und Kinder. Mir war der Gedanke nicht erfreulich, daß sogar Frauen untersucht werden sollten, aber Messalina bestand darauf, und ich gab meine Einwilligung, als sie mir zusicherte, daß ihre freigelassenen Dienerinnen diese Durchsuchung selbst vornehmen würden, nicht etwa Soldaten. Messalina verlangte ferner, daß bewaffnete Soldaten sogar während der Bankette, die ich gelegentlich geben mußte, zugegen waren. In den Zeiten des Augustus würde man eine solche Maßnahme verachtet haben, und ich schämte mich sehr, wenn ich sie hinter meinem Stuhl aufmarschieren sah, aber ich mußte vorsichtig sein.

Ich gab mir große Mühe, um dem Senat seine Selbstachtung wiederzugeben. Die unwürdigen Szenen, welche sich nach der Ermordung Caligulas im Senat abgespielt hatten, sollten sich nicht wiederholen. Ich versprach, daß niemand Senator werden würde, der nicht mindestens vier Generationen freie römische Bürger zu Vorfahren gehabt hatte. Unter dem Adel gab es – wie schon zu Zeiten des Augustus – eine große Menge von Müßiggängern. Ich machte bekannt, daß jeder aus dem Orden der Ritter verstoßen würde, der ein öffentliches Amt ablehnen sollte, das man ihm anbiete. In mehreren Fällen mußte ich meine Drohung wahrmachen.

Die beiden wichtigsten Aufgaben, die ich zu bewältigen hatte, waren eine völlige Neuordnung der Staatsfinanzen und die Aufhebung der schlimmsten Verfügungen, die Caligula erlassen hatte. Beides konnte nur langsam unternommen werden. Zu den Beratungen über die finanziellen Fragen zog ich meine Staatssekretäre und den Herodes hinzu. Ich glaube, es gab niemanden, der besser über die Regelung von Schulden und über das Aufnehmen von Anleihen Bescheid wußte. Das Problem, wie man möglichst sofort Geld für die täglichen Ausgaben beschaffen könnte, wurde durch das Einschmelzen des Goldes gelöst, das Caligula überall hatte zum Schmuck anbringen lassen. Herodes schlug ferner vor, im Namen des Capitolinischen Jupiters die Tempelschätze anderer Götter zu borgen, um auf diese Weise den Bargeldbestand zu erhöhen. Tempelschätze – das waren meist wertvolle Stiftungen, die von Leuten gemacht worden waren, denen ein Gott geholfen hatte, etwa eine Warenladung sicher nach Rom zu bringen oder einen Sieg zu erringen. Diese Spenden waren fast ausschließlich aus reinem Gold angefertigt, oft sehr kunstvoll, und wurden als Eigentum des Gottes betrachtet, in dessen Tempel sie aufgestellt waren. Ich folgte diesem Rat und schmolz so viele Stiftungen ein, wie es möglich war, ohne die Spender oder deren Familien zu beleidigen. Künstlerisch bedeutsame Werke blieben ebenfalls verschont. Aber es wurde durchaus für richtig befunden, daß Jupiter in Zeiten der Not eine Anleihe bei seinen Mit- und Untergöttern machte. Gleichzeitig beschlossen wir eine Anleihe bei den Banken, denen wir einen verlockenden Zinsfuß boten. Aber Herodes sagte, das Allerwichtigste sei, das öffentliche Vertrauen in die Wirtschaft wiederherzustellen und auf diese Weise das Geld, das jetzt zurückgehalten werde, in Verkehr zu bringen. »Man darf die Sparsamkeit nicht zu weit treiben«, sagte er. »Wenn es mir schlecht ging, habe ich mein letztes Geld stets darauf verwendet, mich besonders prächtig zu kleiden. Das stärkte meinen Kredit und setzte mich in die Lage, von neuem borgen zu können. Wenn du zum Beispiel die Tore zum Zirkus mit einigen vergoldeten Blättern verzieren ließest, würde jedermann sich in einem wohlhabenden Zeitalter fühlen, und dich kostet es fünfzig oder hundert Goldstücke. Und noch eine andere Idee hatte ich heute früh, als ich zusah, wie die wundervollen Marmorblöcke herangeschafft wurden, die für den Tempel des Caligula bestimmt waren. Da du ohnehin den Tempel nicht weiterbauen läßt, würde ich diese schönen Marmorplatten zur Dekoration des Zirkus benutzen. Dort werden sie große Wirkung tun.«

Herodes war unerschöpflich in solchen Ideen. Ich sagte ihm, daß ich es am liebsten sehen würde, wenn er immer in Rom bliebe. Aber er antwortete, daß das unmöglich sei, er habe selber ein Königreich zu regieren.

In dieser ersten wichtigen Finanzkonferenz wurde auch die Abschaffung einiger der übelsten Steuern des Caligula beschlossen, Steuern, die zum Beispiel die Erträgnisse aus Bordellen oder aus der Benutzung von Bedürfnisanstalten betrafen.

Ich wurde sehr schnell populär. Ich erließ eine Verordnung, wonach das Wort »Verrat« oder »Hochverrat« künftighin völlig bedeutungslos sein werde. Auch geschriebener Verrat sei kein Verbrechen mehr. Hierin war ich noch liberaler als Augustus. Hunderten von Menschen verhalf diese Verfügung zur Freiheit. Man mußte nur aufpassen, daß unter denen, die wegen »Verrats« verhaftet worden waren, sich nicht gemeine Verbrecher befanden. Jeden Morgen begab ich mich selbst auf den Marktplatz, und dort, vor dem Tempel des Herkules, führte ich den Vorsitz der Gerichtsverhandlungen. Einige Senatoren waren meine Beisitzer. Seitdem Tiberius nach Capri gegangen war, hatte es keine Beisitzer mehr gegeben: Der Kaiser allein hatte entschieden. Ich stellte mich auch überraschend bei anderen Gerichten ein und folgte der Verhandlung. Meine juristischen Kenntnisse waren sehr dürftig. Jeden Tag, wenn ich mich zum Marktplatz tragen ließ, kam ich an einem Haus vorüber, an dessen Front in riesigen Buchstaben geschrieben war: *Institut für Redekunst und Jurisprudenz. Gründer und Leiter: Telegonius Macarius, Bürger von Rom und Athen.* Darunter war eine große Marmortafel mit folgender Inschrift angebracht: »Telegonius berät in allen persönlichen, finanziellen und juristischen Fragen. Er ist der einzige, der sämtliche römischen Gesetze, Proklamationen, Edikte und Gerichtsentscheidungen kennt, ob sie der Vergangenheit oder Gegenwart angehören, ob sie wirksam sind oder nicht. Innerhalb einer halben Stunde vermag der gelehrte Telegonius für jeden Prozeß die geeigneten juristischen Unterlagen zu beschaffen. Zahlreiches geschultes Personal. Auskünfte auch über jedes ausländische Recht. Telegonius arbeitet die wirksamsten und beststilisierten Reden für den Vortrag vor Gericht aus, mit eingefügter Bezeichnung des Tonfalls und der wirksamsten Gesten. Spezialität: persönliche Ansprachen an die Geschworenen. Kein Klient des Telegonius hat je einen Prozeß verloren, es sei, daß sein Gegner von derselben Quelle gespeist wurde. Mäßige Preise und aufmerksame Bedienung. Gelegentlich werden Schüler angenommen.« Darunter stand, gleichsam als Abschluß, ein Zitat: »Die Zunge ist mächtiger als das Schwert. Euripides.«

Allmählich konnte ich diese Inschrift auswendig, so oft wurde ich daran vorbeigetragen. Wenn der Verteidiger oder der Staatsanwalt mich anredete mit Ausdrücken wie: »Sicherlich, Caesar, ist es Ihnen gegenwärtig, daß im 15. Abschnitt des 4. Artikels der Rechtsübersicht des Marcus Porcius Cato aus dem Jahr soundso dies und das verzeichnet steht –«, dann pflegte ich zu entgegnen: »Sie irren, das ist mir keineswegs gegenwärtig. Ich bin nicht der gelehrte Telegonius, der alle Gerichtsentscheidungen der Vergangenheit und Gegenwart kennt, sondern ich bin ein einfacher Richter, der sich einen Streitfall anhört. Fahren Sie fort, und vergeuden Sie meine Zeit nicht.« Immerhin schien das Geschäft des Telegonius zu blühen, denn seiner Tätigkeit, seinen Informationen, den von ihm ausgearbeiteten Reden begegnete ich auf Schritt und Tritt. Mir sind große rednerische Ergüsse vor Gericht verhaßt, und mir wurde allmählich die Einwirkung des Telegonius zuviel. Wenn jemand seinen Fall nicht kurz und bündig erklären kann und nicht alles unterläßt, was von der Sache abführt und Sand in die Augen des Gerichts streuen soll, dann verdient er seine Strafe schon aus dem Grund, weil er sich unanständiger Mittel bedient hat, weil er sich aufgespielt und die Zeit des Gerichts vergeudet hat. Ich schickte Polybius, ließ mir eines der von Telegonius auch angezeigten Handbücher kommen und ging es durch.

Einige Tage später besuchte ich eine kleine Strafkammer, als ein Angeklagter eine jener blühenden Redewendungen gebrauchte, die Telegonius so dringend empfahl. Ich bat den vorsitzenden Richter, eine Bemerkung machen zu dürfen, und wies den Angeklagten darauf hin, daß er die Bilder vertauscht und die Abschnitte verwechselt habe, und zitierte zu allgemeiner Heiterkeit den Anfang seiner Rede und ihren eigentlichen Fortgang aus dem Buch des Telegonius.

Da ich mich der Rechtspflege so eingehend widmete, zum Beispiel auch dafür sorgte, daß kein Angeschuldigter länger als höchstens einige Tage in Haft blieb, bis seine Sache verhandelt wurde, hoffte ich auf mehr Anerkennung, als ich tatsächlich erhielt. Ich machte kein Hehl daraus, daß das Zuspätkommen oder Nichterscheinen einer Partei mich für die Gegenpartei einnahm. Ich versuchte, jeden Fall so schnell wie möglich zu erledigen, wodurch ich in das Gerede kam, ich gäbe den Angeklagten nicht genügend Zeit, sich zu verteidigen. Wenn jemand irgendeines Verbrechens beschuldigt war, fragte ich ohne Umschweife: »Ist es im wesentlichen wahr, was die Anklage behauptet?« Bekam ich dann irgendein Gestammel zu hören statt einer klaren Antwort, pflegte ich meistens schon das Urteil zu sprechen. Die Anwälte, denen ich durch diese Methode ihre Entfaltungsmöglichkeiten nahm, konnten mich nicht leiden und bereiteten mir Schwierigkeiten, wo sie konnten. Vertraulichkeit vor Gericht ließ ich nicht aufkommen, aber eine Atmosphäre des Vertrauens suchte ich zu verbreiten. Ich fand, daß dies besonders den Zeugenaussagen zugute kam.

Großen Ärger hatte ich einmal mit einem Angestellten des Gerichts, dessen Aufgabe es war, die Zeugen zu laden und für ihr pünktliches Eintreffen Sorge zu tragen. Es handelte sich um einen Betrugsfall, der an einem einzigen, sehr wichtigen Zeugen hing. Als er aufgerufen wurde, war er nicht da. Ich fragte jenen Beamten, ob der Mann nicht ordnungsgemäß geladen sei.

»O gewiß, Caesar!«

»Warum ist er nicht hier?«

»Er ist unglücklicherweise verhindert.«

»Das ist keine Entschuldigung, es sei denn, daß er zu krank ist, um ohne Lebensgefahr vor Gericht getragen zu werden.«

»Ich weiß, Caesar, der Zeuge ist nicht mehr krank. Er war sehr krank. Aber das ist jetzt überstanden. Er war von einem Löwen angefallen worden und bekam eine Blutvergiftung.«

»Dann wundere ich mich, daß er überhaupt wieder gesund wurde.«

»Wurde er auch nicht«, kicherte der Bursche. »Er ist tot. Ich glaube, das entschuldigt sein Nichterscheinen zur Genüge.« Alles lachte.

Ich wurde so zornig, daß ich ihm meine Schreibtafel an den Kopf warf, ihm sein Bürgerrecht nahm und ihn nach Afrika verbannte. »Hoffentlich fallen die Löwen dich dort an«, rief ich, »und du bekommst Blutvergiftung!« Indessen rief ich ihn nach sechs Monaten zurück und setzte ihn in sein Amt wieder ein. Er machte keine Witze mehr auf meine Kosten. Aber das Vorkommnis zeigt, in welchem Ruf ich stand und was man sich alles gegen mich herauszunehmen getraute.

Ich darf hier das unangenehmste Erlebnis, das ich je vor Gericht hatte, nicht auslassen. Ein junger Adliger war angeklagt, sich auf das ekelhafteste gegen Frauen zu benehmen. Die eigentliche Klägerin war die Zunft der Prostituierten, eine zwar nicht legale, aber sehr gut geleitete Organisation, die ihre Mitglieder sehr erfolgreich gegen Betrüger oder Rauhbeine schützte. Die Prostituierten konnten gegen den jungen Herrn zwar nicht selbst als Klägerinnen auftreten, daher hatten sie sich an einen Mann gewandt, der mit dem jungen Adligen noch »eine Sache zu bereinigen« hatte – Prostituierte erfahren alles – und auf Vergeltung brannte. Dieser Mann übernahm es, als Kläger aufzutreten. Die Zeugeneigenschaft von Prostituierten war vollgültig. Ehe die Verhandlung stattfand, fragte ich bei meiner Freundin Calpurnia an, ob sie nicht mit einigen der Frauen sprechen könne, die als Zeuginnen auftreten wollten, und unter der Hand herausfinden, ob die Beschuldigungen gegen den jungen Adligen wahr seien oder ob alles nur auf eine Bestechung von seiten jenes Mannes hinausging, der die Klage eingebracht hatte. Schon nach ganz kurzer Zeit teilte mir Calpurnia mit, daß der Beschuldigte sich tatsächlich sehr übel gegen zahlreiche Frauen benommen hatte und daß die Mädchen, die sich bei der Zunft beschwert hatten, als wahrheitsliebend bekannt seien. Eine davon sei sogar eine gute Freundin von ihr.

Ich führte die Verhandlung selbst, vereidigte die Zeuginnen und lehnte den Einspruch der Verteidigung ab, daß Prostituierte von vornherein nicht glaubwürdig seien. Als eins der Mädchen eine besonders schmutzige Bemerkung wiederholte, die der Angeklagte ihr gegenüber gemacht hatte, fragte mich der Protokollführer: »Soll ich das aufschreiben, Caesar?« Ich antwortete: »Warum nicht?« Darüber wurde der Angeklagte so wütend, daß er tat, was ich seinerzeit mit dem unverschämten Beamten getan hatte, er warf mir seine Schreibtafel an den Kopf. Aber während ich mein Ziel damals verfehlt hatte, traf er mich gut. Die scharfe Ecke der Tafel schlug so heftig auf meine Backe, daß sie blutete. Ich sagte nichts weiter als: »Ich freue mich, Angeklagter, daß Ihnen ein letztes Schamgefühl erhalten blieb.« Ich fand ihn zum Schluß der Verhandlung schuldig und strich ihn aus der Liste derer, die für ein öffentliches Amt in Betracht kommen. Er war ein Verwandter des Asiaticus, der mich nach einigen Monaten bat, dieses Brandmal von ihm zu nehmen. Ich sagte: »Ihnen zuliebe will ich es tun, aber sehen wird man es immer.« Diese Bemerkung pflegte Asiaticus später als Beweis für meinen Schwachsinn anzuführen. Vermutlich konnte er nicht verstehen, daß ein guter Ruf einem irdenen Teller gleicht, wie meine Mutter zu sagen pflegte. Beides kann brechen, beides kann ausgebessert werden, aber beides wird nie wieder, wie es gewesen.

Jeder Lehrer erscheint seinen Schülern voller Eigenheiten. Er hat gewisse, stets wiederkehrende Redewendungen, die den Schülern bekannt sind und auf deren Wiederholung sie warten. Derartige Lieblingsredewendungen aber besitzt jeder Mensch, nur schenkt man ihnen keine Beachtung, ehe der Betreffende nicht zu einer besonderen Stellung aufgerückt ist. Auch an mir war nichts aufgefallen, ehe ich Kaiser wurde, aber dann wurden meine Lieblingsausdrücke sofort berühmt. Ich brauchte nur vor Gericht zu bemerken: »Möge es zum Guten oder Schlechten sich wenden ...« oder meinem Sekretär zuzurufen: »Jetzt hätten wir die Sache beim Schopf!« – und es erhob sich ein großes allgemeines Gelächter, als ob ich das geistvollste Epigramm geäußert hätte.

Während des ersten Jahres meiner Tätigkeit bei den Gerichten muß ich Hunderte von Fehlern gemacht haben, aber die Streitfälle wurden geschlichtet. Manchmal hatte ich Einfälle, auf die ich selbst stolz war. Einmal trat eine Zeugin auf, die behauptete, mit dem Angeklagten nicht verwandt zu sein, während die Anklage erklärte, sie sei seine Mutter. Ich sagte ihr, daß ich ihr Glauben schenke und daß ich sie in meiner Eigenschaft als Oberster Priester unmittelbar nach der Verhandlung mit dem Angeklagten verheiraten würde. Darüber war sie so entsetzt, daß sie ihren Meineid zugab. Sie hätte verborgen, daß sie die Mutter sei, um nicht als voreingenommene Zeugin zu gelten. Dieser Einfall brachte mir viel Anerkennung ein, die ich bei einer anderen Gelegenheit beinahe wieder völlig verlor. Der Angeklagte, ein Freigelassener, hatte das Testament seines Herrn kurz vor dessen Tode zu seinen Gunsten gefälscht. Als die Sache vorgetragen wurde, empörte ich mich sehr und beschloß, dem Angeklagten die Höchststrafe zuzuerkennen. Die Verteidigung war sehr schwach – nur ein Strom von Redewendungen nach dem Rezept des Telegonius. Ich hatte auf meinem Stuhl schon über sechs Stunden gesessen und bekam Hunger. So sagte ich zu dem ältesten Richter: »Übernehmen Sie den Fall, und wenn die Verteidigung nichts Besseres vorzubringen hat als bisher, erkennen Sie auf die Höchststrafe.«

»Die Höchststrafe? Meinen Sie das wirklich?« fragte der Richter.

»Der Mann verdient kein Mitleid – die Höchststrafe, jawohl.«

»Ihren Befehlen wird gehorcht, Caesar«, entgegnete er.

Als ich nach dem Essen in die Verhandlung zurückkehrte, hatte man dem Angeklagten beide Hände abgeschlagen. Dies war die Strafe, die Caligula als Höchststrafe für Urkundenfälschung eingeführt hatte und die weder aufgehoben noch mir bekannt war. Jeder war der Ansicht, daß ich höchst grausam vorgegangen sei, denn der verkündende Richter hatte erklärt, es sei mein Urteil, nicht das seine. Dabei hatte ich an eine solche Strafart überhaupt nicht gedacht.

Ich rief alle Verbannten zurück, die wegen »Hochverrats« verschickt worden waren, holte jedoch in jedem Fall die Erlaubnis des Senats ein. Auch meinen Nichten Agrippinilla und Lesbia wurde erlaubt zurückzukehren, obwohl ich persönlich sehr viele Gründe dagegen hatte. Sie hatten sich zeit ihres Lebens unverschämt gegen mich betragen, hatten mit ihrem Bruder Caligula Blutschande getrieben, und ihre Ehebrüche waren öffentliche Skandale gewesen. Aber Messalina verwendete sich für sie. Es ist mir später klargeworden, daß ihrem Machtgefühl dies eine große Genugtuung sein mußte. Denn die beiden hatten sie stets hochmütig behandelt, und wenn sie jetzt erfuhren, daß sie nur der Messalina ihre Rückkehr nach Rom verdankten, mußten sie sich ihr gegenüber sehr klein vorkommen. Zunächst aber dachte ich, sie handele aus reiner Menschenfreundlichkeit. Also kehrten meine Nichten zurück, aber die Verbannung hatte ihren Hochmut nicht gebrochen. Nur zu mir waren sie freundlicher als früher, vor allem Lesbia.

Ich bestätigte die Herrschaft des Herodes über Baschan, Galilaea und Gilead und fügte seinem Königreich Judaea, Samaria und Edom hinzu, so daß sein Gebiet jetzt so groß war wie das, worüber Herodes der Große geherrscht hatte. Herodes und ich schlossen ein feierliches Bündnis. Ich übertrug ihm ehrenhalber sogar die Würde eines römischen Consuls. Diese Ehre war bisher keinem Angehörigen seines Volkes zuteil geworden. Ferner befreite ich den Alabarchen und seinen Bruder Philo aus dem Gefängnis.

Bei den üblichen Festlichkeiten weltlicher und religiöser Art, die nach und nach anläßlich meiner Übernahme der Macht stattfanden, wurden auch viele Theatervorstellungen gegeben. Ich hatte niemals Gefallen an einer Sitte finden können, die meiner Ansicht nach völlig unrömisch war und in den letzten Jahren der Regierung des Augustus aufgekommen war: daß Herren und Damen der Gesellschaft selbst auf der Bühne als Schauspieler oder Tänzer auftraten. Ich habe nie verstanden, warum Augustus sich damit abgefunden hat. Vielleicht war der Grund, daß er für alle Neuerungen, die aus Griechenland eingeführt wurden, eine gewisse Schwäche hatte. Sein Nachfolger Tiberius haßte das Theater, ob nun Berufsschauspieler oder vornehme Dilettanten auftraten. Er hielt Theaterspielen für Zeitverschwendung und für Anreiz zu Laster und Torheit. Aber Caligula holte nicht nur die Berufsschauspieler, denen Tiberius das Betreten Roms verboten hatte, schleunigst wieder zurück, sondern er ermutigte die vornehmen Dilettanten und trat selbst häufig genug auf. Warum ich gegen diese Sitte so sehr eingenommen war, hatte seinen einfachen Grund darin, daß ich die vornehmen Dilettanten für unfähig und unausstehlich langweilig hielt. Der Römer ist kein geborener Schauspieler. In Griechenland hat man eine natürliche

Begabung für das Theater, und während sich dort die vornehmen Dilettanten auszeichnen, habe ich stets gefunden, daß sie in Rom unmöglich waren. Rom hat nur einen wirklich großen Schauspieler hervorgebracht, Roscius; aber die Vollendung, die er erreichte, war mit außerordentlichen Mühen verbunden gewesen. Er machte keinen Schritt, keine Bewegung auf der Bühne, die er nicht auf das genaueste vorher einstudiert hatte, und zwar so lange, bis sie völlig natürlich aussahen. Um dem Unfug des Dilettantismus zu Leibe zu rücken, ließ ich an alle die vornehmen Herren und Damen, die unter Caligula auf der Bühne gespielt hatten, die Aufforderung ergehen – »bei Gefahr meines Mißvergnügens« – zwei Stücke und eine Tanzpantomime aufzuführen, die ich ausgewählt hatte. Kein Berufsschauspieler sollte mit ihnen gemeinsam auftreten dürfen – alles müßten sie allein machen. Gleichzeitig befahl ich meinem Sekretär Harpocras, der mir für alle Lustbarkeiten verantwortlich war, die von mir den Dilettanten bestimmten Stücke gleichzeitig durch Berufsschauspieler – die besten, die er finden konnte – einstudieren und am Tag nach der Dilettantenaufführung spielen zu lassen. Ich hielt alles streng geheim, nicht einmal Harpocras wußte, daß dasselbe Programm von zwei verschiedenen Truppen eingeübt wurde. Den Berufsschauspielern war lediglich gesagt worden, die Vorstellung sei eine Überraschung, und keiner der Beteiligten habe vorher auch nur ein Wort darüber zu reden. Meine Absicht gelang: Die Vorstellung der Dilettanten war langweilig, unbeholfen und arrogant. Man konnte nicht ungeschickter abgehen, nicht törichtere Gesten machen, nicht sinnloser betonen. Die Tragödie entbehrte jeden Ernstes, die Komödie jeden Witzes. Als am nächsten Tage die Berufsschauspieler – vor ungefähr den gleichen Zuschauern – auftraten, wurde der Gegensatz so klar und fiel der Vergleich so vernichtend für die Dilettanten aus, daß seitdem kein Angehöriger der Gesellschaft es je wieder gewagt hat, in der Öffentlichkeit auf einer Bühne zu erscheinen.

Ich änderte auch die Bestimmungen über die Kämpfe mit wilden Tieren und die Gladiatorenkämpfe. Die Leoparden- und Löwenhetzen waren außerordentlich kostspielig. So führte ich ein Spiel aus Thessalien ein, das mit noch nicht ausgewachsenen wilden Stieren gespielt wurde. Es hatte zunächst den Vorteil, daß die Tiere nicht getötet wurden, sondern für eine ganze Reihe von Vorstellungen zu gebrauchen waren. Der Stier wurde durch Stacheln gereizt, und für den Kämpfer kam es darauf an, ihn so lange durch allerlei höchst waghalsige Kunststücke zu ermüden, bis er den Stier bei seinen Hörnern zu Boden zwang. Es geschah oft, daß einer der Thessalier, die diesen Sport sehr gut entwickelt hatten, sich zuwenig in acht nahm und getötet wurde. Stiere, denen es gelang, ihre Widersacher zu besiegen, oder die sich nicht zu Boden zwingen ließen, wurden sehr rasch beim Publikum beliebt und berühmt. Ich erinnere mich an einen Stier, dem zehn Kämpfer zum Opfer fielen. Das Publikum zog diese Art Tierkämpfe sehr rasch allen anderen Vergnügungen vor, vom Gladiatorenkampf abgesehen.

Die Gladiatorengilde setzte ich neu zusammen. Es wurden nur noch die Sklaven zu Gladiatoren bestimmt, die ihre Herren getötet oder auf das schmählichste verraten hatten. Ich glaube, daß die Bevölkerung die Vergnügungen, die ich ihr bot, mehr schätzte als die zur Zeit des Caligula, denn sie wurden ihr seltener geboten. Einhundertfünfzig Feiertage, die Caligula eingeführt hatte, wurden von mir aus dem Kalender gestrichen. Statt dessen führte ich ein, daß an irgendeinem schönen Tag und ohne besonderen Grund frühmorgens bekanntgemacht wurde: »Heute nachmittag finden Spiele auf dem Marsfeld statt.« Ich nannte sie Zufalls- und Überraschungsspiele, und sie dauerten nur den einen Nachmittag. Ich erwähnte soeben, wie streng ich Sklaven bestrafte, die ihre Herren hintergingen. Ich wußte natürlich, daß Sklaven sich nicht geborgen und als Mitglieder des Haushalts fühlen können, wenn die Herren sich nicht mit wirklicher Teilnahme um sie bekümmern. Auch Sklaven sind Menschen. So erließ ich einige Gesetze zum Schutze der Sklaven. Ich will ein Beispiel anführen: Ein reicher Freigelassener hatte ein »Krankenhaus für Sklaven« eingerichtet. Er kündigte an, daß er Sklaven in jeder gesundheitlichen Verfassung aufkaufe, um sie zu heilen. Dem früheren Eigentümer sei das erste Recht eingeräumt, ihn zurückzukaufen, und zwar zu einem Preis, der das Dreifache des vom »Krankenhaus« bezahlten Preises nicht übersteigen sollte. Die Heilmethoden in diesem Krankenhaus waren sehr grausam, um nicht zu sagen: Sie waren unmenschlich. Die kranken Sklaven wurden wie Vieh behandelt. Aber das Geschäft dieses Mannes blühte, da er sehr billig einkaufte und durch alle möglichen Tricks die meist ungeheilten Sklaven teuer weiterverkaufte, meistens nach außerhalb. Es wurden auch viele Sklaven eingeliefert, die nicht ernstlich krank waren, die höchstens eine Schonzeit brauchten und in dem Haushalt, in dem sie waren, nur augenblicklich lästig fielen. Es hieß, daß die Behandlung im Krankenhaus genüge, um jeden einigermaßen noch lebendigen

Sklaven nach kürzester Zeit »gesund« zu machen. Dieser Wirtschaft machte ich ein Ende. Ich bestimmte, daß jeder Sklave, der in ein Sklavenkrankenhaus eingeliefert werde, nach seiner Heilung freigelassen werden müsse und daß sein früherer Herr die Kosten seiner Behandlung zu tragen habe. Ich erreichte damit, daß wirklich kranke Sklaven im Haus richtig gepflegt wurden und daß aus ihrer Notlage kein Handelsobjekt mehr gemacht wurde. Auf diese Art freigelassene Sklaven hatten die Hälfte ihres Verdienstes für die folgenden drei Jahre an das Krankenhaus abzuführen, zum Dank, daß es sie geheilt hatte. Wenn ein Herr aber einen Sklaven töten sollte, um das Geld für das Krankenhaus zu sparen, dann würde eine solche Handlungsweise wie gemeiner Mord bestraft werden. Ich besichtigte selbst das Hospital jenes Freigelassenen und traf Anordnungen für Verbesserungen.

Obwohl ich so viele Feiertage abschaffte, richtete ich drei neue Feste ein, jedes von dreitägiger Dauer. Zwei davon waren dem Gedächtnis meiner Eltern geweiht. Das dritte richtete ich zur Erinnerung an meinen Großvater Marc Anton ein. Auch meinen Bruder Germanicus vergaß ich nicht. Ihm bestimmte ich kein Fest, weil ich das Gefühl hatte, mit solcher Ehrung wäre sein schlichter Geist nicht einverstanden gewesen. Daher verfügte ich etwas anderes, was ihm sicherlich Freude gemacht hätte: In Neapel fand alle fünf Jahre in der griechischen Kolonie ein Wettbewerb für das beste dramatische Werk statt, das innerhalb dieses Wettbewerbs aufgeführt wurde. Germanicus hatte eine witzig und anmutig geschriebene Komödie hinterlassen mit dem Titel ›Die Gesandten‹, die ich unter seinen Papieren nach seinem Tode fand. Dieses Stück ließ ich aufführen, und es gewann den Preis. Sicherlich waren die Preisrichter voreingenommen durch den Namen des Autors selbst und durch den Namen dessen, der das Stück eingereicht hatte, nämlich mich, aber allgemein war der Eindruck, daß keins der übrigen konkurrierenden Werke in jenem Jahr auch nur im entferntesten eines Preises würdig gewesen wäre.

Von Verpflichtungen dieser Art blieb mir nur noch das Versprechen, das ich meiner Großmutter Livia gegeben hatte. Ich war gebunden, alles zu versuchen, um vom Senat die Zustimmung zu erlangen, daß sie göttlich gesprochen werde. Über ihren Charakter und ihre Regierungsmethoden hatte ich meine Ansicht nicht geändert, wenngleich ich die Gründe ihres Verhaltens besser zu würdigen gelernt hatte. Wahre Bewunderung aber nötigte mir, von Tag zu Tag mehr, ihr Organisationstalent ab. Der Senat opponierte meinem Antrag nicht. Wir erklärten Livia zur Göttin, und dieses Ereignis wurde sehr feierlich begangen. Im Augustustempel wurde eine schöne Statue von ihr neben der des Augustus aufgestellt. Die vestalischen Jungfrauen brachten ihr das erste Opfer dar, und die Söhne vornehmer Familien führten Reiterspiele auf. Der Wagen, der ihr Standbild trug, wurde von Elefanten gezogen, und wie alle Römer vor Gericht ihren Eid auf Augustus zu leisten hatten, war von jetzt an für alle Römerinnen der Name der Livia das Höchste, worauf sie sich berufen konnten. Ich habe mein Versprechen gehalten.

Sechsundzwanzigstes Kapitel

Rom kehrte allmählich zu Ruhe und Ordnung zurück. Der Geldverkehr war immer besser geworden, die Staatseinnahmen hoben sich so sehr, daß ich weitere Steuern abschaffen konnte. Meine Staatssekretäre arbeiteten ausgezeichnet, und Messalina beschäftigte sich mit allen Fragen der Gesellschaft. Sie erklärte, herausgefunden zu haben, daß eine große Anzahl Freigelassener sich als römische Bürger ausgäbe und Vorteile verlange und in Anspruch nähme, zu denen sie nicht berechtigt sei. Wir beschlossen, alle Betrüger dieser Art auf das strengste zu strafen, ihr Eigentum einzuziehen und sie wieder zu Sklaven zu machen. In dieser Eigenschaft sollten sie beim Straßenbau Verwendung finden. Ich vertraute Messalina so, daß ich ihr gestattete, ein Doppel meines Siegels für alle Briefe und Schriftstücke zu benutzen, die sich mit diesen Fragen befaßten.

Um die Nachtruhe in Rom sicherzustellen, löste ich alle jene Klubs auf, die nach dem Beispiel von Caligulas »Pfadfindern« die Straßen und Lokale mit ihrem großmäuligen Treiben zu belästigen pflegten. Ursprünglich gehörten diesen Klubs nur die Söhne aus guten Familien an, aber seitdem Caligula sie auch Wagenlenkern, Gladiatoren, Schauspielern und Musikern geöffnet hatte, waren sie zu einer öffentlichen Schande geworden. Es bedeutete für ruhige Bürger allmählich eine Gefahr, nachts allein über die Straße zu gehen; immer wieder hörte man, daß sie von Mitgliedern der Klubs auf rohe Weise belästigt und oft genug verprügelt worden waren.

Nach Sonnenuntergang durften in keiner Schenke mehr alkoholische Getränke ausgegeben werden. Auch das trug sehr zur Befriedung der Stadt bei, und wo ich mich in der Öffentlichkeit sehen ließ, wurde ich wegen dieser Maßnahmen sehr herzlich begrüßt. Ich wurde nicht gewahr, wie beliebt ich geworden und wie glücklich es offenbar für Rom gewesen war, daß mein Leben erhalten blieb, bis eines Tages ein Gerücht die Stadt durchlief, ich sei auf dem Weg nach Ostia ermordet worden. In der ganzen Stadt hub ein Klagen von solcher Echtheit und Heftigkeit an, wie ich es nur bei der Nachricht vom Tode des Germanicus bisher erlebt habe. Das Gerücht war völlig aus der Luft gegriffen. Richtig daran war nur, daß ich mich auf dem Weg nach Ostia befand, um den dortigen Hafen zu besichtigen. Bei schlechtem Wetter war es nämlich sehr schwer, die Getreideschiffe zu entladen. Entweder konnten sie nicht richtig festgemacht werden, oder aber die Übernahme der Ladung vom Schiff aufs Land gestaltete sich so schwierig, daß stets große Mengen Getreide ins Meer fielen. Wenige Hauptstädte mögen einen so ungünstigen Hafen gehabt haben wie Rom.

Das Gerücht von meiner Ermordung war durch die Banken ausgestreut worden. Ich wenigstens bin fest davon überzeugt, obwohl ein vollgültiger Beweis für diese Behauptung niemals erbracht werden konnte. Die Banken waren der Ansicht, daß mein Tod Unruhen zur Folge haben würde und gleichzeitig einen großen Ansturm auf die Bankschalter. Viele meiner Parteigänger würden – so dachten die Banken – Rom verlassen und für bares Geld, das bei einer solchen Nachfrage knapp werden mußte, ihren Grundbesitz weit unter Wert veräußern. Und diese Berechnung war richtig. Kaum erreichte die Nachricht von meiner Ermordung Rom, als der Sturm auf die Banken einsetzte. Aber wieder einmal rettete Herodes die Lage. Er durchschaute die Absicht sofort. Er erreichte von Messalina, daß sämtliche Banken sofort bis auf weiteres geschlossen wurden. Aber das vergrößerte die Panik noch mehr, obwohl es ihre ungünstigen finanziellen Folgen verzögerte. Ruhe wurde erst wieder, als ich in Ostia, wo ich mittlerweile eingetroffen war, von der Aufregung in der Stadt hörte und vier oder fünf zuverlässige und vertrauenerweckende Leute nach Rom geschickt hatte, die auf dem Marktplatz die Wahrheit erklärten.

In Ostia fand ich alles so ungünstig und unpraktisch, wie man es mir geschildert hatte. Ich beschloß, hier sofort Wandel zu schaffen und Ostia zu einem sicheren und brauchbaren Hafen auszubauen, dem kein Wetter etwas anhaben konnte. Ich gab den Auftrag, mir Vorschläge zu machen.

Die erste wirkliche Schwierigkeit entstand mir in Ägypten. Caligula hatte den Griechen in Alexandria stillschweigend erlaubt, ihre jüdischen Mitbürger zu verfolgen. Die Juden waren in der Minderheit und hatten viel auszustehen; außerdem waren ihre Führer im Gefängnis. Aber sie benachrichtigten ihre Stammesgenossen in Palästina und Syrien und erhielten von dort insgeheim Hilfe an Geld, Waffen und sogar an Soldaten, die nach Ägypten eingeschmuggelt wurden. Denn bewaffneter Aufstand war ihre einzige Hoffnung. Dieser Aufstand war bereits für einen bestimmten Tag festgesetzt, als die Nachricht vom Tod des Caligula ihn verschob. Aber der Gouverneur von Ägypten hatte den Ernst der Lage erkannt und schickte mir dringende Bitten um Verstärkung der an und für sich schwachen römischen Besatzungstruppen. Kaum war sein Bericht an mich abgegangen, als der Gouverneur einen Brief von mir erhielt, den ich vor mehr als vierzehn Tagen geschrieben hatte und in dem ich befahl, daß der Alabarch und die anderen Führer der Juden sofort freizulassen seien. Das war ein großer Tag für die Juden. Offen rühmten sie sich der kaiserlichen Gnade, und selbst diejenigen unter ihnen, die bisher einem bewaffneten Widerstand nicht das Wort geredet hatten, wurden mutig. Plötzlich brach der Aufruhr aus, und eine große Zahl der berüchtigtsten Judenquäler wurde getötet. Inzwischen erhielt ich den hilfesuchenden Brief des Gouverneurs. Ich antwortete, daß ich annähme, durch die Freilassung ihrer Führer würden die Juden inzwischen besänftigt worden sein. Ich könne nicht glauben, daß sie sich zu Feindseligkeiten hinreißen ließen, wenn sie nicht auf das äußerste bedrängt und gequält würden, und für ihren Schutz zu sorgen sei Sache des Gouverneurs. Ich hoffe also, so schloß mein Brief, daß Waffengewalt nicht mehr nötig sein werde und daß Vernunft und Bedürfnis nach Ruhe gesiegt hätten.

Tatsächlich gelang es dem Gouverneur, durch öffentliche Bekanntgabe meines Briefs die Ordnung wiederherzustellen und die Mehrzahl der Juden von weiterer Gewalttätigkeit abzuhalten. Aber die jüngeren, hitzköpfigeren Juden wollten sich nicht zufriedengeben, sondern »ihren Erfolg ausnutzen«. Sie trugen Inschriften durch die Straßen, auf denen der Kopf ihrer Gegner verlangt wurde. Am wichtigsten aber war ihnen die Forderung:

Gleiche Rechte für alle Juden im ganzen Römischen Reich. Ich besprach mich sehr eingehend mit Herodes über diese Forderung, die mir nicht unberechtigt erschien, denn bisher waren die Juden in den einzelnen Provinzen je nach Herkommen oder Laune der jeweiligen Gouverneure behandelt worden. Ich stimmte der Forderung, die ein einheitliches Recht und eine einheitliche Behandlung der Juden vorsah, durch ein ausführliches Edikt zu. Allen Juden, im ganzen Reich, wurde gestattet, die Sitten ihrer Väter beizubehalten, soweit sie nicht im Widerspruch zu römischen Rechtsbegriffen ständen. Ihre Art des Gottesdienstes solle vollkommen unangetastet bleiben. Niemandem stand ein Recht zu, sich in diese Fragen künftig einzumengen. Gleichzeitig warnte ich sie, aus dieser Vergünstigung die Berechtigung herzuleiten, andere Religionen und ihre Gebräuche zu verachten.

Als ich mich kurz darauf noch einmal mit Herodes über die Angelegenheit unterhielt, sagte ich: »Griechentum und Judentum werden sich niemals verstehen. Die Juden sind zu schwerblütig und stolz, die Griechen zu leichtherzig und eitel. Die Juden hängen zu sehr am Alten, die Griechen umwerben zu sehr das Neue. Wir Römer verstehen die Griechen, wir kennen ihre Fähigkeiten und ihre Grenzen und vermögen sie in unseren Dienst zu spannen, aber niemals würde ich behaupten, daß wir die Juden verstehen. Wir haben ihr Land erobert, aber als ihre Herren fühlen wir uns nicht. Wir müssen erkennen, daß sie sich die alten Tugenden ihrer Rasse bewahrt haben, während wir die unsern verloren, und das beschämt uns.«

Herodes unterbrach meine Betrachtung und fragte: »Kennst du die jüdische Fassung der Deukalionsage? Der jüdische Deukalion wurde Noah genannt, und er hatte drei Söhne, die die Stammväter des Menschengeschlechts nach der Sintflut geworden sind. Der älteste hieß Sem, der zweite Ham und der dritte Japhet. Ham wurde der Vater der afrikanischen Völker, Japhet ist der Vorfahre der Griechen und Römer und Sem der Ahnherr der Juden, Syrier, Araber, Assyrer und ähnlicher Völker. Es gibt eine alte Prophezeiung, wonach es stets Streit gibt, sobald Sem und Japhet unter dem gleichen Dach hausen. Und das hat sich immer bewahrheitet. Alexandria ist ein gutes Beispiel dafür. Und wenn Palästina von den Griechen gesäubert würde, die dort nichts zu suchen haben, würde es viel leichter zu regieren sein.«

»Aber nicht für einen römischen Gouverneur«, sagte ich lächelnd, »denn wir Römer gehören nicht zur Familie Sems, und uns mag die Unterstützung der Griechen nützlich sein. Oder ihr müßtet uns Römer auch loswerden. Darin stimme ich mit dir überein, denn nach meiner Überzeugung hätten wir den Osten niemals erobern und unsere Herrschaft auf die Söhne Japhets begrenzen sollen.« Ich wollte mich weiter mit Herodes über dieses Thema unterhalten, aber er wurde plötzlich einsilbig und verstummte bald ganz. Es war mir damals noch nicht gegenwärtig, daß die politischen Beziehungen zwischen Sem und Japhet das Problem waren, das ihn ausschließlich beschäftigte.

Als Herodes mir in allem geholfen hatte, was zur Sicherung und Festigung meiner Herrschaft in seiner Kraft stand, teilte er mir mit, daß er wieder nach Hause zurückkehren müsse. Ich hatte ihn für seine Dienste sehr reich belohnt, und da ich keine Gründe mehr wußte, ihn zurückzuhalten, gab ich ihm das Abschiedsbankett. Wir hatten beide an diesem Abend ziemlich viel getrunken, und ich vergoß Tränen im Gedanken an seine Abreise. Wir tauschten Erinnerungen über unsere gemeinsame Schulzeit aus, und als niemand uns zuzuhören schien, beugte ich mich zu ihm und redete ihn mit seinem alten Spitznamen an: »Alter Brigant, ich habe immer gewußt, daß du eines Tages König sein würdest, aber wenn mir jemand gesagt hätte, ich würde dein Kaiser sein, hätte ich ihn für wahnsinnig gehalten.«

»Gutes Murmeltier«, antwortete er mir im gleichen leisen Ton, »ich habe dir immer gesagt, daß du dumm bist, daher hast du das Glück der Dummen. Und dieses Glück ist dauerhaft. Du wirst ein olympischer Gott sein, wenn ich nur ein toter Held bin – nein, du brauchst nicht zu erröten, daran ist kein Zweifel, obwohl genausowenig Zweifel daran besteht, wer von uns beiden mehr taugt.« Ich war sehr erfreut, daß Herodes endlich auf die alte Weise mit mir sprach, denn seitdem ich zur Macht gekommen war, hatte er mich stets nur äußerst formell angeredet. Ich bat ihn jetzt, seinen offiziellen Nachrichten, die er mir aus Palästina schicken würde, stets einen Privatbrief beizulegen und ihn mit Brigant zu unterschreiben. Er war einverstanden unter der Bedingung, daß ich das gleiche täte und mit Murmeltier unterzeichnete. Als wir uns die Hand gaben, um diese Abmachung zu bekräftigen, sah er mir fest in die Augen und fragte: »Murmeltier, möchtest du noch eine kleine Probe meiner bewährten bösen Ratschläge hören? Ich berechne dir nichts dafür.«

»Ja, Brigant, ich brenne darauf.«

»Mein weisestes Wort an dich, alter Knabe, ist: Verlaß dich auf niemand, mit anderen Worten: Traue keinem, mit anderen Worten: Mißtraue jedem. Genauer umschrieben: Traue weder deinem ergebensten und dankbarsten Sekretäre, noch deinem Busenfreund, noch deinem geliebten Kinde, noch der Frau deines Herzens, noch deinem Verbündeten, der sich mit den heiligsten Eiden dir verpflichtet hat. Traue einzig und allein dir selbst. Oder wenn du dich auf dich selbst nicht verlassen willst, verlasse dich auf das Glück der Dummen.«

Der Ernst, mit dem er diesen Satz vorbrachte, verscheuchte ein wenig die Weinnebel, die sich um meinen Kopf gewölkt hatten, und ich wurde argwöhnisch. »Warum sagst du mir das, Herodes?« fragte ich ziemlich scharf. »Mißtraust du deiner Frau Kypros, mißtraust du deinem Freund Silas? Mißtraust du deinem Sohn und mißtraust du mir, der dein Freund und gleichzeitig dein Verbündeter ist? Warum fängst du jetzt davon an? Vor wem willst du mich warnen?«

Herodes lachte blöde: »Glaube mir kein Wort, Murmeltier. Ich bin betrunken – hoffnungslos betrunken. Ich sage die wunderlichsten Sachen, wenn ich betrunken bin. Der Mann, der sich das Sprichwort ›Im Wein ist Wahrheit‹ erschwitzt hat, muß selbst sinnlos betrunken gewesen sein, als er es schuf. Zu Hause gab's neulich Spanferkel zum Abendessen. Ich schrie mit meinen Köchen herum, daß man mir nie Spanferkel auftischen solle, das sei das einzige Gericht, das ich nicht leiden könne. In Wirklichkeit ist es mein Leibgericht. Was hab' ich gesagt? Man soll seinen Verbündeten nicht trauen? Ich habe vergessen, daß du und ich ja Verbündete sind.«

Wir begruben den Zwischenfall. Am nächsten Tag reiste Herodes ab. Aber seitdem habe ich seine Worte nie mehr vergessen, und sie bereiteten mir sehr oft das größte Unbehagen.

Herodes wählte jetzt Jerusalem als Residenz. Das überraschte mich, denn er hatte in seinem Reich vier oder fünf schöne moderne Städte nach griechisch-römischem Vorbild, von denen jede eine bessere Residenz abgegeben hätte. Er besuchte diese Städte wohl von Zeit zu Zeit, aber Jerusalem, erklärte er mir, sei für einen König der Juden die einzige wirkliche Residenz. Er verstand es, in kürzester Frist sich bei der Bevölkerung beliebt zu machen; und mit großem Geschick gelang es ihm, auch alle aus früheren Zeiten herrührenden Konflikte mit der Priesterschaft zu beseitigen. Er ging täglich in den Tempel und beachtete alle jüdischen Vorschriften auf das strengste. (Soeben noch hatte er sich seiner Vorliebe für Spanferkel gerühmt!) Er schaffte eine Anzahl von Steuern ab, wodurch sein Privateinkommen vermindert wurde, das sich trotzdem noch auf eine halbe Million Goldstücke belief.

Nachdem die Konflikte in Alexandria nicht ungünstig für die Juden geendet hatten, taten die dortigen Griechen alles, um einen günstigen Eindruck auf mich zu machen. Es wurde durch Mittelsleute bei mir angefragt, ob ich einwilligen würde, daß man meine Statue im Tempel aufstellen und mich als Gott verehren würde. Ich lehnte einen solchen Vorschlag mit größter Entschiedenheit und ziemlicher Entrüstung ab. Ich hatte mir fest vorgenommen, mir niemals göttliche Ehren erweisen zu lassen. Da kamen die Griechen von Alexandria auf eine andere Idee, mit der sie mich – ich gestehe es – vollkommen fingen. Sie baten nämlich um die Erlaubnis, meine beiden Werke, die Geschichte von Carthago und die Geschichte von Etrurien, jedes Jahr an meinem Geburtstag öffentlich durch die besten Vortragsmeister vorlesen zu lassen. Keine Zeile sollte ausgelassen werden. Sie wußten genau, daß gegen ein solches Angebot ein Autor so gut wie wehrlos ist. Zwanzig Jahre hatte ich gebraucht, um diese beiden Werke zu schreiben. Unendliche Mühe hatte es mich gekostet, die verschiedenen Sprachen zu lernen, um zuverlässige Quellenstudien treiben zu können, und seitdem sie beendet vorlagen, hatte noch nicht ein einziger Mensch sich die Mühe gemacht, sie zu lesen. Wenn ich sage, »nicht ein einziger Mensch«, so ist das ungenau. Zwei Ausnahmen hat es gegeben. Herodes hatte die Geschichte von Carthago gelesen – Etrurien interessierte ihn nicht – und hatte mir gesagt, daß er viel über den phönizischen Charakter daraus gelernt habe. Allerdings glaube er nicht, daß viele andere Menschen sich dafür interessieren würden. »Es ist zuviel Fleisch in der Wurst«, so hatte er sein Urteil gefaßt, »und zuwenig Gewürz.« Er sagte dies übrigens lange, bevor ich Kaiser wurde, also hatte er keinen Grund, mir zu schmeicheln, wenn er die Gründlichkeit meiner Arbeit lobte. Die zweite Ausnahme war Calpurnia. Sie pflegte zu sagen, daß sie ein gutes Buch einem schlechten Theaterstück vorziehe, daß sie meine Geschichtsbücher lieber habe als manche guten Stücke und daß sie dem über Etrurien den Vorzug einräume vor dem Buch, das von Carthago handele, weil sie die vorkommenden Orte in Etrurien kenne. Ich möchte hier einfügen, daß ich eine reizende Villa in Ostia für Calpurnia kaufte, sobald ich Kaiser wurde. Ich gab ihr ein regelmäßiges Einkommen und ein gutes Hauspersonal. Besucht hat sie mich nie, wie ich es vermied, sie zu besuchen, aus Furcht, daß Messalina eifersüchtig werden könnte. Bei ihr wohnte eine

Freundin, Cleopatra, ein Mädchen aus Alexandria, die früher ebenfalls eine Kurtisane gewesen war. Jetzt, seit Calpurnia genügend Geld zur Verfügung hatte, lebten beide sehr zurückgezogen und wollten von ihrem früheren Beruf nichts mehr wissen.

Siebenundzwanzigstes Kapitel

Messalina hatte mir einen Sohn geboren, und zum erstenmal erfuhr ich den Stolz und die Freude der Vaterschaft. Denn für meinen Sohn Drusillus hatte ich nichts zu empfinden vermocht, und für meine Tochter Antonia, die mir meine zweite Frau Aelia geboren hatte, konnte ich ebenfalls nur wenig Zuneigung aufbringen, obwohl sie ein gutes Kind war. Aber den Sohn der Messalina liebte ich, weil ich seine Mutter liebte. Er war ein prächtiges, gesundes Kind, und da er jetzt mein einziger Sohn war, bekam er der Sitte gemäß alle meine Namen. Aber seine Rufnamen sollten Drusus Germanicus sein. Kaum war mein Sohn einige Monate alt, und ich konnte ihn aufnehmen ohne die Gefahr, ihm weh zu tun, pflegte ich ihn auf meinen Armen im Palast herumzutragen. Ich zeigte ihn jedermann, auch den Soldaten, die ihn fast so gern hatten wie ich selbst. Ich hielt ihnen vor Augen, daß dies seit Julius Caesar der erste der Caesaren war, der ein geborener Caesar war, denn alle andern waren nur durch Adoption in die Familie gekommen, auch Augustus, Postumus, Tiberius, Castor und Caligula. Ich hätte es gern gesehen, wenn Messalina unsern kleinen Sohn selbst genährt hätte, aber sie gab ihm eine Amme. Sie sagte, sie habe nicht genug Zeit. Aber eine Mutter, die ein Kind nährt, ist ziemlich gefeit gegen eine neue Schwangerschaft, und Schwangerschaft nimmt die Gesundheit einer Frau und ihre Bewegungsfreiheit mehr in Anspruch als das Stillen eines Kindes. Es traf sich also sehr ungünstig für Messalina, daß sie kurz nach der Geburt schon wieder schwanger wurde und, elf Monate nachdem der kleine Germanicus geboren, unserer Tochter Octavia das Leben schenkte.

Im gleichen Jahr war die Ernte sehr schlecht, und die Getreideversorgung war so gefährdet, daß ich mich entschließen mußte, die Freirationen, die die ärmeren Bürger als ständige Unterstützung erhalten, herabzusetzen. Bis in den Winter hinein, in dem die Getreidezufuhr aus Ägypten und Nordafrika einzusetzen pflegt, kam es zu häufigen Unruhen in der Stadt, und viel revolutionäres Geschwätz war zu hören. Ich bedrängte also meine Ingenieure sehr, mir den Plan und den Kostenvoranschlag vorzulegen, der Ostia zu einem während des ganzen Jahres benutzbaren Umschlagplatz machen sollte. Der Bericht, der mir unterbreitet wurde, erschien zunächst sehr entmutigend. Zehn Jahre und zehn Millionen Goldstücke seien nötig. Ich war mir klar über die Wichtigkeit des Unternehmens, das der Bedeutung Roms durchaus würdig war. Der Voranschlag sah große Ausschachtungen vor, die an allen Seiten mit hohen und starken Mauern geschützt werden mußten, ehe das Wasser in den auf diese Weise gewonnenen Hafen gelassen werden konnte. Ferner aber mußte dieser Hafen durch zwei gewaltige Molen befestigt werden, die weit in die See hinaus zu errichten waren. Zwischen den Molen war eine kleine künstliche Insel vorgesehen, die als Wellenbrecher dienen und auf der ein Leuchtturm errichtet werden sollte. Man hätte also auf diese Weise zwei neue Häfen geschaffen: den äußeren zwischen Molen, Inseln und Küste und den inneren, der direkt dem Land abgewonnen war. Als die Ingenieure mir diesen einleuchtenden Plan erklärten, sagten sie: »Wir haben dem Befehl gehorcht und den Plan entworfen, aber die Kosten verbieten, daß er ausgeführt wird.«

Ich entgegnete ziemlich scharf: »Ich habe Sie um den Plan und den Kostenvoranschlag gebeten, nicht um Ihre Meinung über die Finanzierungsmöglichkeit.«

»Aber Callistus, Ihr Finanzsekretär –«, begann der eine von ihnen.

Ich schnitt ihm das Wort ab: »Ich weiß, daß Callistus mit Ihnen gesprochen hat. Er ist sehr genau mit den öffentlichen Geldern, und das ist sein Recht und seine Pflicht. Aber Sparsamkeit kann auch übertrieben werden. Außerdem würde es mich nicht überraschen, wenn ich erführe, daß die Getreidehändler Sie überredet haben, mir die Sache so schwierig wie nur möglich erscheinen zu lassen. Je knapper das Korn wird, desto reicher werden sie.«

»Oh, Caesar«, erwiderten sie in biederem Chor, »wie können Sie glauben, daß wir uns von den Getreidehändlern bestechen lassen?«

Ich merkte, ich hatte ins Schwarze getroffen. »Überredet, habe ich gesagt, nicht bestochen. Beschuldigen Sie sich nicht unnötig. Hören Sie: Ich will diesen Plan ausführen, koste es, was es wolle.

Wollen Sie sich bitte das vor Augen halten. Aber seine Ausführung wird weder so lange Zeit in Anspruch nehmen noch so viel Geld kosten, wie Sie mir vorreden wollen. In drei Tagen werden wir uns über die Sache erneut, und zwar sehr eingehend, unterhalten.«

Auf eine Anregung, die mir mein Sekretär Polybius gab, forschte ich in den Archiven des Palastes nach, und tatsächlich fand ich dort einen genauen Plan für das gleiche Unternehmen, den vor ungefähr 90 Jahren die Ingenieure Julius Caesars ausgearbeitet hatten. Der Anlageplan war fast genauso wie der, den man mir vorgelegt hatte, aber die Veranschlagung an Zeit und Kosten belief sich zu meiner Freude nur auf vier Jahre und auf vier Millionen Goldstücke. Wenn ich eine kleine Verteuerung an Material und Löhnen in Rechnung setzte, so mußte der Ausbau des Hafens von Ostia immerhin für die Hälfte der Summe zu bewerkstelligen sein, die meine eigenen Ingenieure berechnet hatten, und in einer wesentlich kürzeren Zeit. In gewisser Beziehung war der alte Plan dem neuen noch vorzuziehen, nur die Insel ließ er aus. Er wurde von Julius Caesar nicht zur Ausführung bestimmt, weil ihm die veranschlagte Summe zu hoch erschien.

Ich studierte beide Pläne eingehend, dann besuchte ich Ostia in Begleitung von Vitellius, der über solche Fragen gut unterrichtet war, um festzustellen, ob seit Caesars Tagen irgendwelche Veränderungen am Gelände vorgegangen waren. Als dann nach drei Tagen meine Ingenieure wieder erschienen, war ich so mit Fachkenntnissen beladen, daß sie es aufgaben, mich hinters Licht zu führen. Ich wußte sogar, wieviel Erde von je hundert Mann an einem Tag soundso weit bewegt werden konnte oder wo die Ausschachtungen auf felsigen Untergrund stoßen würden. Ich sagte ihnen nicht, woher ich meine Wissenschaft hatte, sondern ließ sie im Glauben, daß ich im Verlauf meiner historischen Studien mich auch mit solchen Problemen beschäftigt habe. Der große Eindruck, den ihnen meine Genauigkeit und Sachkenntnis machten, gab mir natürlich ohne weiteres die Oberhand. Ich bedrohte jeden einzelnen mit dem Tode, wenn die Arbeit mißmutig begonnen oder irgendwie verschleppt werden würde, denn ich wünschte, daß man sogleich begänne. Sie könnten so viele Arbeiter anfordern, wie sie wollten, jedoch nicht mehr als dreißigtausend, und tausend Pioniere mit allem nötigen Arbeitsmaterial – nur begonnen werden müsse sofort.

Dann ließ ich mir Callistus kommen und erzählte ihm meinen

Entschluß. Er schlug die Hände über dem Kopf zusammen. »Aber Caesar, wer soll das alles bezahlen?« – »Die Getreidehändler«, antwortete ich. »Schreib mir eine Liste von allen Mitgliedern der Getreidehändlergilde aus – ich werde das Geld schon bekommen.« Nach einer Stunde hatte ich bereits sechs der reichsten Getreidehändler vor mir. Ich schüchterte sie ein. »Meine Ingenieure haben mir gemeldet, daß Sie, meine Herren, versucht haben, sie zu bestechen, damit sie mir eine ungünstige Meinung über die geplante Erweiterung des Hafens von Ostia beibringen. Die Angelegenheit scheint mir außerordentlich schwerwiegend zu sein. Ihr Verhalten kommt einer Verschwörung gegen das Leben Ihrer Mitbürger gleich.«

Sie wiesen eine solche Beschuldigung mit Tränen und heftigen Beteuerungen von sich und baten mich, ihnen mitzuteilen, wie sie mir ihre Treue beweisen könnten. Das war nicht schwer. Ich verlangte eine sofortige Anleihe von einer Million Goldstücke für das Hafenprojekt. Diese Anleihe sollte zurückgezahlt werden, sobald die finanzielle Situation des Staates es erlauben würde. Sie gaben vor, daß ihrer aller Vermögen nicht einmal eine halbe Million ausmache, aber ich war besser unterrichtet. Ich gab ihnen einen Monat Frist, die Summe aufzubringen, oder ich würde sie alle verbannen. »Und wollen Sie stets im Auge behalten«, schloß ich, »daß dieser neue Hafen mein Eigentum sein wird und daß Sie mich um Erlaubnis bitten müssen, daß Sie ihn benutzen dürfen. Also empfehle ich Ihnen, sich auf die richtige Seite zu schlagen.«

Das verlangte Geld war innerhalb von fünf Tagen in meinem Besitz, und die Arbeiten in Ostia begannen. Bei Gelegenheiten dieser Art, das muß ich zugeben, war es sehr angenehm, Imperator zu sein: Man konnte einen törichten Widerstand durch ein einziges Wort brechen. Aber immer hielt ich mir die Gefahr vor, daß ich etwa meine Macht mißbrauchen und auf diese Weise die Wiederherstellung der Republik verzögern könnte. Ich tat alles, was in meinen Kräften stand, um die freie Meinung zu ermutigen und soziales Denken zu fördern. Vor allem hütete ich mich davor, meine privaten Wünsche oder Ansichten durch Gesetz allen anderen Römern aufzuzwingen. Das war ziemlich schwer. Denn gerade die aufrechte republikanische Gesinnung, soziales Verantwortungsgefühl und der Wunsch zu eigener Meinung schienen ausschließlich zu *meinen* persönlichen Wünschen und Ansichten zu gehören. Zuerst hatte ich es mir zur Pflicht gemacht, für jedermann zu sprechen zu sein, um den Anschein des

Hochmuts zu vermeiden, aber bald mußte ich mir etwas mehr Zurückhaltung auferlegen. Und zwar hatte das seinen Grund nicht darin, daß ich keine Zeit mehr hatte, mich freundschaftlich mit meinen Mitbürgern zu unterhalten, sondern weil meine Mitbürger, mit wenigen Ausnahmen, meine Gutmütigkeit auf das schamloseste ausbeuteten. Entweder betrug man sich frech, weil man gelernt hatte, in mir einen Schwachsinnigen zu sehen, oder man log mich auf das demütigendste an. Als wir einmal auf einem Spaziergang vom neuen Hafen sprachen, sagte Vitellius zu mir: »Eine Republik kann niemals so große öffentliche Arbeiten durchführen wie eine Monarchie. Alle wirklich großen Aufträge sind nur von Königen vergeben worden. Denken Sie an das Mausoleum von Halikarnaß, an die hängenden Gärten von Babylon, an die Pyramiden, diese gewaltigen Monumente menschlichen Strebens ...«

»Menschlicher Dummheit, Grausamkeit, Tyrannei!« unterbrach ich ihn. »König Cheops, der die große Pyramide errichten ließ, hat sein reiches Land ruiniert, brachte es zum Weißbluten, zum Verröcheln, und nur um seiner wahnwitzigen Eitelkeit zu frönen: Denn er wollte den Göttern seine übermenschliche Kraft beweisen. Und was hat die Pyramide für einen praktischen Zweck? Sie sollte die Gebeine des Königs für alle Ewigkeit bewahren! Für alle Ewigkeit? Die große Grabkammer ist längst geleert! Spätere Generationen haben den geheimen Eingang entdeckt und die Mumie des größenwahnsinnigen Cheops verbrannt.«

Vitellius lächelte: »Sie haben die große Pyramide niemals gesehen, sonst würden Sie andere Worte finden.« Wir waren auf unserm Weg auf dem Capitolinischen Hügel angekommen. Ich streckte meinen Arm aus: »Sehen Sie das? Eins der herrlichsten und gewaltigsten Monumente, die jemals erbaut wurden! Und obwohl Augustus und Tiberius daran gearbeitet und es instand gehalten haben, so wurde es doch ersonnen und errichtet von einem freien Volk. Ich zweifle nicht, daß es mindestens so lange bestehen wird wie die Pyramiden, abgesehen davon, daß es der Menschheit ungleich größere Dienste leistet.«

»Ich weiß nicht, was Sie meinen. Sie scheinen auf den Palast zu deuten.«

»Ich deute auf die Via Appia«, sagte ich feierlich. »Sie wurde von der Republik gebaut. Diese gewaltigste Straße der Welt ist das schönste Denkmal, das ein großes Volk der menschlichen Freiheit errichten konnte. Die Via Appia überspannt Berge, Wiesen und Flüsse. Sie ist Zehntausende von Meilen lang, und unausgesetzt drängen sich auf ihr die dankbaren Wanderer.«

Außer den Arbeiten am Hafen von Ostia ließ ich große Aquädukte bauen. Wir Römer lieben frisches Wasser sehr, und die vorhandenen Wasserleitungen reichten nicht aus. Rom ist eine Stadt der Bäder, Springbrunnen und Fischteiche. Die reichen Leute hatten es mit der Zeit verstanden, obwohl sieben Wasserleitungen in Tätigkeit waren, die meiste Zufuhr an frischem Wasser für sich in Anspruch zu nehmen, so daß viele der ärmeren Leute sich mit dem Wasser aus dem Tiber begnügen mußten, das sehr ungesund war. Auf die Dauer mußte es zu Störungen der öffentlichen Ordnung führen, wenn die ärmeren Schichten der Bevölkerung nur aus dem Grund vom Genuß frischen und guten Wassers ausgeschlossen wurden, weil die Reichen sich Privatleitungen gebaut hatten, die das Wasser abfingen, ehe es die Stadt erreichte, und obendrein, weil sie dieses der Allgemeinheit vorenthaltene Wasser fast ausschließlich zum Wässern ihrer Gärten oder zum täglichen Füllen ihrer Schwimmbäder benutzten. Der alte treffliche Cocceius Nerva hatte schon den Kaiser Tiberius auf diese Mißstände aufmerksam gemacht und ihm geraten, eine Wasserzufuhr zu sichern, die einer Stadt wie Rom würdig sei. Tiberius zeigte sich zunächst dem Plan geneigt, gab auch Auftrag, mit der Durchführung zu beginnen, aber dann verschob er ihn immer wieder, seiner Art gemäß, bis Nerva starb. Der Tod Nervas beunruhigte sein Gewissen, und er schickte Ingenieure aus, um nach ertragreichen und gesunden Quellen in der näheren Umgebung Roms zu suchen. Nach einiger Mühe stießen die Ingenieure im Südosten der Stadt auf sehr ergiebige Quellen, die allen Anforderungen entsprachen. Vor allen Dingen: Sie lagen so hoch, daß das Wasser über Aquädukte so herangeleitet werden konnte, daß es bei seiner Ankunft in Rom in große Behälter floß, die höher lagen als das höchste Haus Roms. Tiberius zeigte sich jetzt endlich dem Plan geneigt und ließ Kostenvoranschläge für zwei Aquädukte aufstellen. Aber als er sie zu Gesicht bekam, erklärte er sie für zu teuer, und kurz darauf starb er.

Als Caligula Kaiser geworden war, wollte er zunächst seinen guten Willen beweisen und ließ nun tatsächlich nach den Plänen des Tiberius die Arbeiten beginnen. Aber als seine Staatskassen anfingen, leer zu werden, gab er Befehl, alle konstruktiv schwierigen Bindeglieder zurückzustellen und vorläufig nur die einfache Leitung auf bequemem Gelände zu bauen. So konnte er sich vor der Öffentlichkeit eines raschen Fortgangs seiner Arbeiten rühmen, und nur ganz wenige Leute wußten, daß das große Werk vollkommen wertlos war, denn ohne die Überbrückung der Schluchten würde kein Tropfen Wasser nach Rom gelangen. Ungefähr ein Viertel bis ein Drittel jeder Wasserleitung blieb unvollendet, aber an Schwierigkeit und Kosten übertraf das Fehlende das Vollendete bei weitem. Als er dann Streit mit dem Volk bekam, nahm er das zum Anlaß, die Arbeit an den Wasserleitungen völlig einzustellen.

So fiel es mir zu, dieses Werk zu vollenden. Ich habe neun Jahre dazu gebraucht. Es ging ohne Störungen und Rückschläge vonstatten, und als es fertig war, galt der Aquädukt als eins der Wunder von Rom. Die beiden Leitungen mündeten bei ihrem Eintritt in die Stadt in einen riesigen Turm; von dort wurde das Wasser auf zweiundneunzig kleinere Türme verteilt. Von diesen kleineren Türmen gab es damals in Rom schon hundertsechzig, aber meine beiden Leitungen verdoppelten die Zufuhr an Wasser. Der oberste Beamte meiner Wasserwerke rechnete aus, daß alles Wasser, das unausgesetzt durch die Leitungen nach Rom hineinströmte, einem dreißig Fuß breiten und sechs Fuß tiefen Fluß entsprach, der eine Stundengeschwindigkeit von zwanzig Meilen besaß.

Ich erließ sehr strenge Bestimmungen gegen Wasserdiebstahl. Ich ersetzte alle in den Wasserwerken tätigen Beamten, die der Bestechung schuldig oder verdächtig waren, und durch gewissenhafte Überwachung erreichte ich es in kurzer Zeit, daß jeder Einwohner Roms so viel Wasser zur Verfügung hatte, wie er brauchte.

Ehe Herodes nach Palästina zurückgekehrt war, um Jerusalem zu seiner Hauptstadt zu machen, hatte er mir nahegelegt, endlich einmal einen wirklich guten griechischen Arzt zu Rate zu ziehen. Es sei meine Pflicht gegen Rom, mich um meine Gesundheit zu bekümmern. Er fand, daß ich außerordentliche Erscheinungen von Ermüdung zeige, was bei meiner bis in die Nachtstunden ausgedehnten Arbeit kein Wunder sei. Wenn ich diese übermäßige Anstrengung nicht unterließe oder aber meinen Körper nicht in einen Zustand brächte, der mich gegen solche Strapazen widerstandsfähiger machte, würde ich nicht mehr lange leben. Mir wurde unbehaglich, und ich sagte ihm, daß mir bei allen Krankheiten meiner Jugend niemals ein griechischer Arzt habe helfen können. Er schlug mir den Xenophon aus Kos vor.

»Was, den alten Leibarzt meines Vaters?«

»Nein, seinen Sohn. Er lebt seit kurzem in Rom. Er heilt fast alles durch Diät, eine bestimmte Lebensweise oder Massage, und seine Mittel sind lediglich einige Kräutersäfte. Wenn es zum Schlimmsten kommt: Ein hervorragender Chirurg ist er auch.«

»Wenn ich ihn holen lasse, glaubst du, er kommt?«

»Du vergißt immer wieder, wer du bist. Jeder Arzt würde tagelang reisen, wenn du ihn rufen ließest. Aber wenn er dir hilft, mußt du ihn gut bezahlen. Er liebt das Geld wie alle Griechen.«

Ich ließ mir diesen Xenophon holen. Schon auf den ersten Blick gefiel er mir sehr. Er nahm ein rein medizinisches Interesse an mir und vergaß vollkommen, wer ich war. Er mochte ungefähr fünfzig Jahre alt sein. Nach den ersten Worten der Begrüßung redete er wenig und nur, was zur Sache gehörte. »Ihren Puls. Danke. Ihre Zunge. Danke. Verzeihung« – er schob meine Augenlider hoch –, »die Augen sind etwas entzündet. Läßt sich heilen.« Er erkundigte sich nach allen Krankheiten, die ich als Kind gehabt hatte. Ich mußte mich ausziehen, und er untersuchte mich lange. Bei allen Fragen, die er stellte, schien es, als ob er die Antwort im voraus wüßte, und er frage nur der Bestätigung halber. Eine Menge meiner kleinen Schwächen und Leiden sagte er mir auf den Kopf zu. Sogar die Art meiner Träume wußte er mir anzugeben. Er kam zu folgendem Schluß: »Sie können noch lange leben, wenn Ihnen an Ihrem Leben gelegen ist. Sie arbeiten zuviel, aber ich werde Sie kaum davon abbringen. Ich muß Ihnen jedoch raten, Ihre Augen zu schonen. Alle Ermüdungserscheinungen gehen bei Ihnen auf die Überanstrengung Ihrer Augen zurück. Lassen Sie sich soviel wie möglich von Ihren Sekretären vorlesen. Schreiben Sie selbst fast nichts mehr. Ruhen Sie eine Stunde nach der Hauptmahlzeit. Hetzen Sie nicht mehr, wie bisher, aufs Gericht, kaum daß Sie den Nachtisch gegessen haben. Sie müssen außerdem täglich zweimal zwanzig Minuten sich frei machen für die Massage Ihres ganzen Körpers. Ich selbst habe Masseure ausgebildet, die einzigen, die in Rom etwas taugen, ich werde Ihnen den besten schicken, Charmes, und werde ihm für Ihren Fall noch ganz besondere Anweisungen geben. Wenn Sie meinen Vorschriften nicht folgen, können Sie eine völlige Behebung Ihrer Beschwerden nicht erwarten. Indessen wird die Medizin, die ich Ihnen verschreibe, schon sehr viel Gutes tun. Ich schreibe Ihnen die Medizin auf.«

»Und die Gebete?« fragte ich.

»Was für Gebete?«

»Verschreiben Sie keine besonderen Gebete, die zum Einnehmen der Medizin gesprochen werden?«

Xenophon gab keine Antwort, sondern lachte. Ich sah, daß er ungläubig war, und ging auf diese Frage nicht weiter ein. Er bat, sich verabschieden zu dürfen, weil er Patienten in seinem Wartezimmer habe.

Die Kräutermedizin Xenophons heilte mich. Zum erstenmal in meinem Leben erfuhr ich, was es heißt, sich wirklich und am ganzen Körper wohl zu fühlen. Ich folgte allen Vorschriften Xenophons auf das genaueste, und seitdem bin ich fast keinen Tag mehr krank gewesen. Natürlich bin ich lahm geblieben, und bei besonderer Erregung habe ich auch hier und da noch gestottert. Aber jetzt, im Alter von vierundsechzig Jahren, kann ich ohne Schwierigkeiten vierzehn Stunden am Tag arbeiten, ohne Erschöpfung zu fühlen.

Natürlich bezahlte ich den Xenophon gut für seine Dienste. Ich lud ihn ein, als mein Leibarzt im Palast zu wohnen. Er wollte erst nicht kommen, weil er seine große Praxis, die er in verhältnismäßig kurzer Zeit aufgebaut hatte, nicht im Stich lassen wollte. Er erklärte, die Praxis brächte ihm dreitausend Goldstükke im Jahr ein. Ich bot ihm sechstausend, aber er zögerte immer noch. Erst als ich ihm große Privilegien für seine Heimat Kos versprach, willigte er ein.

Eines Tages sagte Messalina zu mir: »Ich fange an, meine Gutherzigkeit gegen Lesbia zu bereuen.«

»Meinst du, daß wir sie lieber in der Verbannung hätten lassen sollen?«

Sie nickte. »Warum besucht Lesbia dich so oft, wenn du allein bist? Worüber redet ihr? Und warum läßt du mich niemals wissen, wann sie dich besucht? Du siehst, vor mir kann man keine Geheimnisse haben.«

Ich lächelte verlegen. »Wir haben keine Geheimnisse, Liebste. Aber du erinnerst dich, daß ich ihr vor einem Monat ihre Güter in Calabrien zurückgab, die Caligula ihr genommen hatte. Als ich ihr diesen Entschluß verkündete, brach sie in Tränen aus, klagte sich ihrer Undankbarkeit an und beteuerte, sich völlig ändern zu wollen und ihren törichten Hochmut aufzugeben.«

»Sicherlich eine sehr rührende Szene. Aber erzählt hast du mir nie davon.«

»Ich bitte dich, eines Morgens beim Frühstück habe ich sie dir erzählt, ich erinnere mich genau.«

»Das mußt du geträumt haben. Aber was steckt noch dahinter? Besser spät als nie!«

»Ich verstehe das nicht. Aber mein Gedächtnis läßt mich

manchmal im Stich. Ich könnte schwören, daß ich dir die Sache erzählt habe. Entschuldige bitte. Ich gab ihr die Güter zurück, weil sie sagte, du hättest ihr völlig vergeben.«

»Was für eine Lüge! Täuscht dich dein Gedächtnis nicht wieder?«

»Nein, daran kann kein Zweifel bestehen. Sonst hätte ich ihr solche Gunstbeweise niemals zuteil werden lassen.«

»Du hast mir immer noch nicht gesagt, warum sie dich so häufig besucht. Was will sie von dir?«

»Eigentlich nichts. Sie kommt nur gelegentlich, mir von neuem ihre Dankbarkeit auszusprechen und zu fragen, ob sie mir irgendwie nützlich sein kann. Sie bleibt niemals so lang, daß sie mich stört, und stets erkundigt sie sich nach dir. Wenn ich sage, daß du arbeitest, beteuert sie, daß sie es nicht wagen würde, dich zu stören, und mit vielen Entschuldigungen geht sie wieder. Sie redet immer nur über alltägliche Dinge, und ihre Besuche sind mir nicht unangenehm, weil sie mich ablenken. Aber habe ich dir wirklich niemals davon erzählt?«

»Niemals. Diese Frau ist gefährlich. Sie will sich in dein Vertrauen einschmeicheln und dann anfangen, Übles von mir zu reden. Wer weiß, was sie noch für Geschichten erfindet! Jeder Frau wird von solchen Geschöpfen ein Doppelleben angedichtet. Ich würde mich nicht wundern, wenn sie dir bewiese, daß ich ein wüstes ehebrecherisches Dasein führe – mit Gladiatoren und Schauspielern und jungen Kavalieren und was sonst noch dazugehört. Und du, wie jeder Mann, wirst ihr allmählich Glauben schenken. Wahrscheinlich hat sie schon angefangen – wie?«

»Aber wie kannst du das annehmen? So etwas würde ich nie gestatten. Keinem Menschen würde ich glauben, der mir erzählte, daß du mir untreu wärst, nicht einmal dir selbst. Bist du jetzt beruhigt?«

»Verzeih mir, daß ich so eifersüchtig bin. Ich kann es nicht ertragen, daß du mit anderen Frauen befreundet bist hinter meinem Rücken. Ich traue keiner Frau, sobald sie mit dir allein ist. Du bist so einfach zu fangen. Aber ich werde jetzt versuchen, in Erfahrung zu bekommen, was Lesbia eigentlich plant. Sage ihr noch nichts von meinem Verdacht.«

Ich versprach es ihr und sagte auch, daß ich jetzt nicht mehr an die Gesinnungsänderung glaube, deren sich Lesbia rühmte, und daß ich ihr alles erzählen werde, was sie mir anvertrauen sollte. Darüber war Messalina sehr erleichtert. Sie könne mit ruhigem Herzen zu ihrer Arbeit zurückkehren.

Von jetzt an berichtete ich ihr treulich, was Lesbia mit mir gesprochen hatte. Ich fand alles vollkommen harmlos, aber Messalina entdeckte in vielem eine gefährliche tiefere Bedeutung. Besonders beunruhigt schien sie über die gelegentliche Erwähnung eines mir als trefflich bekannten Senators Seneca. – Zehn Tage später erklärte sie mir, sie habe endgültige Beweise, daß Lesbia mit Seneca ein Verhältnis unterhalte, und zwar sei der Ehebruch Lesbias erwiesen worden anläßlich der Abwesenheit des Vinicius von Rom, der mit Lesbia verheiratet war. Sie brachte Zeugen herbei, die diese Behauptung beschworen. Ich konnte also nicht dulden, daß Lesbia länger in Rom bliebe. Sie war meine Nichte und stand im Mittelpunkt der allgemeinen Aufmerksamkeit. Ich erwartete von allen Mitgliedern meiner Familie, daß sie ein vorbildliches Leben führten. Auch Senecas Verbleiben in der Stadt konnte ich nicht länger dulden. Er mochte zudem noch andere Gründe haben als nur Leidenschaft, um sich so mit Lesbia einzulassen, die allerdings eine sehr schöne Frau war. Sie stammte nämlich direkt von Augustus und Livia ab, sie war eine Tochter des Germanicus, eine Schwester des vorigen Kaisers, eine Nichte des augenblicklichen Kaisers – genug Anlaß, um das Gehirn eines armen Senators zu den ehrgeizigsten Plänen anzustacheln.

Ich wollte über die ganze Angelegenheit nicht selbst mit Lesbia sprechen, daher bat ich Messalina, mir die unangenehme Unterredung abzunehmen. Sie schien sich dieser Aufgabe sehr gern zu unterziehen. Sie erzählte mir später, daß sie der Lesbia ihre Verbannung mitgeteilt und sie gleichzeitig wegen ihrer Undankbarkeit auf das heftigste getadelt habe, aber Lesbia hätte ihr mit unüberbietbarer Dreistigkeit geantwortet. Den Ehebruch mit Seneca habe sie schließlich zugegeben, aber sie habe erklärt, daß es ihr freistünde, mit ihrem Körper zu treiben, was sie wolle. Schließlich habe sie sich in wüsten Drohungen gegen Messalina und mich ergangen.

In der Nacht, als Lesbia in die Verbannung abreiste, wurden Messalina und ich gegen Morgen von unterdrückten Schreien und hastigem Gelaufe auf dem Korridor geweckt. »Haltet ihn! Mörder! Haltet ihn!« Ich sprang aus dem Bett, mein Herz klopfte laut, ich ergriff eine Waffe und ließ Messalina sich hinter mir verbergen. Aber mein Mut wurde nicht auf die Probe gestellt. Es war nur ein einziger Mann inzwischen draußen entwaffnet worden. Ich ließ die Wachen für den Rest der Nacht verdoppeln, und wir gingen wieder zu Bett, ohne aber von neuem einschlafen zu können. Messalina war sehr verängstigt, und ich mußte ihr sehr gut zureden. Sie schien vor Schreck beinahe den Verstand verloren zu haben.

»Das kommt von Lesbia«, seufzte sie immer wieder, »das kommt von Lesbia.«

Am nächsten Morgen ließ ich mir den Verhafteten bringen. Er gab zu, ein Freigelassener der Lesbia zu sein. Er war in den Palast gelangt, indem er die Tracht eines kaiserlichen Bedienten angelegt hatte. Er war ein syrischer Grieche, und seine Geschichte klang sehr wenig glaubwürdig. Er habe nicht die Absicht gehabt, mich zu ermorden, und erzählte verworrene Geschichten von Geistern, die ihn in den Palast gelockt hätten. Näheres dürfe er nicht offenbaren. Auf meine Frage, wer ihn gedungen habe, schwieg er. Selbst auf der Folter sagte er nichts. Die Palastwache hatte ihn eingelassen, weil er die Parole gewußt und die Uniform der Bedienten getragen hatte. Er sei in Begleitung von zwei Männern gekommen, die genauso angezogen gewesen seien wie er.

Der Mann wurde ohne Geständnis enthauptet. Ich sprach sehr eingehend mit Messalina über alles, und wir kamen zu dem Schluß, daß auch Lesbia enthauptet werden müsse. Ich schickte ihr eine Abteilung Kavallerie nach, und einen Tag später wurde mir ihr Kopf gebracht, als Zeichen ihres Todes. Mir war es sehr schmerzlich, die Tochter meines geliebten Bruders Germanicus hinrichten lassen zu müssen, nachdem ich bei der Nachricht von seinem Tod geschworen hatte, seine Kinder zu behüten und zu lieben, als wären es meine eigenen. Aber ich tröstete mich damit, daß Germanicus an meiner Stelle nicht anders gehandelt haben würde. Seine persönlichen Gefühle ordnete er immer seinen Pflichten gegen den Staat unter.

Achtundzwanzigstes Kapitel

Von Herodes kam ein Brief, in dem er mir sein Wohlergehen meldete und mir mitteilte, daß ich bei den Juden außerordentlich beliebt sei. In einem Nebensatz beklagte er sich über Vibius Marsus, den neuen Gouverneur von Syrien. Einige Tage später erhielt ich von ebendiesem Marsus einen Brief mit der Aufschrift: Dringend und vertraulich. Marsus war ein fähiger Mensch, zurückhaltend, gelegentlich sarkastisch und ohne sonderliche Schwächen und Laster. Sein Brief enthielt folgende Stelle:

»Mein Nachbar, Ihr Freund König Herodes, hat, wie ich aus zuverlässiger Quelle erfahre, begonnen, Jerusalem zu befestigen. Es wird Ihnen dies wahrscheinlich bekannt sein, aber ich möchte doch darauf hinweisen, daß die Art der Befestigungen, die geplant sind, die Stadt uneinnehmbar machen müssen. Ich möchte Ihrem Freund, dem König Herodes, keine schlechte Absicht unterstellen, aber als Gouverneur von Syrien darf ich die Angelegenheit nicht völlig unbeachtet lassen. Jerusalem beherrscht den Weg nach Ägypten, und wenn es in feindliche Hände fiele, würde Rom in schwerste Gefahr geraten. König Herodes befürchtet angeblich einen Einfall der Parther. Aber er hat sich gegen diesen kaum eintretenden Fall schon hinreichend durch Bündnisse gesichert, die er mit seinen königlichen Nachbarn längs der parthischen Grenze abgeschlossen hat. Zweifelsohne billigen Sie seine freundschaftlichen Bemühungen um die Phönizier. Er hat der Stadt Beirut bereits große Spenden gemacht und läßt augenblicklich auf seine Kosten dort ein großes Amphitheater errichten. Ich selbst bin nicht in der Lage, diese plötzliche Anteilnahme für die Phönizier zu begreifen. Vorläufig bringt man ihm dort noch wenig Vertrauen entgegen – vielleicht mit gutem Grund. Selbst wenn ich Sie mit diesem Bericht belästigt haben sollte, halte ich es für meine Pflicht, die politischen Ereignisse in meiner weiteren Umgebung genau zu verfolgen und Ihnen jeweils meine Eindrücke mitzuteilen.«

Dieser Brief machte auf mich einen sehr unangenehmen Eindruck, und meine erste Regung war Zorn gegen Marsus, der es wagen wollte, mich gegen meinen Freund Herodes einzunehmen. Aber als ich den Brief zweimal gelesen hatte, änderten sich meine Gefühle, und ich empfand Dankbarkeit für Marsus. Ich wußte nicht, was ich über Herodes denken sollte. Einerseits vertraute ich darauf, daß er mir seinen Treueid halten werde, andererseits aber sah es tatsächlich so aus, als ob er mit Plänen beschäftigt sei, die ich in jedem anderen Fall höchst verdächtig und verräterisch genannt hätte. Ich war froh, daß Marsus ein so aufmerksamer Beobachter war, und ich schrieb ihm nur, daß ich seinen Brief erhalten hätte, daß er vorsichtig und völlig verschwiegen bleiben und mir alle weiteren Vorgänge sofort berichten solle.

In Rom sprach ich mit niemandem über die Angelegenheit, auch mit Messalina nicht. An Herodes aber schrieb ich folgendermaßen:

»Wie habe ich mich gefreut, von Dir zu hören, daß es Euch allen gut geht. Mach Dir keine Sorge über einen Angriff der Parther. Wenn sie sich gegen Dich erheben sollten, werde ich sofort Deinen Onkel Antipas aus Lyon und der Verbannung zurückrufen, und er wird jeden Deiner Feinde mit seinen siebzigtausend kostbaren Rüstungen erdrücken. So kannst Du und Kypros ruhig schlafen und brauchst auch die Befestigung von Jerusalem nicht fortzusetzen. Wir wollen nicht, daß Jerusalem zu stark wird, nicht wahr? Wenn irgendeiner Deiner ungebärdigen Verwandten sich in Jerusalem festsetzen würde, ehe Du mit Deinen Befestigungen fertig wärst, würdest Du ihn niemals wieder hinausjagen können. Und was wird dann mit der schönen und wichtigen Straße nach Ägypten? – Mir tut es leid, daß Dir Vibius Marsus mißfällt. Wie kommst Du mit dem Amphitheater in Beirut voran? Ich habe mir Deinen Rat zu eigen gemacht und traue niemandem mehr außer meiner geliebten Messalina, dem Rufrius und meinem alten Schulkameraden, dem Briganten, dessen Selbstanklagen, daß er ein Gauner sei, niemals glauben wird sein altes Murmeltier.«

Herodes antwortete in seinem üblichen leichten Stil, als ob die Befestigung von Jerusalem ihm selbst lächerlich vorkäme, aber er muß verstanden haben, daß mein harmloser Brief in Wirklichkeit nicht so harmlos war. Von Marsus bekam ich Bescheid, daß die Befestigungsarbeiten in Jerusalem augenblicklich ruhten.

Eines Abends kam Messalina, die immer noch keine zwanzig Jahre alt war, zu mir ins Zimmer, sah mich längere Zeit etwas verwirrt an, ohne etwas zu sagen, und nachdem sie ein paarmal Anlauf genommen hatte, fragte sie: »Hast du mich wirklich und richtig lieb?«

Ich versicherte ihr aus freudigem Herzen, daß ich sie über alles in der Welt liebe.

»Wirst du mir dann die größte Freundlichkeit erweisen können, deren eine Liebe fähig ist? Ich kann nur offen sein, aber du sollst gut sein. Wirst du mir es abschlagen? Könntest du – würdest du – wenn es dich nicht zu seltsam anmutet, dich nicht zu hart ankommt –, würdest du mir erlauben, daß ich für kurze Zeit mein eigenes Schlafzimmer hätte? Du sollst nicht etwa denken, daß ich dich weniger liebte, als du mich liebst, aber jetzt sind wir kaum zwei Jahre verheiratet und haben schon zwei Kinder – sollten wir, müßten wir nicht etwas warten, bis wir vielleicht ein drittes bekommen? Die Schwangerschaften sind mir nicht gut bekommen. Immer hatte ich Herzbeschwerden und Schwindelgefühle, und ich weiß, so rasch würde ich das ein drittes Mal nicht überstehen. Und, du weißt ja, wir wollten immer ganz offen zueinander sein – darum bin ich zu dir auch so offen, ich habe nämlich nicht nur Angst vor einem neuen Kind – warum soll ich es nicht ganz ruhig aussprechen: Meine Leidenschaft für dich hat sich ein wenig abgekühlt. Ich schwöre dir, daß das mit meiner Liebe nicht das geringste zu tun hat, aber manchmal empfinde ich jetzt für dich, als ob du mein liebster Freund wärst, der Vater meiner Kinder, aber nicht mehr so ganz mein Liebhaber. Ich verberge nichts vor dir, wie du siehst. Sobald man Kinder hat, wird die Gefühlswelt einer Frau wohl sehr verändert. Glaubst du mir das?«

»Ich glaube es dir, und ich liebe dich.«

Sie streichelte mein Gesicht.

»Und ich bin ja auch nicht wie so viele andere Frauen, die nur Kinder und Kinder und Kinder bekommen wollen, bis sie völlig verbraucht sind. Ich bin deine Frau, die Frau des Kaisers, und ich helfe ihm bei seiner Arbeit, und diese Arbeit ist, glaube ich, wichtiger als alles andere. Schwangerschaft und Arbeit vertragen sich nicht.«

Ich sagte ziemlich kläglich: »Natürlich, Liebste, wenn du so empfindest, dann gehöre ich nicht zu jener Art von Ehemännern, die ihren Willen rücksichtslos durchsetzen. Aber ist es denn wirklich notwendig, daß wir getrennte Schlafzimmer haben? Könnten wir nicht wenigstens das gemeinsame Bett beibehalten, wir fühlen uns sonst so einsam.«

»O Claudius«, entgegnete sie beinahe weinend, »ich habe so furchtbar mit mir kämpfen müssen, um es dir überhaupt zu sagen, weil ich dich so liebe und dich um nichts in der Welt verletzen möchte. Aber mache es mir jetzt nicht noch schwerer. Jetzt, nachdem ich dir alles bekannt habe – würde es dich nicht in eine schreckliche Lage bringen, wenn dich plötzlich die Leidenschaft ergriffe, während wir friedlich im gleichen Bett beieinander wären, und ich vermöchte deine Leidenschaft nicht zu erwidern? Wenn ich dich zurückwiese, gäbe das einen unheilbaren Riß in unserer Liebe, und wenn ich mich dir gegen mein Gefühl schenkte, würde es den gleichen Erfolg haben. Ich kenne dich viel zu gut, um nicht zu wissen, welche entsetzliche Reue du empfändest, wenn irgend etwas zwischen uns und unsere Liebe treten würde. Nein, kannst du nicht verstehen, warum es im Augenblick besser ist, daß wir nicht mehr im gleichen Raum schlafen, bis die alten Gefühle zu dir wieder erwacht sind? Um auch mich jeder Versuchung zu entheben, wäre es nicht vielleicht das beste, ich siedelte in meine Zimmer im Neuen Palast über? Ich hätte es dort auch bequemer mit meiner Arbeit. Ich könnte dann so früh aufstehen, wie ich wollte, und käme nicht in Gefahr, dich zu stören.«

Ich fragte etwas ängstlich: »Wie lange, denkst du, soll dieser Zustand dauern?«

»Wir werden sehen, wie er uns beiden bekommt«, antwortete sie und küßte mich zärtlich auf beide Backen. »Oh, wie erleichtert ich bin, daß du nicht zornig wirst. Ich kenne deine seelische Größe. Wie lange, fragst du? Ich weiß es nicht. Ist das Geschlechtliche die Hauptsache bei der Liebe? Gibt es nicht viel stärkere Bande, die zwei Menschen verknüpfen? Ich könnte mir denken, daß das Geschlechtliche eine Liebe geradezu zerstören könnte. Ich muß dem Plato unbedingt recht geben.«

»Plato spricht in diesem Zusammenhang nur von der homosexuellen Liebe«, belehrte ich sie, um nicht zu niedergeschlagen zu erscheinen.

»Dann paßt es noch besser«, sagte sie leichthin, »denn ich tue die Arbeit eines Mannes, die gleiche Arbeit wie du. Nun, sind wir einig? Wirst du nun wirklich ein lieber, lieber Claudius sein und nicht länger von mir verlangen, daß wir im gleichen Bett schlafen? Alles übrige zwischen uns bleibt unverändert. Und vergiß bitte nicht, wie peinlich die ganze Unterhaltung für mich gewesen ist.«

Ich wiederholte ihr, daß ich ihre Offenheit zu schätzen wisse und daß ich ihr selbstverständlich keine Schwierigkeiten bereiten würde. Aber sie könne mir glauben, daß ich mich schon jetzt auf die Zeit freute, in der ihre alten Gefühle wiedererwacht sein würden.

»Aber bitte, werde nicht ungeduldig«, schluchzte sie, »es wird dadurch alles so schwer für mich, denn wenn du ungeduldig wärst, würde ich immer denken, daß ich hartherzig zu dir sei, und würde vielleicht Gefühle heucheln, die ich in Wahrheit nicht aufbringen könnte. Ich mag eine Ausnahme sein, aber seitdem wir unsere Kinder haben, ist das Geschlechtliche für mich ziemlich bedeutungslos geworden. Ich glaube übrigens, daß es viel mehr Frauen genauso geht wie mir, nur haben sie nicht den Mut, es zu bekennen, weil sie fürchten, dann den Einfluß auf ihre

Männer zu verlieren. Übrigens werde ich immer sehr wachsam sein, wenn du mit anderen Frauen zusammenkommst. Wenn du mit einer anderen Frau etwas anfingest, würde ich rasend vor Eifersucht werden. Nicht etwa, daß mir der Gedanke unerträglich wäre, dich im Bett einer anderen Frau zu wissen. Das ließe sich noch verwinden, aber nie würde ich die Furcht loswerden, daß du plötzlich jemanden mehr lieben könntest als mich und dich dann von mir scheiden ließest. Du verstehst mich recht: Wenn du mit einer hübschen Zofe oder irgendeinem anderen gesunden, sauberen Mädchen schlafen würdest, das von niederem Stand ist, so würde ich mich sogar für dich freuen, und es würde uns voneinander nicht trennen. Auch wenn wir wieder zusammen schliefen, wäre es eben nur eine Maßnahme für deine Gesundheit gewesen.«

So nutzte Messalina, sehr geschickt und sehr grausam, meine blinde Liebe zu ihr aus. Noch am gleichen Abend siedelte sie in den Neuen Palast über. Für eine lange Zeit sprach ich über diese Angelegenheit kein Wort zu ihr. Immer hoffte ich, sie werde von selbst zurückkehren. Aber sie äußerte nichts, nur durch ein zärtliches Verhalten wollte sie mir zu verstehen geben, daß ein außergewöhnlich gutes Einvernehmen zwischen uns herrsche.

Eines Tages sagte sie zu mir: »Der Mann, den wir wirklich in Rom brauchen können, ist Appius Silanus. Möchtest du ihn nicht nach Rom kommen lassen? Er sollte im Palast wohnen, damit er uns immer als Ratgeber zur Verfügung ist.« Dieser Silanus war früher einmal Consul gewesen und war seit Caligulas Regierungsantritt Gouverneur von Spanien. Ich mußte Messalina zugeben, daß er ein Mensch von großen Fähigkeiten sei. »Aber wie können wir ihn bestimmen, bei uns im Palast zu wohnen? Man müßte ihm einen besonders ehrenvollen Grund angeben können.«

»Ich habe schon darüber nachgedacht«, antwortete Messalina ohne Zögern. »Man müßte ihn mit der Familie verbinden. Warum sollte er nicht meine Mutter heiraten? Sie ist erst dreiunddreißig und würde gern einen neuen Mann haben. Außerdem ist sie deine Schwiegermutter – also wäre das eine große Ehre für Silanus.«

»Wenn du deine Mutter dazu bestimmen kannst ...«

»Ich habe zufällig mit ihr schon darüber gesprochen. Sie sagt, sie würde uns den Gefallen gern tun.«

Silanus wurde nach Rom berufen, und ich verheiratete ihn mit Domitia Lepida, der Mutter der Messalina. Mir fiel sehr bald auf, daß Silanus mich mied, wo er nur konnte. Er tat zwar sehr bereitwillig alles, was ich ihm auftrug. Er besuchte als mein Vertreter überraschend die verschiedenen Gerichte, er stellte Ermittlungen an über die Wohnbedingungen in den ärmeren Vierteln, er überwachte öffentliche Versteigerungen, aber er schien unfähig zu sein, mir ins Gesicht zu sehen, und jedes vertrauliche Gespräch vermied er. Ich sah ihn einmal aus dem Zimmer Messalinas kommen und bemerkte, wie er heftig zusammenschrak, als er meiner ansichtig wurde. Aber er gab vor, mich nicht bemerkt zu haben, änderte, als ob ihm plötzlich etwas einfiele, seine Richtung und entfernte sich eilig nach der anderen Seite des Korridors hin. Ich fühlte mich ziemlich beleidigt, denn es war offensichtlich, daß er mich nicht hatte begrüßen wollen. Es war eine ziemlich ungewöhnliche Tageszeit für eine politische Besprechung: morgens halb acht. Einen Augenblick dachte ich, ob der neue Ehemann von Messalinas Mutter sich vielleicht zu diensteifrig um die Tochter bemühe. Dann aber fiel mir ein, daß er fünf Jahre älter war als ich und daß offenbar schon ich einer Frau wie Messalina nur Freundschaft und kameradschaftliche Liebe einzuflößen vermöge. Also verwarf ich den Gedanken, daß Silanus etwas vor mir zu verbergen habe. Ich las am gleichen Abend vor dem Einschlafen eine kurze griechische Erzählung, in der eine junge Frau, die einen alten Mann geheiratet hatte, sich ihre Liebhaber damit köderte, daß sie vorgab, ihr Ehemann wünsche, daß sie den Betreffenden zu ihrem Liebhaber nähme. Das Zusammentreffen dieser Zufallslektüre mit meiner Beobachtung beunruhigte mich etwas, da ich gelernt habe, solchen Dingen eine größere Bedeutung beizumessen, als ihnen vielleicht zukommt. Ich habe nämlich immer die Beobachtung gemacht, daß der Mensch die sogenannten Zufälle selbst bestimmt und daß es von tiefster Bedeutung sein kann, in welchem Augenblick man einen schönen Ring verliert oder eine Trauerbotschaft erhält. Ich tadelte mich aber kurz darauf wieder selbst, denn meine Gedanken hätten Mißtrauen gegen Messalina bedeutet. Und davon war ich weiter entfernt als je.

Ungefähr eine Woche später berichtete mir mein Sekretär Narcissus, daß er den Silanus auf einem Korridor belauscht habe, wie er mit völlig verzweifeltem Gesicht in einer Ecke gestanden und unverständliche Worte gemurmelt habe. Narcissus hatte nur verstanden: »Cassius Chaerea – alter Cassius! Tu's, aber nicht allein!« Narcissus hatte sich über diese Worte äußerst erschreckt, denn er hatte sie vor wenigen Tagen in einem Traum gehört, dem er keine besondere Bedeutung beizumessen hatte, da er stets sehr lebhaft zu träumen pflegte. In diesem Traum hatte er Cassius Chaerea gesehen, wie er dem Silanus ein bluttriefendes Schwert gab. Dazu hatte er gerufen: »Tu's, aber nicht allein!« Und dann sei ich vorübergegangen und beide hätten sich auf mich gestürzt und mich in Stücke gehackt.

Als Narcissus mir von diesem Traum und von seiner Beobachtung erzählte, hatte ich mich schon zu Bett gelegt. Ich erschrak sehr, ließ unzählige Lichter kommen und anzünden, und schickte, obwohl es schon sehr spät war, hinüber zu Messalina, sie möchte mich auf der Stelle aufsuchen. Sie eilte mit einem Ausdruck ins Zimmer, wie ich ihn nie vorher an ihr bemerkt hatte. Es war eine Mischung von tödlicher Furcht, von Verzweiflung, Verachtung und Trotz. Sie sagte nichts, sondern stürzte vor mir nieder und hielt den Nacken gesenkt. Ich wußte nicht, was ich mit diesem Betragen anfangen sollte, und brauchte lange Zeit, um sie zu beruhigen und ihr den Traum zu erzählen, den Narcissus gehabt hatte. Zuerst schien sie ihn nicht zu begreifen, dann rief sie plötzlich, daß sie die gleichen entsetzlichen Dinge seit neun Tagen geträumt habe und nicht den Mut gefunden habe, mir davon zu berichten. Denn immer sei ihr Silanus als mein Mörder erschienen. Aber sie habe sich geschämt, etwas gegen Silanus zu sagen, nachdem sie es gewesen sei, die ihn nach Rom zurückberufen habe. »Du mußt dir Silanus sofort kommen lassen!« Und ohne meine Zustimmung abzuwarten, trug sie einem ihrer Diener auf, den Silanus zu rufen. Als Silanus eintrat, hatte er gleichfalls einen Gesichtsausdruck, den man nie zuvor an ihm bemerkt hatte. Er war verbittert, wild, geduckt und voll grenzenlosen Hasses. Durch eine plötzliche Eingebung des Narcissus wurde er von der Wache an der Tür untersucht, ehe er weiter ins Zimmer hereintreten konnte. Man fand einen scharfgeschliffenen Dolch bei ihm. Er wurde auf der Stelle verhaftet und von mir verhört. Eine befriedigende Erklärung für sein Verhalten konnte er nicht beibringen, er fing nur auf einmal an, in fürchterlicher Wut unzusammenhängendes Zeug zu reden. Fragen, ob er etwas zu seiner Verteidigung vorbringen könne, schien er zu überhören. Vielmehr erging er sich in so wüsten Beschimpfungen der Messalina, daß diese beinahe ohnmächtig wurde und hinausgeführt werden mußte. Als Messalina fort war, verlegte er sich aufs Bitten und wollte unter allen Umständen seinen Dolch wiederhaben. Es bestünde keine Gefahr mehr, daß er ihn gegen jemand anders als gegen sich selbst anwenden würde. Ich mußte ihm das verweigern, und da er jede Gelegenheit, sich von dem schweren Verdacht zu reinigen, meine Ermordung geplant zu haben, vorübergehen ließ, verurteilte ich ihn zum Tode. Er wurde am gleichen Tage hingerichtet.

Als gewissenhafter Historiker sollte ich vielleicht jetzt schon die Gründe für das eigentümliche Verhalten des Silanus angeben, wie sie mir viele Jahre später bekannt wurden. Aber ich glaube, mein Leser wird meine Erzählung besser würdigen und begreifen können, wenn er vorerst noch nicht mehr weiß, als ich selbst damals wußte. Hätte Silanus den Mut gehabt, offen mit mir zu sprechen, so hätte meine Regierung in vielem einen anderen Verlauf genommen.

Neunundzwanzigstes Kapitel

Die Hinrichtung des Silanus ermutigte den Vinicianus, sich gegen mich zu erheben. Als ich am nächsten Tag dem Senat mitteilte, daß Silanus die Absicht gehabt habe, mich zu ermorden, daß er rechtzeitig abgefaßt und bereits hingerichtet sei, erhob sich eine Woge des Erstaunens, die augenblicklich in heftiges ängstliches Geflüster umschlug. Dies war die erste Hinrichtung eines Senators, die ich seit der Übernahme der Macht für nötig gehalten hatte, aber gerade dem Silanus traute niemand zu, daß er mich ermorden wollte. Jedermann glaubte, daß ich jetzt endlich mein wahres Gesicht zeige und daß ein neues Schreckensregiment beginnen solle. Auch Caligula hatte verdiente Leute aus den Provinzen zurückgerufen, angeblich um sie zu größeren Ehren zu erheben, und dann hatte er sie plötzlich zum Tode verurteilt. In meiner Ansprache erwähnte ich alle Umstände, die mir bekannt waren, auch den Traum des Narcissus.

Vinicianus sagte später zu seinen Freunden: »Der treffliche Appius Silanus wird also hingerichtet, weil einer der Sekretäre des Kaisers einen Traum hat! Sollen wir uns länger vom schwachsinnigen Clau-Clau-Claudius regieren lassen? Was meint ihr?« Seine Freunde gaben ihm zu, daß endlich ein starker Kaiser nötig sei, und sie redeten sich in Hitze, indem sie sich gegenseitig alle meine Fehler, Schwächen, halben Maßnahmen, Irrtümer und Fehlschläge erzählten. Man kann von den Menschen nicht verlangen, daß sie in solchen Situationen auch die Vorzüge ihres Widersachers erkennen, besonders wenn es sich um einen vermeintlichen Widersacher handelt. So gelang es ihnen schnell, sich gegenseitig zu überzeugen, daß es niemals korrupter und schmählicher in Rom zugegangen sei als unter meiner Herrschaft. Wer die Mahnung nicht verstünde, die aus der empörenden Hinrichtung des Silanus für alle Zeitgenossen zu entnehmen sei, verdiene, das Schicksal des Silanus zu teilen. »Der Mann ist geisteskrank. Wir müssen ihn loswerden.« Das war stets von neuem der Schluß, zu dem die mißvergnügte Schar des Vinicianus kam.

Ich war bei der Garde nach wie vor sehr beliebt, und meine ständigen Vorsichtsmaßregeln gegen Meuchelmord waren seit dem Erlebnis mit Silanus noch verstärkt worden. Alle Angehörigen und Bedienten meines Haushalts waren erlesene, geschickte und zuverlässige Leute, so daß es für einen Mörder sehr schwer sein mußte, überhaupt in meine Nähe zu gelangen – von den ständigen bewaffneten Wachen ganz abgesehen. Es waren zweimal bisher Versuche unternommen worden, mich zu beseitigen, beide von enttäuschten Adligen, aber beide so schlecht und ungeschickt vorbereitet, daß ich in keine ernstliche Gefahr kam.

Beseitigen konnte man mich also nur mit der Hilfe von Truppen. Vinicianus glaubte, den Mittelsmann gefunden zu haben, der ihm dazu verhelfen würde. Dieser Mittelsmann war ein gewisser Scribonianus, ein alter Widersacher von mir, der unter Caligula zu meinen hauptsächlichsten Quälern gehört hatte. Er war augenblicklich Befehlshaber der römischen Streitkräfte in Dalmatien. Da er zu den Menschen gehörte, die lediglich von sich aus auf andere zu schließen vermögen, erschien es ihm sehr zweifelhaft, ob ich ihm, nachdem ich Kaiser geworden war, jemals vergeben könne. Als Vinicianus ihm von seinen Plänen schrieb, erblickte Scribonianus darin einen deutlichen Wink, sich nicht auf mich zu verlassen. Vinicianus hatte seine Schilderung natürlich so abgefaßt, daß man sie anders als mit Empörung gar nicht zu lesen vermochte. »Claudius kam gestern in den Senat und machte seine Witze über die Hinrichtung ... Jedermann sehnt die Zeiten des Caligulas zurück ... Jeder rechtlich gesinnte Mann ist sich darüber klar, daß Silanus gerächt werden muß ... Unglücklicherweise hat er im Augenblick noch die Garde hinter sich. Also brauchen wir Truppen ... Du sollst unsere Rettung sein. Marschiere mit Deiner Armee gegen Rom. Versprich der Garde eine so hohe Belohnung, wie ihr Claudius einst gegeben hat, und sie geht sofort zu Dir über ... Sobald Du in Italien gelandet bist, versorgen wir Dich mit Geld und Freiwilligen ... Claudius hat nur die Garde. Aus Deutschland und Frankreich kann er keine Truppen zurückziehen. Außerdem bist Du eher da, als er einen solchen Befehl überhaupt geben könnte. Die Deutschen planen neue Angriffe, also ist der Augenblick gut. Wir können ohne Blutvergießen zum Ziel kommen ... Werde Du der Befreier Roms.« Die üblichen Redewendungen, die üblichen Selbsttäuschungen, die üblichen vagen Hoffnungen reihten sich Seite an Seite.

Scribonianus entschloß sich, das Wagnis zu unternehmen. Er schrieb zurück, wieviel Schiffe er zum Übersetzen seiner Regimenter brauche und wieviel Geld man ihm schicken müsse, um sein Heer für die neue Sache zu gewinnen. Daraufhin verließen Vinicianus und seine Gesinnungsgenossen unauffällig Rom unter dem Vorwand, ihre Landgüter besuchen zu wollen. Die erste Nachricht, die ich von der bevorstehenden Rebellion erhielt, schickte mir – Scribonianus. Er beleidigte mich mit allen Ausdrücken, die er hatte ersinnen können, und drohte mir das Ende meiner Herrschaft an. Er verlangte von mir, daß ich augenblicklich meine sämtlichen Ämter niederlege. Es war sehr freundlich von Scribonianus, mich so rechtzeitig von seiner Absicht zu unterrichten, die bis zur Stunde in Rom noch nicht bekannt geworden war. Der Schluß des Briefes stellte mir Schonung meines Lebens in Aussicht, falls ich allen gestellten Forderungen ohne Zögern entspräche.

Zuerst dachte ich, wie schön es wäre, auf diesen Brief zu antworten, jawohl, ich entsage meiner Macht mit größter Freude, denn nichts Schöneres kann mir zugemutet werden, als den Rest meines Lebens friedlich mit Messalina, meinen Kindern und meinen Büchern zu verbringen. Dann kann ich mich zurücklehnen in meinen Stuhl und zusehen, wie jemand anders sich mit der unerfüllbaren Aufgabe abquält, die man mir gegen meinen Willen auferlegt hat. Aber: Konnte ich mich einerseits auf das Wort des Scribonianus verlassen, daß er mich und meine Familie schonen werde? Und andererseits, gab es eine Gewähr, daß ein Mann wie Scribonianus auch nur im entferntesten mit so guten Absichten an die Regierung herangehen würde wie ich und daß er sie so gut und gerecht ausüben könnte, wie er es sich jetzt vorstellte?

Ich rief also den Senat zusammen und las ihm den Brief des Scribonianus vor. Ich fügte hinzu, daß ich ohne weiteres bereit sei, den mir darin gestellten Forderungen nachzugeben, wenn der Senat dächte, daß dem Lande damit ein Dienst erwiesen würde. »Ich gebe zu, daß ich bis vor kurzem die Kunst des Regierens nur sehr unvollkommen beherrschte.« Ich schilderte meinen Werdegang, mein Bemühen und die Schwierigkeiten, die jedem Regenten erwachsen, bis er in den Apparat eingefügt ist. Ich stellte den Vorteilen eines Tauschs mit größter Gewissenhaftigkeit auch die Nachteile entgegen, indem ich auf den Segen ruhiger Entwicklung hinwies, der vor jeder gewaltsamen Einmischung der Vorzug zu geben sei, selbst wenn aus persönlichen Gründen ein plötzlicher Wechsel gewünscht werde.

Dem Senat war die Rede ebenso überraschend wie unangenehm. Zwar wagte niemand etwas anderes zu tun, als zu applaudieren oder energisch zu protestieren, wenn ich nach ihrer Meinung mich herabsetzte, während ich in Wahrheit nichts anderes tat, als die Lage so zu beschreiben, wie ein unbefangener Historiker sie beschreiben mußte. Ich hatte während meiner Rede ganz vergessen, daß ich selbst der »augenblickliche Kaiser« war, von dem ich immerzu sprach. Ich wußte genau, warum ich eine solche Rede hielt. Denn unberechnet war sie nicht. Nichts verwirrt die Menschen mehr als unerwartete Aufrichtigkeit, die man über sich selbst an den Tag legt. Der Senat wußte genau, daß ich weder meine Fehler noch meine Verdienste übertrieben hatte. Er sah sich einem Menschen gegenüber, der klar Bescheid wußte. Dies kann seine Wirkung niemals verfehlen. Sogleich erinnerte man sich, daß der Wohlstand und die Sicherheit Roms durch mich erheblich gewachsen waren und daß es ungewiß sein mußte, ob ein Tausch – vor allem nach den Erfahrungen, die man früher gesammelt hatte – sich nicht zum Schlechteren auswirken müßte. Gleichzeitig fühlten sie, daß ich es tatsächlich aufrichtig meinte, wenn ich ihnen völlig freie Hand ließ. Das Unbehaglichste aber war, daß ich alle Einwände, die man hätte erheben können, bereits selbst geäußert hatte. So wurden nur einige Reden gehalten, die mich der unwandelbaren Treue des Senats versicherten. Allerdings wurden einige kühlere Stellen eingestreut für den Fall, daß Scribonianus mich zum Rücktritt zwingen würde. Wahrscheinlich war das nicht, solange die Garde und die römische Garnison für mich waren; aber wer konnte die Entwicklung übersehen? Jedenfalls wünschte niemand, in einer solchen Situation sich für eine der beiden Seiten in übertriebenen Ausdrücken festzulegen. Ich habe gefunden, daß das meiste Unglück, die meisten Versäumnisse, die meisten Irrtümer und halben Maßnahmen im politischen Leben aus dieser Furcht vor dem »Festlegen« kommen. Im privaten Leben ist es übrigens das gleiche. Nur Vinicius, der Vetter des Vinicianus, hatte den Mut, sich offen für mich zu bekennen. Er sagte sich los von den Verschwörern, indem er gleichzeitig die Schändlichkeit und Aussichtsloigkeit ihres Vorhabens mit starken Worten geißelte.

Darauf hielt Rufrius eine kurze Rede. Er gab der Verwunderung Ausdruck, daß man die Treue der Garde überhaupt habe in Zweifel ziehen können. »Wie wir die ersten gewesen sind, die sich zu Kaiser Claudius bekannt haben, so werden wir die letzten sein, die seine Sache verloren geben.«

So wurde mir ein einstimmiges Vertrauensvotum erteilt, und der Senat ermächtigte mich, an Scribonianus zu schreiben und ihm mitzuteilen, daß er seines Kommandos enthoben sei und sich sofort nach Rom zu verfügen habe, um sein Verhalten zu erklären. Aber Scribonianus erhielt diesen Brief niemals. Er war schon tot.

Nachdem er unter seinen Truppen die Disziplin gelockert hatte, um sich beliebt zu machen, nachdem er Wein verteilt und Spiele veranstaltet hatte, las er die wichtigsten Stellen des Briefes vor, den ihm Vinicianus geschrieben hatte. Er fragte, ob die Soldaten an seiner Seite zur Rettung und Befreiung Roms marschieren wollten. »Die Republik muß endlich wiederhergestellt werden.« Er machte Andeutungen und Versprechungen, wodurch die gemeinen Soldaten angelockt wurden. Sie brachten laute Hochrufe auf ihn und auf Vinicianus aus und gelobten, mit ihnen beiden bis zum Ende der Welt zu marschieren. Scribonianus zahlte zum Dank jedem Mann auf der Stelle zehn Goldstücke aus und versprach weitere vierzig für jeden, der in Italien mit ihm landen werde. Aber Scribonianus hatte den Fehler gemacht, seinen Leuten zu früh zu sagen, daß es gegen Rom selbst gehen sollte. Gewiß, bis ans Ende der Welt würden sie ihm vielleicht folgen – aber gegen Rom, das war eine andere Frage. Kaum konnten denn auch die Soldaten die Sache unter sich bereden, als allen Verlockungen zum Trotz überall Bedenken geäußert wurden. Ob Rom am Ende nicht doch stärker sei als die beiden Regimenter in Dalmatien? Auflehnung gegen Rom und gegen den Kaiser war allzu oft grausam bestraft worden.

Die Entscheidung, ob man dem Scribonianus folgen solle oder nicht, wurde einer Versammlung der Offiziere übertragen. In dieser Versammlung trat zwar eine gewisse Sympathie für Scribonianus zutage, aber von einer Wiedererrichtung der Republik wollte niemand etwas wissen. Scribonianus hatte zwar den Offizieren gedroht, sie dem Zorn der Mannschaften zu überliefern, wenn sie nicht gemeinsame Sache mit ihm und ihnen machen würden, aber die Offiziere schienen vor ihren Leuten wenig Angst zu haben und beschlossen, zunächst einmal abzuwarten und zu sehen, wie die Ereignisse sich entwickeln würden. Sie schickten also eine Abordnung zu Scribonianus und ließen ihn wissen, daß sie sich noch nicht ganz im klaren seien, jedenfalls aber werde er ihre endgültige Stellungnahme an dem Tag erfahren, für den die Abreise der Truppe nach Italien vorgesehen sei. Wichtiger noch als die Versammlung der Offiziere war eine geheime Versammlung aller Unteroffiziere, Wachtmeister und Fahnenträger, die durchweg schon länger als zwölf Jahre gedient hatten. Die meisten von ihnen waren mit dalmatinischen Frauen verheiratet, und sie sahen Dalmatien als ihre endgültige Heimat an, denn es war Sitte und Regel geworden, die einzelnen Legionen nach Möglichkeit stets im gleichen Landstrich festzuhalten. Diese alten Leute hatten nicht das geringste Interesse an einem Wechsel. Sie erklärten sich einstimmig gegen das Unternehmen, das Scribonianus vorhatte. Nun mußten aber die jüngeren Soldaten, die sich große Hoffnung auf Beute machten, zurückgehalten werden. Jemand kam auf eine ausgezeichnete Idee: Ein böses Omen mußte eintreten, gegen das sich aufzulehnen niemand wagen würde.

Fünf Tage später erteilte Scribonianus den Befehl zum Abmarsch. Die Mannschaften waren angetreten, um an Bord der Transportschiffe übernommen zu werden. Da kamen die Standartenträger mit gutgespieltem Entsetzen herbeigelaufen: Die Standarten ließen sich nicht aus dem Erdboden ziehen! Die Offiziere vernahmen das Omen gern und meldeten es ihrem Führer. Scribonianus war empört und ließ sich zu den Standarten führen. Er beschimpfte die herumstehenden Leute und schrie: »Diese Standarten lassen sich nicht aus dem Boden ziehen? Jetzt gebt einmal acht!« Und er begann an der ersten Standarte herumzuzerren. Er strengte sich an, daß ihm die Stirnadern wie Stricke hervortraten, aber sie rührte sich nicht. Sämtliche Standarten waren in der vorhergehenden Nacht im Erdreich auf das geschickteste und wirksamste verankert worden.

Scribonianus sah, daß alles verloren war, und tötete sich am gleichen Tage selbst. Als Vinicianus diese Nachricht erhielt, folgte er dem Beispiel seines Freundes. Die Revolte war zu Ende. Die beiden Regimenter, das Siebente und das Elfte, wurden für ihre Treue belohnt, indem sie den Namen »Die treuen Claudinischen Regimenter« bekamen. Auf Messalinas dringenden Rat ließ ich die Häupter der Rebellion hinrichten, nachdem jeder zuvor dem ordentlichen Gericht zugeführt worden war. Einige von ihnen hatten es vorgezogen, sich selbst zu richten.

Also mußte ich Kaiser bleiben, und meine Hoffnung auf eine schnelle Rückkehr ins Privatleben war zerstört. Ich tröstete mich mit Plato, der einmal gesagt hat, daß die einzige Entschuldigung für jemanden, der eine herrschende Tätigkeit ausübt, darin besteht, daß er es auf diese Weise vermeidet, von Leuten regiert zu werden, die weniger leisten als er. Das ist kein falscher Gedanke. Für mich war noch eine Sonderergänzung zu machen; mußte ich doch sogar befürchten, daß ein besserer Herrscher als ich kommen könnte, durch den die Monarchie eine größere Stärkung erführe, und dann würde die Einsetzung der Republik noch viel schwieriger sein. Denn nach wie vor hielt ich mich für den Sachwalter der Republik, und meine ganze Tätigkeit faßte ich nur als Überleitung zu dieser Staatsform auf.

Die Rebellion warf mich in meiner Arbeit um einige Monate zurück. Sie störte die öffentliche Sicherheit in größerem Ausmaß, als man dies nach meiner Schilderung vielleicht annimmt. Wie immer bei solchen Gelegenheiten war die Stadt voll von Gerüchten gewesen, die vor allen Dingen das geschäftliche Leben sehr ungünstig beeinflußt hatten. Immerhin hatte die Stadt sich bald überzeugen können, daß kein Wechsel zu befürchten war, und da die Unterdrückung der Rebellion ohne Aufwand öffentlicher Mittel gelang, ließen sich ihre Folgen bald verwischen.

Das dritte Jahr meiner Regierung war das wichtigste meines Lebens: Es war das Jahr meines Feldzuges nach Britannien. Günstig fing es nicht an: Die Welternte war wieder einmal schlecht gewesen, und um einer Hungersnot in Rom vorzubeugen, hatte ich viel Getreide zu hohen Preisen auf weit entfernten Märkten aufkaufen müssen. Damit waren verschiedene wichtige finanzielle Neuregelungen verbunden.

Messalina beschäftigte sich eifriger denn je mit der Stammliste der römischen Bürger. Tausende von Namen wurden entfernt, Zehntausende hinzugefügt. Unausgesetzt liefen Gesuche von Freigelassenen ein, die um Aufnahme in diese Listen baten, denn die Vorteile, die ein römischer Bürger vor einem Freigelassenen genoß, waren beträchtlich. Messalina ging jedem einzelnen Gesuch sorgfältig nach, sammelte Erkundigungen, ließ sich Leumundszeugnisse bringen und handelte genau nach meinen Instruktionen. Ich freute mich, sie so fleißig und klug am Werk zu sehen. Früher war es üblich gewesen, daß solche Gesuche mit hohen Bestechungsgeldern durchgesetzt wurden. Die Beamten, die früher die Arbeit Messalinas und ihres Stabes verrichtet hatten, waren alle zu sehr verdächtigem Reichtum gekommen. Ich hatte darum besonders gern eingewilligt, als Messalina sich zu dieser Arbeit anbot, weil ich sicher war, daß sie sich von materiellen Vorteilen niemals leiten lassen würde. Sie war eine hervorragende Hausfrau. Ich knauserte ihr gegenüber gewiß nicht mit dem Geld, aber oft mußte ich ehrlich bewundern, wie üppig sie davon zu leben verstand – ganz so, als ob sie ein Vielfaches der Summe zur Verfügung hätte, die sie von mir erhielt. Wenn ich ihr gelegentlich für irgendwelche Zwecke eine Sonderzuwendung machen wollte, lehnte sie dies immer ab. Sie behauptete, daß eine Frau mit dem auskommen müsse, was ihr Mann einmal für sie ausgesetzt habe, und daß sie ihre Ehre darein lege, gerade für besondere Gelegenheiten stets noch Reserven zu haben. Verschiedentlich fand sie bei ihrer Arbeit alte Dokumente, Beweise, wie schmählich früher um die Erwerbung des Bürgerrechts gehandelt worden war, wie hohe Summen den Antragstellern abgepreßt wurden. Ihre Entrüstung kannte dann jedesmal keine Grenzen.

Ich wußte, daß meine Sekretäre von allen möglichen Leuten immerwährend mit Geschenken bedrängt wurden. Ich wußte, daß dieser Unsitte niemals ganz zu steuern war. Also versammelte ich sie eines Tages um mich und nannte ihnen ein Sprichwort, das mir Herodes einstmals gesagt hatte: Du sollst dem Ochsen, der da drischt, das Maul nicht verbinden. Ich erklärte, daß ich nichts dabei finden könne, wenn freiwillig gebrachte Geschenke angenommen würden. Aber wenn es nur ein einziges Mal zu meinen Ohren dränge, daß die Erledigung irgendwelcher Amtsgeschäfte von der Überlassung eines Geschenks abhängig gemacht werde, dann bliebe mir nichts anderes übrig, als den Ochsen dem Schlachthof zuzuführen. Jeder müsse wisscn, was er verantworten könne, aber lediglich mir sei es überlassen, zu ermessen, wieviel zu verantworten sei. Ich war mit diesem Appell zwar nicht völlig zufrieden, aber meine Sekretäre schienen durch meine Offenheit sehr beeindruckt zu sein. Ich habe es nicht einmal nötig gehabt, Spitzel anzustellen. Soweit ich erfahren konnte, hielten meine Sekretäre sich streng an meine Anweisungen. Was ich gelegentlich tat, war nur folgendes: Wenn irgend jemand, der wirklich zuverlässig war, eine Angelegenheit mit einem meiner Sekretäre zu regeln hatte, sprach ich mit ihm und legte ihm nahe, unter keinen Umständen dem betreffenden Sekretär ein Geschenk anzubieten. Ich stellte es ihm so dar, als ob der Sekretär mir einen solchen Versuch sogleich melden würde und ich dem Bittsteller dann seine Wünsche ohne weiteres abschlagen müßte. Sooft ich diesen Versuch machte, niemals habe ich beobachten können, daß die Betreffenden auf meinen Ämtern schlecht behandelt wurden.

Einmal brachte mir einer meiner Sekretäre eine Anweisung auf eine enorme Summe, die von jemandem eingezahlt worden war, der sich vor kurzem um einen Gouverneursposten beworben hatte. Das Gesuch war zwischen Messalina und mir bereits durchgesprochen worden. Mir erschien der Kandidat geeignet, Messalina hatte ziemlich schwere Bedenken. Sie versprach, Erkundigungen einzuziehen. Mir war unerklärlich, warum auf einmal diese Summe bezahlt worden war. Bei näherem Zusehen stellte sich heraus, daß sie für Messalina bestimmt, aber durch einen Irrtum an meine Kasse gelangt war. Ich befragte Messalina, die sehr zornig wurde und mich bat, sie vor Leuten zu schützen, die annähmen, daß die alte Mißwirtschaft noch bestünde. Sie ließ sich die Summe geben, um sie dem Betreffenden mit vernichtenden Worten ins Gesicht zu schleudern. Ich versicherte ihr, daß ich selbstverständlich meine Meinung geändert habe und den Mann nicht mehr für geeignet halte. Kurze Zeit darauf erfuhr ich, daß ebenjener Antragsteller seine Bestallung zum Gouverneur von der Kaiserin direkt erhalten habe. Messalina war dazu berechtigt, kraft des Siegeldoppels, das ich ihr überlassen hatte. Mir war die Angelegenheit nicht besonders wichtig, daher verging einige Zeit, bis ich Messalina darüber befragte. Sie erzählte mir strahlend, wie zerknirscht der Betreffende gewesen sei, er habe es von früher her nicht anders gekannt, aber jetzt wisse er Leben und Arbeit wirklich zu schätzen, in einem unverdorbenen Zeitalter, und all das habe er so bezwingend gesagt, daß sie mir zuliebe an die Geschichte des Herodes vom reuigen Sünder gedacht habe, der tausend Gerechten vorzuziehen sei, und somit habe sie ihm den Posten gegeben. Ich konnte mich an die Geschichte nicht mehr genau erinnern – Herodes hatte zu viele Geschichten erzählt –, war aber froh, daß der Mann, den ich von Anfang an für den richtigen gehalten hatte, nun doch zu seinem Posten gekommen war.

Noch in einem anderen Punkt hörte ich auf Messalina: bei der

Vergebung von Monopolen. Auch hier schien es mir am sichersten, mich auf jemanden zu verlassen, der über Geldinteressen erhaben war. Ich persönlich konnte mir ja überhaupt niemals recht vorstellen, daß man eine Entscheidung des Geldes wegen fällen, eine Freundschaft des Geldes wegen schließen, eine Überzeugung des Geldes wegen opfern könne. Ich hatte gefunden, daß man mit wenig Geld viel besser lebt als mit den Sorgen, die ein großer Besitz macht. Meine schönsten Jahre sind doch wohl diejenigen gewesen, die ich in wirklicher Armut in unserm alten Haus verbracht habe, in der Gesellschaft Calpurnias und betreut von unserer alten Briseïs. Da Geldinteressen also ein Gebiet waren, auf dem ich Messalina nicht folgen konnte, glaubte ich ihr, als sie mir eines Tages klarmachte, warum die Konkurrenz zwischen den Großkaufleuten durch Gesetz aufgehoben werden müßte. Ich verstand sie erst nicht, aber sie bewies mir, daß die Allgemeinheit nur Vorteil haben würde, wenn jeder Kaufmann nur bestimmte Waren handeln dürfte. Sie glaubte dadurch Preistreibereien oder Unterbietungen am ehesten begegnen zu können.

»Ich dachte«, warf ich ein, »daß die Preise für die Allgemeinheit sinken, wenn die Kaufleute sich gegenseitig unterbieten.«

Sie bestritt das, Kaufleuten sei es eine zweite Natur, die Preise nach oben zu treiben. Um zu vermeiden, daß irgendwelche Waren billiger würden – wie sie es an und für sich werden könnten –, schlössen sich selbst die erbittertsten Feinde zusammen. Also müßte man diesen unsauberen Konkurrenzkampf verbieten und die Einfuhr jedes Artikels in die Hände eines zuverlässigen Mannes legen, der tatsächlich nur das bezahlen und vom Käufer verlangen werde, was die Ware wert sei. Durch die freie Konkurrenz werde auch zuviel Laderaum vergeudet. Kürzlich seien zweihundert Schiffsladungen Seide eingetroffen, weil in Syrien plötzlich großes Angebot an Seide gewesen war. Bedarf sei aber nur für zwanzig Schiffsladungen gewesen, demnach seien hundertachtzig Schiffe wichtigeren Bestimmungen entzogen worden.

Ich fragte sie, ob sie nicht wisse, daß Caligula durch seine Monopolwirtschaft nur Unwesen und Teuerung gestiftet habe.

»Ja, aber er hat Monopole verkauft. Ich hingegen würde sie verleihen! Caligula bevorzugte stets denjenigen, der ihm am meisten bot. Das käme bei mir nie in Betracht! Außerdem würden meine Monopole nicht solche Ausmaße annehmen. Caligula verkaufte zum Beispiel einem einzelnen Mann das Recht des

Feigenverkaufs für die ganze Welt. Ich würde solche Rechte nur für ein Jahr vergeben und nur für bestimmte Gebiete. Der Mann wäre also stets in Gefahr, sein Monopol zu verlieren, und schon das würde ihn zwingen, sich anständig zu benehmen.«

Auf jeden Einwand war sie gewappnet, und ich mußte mich schließlich überzeugen lassen. Zudem sagte ich mir, daß Messalinas Redlichkeit mir eine bessere Gewähr gegen Übergriffe sei als alle Gesetze. Wie ein böser Mensch eine unendliche Zerstörungskraft besitzen kann, so vermag oft eine ganze Welt nichts gegen die Lauterkeit eines einzigen auszurichten. Und auf wen konnte ich mich mehr verlassen als auf Messalina! Außerdem gefiel mir ihr Vorschlag aus dem Grunde, daß tatsächlich mehr Schiffsraum für die so nötigen Kornladungen frei werden würde. Ich bevollmächtigte sie also, eine ganze Anzahl von Monopolen zu verleihen. Sechs Monate später waren von all den Waren, für die Messalina Monopole vergeben hatte, die Preise geradezu ungeheuerlich gestiegen. Ich befragte Messalina. Sie war den Tränen nahe, aber wußte keine Erklärung. Ich ließ mir einige der Monopolinhaber kommen, die mir lediglich bedeuten konnten, daß ihnen laufende Unkosten erwüchsen, die sie allein zu tragen völlig außerstande seien, also müßten sie auf die Verbraucher abgewälzt werden. Meine Fragen wurden ausweichend beantwortet. So übertrug ich die weiteren Nachforschungen meinen Sekretären. Auf den Straßen wurde ich – zum erstenmal seit der Machtübernahme – von erregten Leuten angepöbelt. Die Zustände seien empörend! Meine Sekretäre ließen mich völlig im Stich, also blieb mir nichts anderes übrig, als für die in Betracht kommenden Gegenstände die Preise für die nächsten zwölf Monate amtlich festzusetzen. Diese Preise waren nach denen früherer Jahre errechnet. Natürlich fanden sich sofort die Monopolinhaber bei mir ein, und jeder wurde vorstellig, daß gerade in seiner Branche eine solche Preisfixierung zum Ruin seines Geschäfts führen müsse. Ich blieb bei meinem Standpunkt. Die Folge war, daß die betreffende Ware in kurzer Zeit völlig vom Markt verschwand. In kleineren Mengen war sie zu den alten hohen Preisen im Schleichhandel zu haben.Ich setzte hohe Strafen fest. Der Schleichhandel war aber nicht auszurotten.

Diese Kämpfe rieben mich sehr auf. Messalina, bei der ich öfters Rat suchte, zeigte zu meiner Überraschung dafür wenig Interesse. Sie empfinde es als Vorwurf gegen sie selbst, wenn ich immer nur die schlechten Folgen der Monopolisierung mit ihr bespräche. Also mußte ich mir allein helfen. Wenn eine bestimmte Ware vom Markt verschwand, so setzte ich auf die Liste der Monopolinhaber, sehr zum Verdruß Messalinas, eine Anzahl weiterer Firmen und drohte, daß ich so viele Firmen mit dem Import der betreffenden Ware betrauen würde, bis sie wieder in genügender Menge vorhanden sei. Das Resultat dieser Maßnahme war überraschend. Die Ware tauchte wieder in der alten Menge auf und war noch etwas billiger als zuvor. Nur Messalina war, sooft die Rede auf diesen meinen Erfolg kam, sehr gereizt. Alle kaufmännischen Reformen brauchten Zeit, behauptete sie, und durch mein Dazwischentreten möge ich wohl für den Augenblick Besserung schaffen, aber weitsichtig gehandelt sei das keineswegs. Ich bedauerte sehr, mit Messalina aus so niedrigen Anlässen Differenzen zu haben. Ich hielt mir stets vor Augen, wie unwichtig alle diese Dinge im Vergleich zu einer wahrhaften Liebe sind, einer Liebe, wie ich sie nach wie vor für Messalina empfand.

Der Versorgung Roms mit den nötigen Lebensmitteln galt meine besondere Sorge. Ich ließ soviel Land wie nur möglich in der nächsten Umgebung Roms mit Gemüsen und Obst bebauen, denn mein Arzt Xenophon hatte mir gesagt, daß verschiedene stets nur während des Winters heftig unter der ärmeren Bevölkerung auftretende Krankheiten auf den Mangel an frischen Gemüsen zurückzuführen seien. Jeden Morgen ließ ich die frische Ware in die Stadt bringen und zu den niedrigsten Preisen verkaufen. Gleichfalls sorgte ich für eine Vermehrung der Viehzucht und erwirkte besondere Erleichterungen und Vorrechte für Fleischer und Weinverkäufer, die sich in der Stadt niederließen. Hierbei hatte ich Schwierigkeiten mit dem Senat zu überwinden. Asiaticus sagte: »Frisches Wasser, Brot, Bohnen, Haferflocken und außerdem das schöne neue Gemüse – das ist genug für den einfachen Mann. Warum ihn auch noch mit Wein und frischem Fleisch mästen?« Ich wandte mich scharf gegen Asiaticus, aber nicht nur er schien der Meinung zu sein, daß man die ärmere Bevölkerung nicht ermutigen dürfe, über ihre Verhältnisse zu leben, und Wein und Fleisch seien die Vorrechte der besseren Stände. Ich mußte erst sehr heftig und sehr deutlich werden, ehe man meinem Ersuchen entsprach. Später tat mir meine Heftigkeit leid, und bei einer passenden Gelegenheit entschuldigte ich mich. Leider wurde ich die Gewohnheit nicht los, mich ständig zu entschuldigen, daß ich es wagte, unter den Lebenden zu wandeln. Ich wußte zwar, daß hauptsächlich die Erfahrungen meiner Jugend daran schuld waren, als ich von jedermann für überflüssig gehalten wurde, aber ich konnte mich von dem Gefühl eigener Minderwertigkeit auch dann nicht befreien, als ich Ursache hatte, mich sehr wohl als ein zum Dasein berechtigter Mitbürger zu fühlen. Es ist eigentümlich, wie sehr der Mensch an seinen ersten Empfindungen hängenbleibt, auch wenn er sich mittlerweile noch so oft völlig gewandelt hat. Natürlich hatten meine Entschuldigungen und das offene Zugeben meiner Fehler und Unzulänglichkeiten stets den Erfolg, daß man mich für schwächlich hielt. Ich konnte trotzdem von dieser unbequemen Angewohnheit niemals ganz lassen. Wahrscheinlich entsteht sie aus dem verkappten Wunsch, andere Menschen nicht merken zu lassen, wie sehr man ihre eigenen Unzulänglichkeiten durchschaut.

Dreißigstes Kapitel

Der erste römische Feldherr, der nach Britannien gezogen ist, war Julius Caesar. Er hielt es für unmöglich, Frankreich in Ruhe zu beherrschen, solange die britischen Inseln eine sichere Zuflucht für alle Friedensstörer bildeten. Außerdem schien ihm Britannien mit der Zeit eine Provinz werden zu können, aus der viel Geld zu ziehen war. Julius Caesar landete zweimal in Britannien, und zwar beide Male an der Südostküste. Seine erste Invasion war wenig erfolgreich. Er begegnete sehr heftigem Widerstand und konnte nur zehn Meilen landeinwärts rücken. Bei der zweiten Gelegenheit hatte er aus seinen Erfahrungen gelernt. Er kam mit einer doppelt so starken Truppenmacht, und es gelang ihm, ziemlich unbehelligt das Südufer eines Flusses zu erreichen, der Themse heißt und an dem die Stadt London liegt. Unter Stadt ist natürlich nicht das zu verstehen, was wir im griechisch-römischen Sinn uns darunter vorstellen. Dieses London war nichts als eine Häufung klobiger Hütten, die entweder geflochten waren oder aus rohen Stämmen gefügt. Nur ganz wenig Häuser waren aus unbehauenen Steinen erbaut. Keine dieser Wohngelegenheiten hatte mehr als ein ziemlich niedriges Erdgeschoß. Die Verbindungswege zwischen den einzelnen Häusern waren kunstlos angelegt und bei nassem Wetter meist unpassierbar. Die römische Infanterie war den Eingeborenen weit überlegen. Indessen hatten diese eine besonders geschickte Taktik gefunden, um ihre

Kampfwagen zu ständiger Beunruhigung des Gegners zu benutzen. Trotzdem waren sie dem Heer Caesars in keiner Weise gewachsen; aber das Klima war unfreundlich und die Nahrungsversorgung dürftig, denn weite Strecken des Landes waren von den Britanniern auf ihrem Rückzug angezündet worden. Obwohl eine wichtige Festung erstürmt wurde, obwohl ein ganzer Stamm der Britannier seine Unterwerfung anbot – auch diese Unternehmung endete ohne sonderliche Ergebnisse. Zu einem dritten Versuch kam Caesar nicht mehr, da der Aufstand, der in Frankreich losbrach, alle seine Kräfte in Anspruch nahm.

Nach Caesars Tod wurde hier und da ein neuer Feldzug nach Britannien erwogen, aber Augustus hatte sich den Grundsatz zu eigen gemacht, die Grenzen des Reichs nicht über den Kanal auszudehnen. Er hielt sich für genügend beschäftigt, wenn er Frankreich, die Rheinprovinzen und die eroberten Teile Deutschlands allmählich in die Zivilisation des Römischen Reiches einpaßte. Nach der Niederlage des Varus hatte er noch weniger Lust, irgendwelche neuen Eroberungen zu versuchen. Seine wahre Ansicht über die Bedeutung Britanniens fand ich in einem Brief, den er zufällig im Jahre meiner Geburt an Livia geschrieben hatte. »Trotzdem bin ich der Meinung, teuerste Livia, daß Britannien irgendwann einmal zu einer Grenzprovinz gemacht werden muß. Es wird so lange Beunruhigung geben, als eine große Insel mit einer starken Bevölkerung uns in Frankreich bedrohen kann. Ich halte Britannien für genauso leicht zu kolonisieren wie Frankreich. Ich glaube sogar, daß wir aus den Einwohnern bessere Römer machen als aus den Deutschen.«

Unter Tiberius ruhte jede Anteilnahme an Britannien. Tiberius kümmerte sich nicht einmal um die bereits eroberten Provinzen. König Britanniens war damals Cymbeline, der vierzig Jahre regierte. Sein Sohn unterwarf sich – wegen irgendeines Streits – dem Caligula, als dieser bei Boulogne seine Schlacht gegen Neptun veranstaltete, worauf Caligula die Unterwerfung Britanniens an den Senat meldete. König Cymbeline starb im gleichen Jahr wie Caligula, und sein ältester Sohn Bericus wurde König. Aber er war ein zweifelhafter Charakter, und seine beiden jüngeren Brüder Caractacus und Togodumnus empörten sich gegen ihn. Bericus mußte aus Britannien fliehen und kam zu mir nach Rom. Er bat mich, ihm zu helfen. Aber ich machte ihm keine Versprechungen, sondern erlaubte ihm lediglich, einstweilen mit seiner Familie in Rom seinen Wohnsitz zu nehmen. Togodumnus, der jetzt gemeinsam mit seinem Bruder regierte, hatte von

Kaufleuten gehört, daß ich schwächlich und nicht zurechnungsfähig sei, und schrieb mir einen unverschämten Brief, in dem er mich aufforderte, seinen Bruder Bericus an ihn auszuliefern und gleichzeitig die von Bericus entwendeten königlichen Insignien sofort zurückzuschicken. Auf einen höflichen Brief hätte ich höflich geantwortet, so aber blieb mir nichts übrig, als den Togodumnus wissen zu lassen, daß ich nicht gesonnen sei, ihm irgendeinen Gefallen zu erweisen. Er antwortete mir auf noch frechere Art und teilte mir gleichzeitig mit, daß er alle römischen Handelsschiffe in britischen Häfen festgehalten habe, als Pfand, bis ich sein Verlangen erfüllt hätte. Mir blieb nichts anderes übrig als Krieg. Der Zeitpunkt war nicht ungünstig, denn die großen Zeiten der Einigkeit, die Britannien unter Cymbeline gesehen hatte, waren vorbei.

Ich studierte Julius Caesars Berichte über seine beiden Expeditionen nach Britannien genau. Ihnen entnahm ich die Gewißheit, daß die Britannier in jeder Schlacht unschwer zu besiegen seien, wenn die Voraussetzungen sich nicht von Grund auf geändert haben sollten und wenn wir unsere Taktik ein klein wenig den besonderen Verhältnissen anpassen würden. Allerdings müßten uns von Anfang an genügend Truppen zur Verfügung stehen. Ich stellte fest, daß ich für den Feldzug vier römische Infanterieregimenter, vier Regimenter Hilfstruppen und tausend Mann Kavallerie freimachen konnte. Nach Beratungen mit der Generalität zog ich drei Regimenter vom Rhein zurück und eins von der Donau. Den Oberbefehl übertrug ich dem Aulus Plautius, einem Mann hoch in den Fünfzig, einem sehr tüchtigen Heerführer, der bei den Soldaten beliebt war. Er reiste nach Mainz ab, das als Sammelpunkt für das Expeditionsheer bestimmt war. Aulus hatte zu Anfang einige Schwierigkeiten zu überwinden, da die Rheinregimenter nur sehr ungern ihre Garnisonen verließen und sich einem Feldzug nach Britannien widersetzen wollten. Aber er traf zur vorgeschriebenen Zeit in Boulogne ein, wo er sich mit den Hilfstruppen vereinigte. Am ersten August, meinem Geburtstag, begann die Überquerung des Kanals. Ich hatte mit Aulus besprochen, daß er seine Kräfte in drei verschiedenen Abteilungen übersetzen solle. Wahrscheinlich würde der Feind mit aller Macht versuchen, die erste Abteilung am Landen zu hindern. Unterdessen konnte die zweite und dritte Abteilung an anderer Stelle ungehindert an Land gehen. Aber nicht einmal die erste Abteilung fand den geringsten Widerstand. Die Britannier nahmen offenbar an, daß die Jahreszeit für einen Feldzug schon zu weit vorgeschritten sei. Sie waren zwar auf unseren Einmarsch vorbereitet, aber sie erwarteten ihn erst im nächsten Frühjahr.

Aulus hatte die Aufgabe, möglichst rasch den ganzen Süden Britanniens zu besetzen. Jeder Stamm, der sich ihm freiwillig unterwarf, sollte als Bundesgenosse aufgenommen, der gesamte Landstrich zu einer römischen Provinz erklärt werden. Sein Hauptziel war die Stadt Colchester, die er ohne große Verluste einnahm. Wir hatten vereinbart, wie hoch seine Verluste sein dürften, um ohne Verstärkungen auskommen zu können: Sollte er mehr als ein Viertel seiner Leute verlieren, so war durch Feuersignale meine Hilfe aus Rom zu erbitten. Das System dieser Feuersignale war so gut ausgebaut, daß ich in Rom seine Nachricht nur wenige Stunden nach ihrer Absendung erhalten konnte – vorausgesetzt, daß die einzelnen Signalposten nicht schliefen. Die Reserven, die ich mitbringen würde, waren acht Kompanien der Garde, die gesamte Gardekavallerie, vier Abteilungen nubischer Speerwerfer und drei Abteilungen balearischer Schleuderer. Da dieses ganze Reserveheer in Lyon versammelt wurde, hatte ich ursprünglich vorgehabt, den Sitz meiner Regierung für kurze Zeit dorthin zu verlegen und die Entwicklung des Feldzuges in Britannien abzuwarten. Aber ein Brief meines Gouverneurs in Syrien, Vibius Marsus, war eingetroffen, der mir so viel Sorge bereitete, daß ich mich nicht entschließen konnte, Rom zu verlassen. Außerdem bestand ja die Wahrscheinlichkeit, daß Aulus mit den ihm zur Verfügung stehenden Kräften seine Aufgabe allein lösen würde.

Der Brief des Marsus begann mit Glückwünschen zu meinem Geburtstag. Dann fuhr er fort: »Ich fühle mich beunruhigt durch einen Zwischenfall, der sich kürzlich in Tiberias, am See Genezareth, zugetragen hat. Wir hatten in Erfahrung gebracht, daß König Herodes sämtliche Herrscher der Umgegend, sechs an der Zahl, zu einer geheimen Zusammenkunft geladen hatte. Als wir anfragten, wurde uns die Auskunft zuteil, daß die Fürsten zu einer Feier geladen seien, die anläßlich der zwanzigjährigen Ehe des Königs Herodes mit Königin Kypros geplant sei. Ich selbst hatte zu diesem Fest keine Einladung bekommen, obwohl es den Gebräuchen der Höflichkeit entsprochen hätte. Mir mußte auffallen, daß keiner der eingeladenen Fürsten seinen Weg durch Antiochia nahm, sondern alle zogen es vor, weite Umwege zu machen, als ob sie sich fürchteten, mit mir zusammenzutreffen. Als ich durch Zufall erfahren hatte, daß alle Geladenen stündlich in Tiberias erwartet wurden, machte ich mich selbst auf den Weg, begleitet von meinen beiden Töchtern und den Herren meines Stabs, und hoffte, überraschend unter den Festgästen aufzutauchen. Aber König Herodes muß von meiner Abreise erfahren haben. Er kam mir in seinem Wagen entgegen und traf mich ungefähr sieben Meilen vor der Stadt Tiberias. Er kam nicht allein, sondern war von seinen königlichen Besuchern umgeben, von denen der eine erst vor einer halben Stunde in Tiberias angelangt war. König Herodes erschien nicht im mindesten befangen, sondern eilte, als er meiner ansichtig wurde, mit ausgestreckten Armen auf mich zu und begrüßte mich auf die allerherzlichste Weise. Er rief aus, welch tiefe Freude es ihm bereite, daß ich es doch noch hätte einrichten können, zu kommen, obwohl ich leider seine beiden Einladungsbriefe nicht beantwortet habe. Er pries mit hohen Worten die Gelegenheit, daß die Beherrscher des Ostens sich ein so freundschaftliches Stelldichein gäben. Mir blieb nichts anderes übrig, als ihm höflich zu antworten und mein äußerstes Bedauern darüber auszusprechen, daß seine beiden Einladungsbriefe mich nicht erreicht hätten. Ich fragte einen der Könige, warum er nicht über Antiochia gereist sei und mich besucht habe. Er antwortete, daß ein Wahrsager ihm zu einem anderen Weg geraten habe. Außerdem hätte man ihm mitgeteilt, daß er mich ja ohnehin in Tiberias treffen würde.

Jeder war so selbstsicher und ruhig, daß ich nicht den geringsten Grund zu einem Verdacht finden konnte. Wir zogen also alle gemeinsam in Tiberias ein, und wenige Stunden darauf begann ein Festmahl von unvorstellbarer Üppigkeit. Während des Festes schickte ich meine Stabsoffiziere unauffällig herum und ließ jeden der anwesenden Fürsten wissen, daß er so schnell, wie es die Höflichkeit nur erlaube, sich wieder in sein Heimatland begeben solle, falls ihm an der weiteren Freundschaft Roms noch gelegen sei. Vor allen Dingen solle er sich von jeder geheimen politischen Besprechung fernhalten. Um kurz zu sein: Das Fest endete sehr spät in der Nacht. Die Gäste empfahlen sich einer nach dem andern und reisten am frühen Morgen ab. Irgendwelche Besprechungen können nicht stattgefunden haben. Ich verließ Tiberias als letzter, und ich verabschiedete mich von König Herodes unter dem Austausch der üblichen Höflichkeitsformeln. Als ich nach Antiochia zurückkam, fand ich auf meinem Tisch einen Brief ohne Unterschrift vor. Er lautete: ›Sie haben meine Gäste beleidigt und müssen die Folgen tragen. Von jetzt an bin ich Ihr Feind.‹ Ich nahm an, daß diese Botschaft von König Herodes kam.«

Je mehr ich diesen Bericht studierte, desto weniger gefiel er mir. Es hatte den Anschein, als ob Herodes meinen Feldzug gegen Britannien – und die damit verbundene Schwächung anderer Fronten – zum Anlaß nehmen wollte, um den ganzen Osten zu einer gemeinsamen Erhebung zu bringen. Die Befestigung Jerusalems war nur das Vorspiel gewesen. Ich geriet in große Besorgnis, aber zu tun blieb mir im Augenblick nichts, als auf einen schnellen Sieg des Aulus zu hoffen und den Herodes wissen zu lassen, daß Marsus mich über alle Vorkommnisse im Osten auf dem laufenden hielt. Ich schrieb also umgehend an Herodes und berichtete ihm in überschwenglichen Worten von den Erfolgen des Aulus. (Bis dahin hatte Aulus noch nirgends ernsthaften Widerstand gefunden. Die Britannier befolgten die Taktik, die ihre Vorfahren gegen Julius Caesar angewendet hatten.) Ich teilte ihm ferner mit, daß das Heer des Aulus in kurzer Zeit wieder zurück sein werde.

Dies war die erste Lüge, die ich dem Herodes gesagt habe. Und da ich sie dem Papier anvertraute, gelang es mir sogar, sie ihm glaubhaft zu machen. Aber die Nachrichten über Britannien kamen in meinem Brief nur wie zufällig vor. Ausführlich ließ ich mich über ganz andere Dinge aus: »Kannst Du mir vielleicht jetzt etwas Endgültiges über den prophezeiten Herrscher des Ostens sagen, von dem es heißt, daß er nach seinem Tode der größte Gott dieser Erde wird? Es vergeht fast keine Woche, in der ich nicht in irgendeiner Form auf diese eigentümliche Prophezeiung stoße. Neulich zum Beispiel war ein Jude angeklagt wegen Ruhestörung. Er hatte seine Faust gegen einen Priester des Mars geschwungen und dabei gerufen: ›Wenn der wahre Herrscher kommt, ist es mit Kerlen wie euch vorbei! Dein Tempel wird dem Erdboden gleichgemacht, und du wirst verbrennen darin, du Hund! Warte, die Zeit ist nahe!‹ Vor Gericht bestritt er seine Äußerung, so daß ich ihn lediglich verbannen konnte, wenn man es Verbannung nennen kann, daß ein Jude nach Judaea zurückgeschickt wird. Weißt Du nichts Genaues? Caligula hielt sich für den prophezeiten König, auch meine Großmutter Livia glaubte, daß sie gemeint sei. Aber beide haben übersehen, daß dieser König sich zuerst in Jerusalem offenbaren sollte, und das trifft auf beide nicht zu. Aber in den jüdischen heiligen Schriften müßte doch einiges darüber zu finden sein. Könntest Du mir die betreffenden Stellen herausschreiben lassen? Hast Du übrigens schon daran gedacht, daß diese Prophezeiung auf Dich selbst zutreffen könnte, mein lieber Brigant? Aber nein, auch Du kannst nicht gemeint sein, denn der Erwartete wird als ein Mann von äußerster Heiligkeit geschildert. Allerdings hast Du Deine ersten Schritte in Jerusalem getan. Aber nach der Prophezeiung muß dieser König schon seit einer ganzen Anzahl von Jahren tot sein, und das dürfte auf Dich noch weniger zutreffen. Aber wer ist gemeint? Ich kenne alle Herrscher, die im Verlauf des letzten Menschenalters gestorben sind, wenigstens dem Namen nach, keiner könnte Anspruch erheben auf diese seltsame Ehre. Zudem sind die meisten schon wieder vergessen. Caligula hat mir einmal erzählt, daß ihn die Prophezeiung unausgesetzt beschäftige. Er habe nachforschen lassen und festgestellt, daß jener König von seinen Freunden verraten werden würde. Welcher König, möchte ich einfügen, wird nicht von seinen Freunden verraten? Also auch das hilft uns nicht weiter.«

Ich war so ausführlich auf diese Frage eingegangen, weil Antipas und Herodias, denen ich erlaubt hatte, nach Spanien überzusiedeln, mir anläßlich eines Besuchs einen Brief der Salome gezeigt hatten, aus dem ich vermuten konnte, daß Herodes sich selbst für den prophezeiten König hielt. Ich wollte also durch meine Anfrage in Erfahrung zu bringen suchen, wie weit Herodes sich in diese Annahme bereits versponnen hatte.

Von Marsus erhielt ich zunächst keine weitere Nachricht. Aber von Aulus kam das verabredete Feuersignal, daß er meiner Hilfe bedürfe! Die Antwort des Herodes erreichte mich erst, als ich schon vierzehn Tage in Britannien war.

Aulus war also nicht imstande, seine Aufgabe allein zu lösen. Er hatte zwar seinen Vormarsch mit einer glänzend gewonnenen Feldschlacht begonnen, hatte auch weiterhin sehr befriedigende Fortschritte gemacht, aber je weiter er in das Land eindrang, einem desto erbitterteren Kleinkrieg sah er sich gegenüber. Trotz größter Vorsicht erreichten seine Verluste eines Tages die Höchstgrenze, die ihm zugestanden war. Dazu kam, daß Togodumnus starb und alle Macht in den Händen des Caractacus lag, der sie mit außerordentlicher Geschicklichkeit zur Einigung der verschiedenen Stämme ausübte.

Die Nachricht aus Britannien erreichte mich am Abend eines sehr anstrengenden und unangenehmen Tages. Meinem Sekretär Myron waren Betrügereien und Fälschungen nachgewiesen worden. Ich ließ ihn in Gegenwart meiner sämtlichen Sekretäre auspeitschen und im Anschluß daran hinrichten. Ich war sehr niedergeschlagen in den Palast zurückgekehrt und hatte mich mit Vitellius zu einem Würfelspiel niedergelassen, als mein Sekretär

Posides aufgeregt ins Zimmer gelaufen kam. »Das Signal, Caesar! Sie sollen nach Britannien kommen!«

»Britannien!« rief ich, und mechanisch schüttelte ich den Würfelbecher und ließ die Würfel auf den Tisch fallen, ehe ich zum Fenster eilte. »Laß sehen!« sagte ich.

Es war ein klarer Abend, das Fenster lag nach Norden, und selbst mit meinen schwachen Augen konnte ich in der Richtung, die Posides mir angab, auf dem Berg Soracte, ungefähr dreißig Meilen entfernt, ein scharfes kleines rotes Licht erkennen.

Ich kehrte zum Tisch zurück, wo Vitellius mich mit unverhohlener Begeisterung anstarrte. »Was sagen Sie zu diesem Omen?« fragte er. »Jetzt haben Sie, solange wir spielen, immer nur Einser und Zweien gewürfelt, und plötzlich schreien Sie ›Britannien‹ und werfen drei Sechsen, Venus!«

Ich beugte mich über den Tisch: Er hatte recht! Die Möglichkeit, Venus zu werfen, ist 216 : 1, also fühlte ich mich aufs höchste beschwingt. Nichts leitet einen Feldzug besser ein als ein wahrhaft günstiges Omen.

Später habe ich mir überlegt, ob nicht Vitellius dieses »Omen« für mich zurechtgemacht hat, während ich ihm den Rücken drehte. Ich kann bei solchen Gelegenheiten sehr leicht getäuscht werden, und damals argwöhnte ich nichts. Wenn er es getan hat, so hat er recht getan, denn nichts sonst hätte mich in solche Zuversicht bringen können. Ich opferte der Venus noch am gleichen Abend und betete zu ihr.

Bereits am nächsten Tag segelte ich von Ostia ab, begleitet von meinem Stab und von fünfhundert Kriegsfreiwilligen. Wir hatten günstigen Südwind, und ich zog die Seereise der anstrengenden Fahrt im Reisewagen vor. Ich konnte an Bord auf guten Schlaf hoffen. Die ganze Stadt gab mir bis zum Hafen das Geleit. Einer suchte den andern zu überbieten, um gute Gesinnung und herzliche Reisewünsche augenfällig zu machen. Messalina umarmte mich und weinte. Der kleine Germanicus wollte mich durchaus begleiten und mußte beinahe mit Gewalt zurückgehalten werden. Vitellius versprach dem Gott Augustus, ihm die Tore seines Tempels zu vergolden, wenn ich gesund zurückkehrte.

Meine Flotte bestand aus fünf Schiffen, alle von gleicher Bauart. Es waren zweimastige Schnellsegler, die außerdem mit drei Decks für Ruderer ausgestattet waren. Wir lichteten die Anker eine Stunde nach Sonnenaufgang. Ich sagte dem Kapitän, daß jede Stunde kostbar sei, und so wurden alle verfügbaren Segel gesetzt, und wir machten gute Fahrt, mehr als zehn Knoten die

Stunde. Am nächsten Nachmittag sichteten wir die Insel Planasia, wohin mein armer Freund Postumus verbannt worden war. Wir kamen so nahe an der Insel vorüber, daß ich jetzt die verödeten Gebäude erkennen konnte, in denen seine Bewachung untergebracht gewesen war. Der günstige Wind hielt drei Tage an, und wir kamen gut vorwärts. Meinem Magen konnte das Schlingern des Schiffes nichts anhaben, und ich schlief ausgezeichnet. In der dritten Nacht ließen wir bereits Corsica hinter uns, aber kaum hatten wir es umsegelt, als der Wind so vollkommen abflaute, daß wir ausschließlich auf die Ruder angewiesen waren. Nach mehreren Stunden kam ein böiger Wind auf, der uns viel zu schaffen machte, denn er wehte aus Westnordwest. Trotzdem konnten wir gegen Abend bereits die französische Küste sichten. Die See war außerordentlich unruhig. Von unseren vier Schwesterschiffen waren nur noch zwei in unserer Nähe geblieben, die anderen beiden suchten sich ihren eigenen Kurs. Am nächsten Mittag hätten wir in Marseille eintreffen können. Da warf sich ein Sturm von fürchterlicher Gewalt uns entgegen. Obwohl die Segel gerefft oder eingeholt waren, obwohl unsere Ruderer wie die Wahnwitzigen ruderten: Langsam wurden wir immer näher an die Felsen der Küste getrieben. In der höchsten Gefahr ließ die Kraft des Sturms für einige Augenblicke nach. Sie genügten uns, um von den Felsen loszukommen. Aber einige Minuten später sahen wir uns in noch größerer Bedrängnis. Wir mußten unbedingt ein riesiges Vorgebirge vermeiden, das weit in die See hineinragte und das Ende einer weiten Bucht bildete. Der Wind, der uns plötzlich von hinten anfiel, trieb uns rettungslos auf das steinerne Ungetüm zu, vor dessen Füßen die schäumenden Wogen ein wüstes Konzert veranstalteten. »Wenn der uns faßt, knackt er uns die Knochen und walzt uns das Fleisch platt«, sagte der Kapitän grimmig. »In seinem Rachen ist schon manches brave Schiff verschwunden.« Ich betete laut zu jedem unserer Götter. Von den Matrosen hörte ich später, sie hätten niemals in ihrem Leben so herrlich beten hören. Sie hätten neue Hoffnung daraus geschöpft. Die Rudermeister liefen an ihren ausgepumpten Leuten auf und nieder und peitschten neue Kräfte in sie hinein, als endlich von Deck ein allgemeiner Erleichterungsschrei zu hören war: Irgendwie war es gelungen, das Schiff sicher um das Kap zu bringen. In meiner Dankbarkeit versprach ich jedem Ruderer zwanzig Goldstücke, sobald wir gelandet seien.

Unser Schiff war das erste, das in Marseille ankam, und glücklicherweise stellten auch die vier andern sich nach und nach ein. Es war ein herrliches Gefühl, wieder festen Boden unter den Füßen zu spüren. Ich gelobte mir nach dieser Erfahrung heimlich, nie wieder eine Seereise zu machen, wenn es sich nur irgendwie vermeiden ließe.

Mein Reserveheer war bereits von Lyon nach Boulogne in Marsch gesetzt worden. Meinen Stab und mich erwarteten leichte Wagen, die uns mit ständigem Pferdewechsel sehr schnell durch Frankreich trugen. Am ersten Tag gelangten wir durch das Rhonetal über Avignon nach Lyon. Der zweite Tag brachte uns, dem Lauf der Saône folgend, bis nach Châlons, aber hier bestand mein Arzt Xenophon darauf, daß ich einen ganzen Ruhetag einschöbe. Ich beschwor ihn, daß ich einen ganzen Tag jetzt nicht versäumen dürfte. Er entgegnete, daß ich dem Heer in Britannien nicht das geringste nützen könnte, wenn ich seiner Anweisung nicht folgte. Ich tobte und wollte ihn umstimmen, aber er legte gerade mein Toben als höchst bedenkliches Zeichen für den Grad meiner Nervosität aus. Er fragte, ob er mein Arzt sei oder ich selbst. Im letzteren Fall würde er es vorziehen, sofort nach Rom zurückzukehren und seine Praxis wieder aufzunehmen. Im ersteren Fall hätte ich mich seinem Rat zu fügen, mich einen ganzen Tag auszuruhen und mich verschiedenen gründlichen Massagen und Bädern zu unterziehen. Ich schilderte ihm, daß diese erzwungene Ruhe mich nur noch nervöser machen würde, bis wir schließlich einen Kompromiß fanden: Ich würde weder meine Reise im Wagen fortsetzen noch in Châlons bleiben. Ich würde mich in einer Sänfte tragen lassen und auf diese Weise wenigstens dreißig von den fünfhundert Meilen hinter mich bringen, die noch zu bewältigen waren. Vor und nach diesem Tagespensum würde ich mich indessen völlig in seine Hand geben.

Im ganzen brauchte ich genau acht Tage, um von Lyon nach Boulogne zu gelangen. Während der Reise, in Amiens, kam mir plötzlich ein Gedanke, der mich erschreckte. Ich rief nach meinem Sekretär Posides. »Die Elefanten sind bestimmt in Boulogne?« – »Jawohl, Caesar.« – »Hast du schon darüber nachgedacht, wie wir die Elefanten über den Kanal transportieren?« Von den Elefanten versprach ich mir sehr viel, denn die Britannier hatten noch niemals ein Tier dieser Größe im eigenen Land gehabt. Darum war ich sehr gespannt auf die Antwort meines Sekretärs. Er sagte: »Wir nehmen das Schiff, das den Obelisken von Alexandria gebracht hat.« – »Aber das liegt in Ostia«, warf ich ein. »Nein, Caesar, es liegt in Boulogne.« Dieses Schiff war das einzige Fahrzeug, das schwer und geräumig genug für diesen Zweck war. Caligula hatte es für den Transport ganzer Kunstdenkmäler bauen lassen. Niemals war ein größeres Schiff vom Stapel gelaufen. Posides hatte es schon vor vielen Wochen nach Boulogne geschickt, kaum daß er erfahren hatte, daß ich Elefanten mitnehmen wollte. Hätte er gewartet, bis das Feuersignal kam, wäre das schwerfällige Fahrzeug viel zu spät in Boulogne eingetroffen, und ich hätte die Elefanten in Frankreich zurücklassen müssen.

Als ich in Boulogne ankam, fand ich zu meiner Freude die Armee in ausgezeichneter Stimmung. Die Transportschiffe lagen bereit, und die See war ruhig. Wir gingen unverzüglich an Bord, und die Überfahrt war so angenehm, daß ich bei der Landung einen Dankgottesdienst für Venus und Neptun abhielt. Auch mit den Elefanten ging alles glatt. Es waren indische Elefanten, keine afrikanischen. Die indischen Elefanten sind viel größer, und die nach Boulogne gebrachten Tiere waren besonders schöne Exemplare. Caligula hatte sie zu Kultzwecken im Dienst der Anbetung seiner eigenen Person gekauft. Seit Caligulas Tod waren sie in Ostia untergebracht, wo sie unter der Leitung ihrer indischen Wärter beim Ausladen der Schiffe behilflich waren und Baumstämme und Steine trugen. Zu meiner Überraschung bemerkte ich neben der Elefantenherde eine Schar von zwölf Kamelen. Sie hierherkommen zu lassen war auch eine Idee des Posides gewesen.

Noch während der Landung erhielt ich Nachricht von Aulus: Er hatte sich nördlich von London gut verschanzt und soeben zwei starke Angriffe des Feindes abgewiesen. Indessen habe er festgestellt, daß der Feind ständig neuen Zuzug erhielte. Er bat mich daher, meine Armee so bald wie möglich mit der seinigen zu vereinigen.

Ich setzte mich also ohne Aufenthalt in Marsch. Die Elefanten trugen große Mengen von Kriegsmaterial. Am fünften September traf ich mit allen meinen Truppen wohlbehalten im Lager des Aulus ein. Wir hatten nirgends auch nur den geringsten Widerstand gefunden. Aulus freute sich über unser Wiedersehen genauso wie ich mich selbst. Ich fragte ihn nach der Stimmung seiner Truppen. Er bezeichnete sie als durchaus zufriedenstellend. Er hatte seine Leute zwar von meiner bevorstehenden Ankunft unterrichtet, aber er hatte ihnen mein Heer als nur halb so stark angegeben, und auch die Elefanten hatte er verschwiegen, so daß unsere wirkliche Stärke im Lager große Freude und

Überraschung auslöste. Ich fragte ihn, wo seiner Meinung nach der Feind sich zur Schlacht stellen werde. Er zeigte mir eine von ihm selbst entworfene Karte. Auf einer bewaldeten Hügelkette längs der Straße von London nach Colchester hatte der Feind sich verschanzt. Die Hügellinie verlief hufeisenförmig. Auf jedem Ende des Hufeisens war die bezogene Stellung durch ein kleines, ungemein widerstandsfähiges Fort gesichert, ein größeres befand sich im Schlüssel der Stellung, in der Mitte. Die linke Flanke des Feindes war durch sumpfiges Gelände geschützt, und ein tiefer Bach erschwerte jeden Frontalangriff, wenn er ihn nicht völlig unmöglich machte. An der rechten Flanke zog sich ein so dichtes Gestrüpp hin, daß, wie Aulus versicherte, es aussichtslos sei, durch Pioniere einen Weg schlagen zu lassen.

Da ich den Feind so bald wie möglich angreifen wollte, untersuchte ich die strategischen Möglichkeiten genau. Durch Aussagen von Gefangenen konnte festgestellt werden, daß die Stellung in langer Arbeit glänzend angelegt war. Ein Frontalangriff kam am wenigsten in Betracht. Selbst wenn das Überwinden des Baches keine Schwierigkeiten bereitet hätte und selbst wenn wir das mittlere Fort hätten nehmen können – wir wären von beiden Seiten bedroht gewesen, zumal der Feind in den Flankenforts zuverlässige Stützpunkte hatte. Nicht weniger ungünstig erschien mir der Plan, die beiden Außenforts zuerst zu erstürmen. Dies würde große Verluste verursachen, und selbst wenn wir sie eroberten, hätten wir anschließend die ganze kunstvoll ausgebaute, auf alle Möglichkeiten berechnete Stellung des Feindes Schritt für Schritt zu nehmen. Solche Kämpfe in bewaldetem und befestigtem Terrain sind für den ortsunkundigen Angreifer so gut wie aussichtslos.

Bei einem Kriegsrat kamen wir nach langen Erwägungen überein, den Frontalangriff als das kleinere Übel anzusehen. Allerdings war besonders ungünstig für uns, daß die sanften Hänge des Hügels dem Feind eine gute Gelegenheit zum Einsatz seiner Kampfwagen boten. Aulus schlug einen formierten Massenangriff vor, mit ausreichender Flankendeckung. Zuvorderst sollte ein Regiment kommen, das in zwei Wellen anrückte, jede Welle acht Mann tief. Diesem Regiment sollten zwei weitere in der gleichen Formation folgen, nur daß ihre Flanken sich über die Flanken der ersten beiden Wellen weit hinaus erstreckten. Den Kern sollten drei Regimenter bilden, in genau den gleichen Wellen marschierend, aber in ihren Flanken wiederum weit über die vorausrückenden Wellen reichend. Diese Form des Angriffs hieß

Diamantformation. Denn nun sollte der Diamant wieder schmaler werden, indem auf die drei Regimenter nur zwei folgten und auf die zwei nur eins. Die Breite der allerersten Wellen stimmte also genau mit der Breite der letzten Wellen überein. An der Stelle, wo die Wellen ihre größte Ausdehnung hatten, also bei den drei Regimentern, sollten die Elefanten als äußerster Flankenschutz eingesetzt werden. Die Kavallerie und alle übrigen Infanteriegruppen sollten in Reserve gehalten werden.

Mein Einwand gegen den »Diamanten« war, daß die Britannier uns zahlenmäßig zu sehr überlegen seien. Denn kaum würden wir auf den Mittelpunkt des Hufeisens losmarschiert sein, als sich zweifellos herausstellen werde, daß die Breite unserer Wellen uns nicht viel nützen könne, wenn von allen Seiten die Kampfwagen herabsausen würden. Die Diamantformation bewährt sich nur, wenn zwei Heere von vorn gegeneinander anrükken oder wenn eine geradlinige Stellung angegriffen wird. Das »Hufeisen« war ebenso ungünstig für uns, wie es günstig für den Gegner war. Es sei in unserem Fall unmöglich, schloß ich, dem »Diamanten« seine Stoßkraft zu erhalten, wenn er von allen Seiten in Flankenangriffe verwickelt werde.

Die Offiziere wandten sich gegen meine Bedenken mit der üblichen Überlegenheit der »Fachleute«. Sie gaben weise Reden von sich, daß man kein Ei essen könne, ohne die Schale zu zerbrechen, und daß eben »etwas versucht werden« müsse und daß sie die Verluste nicht so hoch berechneten wie ich. Sie glaubten natürlich, daß ich nichts verstünde, während sie mit ihrer »Erfahrung« – – ich schnitt ihnen ärgerlich das Wort ab und verbat mir die törichten Reden. »Seit vierzig Jahren beschäftige ich mich mit Problemen der Strategie. Es gibt kaum eine Schlacht der Geschichte, deren taktische Voraussetzung und Durchführung ich Ihnen nicht auf dieses Blatt zeichnen könnte«, rief ich aus. »Ich denke nicht daran, es mir so bequem zu machen, wie Sie mir vorschlagen. Ich werde eine solche Schlacht nicht dem Zufall anvertrauen! Als Herrscher meines Landes habe ich Pflichten gegen meine Söhne. Ich weigere mich, drei- oder viertausend Menschen für einen so ungewissen und leichtfertigen Plan zu opfern. Weder mein Vater noch mein Bruder Germanicus hätten eine Stellung dieser Art durch Frontalangriff zu nehmen versucht!« Ich war in ehrlichen Zorn geraten.

»Was hätten sie sonst getan?« fragte einer der Offiziere ironisch.

»Sie hätten die Stellung umgangen und von hinten angegriffen!« schrie ich.

Die Herren verstummten, sahen sich bedeutungsvoll, aber betreten an, bis endlich einer bemerkte: »Aber die Stellung läßt sich nicht umgehen, Caesar. Das ist durch Kundschafter endgültig festgestellt.«

Ich hörte kaum, was er sagte, sondern wiederholte in noch lauterem Ton: »Sie hätten von hinten angegriffen!«

Einer der Offiziere bemühte sich jetzt, mir zu erklären, daß diese Stellung tatsächlich nicht zu umgehen sei. Die Sümpfe auf der einen Seite des Hufeisens, das Gestrüpp auf der anderen erstreckten sich weithin und ließen keine Möglichkeit für den Anmarsch von Truppen, geschweige denn für ihre Entfaltung zum Angriff.

»Posides«, fragte ich plötzlich, »warst du jemals Soldat?«

»Nein, Caesar.«

»Gott sei Dank, so sind hier wenigstens zwei, von denen man annehmen kann, daß sie noch nachdenken!« Und zornig ließ ich die bestürzten Offiziere allein. Ich besprach mich darauf mit Posides. Wir verglichen alle Meldungen über das Gelände noch einmal genau, und sehr bald stießen wir auf die Tatsache, daß ein Pfad durch den Sumpf führte, ein wohl begehbarer Pfad. Allerdings war er so schmal, daß auf ihm nicht einmal zwei Leute nebeneinander gehen konnten. Dieser Pfad wird sehr viel von Leuten benutzt, die das Wegegeld sparen wollen. Sehr schnell fand sich auch ein spanischer Reisender, der den Pfad schon mehrere Male gegangen war. Wir erfuhren von ihm, daß morgens in der Regel auf den Sumpfwiesen Nebel liegt, der den Pfad vollkommen einhüllt. Dem Pfad zu folgen sei einfach. Das Ende dieses Pfads, der hinter der britannischen Stellung erst die Sümpfe verließe, würde wahrscheinlich bewacht sein, aber Posides sah keine Schwierigkeiten in der Beseitigung der Wachen. Es gab also einen Weg nach der einen Flanke.

Nunmehr beschäftigten wir uns mit der anderen Seite, mit der vom Gestrüpp geschützten. Tatsächlich, es schien undurchdringlich zu sein. Aber wozu hatten wir die Elefanten mit? Sie vermögen sich durch das dichteste Unterholz ihren Weg zu bahnen, und keine Dornen können ihnen etwas anhaben.

Wir arbeiteten also unseren Plan aus, und ich erteilte meine Befehle.

Einunddreißigstes Kapitel

Die Schlacht fand am siebenten September statt, am Geburtstag meines Bruders Germanicus, der an diesem Tag achtundfünfzig Jahre alt geworden wäre. Die Auspizien nahm ich am Vorabend selbst wahr. Man darf keine Schlacht beginnen, ohne den heiligen Hühnern Kuchenstücke hingeworfen und achtgegeben zu haben, auf welche Art sie sie fressen. Wenn sie überhaupt keinen Hunger haben, ist die Schlacht so gut wie verloren. Am besten ist es, wenn die Hühner – kaum daß der Hühnerpriester ihre Käfige geöffnet hat – sich ohne Geschrei und Flügelschlagen auf den Kuchen stürzen und ihn so gierig fressen, daß dicke Brocken ihnen zu beiden Seiten aus dem Schnabel fallen. Wenn man das Herunterfallen dieser Brocken sogar noch deutlich hören kann, so bedeutet dies die völlige Vernichtung des Feindes. Und wirklich, dieses besonders günstige Omen wurde mir zuteil. Der Hühnerpriester stand mit mir hinter dem Käfig, so daß uns die Tiere nicht sehen konnten. Dann zog er im gleichen Augenblick die Käfigtür auf, in dem ich die Kuchen hinwarf. Ohne einen Laut stürzten die heiligen Hühner sich auf das Fressen, rissen am Kuchen herum, und dicke Stücke fielen ihnen aus den Schnäbeln. Wir waren begeistert.

Daraufhin war ich in der besten Stimmung, die von mir erwartete übliche Ansprache an die Truppen zu halten. Ich hatte mir alles mögliche zurechtgelegt und versprach mir eine besondere Wirkung davon, daß ich den Sieg bereits als eine unbezweifelbare Tatsache hinstellte. Natürlich war der Ruhm des Vaterlandes in dieser geplanten Rede ebensowenig vergessen wie das Lob der alten römischen Tapferkeit. Aber als es soweit war, kam ich nicht dazu, auch nur einen einzigen dieser fleißig bedachten Sätze zu sprechen. Denn als ich vor den Truppen erschien, fingen die Offiziere an, meinen Namen zu rufen und mich mit allen möglichen ehrenvollen Worten zu begrüßen. Die Soldaten nahmen diese Begrüßung mit einem allgemeinen Triumphgeschrei auf, und mir kam es vor, daß diese tobende Ovation minutenlang anhielt. Ich war so überrascht, daß ich mich beinahe nicht mehr aufrechthalten konnte. Meine ganze schöne Rede entglitt vollkommen meinem Gedächtnis, und mit Tränen in den Augen konnte ich nur die Arme ausstrecken und sagen: »Dank, Soldaten; ich danke euch, die Hühner sagen, daß wir gewinnen, und wir haben eine große Überraschung für sie bereit, und sie werden so viel Prügel bekommen, daß sie zeit ihres Lebens daran denken werden – – ich meine die Hühner nicht, ich meine die Feinde!« Es erhob sich ein gewaltiges Gelächter, in das ich selbst mit einstimmte, damit der Scherz beabsichtigt erschiene. Ich teilte ihnen dann mit, daß die Parole ebenso wie der Kampfruf »Germanicus!« sei. Ich erinnerte sie mit einigen Worten an meinen Bruder. »Seid gute Soldaten, schlaft wohl und verdient euch morgen die Dankbarkeit eures Vaters!« so schloß ich. Sie jubelten mir zu, bis sie heiser waren.

Nachts lag leichter Nebel über unserem Lager, aber kurz nach Mitternacht ging der Mond auf, was für uns außerordentlich wichtig war, sonst hätte sich der Pfad durch die Sümpfe kaum finden lassen. Ich schlief nur bis Mitternacht, dann weckte mich Posides, wie vereinbart war. Er gab mir eine Kerze und einen brennenden Kiefernast, den er aus dem Lagerfeuer geholt hatte. Ich entzündete die Kerze und betete zur Nymphe Egeria. Sie ist die Göttin der Prophetie. Es war zum erstenmal, daß ich diese in unserer Familie übliche Zeremonie verrichtete; mein Vater und mein Bruder Germanicus, mein Onkel Tiberius und alle meine übrigen Verwandten hatten sie stets um Mitternacht vor dem Tag der Schlacht ausgeführt.

Es war eine der stillsten Nächte, die man sich vorstellen kann, und dennoch – kaum hatte ich die letzten feierlichen Worte des Gebets gesprochen, ging das Licht aus, als ob es jemand zwischen seinen Fingern zerdrückt hätte. Aulus kam eilig zu mir. »Unsere Vorposten berichten, daß der Feind sich vom Bach zurückzieht. Ich schlage vor, sofort ein Regiment hinüberzuschicken. Wir müssen morgen unter allen Umständen über den Bach. Wenn ihn der Feind uns freiwillig überläßt, sollten wir sofort beide Ufer sichern. Das spart morgen Zeit und Soldaten.«

Das war eine ausgezeichnete Nachricht. Ich bestimmte das Neunte Regiment. »Die Pioniere sollen unter seinem Schutz beginnen, Brücken zu schlagen. Unsere Vorposten müssen so weit vorgeschoben werden, daß sie keinen Augenblick die Fühlung mit dem Feind verlieren.«

Das Neunte Regiment wurde in aller Eile geweckt und in Marsch gesetzt. Sehr bald schon kam die Nachricht, daß das Regiment keinerlei Widerstand getroffen hatte. Der Feind habe sich bis auf die halbe Höhe des »Hufeisens« zurückgezogen. Zwanzig provisorische Übergänge über den Bach würden zur Zeit von den Pionieren geschaffen.

»Es ist Zeit, daß die Garde in Marsch gesetzt wird, Caesar«, sagte Posides.

»Sind die Wegweiser zuverlässig?« fragte ich.

»Ich gehe selbst mit, Caesar.« Posides küßte mir die Hand, und ich schlug ihm freundlich auf den Rücken. Eine Viertelstunde später verließ die Garde kompanieweise das Osttor unseres Lagers. Die Leute waren angewiesen, nicht im Gleichschritt zu marschieren. Ihre Waffen waren umhüllt, so daß sie nicht aneinanderschlagen oder im Mondlicht leuchten konnten. Jeder Soldat hatte seinen Schild auf dem Rücken, und auf den Schild war mit weißer Kreide ein großer Kreis gemalt. Auf diese Weise sollten sie im Dunkel miteinander in Fühlung bleiben können, ohne sich gegenseitig zurufen zu müssen. Die Kreidekreise waren eine Idee des Aulus. Er hatte beobachtet, daß das Wild sich in dunklen Forsten nach der »Blume« des Vordermanns richtet.

Die Wegweiser führten die Garde über drei oder vier Meilen harten unebenen Bodens, bis sie an den Anfang des Sumpfpfades kam. Der Anfang dieses Pfades war so schwer zu finden und so geschickt verborgen, daß jeder, der ihn benutzen wollte, für ungefähr zehn Minuten bis an die Hüfte durch stinkigen nassen Lehm waten mußte. Kein Vergnügen für die Soldaten! Aber die Wegweiser machten ihre Sache gut, und ohne Zeitverlust gelangte die Garde auf den Pfad. Allmählich waren achttausend Mann, einer hinter dem andern, auf diese Weise im Sumpfgebiet untergetaucht. Fünf Stunden hatte es gedauert, bis der letzte die Lehmstelle durchwatet hatte. Mit einigen Leuten ging Posides bis zu der Stelle vor, wo der Pfad auf festem Gelände endete. Er fand eine dichtbewaldete kleine Kuppe, die wider Erwarten unbewacht war. Er ließ sie besetzen und zog die Garde so nahe heran wie nur irgend möglich. Über dem Sumpf hingen die Morgennebel. Es wurde langsam hell. Der Feind bemerkte von der gelungenen Durchquerung des Sumpfes nichts.

Eine Stunde vor Sonnenaufgang opferte ich dem Mars und frühstückte mit meinem Stab. Wir besprachen, was wir tun mußten, falls nicht alles planmäßig verliefe. Aber da kam die Meldung, daß die Garde die befohlene Stellung am Ausgang des Sumpfpfades bezogen hatte, und wir fühlten uns zuversichtlich.

Zur festgesetzten Stunde gab ich Befehl, die Stellungen jenseits des Baches zu beziehen. Die Trompeter bliesen zum Angriff – meilenweit konnte man es hören. Als Antwort erscholl von den Hügeln herab ein wüster Lärm von Kriegshörnern und wildem

Geschrei. Ich fuhr zusammen. Obwohl ich natürlich wußte, daß keine Schlacht ohne einen Gegner ausgefochten werden kann, so hatte ich an diesen Kampf nur noch wie an eine mathematische Aufgabe gedacht, die sich mir, auf stummes Papier gezeichnet, aus kleinen roten und schwarzen Quadraten zusammensetzte. Die Römer waren schwarz, der Feind rot. Jetzt, beim ohrenbetäubenden Geschmetter der Trompeten, mußte ich die kleinen Quadrate in Mann und Roß, in Wagen und Elefant verwandeln. Xenophon bemerkte wohl, wie sehr ich innerlich erregt war, denn als ich mein Zelt verlassen wollte, hielt er mich zurück. Er bestand darauf, daß ich einige Minuten ruhte. Ich sollte erst zu den Truppen stoßen, nachdem sie in Stellung gegangen seien. Aber diesmal überwand er mich nicht. Ich, in meiner kaiserlichen Rüstung und dem Purpurmantel, gehörte ich nicht an das Ufer des Bachs, wo ich jedem Regiment meinen Gruß zuteil werden lassen mußte, bevor es in die Schlacht zog?

Ohne mich weiter um ihn zu kümmern, bestieg ich mein gutes altes Pferd, um zum Bach zu reiten. Dieses Pferd war niemand anders als Penelope, die Gattin meines Mitbürgers und Mitconsuls Incitatus. Am Bach war der Nebel so dicht, daß man nur zehn oder fünfzehn Schritte weit sehen konnte. Außerdem roch es fürchterlich nach den Kamelen. Wenn es etwas gibt, das Pferde nicht leiden können, so ist es der Geruch von Kamelen. Aus diesem Grunde auch wurden die Kamele hier mit der Infanterie über den Bach gebracht, um unsere Kavalleriepferde nicht zu beunruhigen. Nur der guten Penelope machte es nichts aus, und ich mußte mir zugeben, daß ein luxuriöses Leben auch gute Folgen haben kann; denn Penelope rührte sich nicht, sie hatte ihr halbes Leben als Zuschauerin bei Circusspielen verbracht und war an jeden Tiergeruch gewöhnt.

Trotz des Nebels gelang der Aufmarsch ohne Schwierigkeit. Die Britannier hatten auf unsere Angriffssignale geantwortet. Kurz darauf meldeten ihnen ihre Kundschafter, daß wir den Bach mit starken Kräften überschritten hatten.

Die Sonne geht auf, und das ganze bewaldete Hufeisen liegt deutlich im Licht. Aber über dem Bach und über den Sümpfen hängen noch immer die dichten Nebel, und die britannischen Führer können nicht erkennen, was wir mit der Überquerung des Baches bezwecken. Neue Kundschafter melden, daß wir uns langsam in Marsch setzen. Caractacus läßt seine Streitwagendivision in aller Eile den rechten Flügel einnehmen und wartet gespannt darauf, wo die ersten römischen Soldaten nun endlich aus dem Nebel auftauchen werden. Ein in Richtung der Sümpfe ausgesandter Stoßtrupp wird ihm als vermißt gemeldet. Nach wie vor hält er sich auf beiden Flanken für völlig gedeckt und mißt daher dieser Nachricht keine Bedeutung zu. Inzwischen läßt sich das Gedröhn unserer heranrückenden Regimenter immer deutlicher vernehmen, gelegentlich jäh unterbrochen durch die Kommandorufe der Offiziere. Und endlich, endlich sehen die Britannier die erste Kompanie des Zwanzigsten Regiments sich schattenhaft aus dem Nebel herauslösen. Sie erheben ein trotziges, höhnisches Geheul. Da machen die Römer halt. Und ein seltsames Bild steigt aus dem Nebel: Eine Anzahl hochbeiniger, langhalsiger, buckliger Lebewesen trottet heran. Die Britannier erschrecken, und in aller Eile werden Gebete und Formeln der Hexerei hervorgestoßen. Nach ihrem Plan sollten sie jetzt angreifen, aber der Anblick der Kamele hat sie verwirrt.

In der Umgebung des Caractacus taucht die Vermutung auf, daß das Anrücken der bis jetzt sichtbaren Truppen, alles in allem höchstens fünfhundert Mann, nur eine Finte der Römer sei. Der Hauptstoß würde an einer anderen Stelle einsetzen. Caractacus glaubt diese Vermutung und wartet weiter. Neue römische Truppen treten nicht aus dem Nebel hervor. Die Kamele haben ebenfalls den Vormarsch eingestellt und traben hin und her. Jetzt endlich rafft Caractacus sich auf. Er befiehlt der Streitwagendivision, anzugreifen. Etwas Unerwartetes geschieht. Kaum brausen die Streitwagen die Anhöhe hinab, auf die Stelle zu, wo die klare Luft in den Nebel verschwimmt und wo die ungeheuerlichen Tiere auf und ab trotten, als die kleinen kräftigen Pferde, die vor die Streitwagen gespannt sind, toll zu werden scheinen. Sie schnauben, wiehern, brechen seitwärts aus und lassen sich durch nichts bewegen, ihren so flott begonnenen Lauf fortzusetzen. Der Nebel scheint künstlich von den Römern verzaubert zu sein, denn er strömt einen beißenden, sinnverwirrenden Geruch aus. Die ganze Streitwagendivision gerät in Aufregung. Man hört das Stampfen der Pferde, ihre Hinterhufe schlagen schmetternd an die Stirnseite der Wagen, die Lenker fluchen und peitschen auf die immer ängstlicher werdenden Tiere ein. Nach wenigen Augenblicken ist die Stoßkraft und die Ordnung der ganzen Division völlig zerstört. Trompetengeschmetter! Zwei Kompanien des Zwanzigsten und zwei Kompanien des Zweiten Regiments greifen an. »Germanicus! Germanicus!« donnert ihr Ruf. Ganze Unwetter von Speeren sausen gegen die unglücklichen Wagenlenker heran. Caractacus sieht, daß er keinen Augenblick länger zögern darf.

Er läßt seine wohlformierte Infanterie in dichten Massen vorrücken, und diesen dreitausend ausgewählten Leuten konnte der verzauberte Nebel nichts anhaben. Da die Streitwagen von der Seite gekommen waren, konnte sich der römische Angriff ebenfalls nur durch Seitwärtsschwenken entfalten, und Caractacus hatte den Augenblick richtig abgepaßt, in dem die Rückschwenkung in die Frontalrichtung für die Römer kaum mehr möglich sein würde. Es bestand also die Gefahr, daß die angreifenden vier römischen Kompanien von der Flanke her aufgerollt würden. Aber die römische Flanke schien durch einen noch stärkeren Zauber beschützt zu sein. Sechs krachende Donnerschläge, sechs flammende Blitze, und Kugeln aus feurigem Pech fauchen durch die Luft. Die erschreckten Britannier weichen zu beiden Seiten aus, aber ein Hagelschauer von Bleikugeln empfängt sie: Die balearischen Schleuderer sind in Aktion getreten. Zwar gelingt es Caractacus, seine Infanterie in Ordnung zu halten, aber die Verwirrung bei den Streitwagen steigert sich immer mehr. Denn die nachfolgenden Wagen sind in voller Geschwindigkeit auf die ersten, nicht vorwärts zu bewegenden Reihen aufgefahren. Nur den allerletzten gelingt es, ihre Pferde rechtzeitig zu zügeln und sich in Sicherheit zu bringen. Die Lage wird für die Britannier bereits kritisch, denn zu all den furchtbaren, bisher erlittenen Schrecknissen tauchen jetzt vor den römischen Soldaten große nackte schwarze Männer auf, die lange, buntbemalte Speere mit unheimlicher Sicherheit werfen.

Caractacus ist klug genug, sich über den Verlauf der Schlacht keinen Täuschungen hinzugeben. Er opfert dieser hoffnungslos gewordenen Teilentscheidung keinen einzigen Mann mehr. Vielmehr bemüht er sich, so viele – auch kleinste – Formationen wie möglich in die Ausgangsstellung zurückzuführen. Er überläßt also die unglücklichen Trümmer der Streitwagendivision sich selbst, gibt jeden weiteren Plan, selbst anzugreifen, auf und läßt überall durchsagen, daß man für heute das Stürmen den Römern überlasse. Dieser Entschluß verspricht einen gewissen Erfolg. Denn die Römer werden einige Zeit brauchen, bis sie zu einem allgemeinen Frontalangriff neu formiert sind.

Da wird die wieder etwas auflebende Zuversicht der Britannier von neuem und für dieses Mal endlich gebrochen. Der immer mehr schwindende Nebel verhüllt ihnen die Tatsache nicht länger, daß sie seit dem frühen Morgen bereits umzingelt sind: auf der einen Seite von der Garde, auf der anderen von noch greulicheren Ungetümen als den Kamelen, von den Elefanten. Während die Garde ihren Weg durch die Sümpfe genommen hatte, war der Busch von den Elefanten in einer solchen Ausdehnung zertrampelt worden, daß ein Reiterregiment genauso gut wie auf dem Exerzierplatz hätte angreifen können. Die Britannier sind sehr abergläubisch. Die vielen »überirdischen« Mächte, die sich gegen ihn verschworen haben, überzeugen den Caractacus, daß jeder weitere Widerstand zwecklos sei. Er wirft sich aufs Pferd und entkommt, gerade bevor die ersten Gardetruppen die Schlinge dadurch vollständig zuziehen, daß sie auf ihrer befohlenen Umgehung die von den Elefanten passierbar gemachte Stelle erreichen.

Wir machten über achttausend Gefangene und zählten mehrere tausend erschlagene Feinde auf dem Schlachtfeld. Unsere Verluste waren wider Erwarten gering: dreihundertachtzig Tote und sechshundert Verwundete. Die Beute war groß, und nachts wurde auf dem Schlachtfeld ein großes Dankfeuer für Mars entzündet. Ich hatte strenge Befehle zum Schutz der gefangenen Frauen gegeben, denn einige hundert Frauen hatten an der Seite ihrer Männer am Kampf teilgenommen. Ich mußte drei Leute des Vierzehnten Regiments hinrichten lassen, weil sie meinen Befehlen nicht gehorcht hatten. Meinem Körper bekam die Schlacht nicht sehr gut. Ich erlitt einen so schweren und schmerzhaften Magenkrampf, daß ich schon dachte, man hätte mich vergiftet. Xenophon war sofort zur Stelle, riß mir die Kleider auf und begann meinen Magen zu kneten, was im Augenblick die Schmerzen noch vergrößerte, so daß ich stöhnte und schrie. Aber sehr bald wurde er Herr über den Krampf, wickelte mich in heiße Tücher und schaffte mich zu Bett, wo ich die schlimmste Nacht meines Lebens verbrachte. Aber die Vollständigkeit meines Sieges war die Medizin, die mich sehr schnell heilte. Als wir drei Tage später Colchester erreichten, war ich wieder völlig gesund. Ich reiste auf dem Rücken eines Elefanten wie ein indischer Fürst.

In Colchester unterwarfen sich mir drei britannische Könige, die ich zu Bundesgenossen Roms erhob. Den Rest des Reiches des Caractacus erklärte ich feierlich zur römischen Provinz. Ich ernannte Aulus zu ihrem ersten Gouverneur. Daraufhin hatte ich in Britannien nichts mehr zu suchen. Ich verabschiedete mich von Aulus und von der Armee und gelangte ohne Zwischenfall zurück nach Frankreich. Im ganzen war ich nicht länger als sechzehn Tage in Britannien gewesen.

Zweiunddreißigstes Kapitel

Ein römischer Feldherr muß nach alter Sitte gewisse Bedingungen erfüllt haben, wenn ihm der Senat einen regelrechten Triumphzug bewilligen soll. Er muß Consul gewesen sein, muß den Oberbefehl tatsächlich selbst geführt und die Auspizien vor der Schlacht selbst wahrgenommen haben. Außerdem muß er gegen auswärtige Feinde gekämpft haben und nicht gegen revoltierende Mitbürger oder schon früher unterworfene Völker. Der Krieg darf auch nicht zur Wiedergewinnung von Gebieten dienen, die Rom bereits erobert hatte, sondern er muß die Herrschaft Roms über neue Landstriche ausdehnen. Der Kampf muß in offener Schlacht und nicht durch Aushungern oder andere passive Mittel entschieden worden sein, die römischen Verluste müssen sich in sehr mäßigen Grenzen halten und zu den Verlusten der Feinde in einem bestimmten Verhältnis stehen. Schließlich muß der Sieg so vollständig sein, daß der betreffende Feldherr seine siegreichen Truppen, ohne seine Eroberung in Gefahr zu bringen, nach Rom zurückführen und am Triumphzug teilnehmen lassen kann.

Meistens vergeht lange Zeit, bis der Senat sich einig ist, ob er jemandem die Ehre eines Triumphzuges verleihen soll oder nicht. Stets finden Mißgünstige irgendeine Möglichkeit, zu erklären, daß diese oder jene Bedingung nicht ganz erfüllt sei. Der Senat kann, je nach den einzelnen Fällen, die Voraussetzungen verschieden auslegen oder auffassen. Das ist sein gutes Recht, aber es ist trotzdem bedauerlich, daß nach meiner Ansicht als Historiker mindestens sechzig oder siebzig von den dreihundertfünfzehn Triumphzügen, die bisher in Rom stattgefunden haben, dieser Ehre nicht würdig waren, während andererseits eine ganze Anzahl verdienter Heerführer um ihren Triumphzug nur durch die Kabalen innerhalb des Senats gebracht worden ist.

Als ich dem Senat die Nachricht meines Sieges übermittelte und gleichzeitig darum bat, eines Triumphzuges für würdig erachtet zu werden, war von vornherein sicher, daß meiner Bitte entsprochen werden würde. Denn niemand würde wagen, sich mir zu widersetzen, selbst wenn die verlangten Voraussetzungen viel weniger zugetroffen hätten, als dies tatsächlich der Fall war. Der Senat fragte also, dem Herkommen gemäß, das Volk, ob es mir gestattet würde, in triumphalem Zug in die Stadt einzuziehen. Das Volk stimmte dem Vorschlag freudig zu, und der Senat bewilligte mir eine halbe Million Goldstücke, die zur Feier meines Triumphes verwendet werden sollten. Der Neujahrstag, der erste März, wurde zum Festtag für mich bestimmt.

Auf meiner Rückreise durch Frankreich erhielt ich unzählige Glückwünsche. Auch Marsus schrieb mir und teilte mir mit, daß mein Sieg sehr zur rechten Zeit gekommen sei. Er hätte im ganzen Orient großen Eindruck gemacht, wo man sich gar zu gern schon an die Gerüchte und Schwätzereien gewöhnt hätte, daß Rom immer mehr zerfiele und zu keiner Handlung mehr fähig sei. Aber diese Bemerkung sollte nur den eigentlichen Inhalt seines Briefs überzuckern, in dem er mir die acht Könige namentlich aufführte, mit denen König Herodes seit einiger Zeit in ständiger und inniger Verbindung war. »Es würde sehr schwer sein, die Gefahren zu übertreiben, die die augenblickliche Lage für Rom in sich birgt. Um so dankbarer müssen wir alle für den Sieg in Britannien sein. Ich wünschte nur, wir könnten die dort frei werdenden Regimenter sofort nach dem Osten schaffen. Es ist meine feste Überzeugung, daß wir sie sehr bald brauchen werden.«

Marsus machte mir dann einige Vorschläge, wie der Ausbruch einer Erhebung verzögert werden könnte. Vor allen Dingen erschien ihm wichtig, daß Mithridates, ehemaliger König von Armenien, mit Hilfe Roms wieder auf seinen Thron gesetzt werde, denn das würde verschiedene andere Könige ebenfalls für Rom gewinnen. Außerdem würde dies wahrscheinlich einen Krieg zwischen Parthern und Armeniern zur Folge haben, wodurch die Pläne des Königs Herodes einen beträchtlichen Verzug zu erleiden vermöchten. Rom könne diese Wirren noch verlängern, indem es den Armeniern eine gewisse Unterstützung liehe, die indessen nicht zu einem allzu raschen Sieg der Armenier führen dürfe. »Dies ist die erste, auf Tatsachen gegründete Anschuldigung, die ich gegen Ihren Freund König Herodes erheben muß. Ich kenne die Gefahr, in die ich selbst mich begebe, wenn ich dadurch Ihr Mißvergnügen erwecke. Aber die Sicherheit Roms ist mir wichtiger als meine Karriere und mein Wohlergehen. Das Material, das sich bei mir gegen König Herodes aufgehäuft hat, macht es mir zur Pflicht, nicht länger zu schweigen. Ich schlage vor, den Sohn des Königs Herodes, den jüngeren Herodes Agrippa, zu Ihrem Triumph nach Rom einzuladen. Man könnte ihn dort unter irgendwelchen Vorwänden, solange es nötig ist, festhalten und ihn als nützliches Pfand für das korrekte Verhalten des Königs gebrauchen.«

Mir waren zwei Möglichkeiten gegeben. Entweder befahl ich König Herodes sofort zu mir und ließ ihn mir Rede stehen. Denn trotz allem wollte ich immer noch nicht glauben, daß die Beschuldigungen des Marsus in der Form zutreffen konnten, wie er sie mir übermittelt hatte. Wenn Herodes sich wirklich schuldig fühlte, würde er meinen Befehl, vor mir zu erscheinen, mißachten, und das hätte Krieg bedeutet. Für einen Krieg im Osten aber war ich so gut wie ungerüstet. Die zweite Möglichkeit war, daß ich versuchte, Zeit zu gewinnen und mein Mißtrauen nicht merken zu lassen. Aber hier war die Gefahr, daß Herodes von der Zeit mehr Vorteile ernten würde als ich selbst.

Von Herodes hatte ich während meiner Reise nur einmal gehört, und zwar hatte er mir sehr ungenaue und gleichgültige Angaben über den prophezeiten König gemacht. Sein Brief war offenbar in großer Eile geschrieben. Über politische Vorgänge enthielt er kein Wort. Jetzt, auf dem Heimweg, erreichte mich ein zweiter Brief von ihm, in dem er mir auf das herzlichste zu meinem Siege gratulierte und um die Erlaubnis bat, seinen Sohn nach Rom schicken zu dürfen, damit er den Feierlichkeiten anläßlich meines Triumphzugs beiwohne. Er hoffe, ich würde ihm gestatten, daß der Junge sich ein paar Monate lang in Rom umsehe und erst zu dem großen Fest nach Palästina zurückzukehren brauche, das er, Herodes, zur Feier meines Geburtstages in Caesarea abhalten würde. Dann entschuldigte er sich, daß er mir neulich keine besseren Angaben über den prophezeiten König hätte machen können. Erst heute setzten ihn weitere Nachforschungen in den Stand, mir genauer zu antworten:

»Schon als Kind habe ich viel von diesem Messias gehört, wie er in unserer Sprache genannt wird, doch die Geschichte erhält sich augenblicklich nur noch in theologischen Kreisen. Ich habe mich nie viel darum gekümmert, nahm aber jetzt die Gelegenheit wahr, unsern gemeinsamen Freund Philo, der mir einen kurzen Besuch abstattete, darüber eingehend zu befragen. Philo nahm die Angelegenheit zu meinem Erstaunen sehr ernst und sagte, daß die ganze Zukunft unseres Volkes von diesem Messias abhänge. Er sei ein König, der Israel von seinen Sünden erlösen würde, und zwar als ein menschlicher Vertreter unseres Gottes.

Es sei sehr ungewiß, ob er ein großer Soldat und Eroberer ist. Die Prophezeiung, sagt Philo, ist uralt. Sie taucht seit den Tagen Ramses' II. immer wieder auf. Das war die Zeit, als unsere Vorväter von Ägypten fortzogen. In späteren heiligen Schriften, die ungefähr aus der Zeit stammen, als Rom gegründet wurde, wird der Messias als ein Mann bezeichnet, der die verlorenen Schafe um sich versammeln wird. Die Theologen sind sich aber nicht darüber einig, ob dieser Messias eine wirkliche oder eine symbolische Erscheinung ist. Es gibt in der Geschichte unseres Volkes genügend Verfechter der beiden Richtungen. Philo sagt, daß der Messias bestimmt noch kommen wird, daß er ein Jude ist und in direkter Linie vom König David abstammt. Sogar den Geburtsort nannte mir Philo: Bethlehem, nicht weit von Jerusalem. Ich selbst, um dies einzufügen, halte den Messias für eine ausgesprochen symbolische Figur, an der sich die Phantasie und die Frömmigkeit meines Volkes entzünden soll. Philo sagt, daß in einem Buch, das der Psalter des Salomo heißt, die beste und klarste Prophezeiung des Messias enthalten sei. Ich lege Dir eine Abschrift der betreffenden Stelle bei.

Du fragst, ob unter den Lebenden sich jemand für den Messias hält. Ich selbst habe niemanden getroffen, der es getan hätte. Der letzte, der mit diesem Anspruch auftrat, war ein gewisser Josua, Sohn des Joseph, aus Galilaea. Als ich ein junger Mensch war, hatte er unter den einfachen Leuten eine gewisse Gefolgschaft. Er pflegte auf Hügeln zu großen Menschenmassen zu predigen. Sein Vater war Handwerker, ich glaube Zimmermann, und dieser Josua soll sehr viel Eindruck auf seine Mitmenschen gemacht haben. Er rühmte sich, von David abzustammen. Er war ein Wunderkind und soll unsere Gelehrten im Alter von zwölf Jahren beschämt haben. Sein wirklicher Vater soll übrigens ein griechischer Soldat gewesen sein, der seine Mutter verführt hatte. Wenigstens erhielt sich immer das Gerücht, er sei nicht von jüdischer Abstammung, und diese Vermutung wurde noch dadurch genährt, daß er am alten Judentum sehr viel auszusetzen hatte – was kein wirklicher Jude tut –, indem er es für ungeeignet erklärte, den Ansprüchen des Menschen an eine Religion zu genügen. In einer naiven Art versuchte er, was Philo seitdem mit viel Gelehrsamkeit versucht hat: Er wollte die jüdischen Offenbarungsschriften mit der griechischen Philosophie verbinden. Ich persönlich verabscheue nichts mehr als die Vermischung von Kulturen. Übrigens fehlte diesem Josua eine wirkliche Kenntnis der griechischen Philosophie. Er schien den Mangel einer systematischen Bildung selbst zu verspüren und verband sich mit einem gewissen Jakob, einem Fischer mit wissenschaftlichen Ambitionen, der einige Kollegs an der epikureischen Universität von Gadara gehört hatte. Die spärlichen Kenntnisse dieses Jakob genügten indessen dem Josua, um aus Altem und Neuem eine neue Religion zu ersinnen. Aber jede Religion muß sich auf eine Autorität stützen können, und so kam Josua auf den Gedanken, sich selbst als den verheißenen Messias zu bezeichnen und von seinen Worten zu behaupten, daß Gott sie ihm eingebe. Er war sehr erfindungsreich und pflegte seine Lehre in der Form von Gleichnissen zu verkünden. Er behauptete auch, übernatürliche Heilungen und andere Wunder vollbringen zu können. Den jüdischen Tempelbehörden wurde er sehr bald lästig, denn er beschuldigte sie der Habgier und der Hoffart gegen Arme.

Es gibt eine große Menge guter Anekdoten über ihn. Einmal fragte ihn ein politischer Widersacher, ob ein strenggläubiger Jude es verantworten könne, an den römischen Kaiser Steuer zu zahlen. Die Frage war sehr geschickt gestellt, denn hätte er ja gesagt, hätte er seinen Einfluß bei den jüdischen Nationalisten verloren. Aber wenn er nein gesagt hätte, wäre er mit der Strafbehörde in Konflikt gekommen. So tat er, als ob er von nichts wisse, und bat, man möge ihm zeigen, wieviel jeder Haushalt an den römischen Kaiser abzuführen habe. Man hielt ihm eine Silbermünze vor. Er fragte: ›Wer ist auf der Münze abgebildet? Ich kann kein Latein.‹ Sie antworteten: ›Der Kopf des Kaisers Tiberius.‹ Worauf er erklärte: ›Wenn es die Münze des Kaisers ist, bezahlt sie dem Kaiser, aber vergeßt darüber nicht, daß ihr Gott bezahlen müßt, was Gottes ist.‹ Wie findest Du das? Sehr geschickt, nicht wahr? Schließlich aber wurden seine Ketzereien zu einer öffentlichen Gefahr, und unser alter Freund Pontius Pilatus ließ ihn verhaften, weil er öffentliche Ruhestörungen größten Ausmaßes verursachte. Pilatus überwies ihn dem höchsten jüdischen Gericht in Jerusalem, das ihn wegen Gotteslästerung zum Tode verurteilte. Als er starb, verließen ihn seine Anhänger – also hierin wäre die Weissagung erfüllt. Es gibt tatsächlich noch Leute, die behaupten, er sei der wahre Messias gewesen. Erst vor wenigen Tagen ließ ich seinen Anhänger Jakob enthaupten, der das geistige Haupt der noch immer unterirdisch wühlenden Bewegung gewesen ist. Ich hoffe auch noch einen andern dieser Verschwörer zu fassen, einen gewissen Simon Petrus, der schon verhaftet war, aber unter merkwürdigen Umständen aus dem Gefängnis entkommen ist.«

Dieser Brief enthielt eine Kleinigkeit, die mich überzeugte, daß Herodes sich selbst für den Messias hielt. Wenn aber er sich zum Messias erklären würde, müßte das alle Juden der Welt zurück nach Jerusalem rufen. Die erwähnte Kleinigkeit war die Angabe des Geburtsortes für den Messias: Bethlehem. Herodes hatte dabei wohlweislich verschwiegen, daß dies sein eigener Geburtsort war und nicht, wie man allgemein annahm, Jerusalem.

Mir war dies von meiner Mutter wiederholt erzählt worden, im Zusammenhang mit einer sehr deutlichen Prophezeiung, daß aus diesem Bethlehem der wahre König der Juden hervorgehen werde. Sie pflegte Herodes gelegentlich zu necken, wenn er sich etwas hatte zuschulden kommen lassen, daß er nicht vergessen solle, in Bethlehem geboren zu sein. Daher kommt es, daß ich mich an den Namen dieses Ortes genau erinnere. Aus welchem Grund erwähnte er ihn jetzt, und aus welchem Grund unterließ er auf einmal seine sonst üblichen Scherze, die er über diese Dinge zu machen pflegte? Ich konnte also mit Recht besorgt sein, daß der Ehrgeiz des Herodes nach großen Zielen strebte. Übrigens soll jener Josua, oder Jesus, wie ihn seine griechischen Anhänger nannten, auch in Bethlehem geboren sein. Ich weiß nicht, worauf sich dieser Glaube gründet, denn auf den Karten sehe ich, daß Bethlehem niemals zu Galilaea gehört haben kann. Der Kult dieses Jesus hat auch nach Rom übergegriffen und scheint unterirdisch ziemlich stark wirksam zu sein. Zu den Kulthandlungen gehört eine Art Liebesfest, das Männer und Frauen gemeinsam feiern und bei dem auf symbolische Art vom Fleisch und Blut des Gesalbten gekostet wird. Mir ist berichtet worden, daß dieses Fest zu exaltierten Szenen Anlaß gibt, wie es stets der Fall zu sein pflegt, wenn Sklaven und Angehörige der untersten Klassen sich zu Feiern zusammenfinden. Ehe sie sich niedersetzen, müssen sie zum Beispiel vor der ganzen Versammlung ihre Verfehlungen bis in die peinlichsten Einzelheiten bekennen. Das scheint die Hauptanziehungskraft dieser Zusammenkünfte zu sein. Es ist ein Wettbewerb in Selbsterniedrigung. Der oberste Priester dieses Kultes ist jetzt, da ich dies schreibe, also viele Jahre, nachdem ich jene briefliche Aufklärung des Herodes empfing, eben jener Simon Petrus, der aus dem Gefängnis entfloh. Sein Anspruch auf die Leitung dieser Gemeinde scheint darauf zu beruhen, daß er den Jesus verließ und verleugnete, als dieser in Haft genommen wurde. Aber seitdem hat er es bitterlich bereut. Denn – nach den Glaubenssätzen dieser verwirrten Sekte: Je größer das Verbrechen, desto größer die Vergebung!

Alle besseren Juden wollen mit dieser Bewegung nichts zu tun haben. Da sie keine anerkannte Religion ist, fällt sie unter die Bestimmungen, die gegen Trinkklubs und geheime Brüderschaften erlassen sind. Sie gehört zu jenen Bewegungen, die durch Unterdrückung nur stärker werden. Sie lädt jedermann ein, ihr beizutreten, Rang oder Nationalität spielen keine Rolle. Eine Taufe und die Anrufung des Messias sind die einzigen Zeremonien, denen der Neugewonnene sich unterziehen muß. Sogar einige gebildete Leute von hohem Rang sind den Wirrungen dieses Kultes erlegen. Ich erinnere mich an einen ehemaligen Gouverneur von Cypern, Sergius Paullus. Daß er sich am wohlsten in der Gesellschaft von Straßenkehrern, Sklaven und Lumpenhändlern fühlte, zeigt den demoralisierenden Einfluß des neuen Kults. Sergius Paullus verzichtete in einem Brief an mich auf seine Ämter und Würden, weil sein Gewissen ihm verböte, noch länger beim Gott Augustus zu schwören. Er habe sich völlig dem neuen Gott unterworfen. Ich habe mich später einmal mit ihm unterhalten. Er legt größte Begeisterung für den neuen Glauben an den Tag, der völlig unpolitisch sei. Jesus sei von tiefster Weisheit erfüllt und ein vorbildlicher Charakter gewesen, außerdem habe er sich nie etwas gegen Rom zuschulden kommen lassen.

Ich feierte meinen Triumph in aller Pracht am Neujahrstag. Der Senat hatte mir eine große Anzahl großer Ehrungen zuerkannt. So wurde mir der erbliche Titel Britannicus verliehen. Mein kleiner Sohn hieß also künftig Drusus Britannicus, und im weiteren Verlauf meiner Erzählung werde ich ihn nur noch Britannicus nennen. Ferner wurden zu meinen Ehren zwei große steinerne Triumphbögen errichtet, der eine in Boulogne, der andere in Rom selbst, auf der Via Flaminia. Auch Messalina wurde auf das reichste geehrt, und schon jetzt war sie mit allen Titeln geschmückt, die meine Großmutter Livia während ihres Lebens getragen hat. Lediglich den Titel Augusta wünschte ich für sie noch etwas zurückgestellt.

Nach mehreren stürmischen und regnerischen Tagen schien die Sonne strahlend am Tag meines Triumphs. Die Stadt war so schön und froh geschmückt, wie es ihrem ehrwürdigen Alter nur irgend anstand. Die Fronten der Häuser und Tempel waren abgeputzt worden, die Straßen waren so sauber gefegt wie die Fußböden im Sitzungssaal des Senats, Blumen und Farben leuchteten aus jedem Fenster, und Tische, beladen mit Speise und Trank, standen vor jeder Tür. Sämtliche Tempel waren weit geöffnet, die Statuen trugen Blumengirlanden, und Weihrauch dampfte auf den Altären. Die gesamte Bevölkerung hatte sich in ihre besten Kleider geworfen.

Es war so abgepaßt worden, daß ich seit meinem Sieg die Stadt noch nicht betreten hatte. Die Regierungsgeschäfte hatte ich von unterwegs geführt. In Lyon hatte ich mich einige Monate aufgehalten. Es war also tatsächlich meine Rückkehr aus dem Felde, die gefeiert wurde. Die letzte Nacht verbrachte ich vor den Toren, in der Gardekaserne. Am frühen Morgen fand eine Parade vor der Gardekaserne statt, an der alle Truppen teilnahmen, die im Triumphzug mitmarschieren würden. Außerdem verteilte ich das Beutegeld, das ungefähr dem Wert der gemachten Beute entsprach. Jeder einfache Soldat bekam auf diese Weise dreißig Goldstücke ausgezahlt, die Unteroffiziere und Offiziere entsprechend mehr. In London und Colchester waren sehr viele goldene Gegenstände erbeutet worden, die einen beträchtlichen Erlös brachten. Auch die Gefangenen hatten sich gut verkaufen lassen. Die Truppen in Britannien, die am Triumphzug nicht teilnehmen konnten, erhielten von mir ihren Anteil am Beutegeld zugeschickt. Auch Aulus war an diesem großen Tag nicht zugegen. Das tat mir am meisten leid, aber aus der soeben erst unterworfenen Provinz konnte der Gouverneur sich nicht entfernen.

Beim Verlassen der Gardekaserne hatte ich ein unangenehmes Erlebnis. Ein alter Soldat trat auf mich zu und forderte mich auf, an Justus zu denken und ihn nie zu vergessen. Justus war der ehemalige Kommandeur der Garde gewesen. Ich hatte ihn während meiner Abwesenheit von Rom hinrichten lassen müssen, da Messalina mir einen Kurier mit der Nachricht geschickt hatte, Justus ginge bei den in Rom verbliebenen Gardeoffizieren herum und sammele Stimmen für meinen Sturz. Messalina war außerordentlich besorgt über das gewesen, was sie in Erfahrung gebracht hatte. Ich kannte ihre Geschicklichkeit im Aufspüren solcher Nachrichten. Außerdem irrte sie sich in der Beurteilung von Menschen nie. Mir hatte Justus zwar stets einen sehr ruhigen, verläßlichen Eindruck gemacht, aber Messalina schilderte mir seine wahren Abgründe mit äußerster Kunstfertigkeit. Ich gab Befehl, ihn sofort zu enthaupten. Der Zwischenfall hatte mir viel Unruhe geschaffen, und ich war wenig erfreut, jetzt am Morgen meines großen Tages an diese unerfreuliche Geschichte erinnert zu werden. Ich fragte den Soldaten, was er mit dieser Warnung bezwecke, aber er schien Angst vor seinem eigenen Mut zu bekommen und schwieg. Mir schien, daß er durch einen Schreck in der Schlacht an seinem Verstand Schaden genommen hatte. Trotzdem peinigte mich der an und für sich so harmlose Vorfall mehr, als ich mir zugab.

Messalina war mir bis Genua entgegengekommen. Wie herzlich, nein, wie überschwenglich hatte sie mich begrüßt, und diese Begrüßung war es gewesen, die mich in den letzten Wochen vor dem Triumph so glücklich machte. Als der Soldat mich an Justus erinnerte, schien dieses ganze Glück plötzlich von mir zu gehen. Aber der kleine Rückschlag entstand wohl nur durch die allzu große Freude über diese so stolze Rückkehr nach Rom. Denn nichts auf der Welt kann herrlicher für einen Menschen sein, als durch einen römischen Triumph geehrt zu werden. Diese Ehre behält ein freies Volk demjenigen vor, der so glücklich war, seinem Land einen großen Dienst erweisen zu dürfen. Ich hatte sie mir redlich verdient! Endlich schüttelte ich vor aller Welt den letzten Rest jener üblen Meinung ab, die man von mir gehabt hatte, daß ich ein Schwächling sei und eine Schande für meine Familie und mein Volk.

Nachdem die Parade der Truppen abgenommen war und ich besonders verdiente Soldaten mit Kriegsauszeichnungen bedacht hatte, veranstaltete ich drei große Empfänge. Den ersten für sämtliche Gouverneure sämtlicher Provinzen, die alle nach Rom gekommen waren, den zweiten für die Gesandten oder Vertreter sämtlicher verbündeter Könige und den dritten für die Verbannten. Ich hatte beim Senat durchgesetzt, daß alle Verbannten für die Dauer der Festlichkeiten nach Rom zurückkehren dürften. Diese Audienz ging mir sehr nahe, denn viele der Verbannten machten einen sehr geschwächten unglücklichen Eindruck und baten auf herzerweichende Art, ihr Urteil zu revidieren und ihnen die Rückkehr zu gestatten. Ich versprach ihnen, persönlich ihre Akten von neuem durchzusehen, sie sollten nicht verzweifeln, denn in jedem einzelnen Fall, bei dem einer Aufhebung des Urteils keine Staatsinteressen entgegenstünden, würde ich mich beim Senat für die Unglücklichen verwenden. Ich habe mein Wort gehalten, und wer trotz bestem Willen nicht zurückgerufen werden konnte, bekam wenigstens einen besseren oder gesünderen Ort der Verbannung angewiesen.

Für zehn Uhr war der Abmarsch des Zuges festgesetzt. Wir betraten die Stadt von Nordwesten her durch den für mich errichteten Triumphbogen und zogen die Via sacra entlang, und zwar in folgender Ordnung: Zuerst kamen sämtliche Senatoren, in Staatsgewändern und zu Fuß, ihnen voran gingen die Consuln und die übrigen hohen Beamten. Darauf kam eine Trompeterschar, die besonders darauf eingeübt war, frohe Siegesmärsche unisono zu blasen. Das Trompetengeschmetter sollte Aufmerksamkeit für die nun folgenden Wagen erwecken, die, von Maultieren gezogen und festlich geschmückt, die Beute trugen. Zu seiten dieser Wagen gingen ausgewählte Mannschaften der deutschen Leibwache in der Uniform des kaiserlichen Haushalts. Die mitgeführte Beute bestand aus Gold- und Silbermünzen, aus Waffen, Rüstungen und Zaumzeug, aus Juwelen, gehämmertem Gold und Barren von Zinn und Blei. Dazu kamen reich ornamentierte Gefäße aller Art, Halsketten, seltsamer Kopfschmuck aus Federn, bestickte oder durchwirkte Gewänder, Kultgegenstände und tausend andere schöne wertvolle und ungewöhnliche Dinge. Hinter den Beutewagen folgten zwölf der schönsten britannischen Streitwagen, gezogen von den besten jener kleinen Pferde, die man auch in der Schlacht vor diese Wagen zu spannen pflegt. Jeder einzelne Streitwagen trug ein Schild, und auf jedes war der Name eines der zwölf unterworfenen britannischen Stämme gemalt. Den Beschluß dieser langen Wagenreihe machten allerlei Fahrzeuge mit erbeutetem Kriegsmaterial.

Jetzt kam eine Kapelle von Flötenspielern, die sanfte Weisen spielte. Sie führte die weißen Stiere an, die unter dem Geleit der Priester Jupiters wütend schnaubten und viele Umstände bereiteten. Ihre Hörner waren vergoldet, und sie trugen rote Stirnbänder und Girlanden, wodurch angezeigt wurde, daß sie zur Opferung bestimmt waren. Die Priester trugen Schlächteräxte und Messer. Die Tempeldiener Jupiters folgten mit goldenen Schüsseln und anderen heiligen Gefäßen. Große Aufmerksamkeit erweckte das lebendige Walroß mit großen Elfenbeinzähnen, das an der Küste schlafend von unseren Leuten gefangen worden war. Ihm folgte eine große Menge von britannischen Hirschen und wilden Kühen, das Skelett eines gestrandeten Walfischs und ein halb aufgeschnittener Bau voller Biber. Vor den gefangenen Häuptlingen und ihren Familien wurden die Wappen und Insignien der unterworfenen Stämme getragen. Endlos muß der Vorbeimarsch der gewöhnlichen Gefangenen gedauert haben.

Nach ihnen kam eine Abteilung staatlicher Sklaven, die nur zu zweit gingen und auf Kissen die Kronen und anderen Machtsymbole derjenigen britannischen Fürsten trugen, die meine Bundesgenossen geworden waren. Sie hatten mir aus Dankbarkeit diese Insignien für den festlichen Tag geliehen. Und nun kamen vierundzwanzig freie Bauern, purpurgekleidet, mit lorbeergeschmückten Äxten, denen ein von vier nebeneinandergespannten Pferden gezogener Wagen folgte. Er war aus Silber und Elfenbein und auf Befehl des Senats für diesen Tag hergestellt worden. Seine beiden Seiten bestanden aus getriebenen Reliefs: Links waren fünf Schiffe im Sturm abgebildet und rechts eine Schlacht. Vier Schimmelhengste tänzelten gelassen vor diesem Wagen einher, und auf ihm stand – der Verfasser dieser Geschichte, nicht Clau-Clau-Claudius oder der arme Onkel Claudius, sondern der siegreich triumphierende Tiberius Claudius Drusus Nero Caesar Augustus Germanicus Britannicus, Kaiser und Vater seines Landes, Oberster Priester und vier Jahre hintereinander Volkstribun, der dreimal Consul gewesen und vom römischen Senat mit allen Ehren bedacht worden war, die die herrlichste und mächtigste Stadt der Welt zu vergeben hat. Dieser aufs tiefste erregte, glückstrahlende Mann war in eine goldbestickte Toga gekleidet und hielt in seiner rechten, ein wenig zitternden Hand einen Lorbeerzweig und in der linken ein elfenbeinernes Zepter, das von einem goldenen Vogel gekrönt war. Ein Kranz von delphischem Lorbeer überschattete seine Stirn, und um eine alte Sitte neu zu beleben, hatte er sich Gesicht, Hals, Arme und Beine – soviel eben von seinem Körper zu sehen war – mit einem leuchtenden Rot bemalt. Im Wagen des heimkehrenden Siegers fuhr sein kleiner Sohn Britannicus mit, der vor lauter Glück in die Menge hineinrief und in die Hände klatschte, ferner sein Freund Vitellius, der einen Olivenkranz um die Stirn trug, zum Zeichen, daß er den Staat in Abwesenheit des Triumphators verläßlich gelenkt hatte, und seine kleine Tochter Octavia. Nicht vergessen werden darf der Sklave, der hinter dem Kaiser etwas erhöht stand und über dessen Haupt eine goldene, mit Juwelen besetzte etruskische Krone hielt, das Geschenk des römischen Volkes. Dieser Sklave hatte die Pflicht, von Zeit zu Zeit in das Ohr des Siegers die alte Formel zu flüstern: »Sieh hinter dich und bedenke, daß du sterblich bist« – eine Warnung vor dem Neid der Götter.

Diesem erhabenen Aufzug folgte die Frau des Siegers, Messalina, in ihrer Staatskarosse. Sie hatte die Ehre, alle die verdienten Offiziere und Mannschaften anzuführen, die vorhin in der Gardekaserne mit Kriegsauszeichnungen bedacht worden waren. Dann folgten die Elefanten und Kamele, die von der Bevölkerung mit größerer Begeisterung begrüßt wurden als die Menschen. Den Beschluß bildeten die römischen Truppen, Infanterie und Kavallerie, die an der Schlacht teilgenommen hatten, ebenso die nubischen und balearischen Hilfstruppen. Alle ihre Waffen waren mit Lorbeer geschmückt. Die Soldaten sangen alte und neue Lieder. Es entstand bei dieser Gelegenheit ein sehr witziges Kampflied, dessen Kehrreim darauf hinausging, daß die zuverlässigste Waffe der Gestank von Kamelen sei. Mir meldete jemand, daß jüngere Soldaten am Schluß des Zuges zynische und unverschämte Lieder auf Messalina sängen. Ich schickte einen älteren Offizier, der mir aber nichts berichten konnte. Wahrscheinlich war diese Behauptung von jemandem in Umlauf gesetzt worden, der mir meinen großen Tag mißgönnte. Ich muß auch gestehen, daß ich einer so plumpen und grundlosen Verdächtigung keinen Augenblick wirklich geglaubt habe. Warum sollten die Soldaten die erste Frau des Reiches, meine Frau, an diesem für uns alle so herrlichen Tag beschimpfen wollen? Nicht der geringste Anlaß lag vor.

Ich brauche nicht zu schildern, mit welcher Begeisterung die einzelnen Teile des Zuges begrüßt wurden. Der Lärm, der sich erhob, sobald mein Wagen in Sicht kam, war so ungeheuerlich, daß ich noch tagelang hinterher auch auf meinem gesunden Ohr fast nichts hören konnte. Alter Sitte gemäß folgte dem eigentlichen Triumphzug ein Triumphzug der Lächerlichkeit, der Komödianten und Spaßmacher. Wie man im Theater die ernsten Stücke durch eine Komödie beschließt, so folgte dem erhabenen Festzug sein lächerliches Konterfei. Baba, ein berühmter Spaßmacher aus Alexandria, fuhr in einem Düngerwagen, aus dem durch irgendeine Vorrichtung unausgesetzt der Unrat strömte und der von einem Schaf, einem Schwein, einer Ziege und einem Fuchs gezogen wurde. Alles war dem Aufzug nachgebildet, in dem ich dem Volk erschienen war. So trug der Spaßmacher statt des Lorbeerzweiges eine Distel und statt des Zepters einen Kohlstrunk, an dessen Ende eine tote Fledermaus gebunden war. Es hieß, daß dieser Baba mir ähnelte, wenigstens stellte er stets mich dar in jenen billigen Stücken, die auf Hinterhöfen gegeben werden. Sein Freund und Kollege Augurinus, ein Römer, war bei allen seinen Unternehmungen sein Gegenspieler, so auch hier, wo er den Sklaven mimte, der die Krone über mein Haupt zu halten hatte. Seine Krone war ein umgekehrter Kübel, in dem hie und da Babas Kopf zu verschwinden hatte. Babas Toga war aus Sackleinwand und hinten aufgeschlitzt, so daß man sein beträchtliches Hinterteil sehen konnte. Das Hinterteil war mit leuchtendem Blau und einigen roten Strichen bemalt und sah so wie ein grinsendes menschliches Antlitz aus. Baba mimte unermüdlich meine nervösen Zuckungen, und wenn Augurinus ihn mit einer Hahnenfeder kitzelte, schlug er mit seinem Kohlstrunk zurück, so daß die tote Fledermaus zum unendlichen Vergnügen des Publikums dem Augurinus um den Kopf flog. In einem zweiten Mistkarren wurde eine kolossale nackte Negerin mitgeführt, die einen Kupferring in der Nase hatte und ein kleines rosiges Schwein am Busen nährte. Auch Beutewagen fehlten in diesem zweiten Triumphzug, der sich unmittelbar an meinen anschloß, nicht: Küchenabfälle, alte Bettstellen, zerlegene Matratzen, rostiges Eisen, Scherben und Lumpen wurden mitgeführt; die Gefangenen bestanden aus allen Mißbildungen, die Rom hergab: Zwergen, Krüppeln, Wasserköpfen, Blinden und aus fürchterlich entstellten Kranken. Man sagte mir, daß dieser Triumphzug Babas das Komischste gewesen sei, was man in Rom jemals gesehen habe.

Als ich am Capitolinischen Hügel ankam, verließ ich meinen Wagen und mußte nach alter Sitte die Stufen zum Tempel des Jupiter auf meinen Knien emporrutschen. Das war für mich außerordentlich anstrengend. Eigentlich hätten jetzt die gefangenen Häuptlinge ins Gefängnis gebracht und enthauptet werden müssen, aber ich hatte hier ein Veto eingelegt: Ich wollte den Britanniern, die noch nicht unterworfen waren, ein Beispiel der Milde geben. Die Britannier pflegten zwar ihre Kriegsgefangenen zu opfern, aber es wäre mir zu widersinnig erschienen, den Augenblick, in dem die Zivilisierung eines Landes beginnen sollte, durch einen Akt niedrigster Barbarei zu feiern. Ich siedelte die gefangenen Britannier in Rom an, um sie an uns zu gewöhnen. Vielleicht konnten sie uns später wertvolle Dienste leisten, wenn wir britannische Hilfstruppen aufstellen würden. Obwohl ich also den Jupiter um die Opferung der Häuptlinge brachte, unterließ ich es natürlich nicht, ihm die weißen Stiere in aller Feierlichkeit darzubringen und ihm auch seinen Anteil an der Beute auszuhändigen. Im Anschluß daran wurden Messalina und ich samt den hauptsächlichsten Festgästen von der Bruderschaft der Jupiterpriester zu einem großen Essen eingeladen, während die Truppen sich in kleinere Abteilungen auflösten und von der Stadt bewirtet wurden. Ein Haus, das nicht wenigstens einen Teilnehmer des Feldzugs für diesen Tag aufnahm und bewirtete, galt als Unglückshaus.

Ich hatte zufällig in Erfahrung gebracht, daß das Zwanzigste Regiment für die Nacht allerhand Ruhestörungen vorhatte, Plünderung von Weinstuben, Anzünden von Bordellen, oder was es an Unfug bei solchen Gelegenheiten noch gibt. So ließ ich allen Truppen eine freie Ration guten Weins verabreichen, die auf ein bestimmtes Zeichen und, ehe sie auseinandergingen, auf meine Gesundheit zu trinken war. Die für das Zwanzigste Regiment bestimmten Flaschen enthielten im Wein ein Schlafmittel, so daß die Soldaten – kaum daß sie auf meine Gesundheit getrunken hatten – in einen tiefen kräftigen Schlaf verfielen und erst aufwachten, als alle Feierlichkeiten vorüber waren. Bedauerlicherweise wachte ein Soldat nie wieder auf. Aber es gab in dieser Nacht keinerlei Ruhestörung. Abends, nach dem Bankett, wurde ich von einem Fackelzug und den Flötenspielern nach Hause geleitet. Mir folgte eine unübersehbare Menge begeisterter und singender Menschen. Ich war vollkommen erschöpft und ging, nachdem ich mich von der roten Farbe gesäubert hatte, sofort zu Bett. Aber die Festlichkeiten dauerten die ganze Nacht hindurch, und ich fand keinen Schlaf.

So stand ich um Mitternacht wieder auf, rief Narcissus und Pallas, und als gewöhnliche Bürger verkleidet begaben wir uns auf die Straße. Ich wollte hören, was die Bevölkerung in Wahrheit von mir dachte. Wir mischten uns sofort unter die Leute, und auf den Stufen des Tempels von Castor und Pollux fanden wir inmitten zahlloser sich ausruhender Menschen nach einigem Suchen Platz. Jeder sprach mit jedem ohne weitere Umstände. Ich freute mich, daß man sich offen seine Meinung zu sagen getraute, nachdem unter Caligula und Tiberius die Freiheit des Wortes vollkommen abhanden gekommen war. Mit dem Festzug waren die Leute ohne Ausnahme zufrieden, allerdings hätte es nichts geschadet, wenn ich auch an die Bevölkerung Geld verteilt hätte, nicht nur an die Soldaten. Erheitert wurde ich durch die Unterhaltung zweier Soldaten über die Entscheidungsschlacht in Britannien. Sie tadelten, daß ich alle meine Feldherrnkunst aus den Büchern nähme. Daher habe es wenig Verluste gegeben, und so seien die Aussichten, Unteroffizier zu werden, wieder einmal zerstört worden. »Unser Sieg roch nach Lampe. Was mich betrifft, so danke ich den Göttern, daß ich niemals im Leben ein Buch gelesen habe.« Ich stieß Narcissus mit dem Ellbogen an, und wir lachten. Auf einmal schien Narcissus unruhig zu werden, er lauschte auf ein Gespräch, das anscheinend schräg hinter uns geführt wurde, unglücklicherweise auf der

Seite meines tauben Ohres. So konnte ich kein Wort verstehen, aber Narcissus schien sehr wohl folgen zu können, wenigstens stand er plötzlich auf und schlug mir vor, zu gehen, er fände die Stufen zu kühl für mich. Ich sagte, ich hätte sehr wohl begriffen, daß irgendwo ein Gespräch geführt werde, das ich nicht hören solle. Ich wollte wissen, worum es sich handele. Narcissus gab vor, nichts Besonderes vernommen zu haben, nur hätte er plötzlich die Kühle der Steine deutlich gespürt. Narcissus gab mir im allgemeinen immer offene Antworten, so wunderte ich mich über seine Geheimnistuerei. Ich wiederholte also meine Frage energischer und etwas gereizt. Statt aller Antwort tat Narcissus etwas, was er noch nie getan hatte: Er ergriff mich beim Arm, zog mich hoch und nötigte mich zum Gehen. Ich durfte nicht vergessen, daß wir uns inmitten zahlloser Leute befanden, denen gegenüber ich mein Inkognito wahren mußte. So blieb mir nichts anderes übrig, als mich von Narcissus wegführen zu lassen. Während wir vorsichtig, um nicht auf Schlafende zu treten, die Stufen hinuntergingen, hörte ich hinter mir eine betrunkene Stimme mit voller Lungenkraft grölen: »Du glaubst wohl nicht, daß es wahr ist? Du gehörst wohl auch dazu? Die nimmt jeden! Der ist keiner alt und schief genug!« Ein dröhnendes Gelächter begleitete diese Worte. Ich sah im Schein der Fackeln, wie Narcissus erblaßte. Auf dem Nachhauseweg kam mir die Frage des alten Soldaten nach Justus ins Gehirn. Sosehr ich sie verscheuchen wollte – sie setzte sich nur immer fester. Sehr verstimmt gelangte ich mit Narcissus in den Palast zurück. Ich hatte kein Wort mehr mit ihm gewechselt. Er schien darüber ebenso erfreut wie bedrückt. Es war schmerzlich, daß mein größter Tag mir nicht ausschließlich schöne und befriedigende Empfindungen zu geben vermochte.

Die Feste anläßlich meines Triumphes dauerten drei Tage lang. Am ersten Tag fanden Wagenrennen und athletische Wettkämpfe statt. Britannische Gefangene kämpften mit Bären, und Knaben aus Kleinasien führten ihre heimatlichen Schwertertänze vor. Der zweite Tag brachte gleichzeitig große Vorführungen im Zirkus und im Amphitheater. Am dritten Tag wurde ein Ausschnitt aus der Schlacht geboten: Numidische Speerwerfer kämpften gegen britannische Schwertkämpfer und einige der behenden britischen Streitwagen. Nach erbittertem Kampf siegten die Britannier. Das Fest endete mit Aufführungen: Theaterstücke, Pantomimen und akrobatische Tänze wurden geboten. Der Tänzer Mnester übertraf sich selbst. Dreimal mußte er seinen Tanz als Pylades wiederholen. Als man sich selbst danach noch nicht beruhigte und ihn bewegen wollte, ein viertes Mal zu tanzen, erschien er auf der Bühne und sagte mit Augenzwinkern: »Ich kann nicht kommen, meine Herrschaften, Orestes und ich gehen jetzt ins Bett.«

Ein paar Tage später sagte Messalina zu mir: »Du mußt dir einmal diesen Mnester vornehmen, lieber Mann. Er erlaubt sich viel zuviel Selbständigkeiten für einen Mann seines Berufs und seiner Herkunft, obwohl er ja wirklich ein wunderbarer Schauspieler ist. Während du fort warst, hat er sich zwei- oder dreimal geradezu unverschämt gegen mich betragen. Als ich ihn bat, zu einem Fest eins meiner Lieblingsballette einzustudieren, hat er mir Schwierigkeiten gemacht. Entweder hatte er keine passenden Schauspieler für die übrigen Hauptrollen, oder aber ihm lag die Rolle nicht, die ihm zugedacht war, oder er hielt das Stück für ungeeignet. Ich hätte ihn gern bestraft, aber ich dachte, ich sollte warten, bis du zurückgekehrt bist. So widerspenstig wie dein Sekretär Harpocras hat er sich nicht gezeigt.«

»Ich bedaure, daß er immer noch krank ist«, warf ich ein. »Ich hätte ihn gern schon längst zur Rede gestellt.«

»Wer hat dir gesagt, daß er krank ist? Hinrichten lassen mußte ich ihn!«

Das war eine peinliche Überraschung, aber meinen weiteren Fragen wußte Messalina ihre Gründe für die Hinrichtung so einleuchtend entgegenzustellen, daß ich mir sagte, man muß stets zu den Menschen halten, die am meisten zu uns halten – und gab es jemanden, der mehr zu mir hielt und sich mehr um mein Wohlergehen und meine Macht bekümmerte als Messalina? Denn abgesehen davon, daß es nun auch schon beträchtliche Zeit dauerte, seit wir nicht mehr unter dem gleichen Dach wohnten, war sie von einer rührenden steten Freundschaft zu mir, die besonders in den Tagen meines Triumphes sehr herzliche Formen angenommen hatte. Ich wollte mich nicht kleinlich zeigen und ließ Mnester vor uns beide kommen. »Paß jetzt gut auf, kleiner Grieche«, sagte ich, »dies ist meine Frau, Valeria Messalina. Der Senat Roms hat eine genauso hohe Meinung von ihr wie ich selbst. Während meiner Abwesenheit hat sie einige meiner Pflichten übernommen, aber du hast dir darin gefallen, ihr Widerstand zu leisten und unverschämt zu werden. Von heute ab, höre gut zu, von heute ab hast du der Messalina in allem dienstbar zu sein, was sie von dir verlangt, sosehr es deine Eitelkeit als

Schauspieler auch verletzen mag. Es gibt nichts, was du ihr verweigern dürftest, nichts! Und jetzt kein Wort darüber!«

»Ich gehorche, Caesar«, antwortete Mnester, indem er mit übertriebener Demut vor uns auf die Erde sank. »Ich habe nicht gewußt, daß ich der erhabenen Messalina in allem zu Diensten sein soll, ich habe bisher geglaubt, es gäbe noch einige Ausnahmen.«

»So wirst du es von heute an nicht mehr glauben.«

Mit dieser Unterredung endeten die Tage meines Triumphes für mich. Die Truppen kehrten nach Britannien zurück, und ich nahm meine alte Arbeit wieder auf. Es hatte sich niemals vorher ereignet und wird sich auch niemals wieder ereignen, daß jemand seine erste Schlacht im Alter von dreiundfünfzig Jahren schlägt, niemals vorher Soldat gewesen ist, einen großen Sieg erringt und für den ganzen Rest seines Lebens jeder kriegerischen Handlung fernbleibt.

Dreiunddreißigstes Kapitel

Ich führte die von mir geplanten Reformen weiter durch. Vor allen Dingen kam es mir darauf an, das Verantwortungsgefühl jedes Beamten, jedes meiner Untergebenen zu stärken. Das tat ich nicht nur, um einen zuverlässigen Regierungsapparat zu bekommen, sondern nach meiner Beobachtung bedeutet Stärken und Vermehren der Verantwortung erhöhte Leistung. Um diese Zeit begann ich, mich eingehend mit der Frage neuer Religionen zu befassen. In der Regel wurde jedes Jahr ein neuer Gott nach Rom gebracht für die Bedürfnisse der Zugewanderten, und im allgemeinen hatte ich keine Einwendungen dagegen zu machen. Zum Beispiel baute sich eine Kolonie von vierhundert Arabern in Ostia einen Tempel für die Götter ihres Stammes. Es war ein geordneter Kult, der ohne Menschenopfer oder andere skandalöse Dinge vor sich ging. Weniger gern sah ich schon die Rivalität zwischen den einzelnen Religionen, indem Priester von Haus zu Haus gingen, um Gläubige zu gewinnen. Es wurden dabei anpreisende Reden gehalten, die allzu sehr an das Vokabular reisender Astrologen oder Jahrmarktskünstler erinnerten. Meinen Unwillen erregte die neue Lehre der Juden, die ich bereits beschrieben habe und deren eigentümlichste Eigenschaft war, daß die Juden vorgeben, nichts mit ihr zu tun zu haben. Die Juden sind dialektisch sehr gewandt – wer weiß, wie sie meine Frage und ihre Antwort auslegten.

Ich kümmerte mich jedenfalls nicht viel um ihre Vorhaltungen und verbot kurzerhand allen Römern die Teilnahme an jüdischen Gottesdiensten und verbannte einige der tätigsten jüdischen Missionare aus Rom. Ich berichtete Herodes über diesen Schritt. Er entgegnete, daß ich ganz recht hätte, denn er würde genauso handeln, mit anderen Worten, er würde allen griechischen Professoren verbieten, in jüdischen Städten zu lehren, und alle Juden aus der Gemeinschaft ausschließen, die anderen Gottesdiensten beiwohnen sollten als denen im jüdischen Tempel. Weder Herodes noch ich streiften in unseren Briefen auch nur mit einem Wort die politische Lage im Osten. Diese Lage war durchaus nicht geklärt. Zwar hatte Mithridates die Parther besiegt, aber durch das Eingreifen anderer Könige war es noch nicht gelungen, ihn endgültig als Herrscher über Armenien einzusetzen. Immerhin war durch die entstandenen Wirren eine Erhebung des ganzen Ostens gegen Rom hinausgezögert worden. Man durfte aber nicht vergessen, daß jetzt zahlreiche Heere unter Waffen getreten waren und daß der Bruderkrieg, den die östlichen Herrscher im Augenblick noch führten, zu einem gemeinsamen Befreiungskrieg gegen Rom werden konnte. Dazu kam die Nachricht von Marsus, daß Herodes unter einem nichtigen Vorwand die in Caesarea stationierten griechischen Regimenter hatte entwaffnen lassen und die Mannschaften beim Straßenbau verwendete. Der Vorwand war eine Beleidigung, die man dem Herodes angeblich zugefügt hatte. In der Wüste südlich von Jerusalem wurden große Abteilungen jüdischer Freiwilliger in Kriegsbereitschaft gebracht. Marsus drückte sich so aus: »In drei Monaten ist das Schicksal des Römischen Reichs im Osten entschieden, zum Guten oder zum Schlechten.«

Ich tat alles, was ich tun konnte. Ich befahl allen römischen Gouverneuren im Osten, sofort alle nur verfügbaren Kräfte mobil zu machen. Ich schickte auch einige Kriegsschiffe nach Alexandria, um alle jüdischen Erhebungen sofort im Keime ersticken zu können. Auch Marsus erhielt Kriegsschiffe zur Verfügung. In ganz Italien wurden Truppen ausgehoben und bereitgestellt. Das gleiche geschah in Tirol. Aber trotz aller dieser Vorbereitungen wußte außer Marsus und mir und meinem Staatssektretär für auswärtige Angelegenheiten, Felix, niemand im ganzen Reich, welch entsetzliche und gefährliche Gewitterwolken sich im Osten zusammenballten. Und wir drei blieben auch die einzigen, die erfahren haben, daß durch eine außergewöhnliche Schicksalsfügung dieses Gewitter niemals losbrach.

Mit großen Gedanken war Herodes nach Caesarea gekommen, wo die Feier meines Geburtstages stattfinden sollte – natürlich ohne mich. Er glaubte sich nahe der Erfüllung. Sein Traum schien Wirklichkeit zu werden. Die Grundlagen für das große Gebäude, von dem er zeit seines Lebens geträumt hatte, schienen bereits unerschütterlich fest zu stehen. Er glaubte, daß er nur noch ein Wort würde sprechen müssen, und, wie er seiner Königin Kypros gegenüber sich ausdrückte, »die Wände werden in strahlendem Weiß zum blauen Himmel emporsteigen, das kristallene Dach wird sich schließen, und rings um das Gebäude werden sich herrliche Gärten erstrecken und schattige Gänge und liebliche Teiche, so weit das entzückte Auge zu blicken vermag«. Das Innere dieses herrlichen Gebäudes würde aus purem Gold und köstlichstem Marmor bestehen, und in der gewaltigen Halle des Gerichts würde ein diamantener Thron funkeln, der Thron des Messias, und dieser Messias hatte unter den Menschen bisher Herodes Agrippa geheißen.

Schon hatte er sich insgeheim dem Hohenpriester vertraut und den übrigen Führern des Glaubens, und sie hatten sich alle ohne Ausnahme in Demut vor ihm geneigt und in ihm den gelobten Messias erkannt. Er konnte nun also daran denken, sich dem jüdischen Volk und der Welt zu erkennen zu geben. Wie ein Mann würden die Juden der ganzen Erde sich erheben. Zweihunderttausend Juden hatte er allein in seinem Reich zu Soldaten ausgebildet, dazu kamen Tausende aus Alexandria, aus Syrien und anderen Ländern. Wenn die Juden für ihren Gott kämpfen, sind sie, wie die Geschichte lehrt, großer Taten fähig. Sie sind heldenhaft bis zum Wahnwitz. Es gibt kein besser diszipliniertes Volk. Waffen waren in reichlicher Menge vorhanden. Zwar waren die Befestigungen von Jerusalem immer noch nicht ganz beendet, aber innerhalb von sechs Monaten hätte die Stadt zu einer uneinnehmbaren Festung gemacht werden können. Selbst nach meinem Befehl, diese Befestigungen nicht fortzusetzen, waren sie heimlich weiterbetrieben worden, indem Tunnel angelegt wurden und unterirdische Vorratsräume. Diese Tunnel waren so weit ins Gelände vorgetrieben, daß es im Fall einer Belagerung möglich gewesen wäre, den Belagerer vom Rücken aus anzugreifen. Die geheimen Bündnisse gegen Rom mit allen benachbarten Fürsten waren geschlossen. Alles war vorbereitet für den Tag der Geburtstagsfeier in Caesarea. Sogar die Zeremonie war genau von Herodes bedacht, wie er die Statue des Gottes Augustus vom Marktplatz vor sein Angesicht bringen lassen wollte, ebenso mein Standbild, das zur Feier des Tages mit frischen Blumen geschmückt war. Dann wollte er der Menge verkünden, daß es nur einen einzigen Gott gäbe.

Diese Erklärung sollte von zwei Hammerschlägen begleitet sein, die er selbst gegen die beiden Statuen führen wollte, um ihre Köpfe herunterzuschlagen. Das Volk würde in einen Freudentaumel ausbrechen. Die Nachricht würde wie Feuer über das Land fliegen: Der Gesalbte des Herrn hat sich offenbart und die Bilder der Caesaren zerschlagen! Bis nach Alexandria würde die Kunde dringen, und überall würden Hunderttausende sich erheben und die kleinen römischen Abteilungen niedermachen, ehe sie noch Befehl bekommen konnten, ihre Kasernen zu verlassen. Den Marsus wollte er in offener Feldschlacht besiegen, wozu alle Aussicht vorhanden war, denn die Streitkräfte des Marsus waren gering. Endlich, endlich würden die verstreuten Schafe Israels in den heimischen Pferch, auf die Weide der Heimat zurückkehren. Welche Freude würde in Israel sein! Nicht ruhen würde er, bis der letzte Fremde den Boden des heiligen Landes verlassen hätte! Und damit wären die Tage des Moses zurückgekehrt, nur würde der neue Herrscher noch größer als Moses sein und ruhmreicher als Salomo – der neue Herrscher würde Herodes sein, der Auserwählte und Gesalbte des Herrn!

Das Fest, das angeblich nur zu Ehren meines Geburtstages stattfinden sollte, das große herrliche Erlösungsfest, sollte auf übliche Weise mit Tierkämpfen und Wagenrennen im Amphitheater von Caesarea beginnen. Aber Herodes hatte die Absicht, all das im letzten Augenblick abzuändern. Die Zuhörerschaft bestand teilweise aus syrischen Griechen und teilweise aus Juden. Sie saßen auf verschiedenen Seiten des Theaters, wohlweislich voneinander getrennt. Der Thron des Herodes war bei seinen Landsleuten aufgestellt, in unmittelbarer Nähe befanden sich die Plätze für die erwarteten Ehrengäste. Römer waren nicht da, denn sie feierten meinen Geburtstag in Antiochien mit Marsus.

Eine gewaltige Menge strömte herbei und nahm ihre Sitze ein – alles wartete auf Herodes. Da schmetterten die Trompeten, und schon erschien er im gewaltigen Südtor mit all seinem Gefolge, und in feierlichem Aufzug bewegte er sich durch die Arena. Die gesamte Zuhörerschaft erhob sich. Herodes trug einen Königsmantel aus silberdurchwirktem, mit Silberplatten besetztem Stoff, der so sehr in der Sonne funkelte, daß die Augen schmerzten, wenn man ihn ansah. Auf dem Kopf trug er ein von Diamanten strahlendes goldenes Diadem, und seine Hand hielt ein funkelndes silbernes Schwert. Neben ihm ging Kypros, in königlichen Purpur gekleidet, und ihm folgten seine beiden reizenden kleinen Töchter, in weiße Seide gehüllt, die mit Gold und Purpur verziert war. Mit hocherhobenem Kopf lächelte der König einen freundlichen Gruß zu seinen Untertanen. Er bestieg seinen Thron. Die anderen orientalischen Könige, die Gesandten von Arabien, Tyrus und Sidon traten vor die Stufen dieses Throns und begrüßten ihn. Auf hebräisch sagten sie: »O unser König, lebe in Ewigkeit!«

Herodes hob langsam die Hand, um das Zeichen zum Beginn zu geben, aber ebenso langsam ließ er sie wieder sinken. Denn ein Vogel war über dem Südtor erschienen und flatterte unsicher hin und her. Die Leute wurden aufmerksam. »Eine Eule! Dort, eine Eule, geblendet vom Tageslicht!«

Die Eule ließ sich auf einem Seil nieder, das die Sonnensegel hielt und über der rechten Schulter des Königs verlief. Herodes schien alles zu vergessen und starrte hinauf. Und es sah aus, als ob die Eule auf ihn herabblicke. Er war leichenfahl geworden. Die Eule schrie fünfmal, dann schlug sie mit den Flügeln, schwang sich in die Höhe und verschwand über den Mauern des Amphitheaters, als ob sie nun ihren Weg wiedererkenne. Herodes sagte zu Kypros: »Das ist die Eule aus dem Gefängnis zu Misenum, die gleiche Eule ...«, und er schrie fürchterlich auf und stöhnte zu seiner Umgebung: »Bringt mich fort, ich bin krank.« Er wurde fortgebracht.

Die Spiele begannen nie, die Statuen von Augustus und mir wurden niemals hereingetragen, wurden niemals zertrümmert. Die jüdischen Truppen, die außerhalb des Theaters auf das Zeichen warteten, den griechischen Teil der Zuhörerschaft totzuschlagen, betraten nie das Theater.

Die Juden erhoben sich und verließen ihre Plätze mit großem Wehklagen. Sie zerrissen ihre Gewänder und streuten Sand auf ihr Haupt. Das Gerücht verbreitete sich, daß Herodes im Sterben liege. Er hatte entsetzliche Schmerzen, aber er versammelte seine Großen um sich und sagte: »Liebe Freunde, es ist alles vorbei. In fünf Tagen bin ich tot. Ich bin glücklicher daran als mein Großvater: Er hat noch achtzehn Monate gelebt, nachdem die Krankheit in ihm ausgebrochen war. Denn ich bin krank. Ein einziger Streich hat mich gefällt. Aber ich habe ein schönes Leben geführt. Nur mich selbst habe ich zu tadeln für das, was mir widerfahren ist. Sechs Tage lang habe ich mich als Gesalbten des Herrn feiern lassen, und als ich mich als Messias kundgeben wollte, hat der Herr mich gestürzt. Er ist der Herr, unser Gott, wir sollen keine anderen Götter haben neben ihm. Ich bin nur ein Mensch, Spreu in seiner allmächtigen Hand. Ich habe ihn gelästert, und er hat mich zurückgeführt auf meinen irdischen Weg. Ich wollte sein Königreich erweitern bis ans Ende der Welt, ich wollte die verstreuten Stämme Israels sammeln unter einer einzigen Hand, aber weil ich selbst mich zum Gott machen wollte, hat er meine Gabe verschmäht, und die Juden müssen weiterhin warten auf den Erlöser, der vollenden wird, was zu vollenden ich nicht würdig war. Sagt den verbündeten Königen, daß der Schlußstein aus dem Gewölbe gefallen ist und daß ihnen von den Juden keine Hilfe mehr kommt. Sie sollen keinen Krieg gegen Rom führen, denn ohne mich sind sie ein Boot ohne Ruder, ein Speer ohne Schärfe. Sammelt die Waffen wieder ein, die heimlich an die Juden verteilt worden sind, und gebt den griechischen Regimentern ihre Waffen zurück. Helft meiner Frau und meinen Töchtern, haltet das Volk von jeder Torheit ab. Grüßt die Juden von Alexandria in meinem Namen! Sie mögen mir vergeben, daß ich ihre Hoffnungen so hoch geführt und so tief hinabgestürzt habe. Gott sei mit euch! Ich kann nicht mehr reden!«

Die Trauer der Juden war unermeßlich. Herodes sah sie zu Tausenden in büßender Haltung auf dem Hof des Palastes liegen. »Ihr armen Juden«, sagte er, »tausend Jahre habt ihr gewartet, und noch zweitausend werdet ihr vielleicht warten müssen. Es war eine trügerische Morgenröte. Ich habe mich und euch betrogen.«

Er verlangte nach Feder und Papier, um mir einen Brief zu schreiben, solange er die Feder noch selbst halten konnte. Der Brief ist kurz, und die einst so klare, entschiedene Schrift ist zu einem zerfetzten Gekritzel geworden.

»Mein letzter Brief, denn ich sterbe. Ich bin erkrankt an demselben Leiden, das meinen Großvater dahingerafft hat. Es gibt kein Mittel dagegen, und keiner meiner Ärzte vermag es zu nennen. Ich habe lebendige Maden im Fleisch. Es ist alles ganz plötzlich gekommen. Ich spürte den Schmerz, und es war zu Ende mit mir. Vergib Deinem alten Briganten, der Dich herzlich geliebt und heimlich geplant hat, Dir den Orient wegzunehmen. Warum? Weil Japhet und Sem sehr wohl als Brüder leben können, aber jeder muß in seinem Haus selbst und allein herrschen. Der Westen von Rhodos bis Britannien wäre Dir geblieben. Du hättest Rom von allen Göttern, Sitten und Einflüssen des Ostens befreien können, und nur dann wäre die alte Freiheit, die alte Tugend in Rom wieder eingekehrt, die Dir schon stets so am Herzen liegt. Ich habe verloren, das Spiel ist zu gefährlich gewesen. Gutes altes Murmeltier, ich beschwöre Dich bei unserer Freundschaft, räche Dich nicht an meiner Familie. Mein Sohn und meine Töchter wußten nichts von meinen Plänen, und Kypros hat alles getan, um mich davon abzubringen. Das Klügste, was Du tun kannst, ist: Gib vor, nichts gewußt zu haben. Behandele Deine orientalischen Verbündeten nach wie vor als Verbündete. Was können sie Dir noch schaden? Da es keinen Herodes mehr gibt, sind sie Schlangen ohne Zähne. Ich rate Dir ferner: Verwandle mein Land wieder in eine römische Provinz, wie in den Zeiten des Tiberius. Verletze meine Ehre nicht dadurch, daß Du meinen Onkel Antipas zum König einsetzt. Meinen Sohn Agrippa zu meinem Nachfolger zu ernennen, halte ich für gefährlich, aber um meinetwillen erweise ihm irgendeine andere sichtbare Ehre. Bringe mein Land nicht unter die Herrschaft des Marsus, er war mein Feind. Beherrsche Du selbst es, mein Murmeltier. Am besten würde Felix sein Gouverneur sein. Er ist ein Niemand, und darum wird er nichts Kluges und nichts Dummes anrichten. Ich kann nur noch wenig schreiben. Meine Finger gehorchen nicht mehr. Ich habe große Schmerzen. Beweine mich nicht, ich hatte ein herrliches Leben und habe nur eine einzige große Torheit begangen: Ich habe den Stolz und die Macht und die Eifersucht des lebendigen Gottes unterschätzt. Nun lebe wohl, zum letztenmal, Tiberius Claudius, mein Freund, den ich wahrer geliebt habe, als Du je geglaubt hast. Lebe wohl, kleines gutes Murmeltier, alter Schulkamerad, und traue niemandem, denn niemand neben Dir ist Deines Vertrauens wert.«

Fünf Tage nach dem Tag von Caesarea starb Herodes unter furchtbaren Schmerzen, zum unbeschreiblichen Kummer und Entsetzen seines Volkes.

Vierunddreißigstes Kapitel

Im vierten Jahr meiner Regierung hatte ich alle Sondersteuern des Caligula abgeschafft, hatte allen Leuten das zurückbezahlt, was er ihnen widerrechtlich geraubt hatte, ich konnte die Zinsen für die Anleihe pünktlich bezahlen, die ich für die Hafenanlagen in Ostia aufgenommen hatte, und zahlte sogar schon wieder das Kapital zurück. Trotzdem hatte ich noch einen Überschuß in den Staatskassen.

Der Astronom Barbillus teilte mir mit, daß an meinem nächsten Geburtstag eine Sonnenfinsternis stattfinden werde – also ein Jahr nach den Vorgängen in Caesarea. Diese Mitteilung beunruhigte mich ziemlich, denn eine Sonnenfinsternis ist an und für sich schon ein sehr ungünstiges Omen, aber eine Sonnenfinsternis an meinem Geburtstag, der ein Volksfeiertag war, würde die Bevölkerung auf das tiefste beunruhigen, würde aber auch jeden meiner Widersacher ermutigen, an diesem Tag ein Attentat auf mich zu versuchen, denn die Wahrscheinlichkeit des Gelingens war groß.

Ich hielt es daher für das beste, die Bevölkerung vorher zu warnen und ihr mitzuteilen, was eintreten werde, indem ich ihr die natürliche Erklärung für das Phänomen gäbe. Ich tat dies auch und erließ eine längere Proklamation:

»In alter Zeit hielt man eine Sonnenfinsternis für ein plötzliches und unerklärliches Ereignis und hielt sie für eine Warnung, die uns die Götter erteilen. Aber heutzutage können wir eine Sonnenfinsternis auf den Tag genau vorhersagen. Es ist meine Ansicht, daß jedermann sich darüber freuen sollte, denn es ist der menschlichen Vernunft gelungen, uns von erheblichen Ängsten zu befreien, die stets mit dieser Naturerscheinung verbunden waren. Nicht anders nämlich ist die Erklärung, die meine gelehrten Freunde mir geben, als daß der Mond sich auf seiner Bahn zwischen die Sonne und die Erde drängt und auf diese Weise die Sonnenstrahlen ganz oder teilweise von uns fernhält. Da der Mond eine regelmäßige Bahn zu begehen pflegt und uns diese Bahn bekannt ist, so können diejenigen, die sich mit der Berechnung der Bahn beschäftigen, leicht feststellen, wann der Mond zwischen die Sonne und die Erde tritt. Denn auch die Sonnenbahn, die jeder von uns täglich von Anfang bis Niedergang verfolgen kann, ist diesen gelehrten Männern wohlbekannt. Eine Sonnenfinsternis bedeutet also nicht, daß die Sonne plötzlich ihr

Licht verliert, was unseren Vorvätern so unheilverkündend erschien, sondern sie bedeutet lediglich, daß das Licht der Sonne für eine kurze Zeit nicht zu uns gelassen wird. Niemals hört die Sonne auf zu scheinen, was leicht dadurch bewiesen wird, daß eine völlige Sonnenfinsternis, die wir wahrnehmen, an anderen Stellen unserer Erde nur teilweise oder gar nicht beobachtet werden kann, entsprechend ihrer geographischen Lage. Wenn die jetzt bevorstehende Sonnenfinsternis in Rom sichtbar sein wird, möge jeder sich sagen, daß seine Freunde und Verwandten in Britannien oder in Alexandria vielleicht nichts von ihr spüren, so daß also von einem Aufhören der Sonnenkraft keine Rede sein kann. Ich ordne an, daß diese Proklamation überall der Bevölkerung zugänglich gemacht wird und daß die Behörden alle Maßnahmen ergreifen, um einer ungerechtfertigten Panik vorzubeugen. Die Gegenden, in denen die Sonnenfinsternis am meisten zu sehen sein wird, sind in der beigefügten Landkarte angegeben.«

Ich glaube, daß ich seit Erschaffung der Welt der erste Herrscher gewesen bin, der eine solche Proklamation erließ. In der Tat hatte sie eine sehr gute Wirkung, in Rom wie auf dem Lande und in den Provinzen. Die Verfinsterung trat genau um die angegebene Zeit ein, und die Festlichkeiten anläßlich meines Geburtstages wurden in keiner Weise gestört, nur wurden besondere Opfer der Diana als Göttin des Mondes und dem Apollo als dem Gott der Sonne dargebracht.

Im ganzen folgenden Jahr war meine Gesundheit ausgezeichnet, und niemand versuchte mich zu ermorden. Außer einer lächerlichen kleinen Revolte wurde nichts gegen mich unternommen. Die Revolte wurde von einem häßlichen kleinen Senator »entflammt«, der eines Tages unvermittelt die Rednerbühne auf dem Marktplatz bestieg und eine ebenso entrüstete wie törichte Rede gegen mich hielt. Nicht einer auf dem Markt nahm ihn ernst, obwohl man jeden seiner Sätze auf das lebhafteste mit Beifall begrüßte. Die Leute lachten und schrien und feuerten ihn an, sich in immer neuen Drohungen und Übertreibungen zu ergehen. Sie hofften, er werde sie am Schluß seiner Rede auffordern, mich abzusetzen, und darin enttäuschte er sie nicht. In dichten Scharen zog man hinter ihm her, bis vor den Palast. Der Senator in seinem Eifer vorneweg. Die Schildwachen ließen ihn in seiner Amtsrobe ohne weiteres ein, und der kleine erregte Herr merkte nicht, daß der gesamte Haufe höhnisch grinsend ihn allein hatte weitermarschieren lassen, in den Palasthof hinein, wo er verhaftet wurde. Ich selbst nahm die Sache nicht ernst und verbannte ihn nur auf seine Güter in Sizilien.

Der Hafen in Ostia war immer noch nicht fertig und hatte nun schon sechs Millionen Goldstücke verschlungen. Die größte technische Schwierigkeit war noch nicht überwunden: die Schaffung der künstlichen Insel zwischen beiden schon vollendeten Molen. Mein Leser wird es mir wahrscheinlich nicht zutrauen, aber ich bin es gewesen, der dieses Problem gelöst hat. Ich erinnerte mich an das gewaltige von Caligula erbaute Schiff, das mir zum Transport der Elefanten gedient hatte. Es war inzwischen wieder nach Ostia übergeführt worden und hatte zweimal farbigen Marmor aus Ägypten für den Venustempel in Sizilien geholt. Nach diesen Reisen hatte der Kapitän mir gesagt, daß das Schiff nicht mehr seetüchtig sei und er eine dritte Reise für unmöglich halte. So kam mir der Gedanke, dieses zu nichts mehr brauchbare Schiff mit Steinen anzufüllen, zu versenken und als Basis für die geplante Insel zu benutzen. Aber ich verwarf diesen Plan wieder, denn sobald das Holz des Schiffs verfault sein würde, mußten die Steine zu einem losen Haufen auseinanderfallen. Doch in einer schlaflosen Nacht fand ich die Lösung: Warum das Schiff nicht mit Zement füllen, der unter Wasser zu einer festen Masse werden würde? Ich ließ mir sofort den leitenden Ingenieur kommen und fragte ihn, ob der Gedanke durchführbar sei. Zu meiner großen Enttäuschung mußte ich hören, daß Zement durch Seewasser nicht fest genug wird. So gab ich ihm zehn Tage Zeit, um ein Mittel zu finden, das ihn trotzdem binden würde. »Zehn Tage«, wiederholte ich feierlich, »oder...« Er dachte natürlich, dieses »oder« sei eine Drohung. Aber wenn er keine Lösung gefunden hätte, wäre ihm der kleine Scherz von mir erklärt worden: Oder wir müssen den ganzen Plan aufgeben. Furcht beflügelt den Verstand, und nach acht Tagen eifrigen Experimentierens hatte der Ingenieur einen Zementstaub hergestellt, der durch Seewasser fest wie ein Fels wurde. Das Schiff wurde also versenkt, und wir haben die Insel darauf gegründet, die jetzt einen weithin sichtbaren Leuchtturm trägt. Im ganzen hat die Vollendung des Hafens doch zehn Jahre gedauert und hat zwölf Millionen Goldstücke gekostet. Aber er ist ein großes Geschenk an die Nation, und solange wir die Meere beherrschen, kann uns keine Hungersnot etwas anhaben.

Alles schien so günstig wie nur möglich zu stehen. Die Gefahr im Orient war beseitigt. Aulus befestigte unsere Herrschaft in Britannien durch eine Reihe weiterer Siege, in den übrigen Provinzen herrschte bis auf kleine Streitigkeiten, die sich verfeindete Stämme untereinander lieferten, Ordnung und Friede. Rom litt keine Not, seit Jahren war es selbst den ärmsten Stadtteilen nicht mehr so gut gegangen. Die Rechtspflege war reformiert, die Anzahl der Prozesse nahm ab. Messalina erschien mir schöner und liebenswürdiger als je zuvor. Meine Kinder gediehen prächtig. Das einzige, was mich bedrückte, war eine unsichtbare Kluft zwischen mir und dem Senat. Ich konnte sie nicht beseitigen, trotz aller Versuche. Ich verletzte keine einzige meiner Pflichten, aber stets begegnete man mir entweder mit unangebrachter Unterwürfigkeit oder mit Mißtrauen. Ich litt darunter sehr. Die Debatten vor einer Abstimmung wurden zur Farce. Das Haus gab sich weder Mühe, Gründe oder Gegengründe zu einem Antrag zu finden, noch lauschte es auf das, was vorgetragen wurde. Es stimmte nur ab, und stets so, wie man glaubte, daß ich es wünschte. Ich ermahnte den Senat einmal, sich etwas mehr zu beteiligen, mir offen alle Bedenken zu sagen, ich würde bei schwierigen Fällen auch einer Vertagung durchaus keine Hindernisse bereiten, aber der Senat hörte zu und stimmte ab – wie er glaubte, daß ich es wünschte. Ich gab dem Senat verschiedene Rechte zurück, die ihm nach meiner Meinung ohne Begründung von Augustus oder Tiberius entzogen worden waren. Man nahm derartige Komplimente dankbar hin, aber an der Einstellung des Senats änderte sich nichts.

Sehr bekümmerte mich, daß Messalina mir den Beweis für die Untreue meines alten Freundes Asiaticus brachte. Um ihm die Schande zu ersparen, hingerichtet zu werden, ließ ich ihm eine geheime Botschaft zukommen, die er verstand: Er tötete sich selbst. Der Senat stimmte mir zu, daß Asiaticus versucht hatte, mich zu stürzen, aber keinen einzigen der Senatoren vermochte ich dazu zu bringen, daß er von sich aus etwas zu dem Fall sagte. Jeder bedauerte in allgemeinen Worten die Untreue eines verdienten Mannes. Weder ihre Anteilnahme für mich noch die für Asiaticus schien irgendwelchen Gehalt zu haben. Einige lästige Prozesse waren mit diesem Fall verbunden: Stets bewilligte mir der Senat das vorgeschlagene Todesurteil, das nach dem Gesetz zu fällen war. Niemals erhob sich jemand, um auch nur einen Schein von Unschuld an dem Angeklagten zu finden. Wohin ich griff – ich griff in eine zähe, weiche Masse, die zurückwich, wo immer ich sie zu fassen suchte, und die mich trotzdem immer mehr einengte und mir den Atem benahm. Plötzlich starb Vinicius, vergiftet. Alle Schritte, die diesen Todesfall aufklären sollten, waren vergebens. Es schien ein Unfall und kein Verbrechen zu sein.

Meine Tochter Antonia – aus meiner zweiten Ehe – war mit einem Enkel des Pompeius verheiratet, schon seit einigen Jahren, aber sie hatte noch keine Kinder bekommen. Eines Tages, als ihr Mann nicht zu Hause war, besuchte ich sie, und mir fiel auf, wie verzweifelt und verlassen sie aussah. Ja, gab sie mir zu, sie sei verlassen, und mehr als das! Ich sagte ihr, sie würde viel glücklicher sein, wenn sie ein Kind bekäme. Mit einem Kind fühle sich keine Frau verlassen. Sie sprang auf und sagte aus tiefstem Zorn heraus: »Kann Korn auf einem Feld wachsen, das nicht besät wird? Nicht den Acker mußt du tadeln, sondern den Bauern!« Zu meinem Erstaunen erfuhr ich, daß ihre Ehe niemals wirklich vollzogen worden war. Ich fragte, warum sie mir das nicht schon längst gesagt habe, und sie gab mir zur Antwort, sie hätte gedacht, daß mir ihr Schicksal gleichgültig sei. Ich tröstete sie und erfuhr, daß ihr Mann lediglich mit einem Sklaven, Lycidas, zu Bett zu gehen pflegte. Ich war sehr zornig. Wozu versuchte ich, als Wächter der öffentlichen Moral, Rom zu reinigen und zu gesunden Empfindungen zu erziehen, wenn mein eigener Schwiegersohn meinen Grundsätzen auf das frechste zuwiderhandelte? Auch persönlich fühlte ich mich auf das schwerste gekränkt. Ich war damals durch den geheimen, überall spürbaren, nirgends zu fassenden Widerstand des Senats sehr gereizt und beschloß, mich sofort zu rächen. Ich ließ einen Offizier der Garde mit einigen Soldaten kommen, und in der gleichen Nacht, etwas später, wurde mein Schwiegersohn in seinem Bett getötet. Den Sklaven Lycidas hatte das gleiche Schicksal im gleichen Bett ereilt.

Dies war der erste Fall gewesen, bei dem ich meine kaiserliche Macht benutzt hatte, um eine persönliche Unbill zu rächen. Allerdings hätte mein Schwiegersohn für sein unnatürliches Verhalten den Tod nach dem Gesetz verdient, aber dieses Gesetz war in Vergessenheit geraten, und niemand schien mehr Lust zu spüren, es wieder hervorzuholen. Einige Monate später verheiratete ich Antonia mit Faustus, einem Nachkommen des großen Sulla. Er war ein fleißiger, strebsamer Mensch und wurde ein vorbildlicher Schwiegersohn. Sie bekam ein Kind, aber es starb sehr bald wieder. Ein zweites Kind konnte Antonia nicht mehr bekommen, weil ihr die Hebamme bei der Geburt des ersten aus Ungeschicklichkeit einen körperlichen Schaden zugefügt hatte.

Kurz darauf ließ ich meinen Sekretär Polybius hinrichten. Messalina gab mir den Beweis, daß er das Bürgerrecht gegen

Geld verkauft hatte. Hatte ich nicht Messalina eingesetzt, um dieser verbrecherischen Unsitte ein für allemal zu steuern? Die Beleidigung, die Polybius mir wie der Messalina durch sein Verhalten angetan hatte, war zu groß, als daß er mit dem Leben hätte davonkommen können. Ich habe damals nicht bemerkt, wie sich allmählich die Hinrichtungen häuften und wie manches geschah, was ein übelwollender Beobachter als Rückfall in die Sitten und Zeiten des Tiberius oder gar des Caligula auffassen konnte. Wenn ich mir Gedanken darüber machte, so endeten sie meistens mit der wehmütigen Überlegung, daß die Menschen auf die Dauer keine Milde vertragen können und von Zeit zu Zeit daran erinnert zu werden wünschen, daß die Macht und die Gewalt ihnen unvermutet zum Verhängnis werden kann. Solche Gedanken sind ja leicht aus zahlreichen Schriftstellern zu belegen, und mein Gewissen zu beruhigen wäre nicht schwer gewesen. Aber ich verabscheute die Maßregeln, zu denen ich gezwungen war, und mein Gewissen ließ sich nicht beruhigen.

Meine übrigen Sekretäre faßten den Tod des Polybius als persönliche Drohung gegen sie alle auf. Tatsächlich war Polybius von mir stets mit besonderem Wohlwollen ausgezeichnet worden. Als ich einmal mit ihm spazierenging, begegneten uns zwei Consuln. Die Sitte hätte verlangt, einen Freigelassenen, der Polybius war, aus der Gegenwart der römischen Bürger zu verbannen. Aber das tat ich nicht, als die Consuln zu mir herantraten. Sie fühlten sich dadurch beleidigt, aber wenn ich nicht zu stolz war, den Polybius um sein Urteil zu befragen, warum sollten sie es sein? Jetzt also bildeten meine Sekretäre eine stumme Liga gegen mich, denn sie faßten mein früheres Verhalten gegen Polybius als heimtückisch auf. Polybius hatte sich nicht verteidigt. Auch das mußte mir allmählich auffallen. Seitdem Silanus, wutbebend, vor mich gebracht worden war, hatten die meisten Angeschuldigten es vorgezogen, ohne Verteidigung sich hinrichten zu lassen. Ihr Verhalten erinnerte an das des Senats, der vielleicht sogar die Hinrichtung seiner sämtlichen Mitglieder mit demselben Gleichmut beschlossen hätte, mit dem er jedem anderen meiner Vorschläge zustimmte.

Mir war seit einiger Zeit aufgefallen, daß Mnester mehrere Male, obwohl er angekündigt war, nicht auftrat. Jedesmal gab es eine gewaltige Entrüstung im Theater. Ich fragte Messalina, ob sie dieses Enttäuschen der Öffentlichkeit nicht auch sehr tadelnswert fände. Dabei stellte sich ein sehr glücklicher Zufall heraus: Messalina war niemals durch das Nichtauftreten Mnesters enttäuscht worden, denn selbst wenn sie ihren Besuch im Theater angekündigt hatte – stets war sie an den Tagen, an denen Mnester nicht auftrat, von einem plötzlichen heftigen Kopfweh befallen worden. Wir sprachen im Anschluß daran über die Tatsache, daß man sich keine Enttäuschung vorstellen kann, die man nicht selbst erlebt hat. Messalina äußerte sehr nette Gedanken darüber, daß sie meine und jedermanns Entrüstung über Mnesters Verhalten nicht teilen könne. Aber Mnester ließ nicht von seinen Launen, obwohl er von meinem zuständigen Sekretär eine Verwarnung erhalten hatte. Eines Tages war ich selbst gezwungen, die Enttäuschung der Zuhörer zu beschwichtigen, und ich sagte scherzend: »Jedenfalls, meine Herren, werden Sie mich nicht anschuldigen können, daß ich ihn im Palast zurückhielte.« Diese Bemerkung hatte eine so stürmische Heiterkeit zur Folge, daß ich sie mir nicht erklären konnte. Nach der Vorstellung ging ich zu Messalina. Sie lag im Bett, in einem völlig verdunkelten Zimmer, wie sie das immer tat, wenn sie ihre Kopfschmerzen hatte.

»Ich habe schon gehört«, begrüßte sie mich, »daß Mnester wieder nicht aufgetreten ist. So habe ich wenigstens nichts versäumt.« Ich antwortete: »Wir müssen aber darauf bestehen, daß er seinen Verpflichtungen nachkommt. Die Bürgerschaft läßt sich das nicht länger gefallen.« Messalina seufzte: »Ich weiß nicht. Er ist so furchtbar sensibel, der arme Kerl. Ganz wie eine Frau. Große Künstler sind niemals anders. Bei der geringsten Aufregung bekommt er einen lähmenden Kopfschmerz, sagt er. Wenn er sich heute nur halb so schlecht gefühlt hat wie ich, wäre es grausam gewesen, auf seinem Auftreten zu bestehen. Er ist so versessen auf seine Arbeit, daß er es nicht verwinden würde, wenn er das Publikum nur ein einziges Mal enttäuschte! Bitte, laß mich allein, Lieber. Ich will sehen, ob ich etwas schlafen kann.«

Konnte ich etwas anderes tun, als auf den Fußspitzen das Zimmer verlassen? Konnte ich ihr antworten, daß dieser Mnester mir maßlos überschätzt zu werden schiene, ja, daß ich seit kurzem einen starken persönlichen Widerwillen gegen ihn empfände? Der Anblick der hilflos ausgestreckten zarten, schönen Frau bewahrte mich vor solchen Sitten eifersüchtiger Haustyrannen. Solche Unterhaltungen über Mnester habe ich mit Messalina mehrere geführt. Sie kamen niemals über die ersten zwei oder drei Sätze hinaus.

Aulus kehrte aus Britannien zurück, nachdem er mehrere Jahre den Oberbefehl in Britannien geführt und den Posten des Gouverneurs bekleidet hatte. Er wurde zu meiner Freude vom

Senat mit triumphalen Ehren empfangen. Ich ritt ihm auf der Via sacra entgegen, um ihn zu begrüßen, als er in feierlicher Prozession die Stadt nach so langer Abwesenheit wieder betrat. Der Triumphzug eines Feldherrn kann natürlich nicht von demselben Glanz sein wie der des Kaisers. Der Senat zog nicht an der Spitze des Zuges mit, statt der weißen Stiere wurden nur Widder dem Jupiter geopfert, und was es an solchen seit alters feststehenden Unterschieden noch gibt. Aber die Bevölkerung kam auch hier auf ihre Kosten und feierte Aulus herzlich. Ich unterstützte Aulus, als er die Stufen zum Jupitertempel hinaufrutschen mußte, und erwies ihm jede erdenkliche Ehre, um mein Vertrauen zu ihm der ganzen Stadt sichtbar zu machen.

Aulus war mir sehr dankbar, aber noch dankbarer dafür, wie er mir im Vertrauen mitteilte, daß ich das Verhalten seiner Frau so großmütig verziehen hatte. Während seiner Abwesenheit hatte seine Frau – eine Dame aus alter, angesehener Familie – sich nämlich von jener jüdischen Sekte einfangen lassen, die sich als Gefolgschaft des Jesus aus Galilaea bezeichnete. Es hatte berechtigtes Aufsehen erregt, als die Frau des Aulus an einem jener Liebesfeste teilnahm. Ich hatte damals, aus Freundschaft für Aulus, die Anweisung gegeben, der Angelegenheit keine Beachtung zu schenken, obwohl ihre Handlungsweise eine Bestrafung gerechtfertigt hätte. Aulus entschuldigte seine Frau sehr ritterlich: Da ihre Gesundheit ihr nicht erlaubt hätte, ihren Mann nach Britannien zu begleiten, sei sie sich in Rom so vereinsamt vorgekommen, daß sie leicht eine Beute von Betrügern werden konnte, die sich ihr unter dem Deckmantel der Religiosität nahten. Sie sei eine gute Frau, und er sei überzeugt, daß er sie schnell heilen werde. Er hatte recht. Als ich zwei Jahre später die Führer jener Sekte verhaften und ausweisen ließ, war die Frau des Aulus mir sehr nützlich, indem sie mir die wichtigsten Köpfe namhaft machte.

Diese jüdische Sekte wurde jetzt unter dem Namen Christen bekannt. Sie nahm ihren Hauptantrieb aus der angeblichen Tatsache, daß ihr Vorbild Jesus von den Toten wiedererstanden sei. Es gab Leute, die seiner Kreuzigung beigewohnt hatten und die berichteten, daß er trotzdem hinterher seine Anhänger besucht und mit ihnen gegessen und getrunken habe und schließlich in einem Glorienschein gen Himmel gefahren sei. Den Ursachen dieser Legende war leicht nachzugehen, denn nach der Kreuzigung dieses Jesus hatte sich ein Erdbeben ereignet, das den schweren Stein von der Tür des Grabes bewegte, das den Leichnam des Jesus barg. Die Wache war vor dem Erdbeben entflohen, und als sie wiederkam, war der Leichnam verschwunden, wahrscheinlich also von seinen Anhängern entführt. Wenn solche Geschichten einmal vom Orient Besitz ergriffen haben, sind sie schwer zu unterdrücken. Es wäre Roms unwürdig gewesen, gegen solche Phantastereien in einem öffentlichen Edikt vorzugehen. Also beschränkte ich mich darauf, daß ich für Galilaea, wo es die meisten dieser Christen gab, eine Verfügung erließ, wonach Grabschändung künftig mit dem Tode bestraft werde.

Es ist leicht und eindrucksvoll, in einer Erzählung wie der meinen den Tag des Triumphes zu beschreiben und den Sieg in Britannien. Aber diese bemerkenswerten Ereignisse sind flüchtig, und sie kommen nur durch Vorbedingungen zustande, die kaum zu beschreiben sind und die doch jahrein, jahraus mein ganzes Tagewerk ausmachten. Ich regierte nun bereits sieben Jahre. Allein die Tatsachen, daß ich sieben Jahre an der Spitze einer ungeheuren Verwaltung stand, daß ich noch am Leben war, daß Rom sich steigenden Wohlstands erfreute, sind von ungleich größerer Bedeutung als ein einziger Sieg, ein einziges Fest. Aber diese anonymen, nur im stillen wirksamen Epochen meines Lebens, ihr Gleichmaß und ihre Mühsal könnte ich nur sichtbar machen und eindrucksvoll meinem Leser vorführen, indem ich mein Tagebuch abschriebe und den Arbeitskalender, den ich zu erfüllen hatte. Verbesserungen für Gesetze zu ersinnen ist leicht. Ich glaube, daß jeder halbwegs kluge Kopf hierzu imstande ist; aber diese Verbesserungen in Einklang mit den vielfältigen Forderungen des Alltags zu bringen und im geeigneten Augenblick durchzuführen ist sehr schwer, und oft genug ist mein guter Wille nicht zum Ziel gekommen. Aber mit dem, was zu einem Mißerfolg führte, war derselbe Aufwand an Mühe verbunden wie mit den Erfolgen. Ja, oft habe ich eine Vorlage, die ich für den Senat ausgearbeitet hatte und die mir zunächst abgelehnt wurde, drei- und viermal umgearbeitet und trotzdem zu keinem Erfolg machen können, während mir bei manchen anderen schon in erster Lesung beifällig gefolgt wurde. Nach wie vor verbesserte ich kultische Dinge, führte alte, vergessene Bräuche wieder in den Gottesdienst ein, verbesserte die Rechtspflege und bekümmerte mich um die Vereinfachung des Steuerwesens.

Meine Nichte Agrippinilla, Tochter des Germanicus und Schwester der Lesbia, war mit dem »blutdürstigsten Mann Roms« verheiratet gewesen, dem Domitius Ahenobarbus, der diesen Spitznamen, Rotbart, führte. Die Familie, aus der er stammte, hatte den Ruf, grausam und blutgierig zu sein, und die Farbe seines Bartes galt auch für Domitius als symbolisch. Es gab tolle und wüste Geschichten über ihn: So ließ er einmal einen seiner Freigelassenen in einem Zimmer verhungern, nur weil er sich anläßlich des Geburtstages des Domitius nicht genügend betrunken hatte. Als er auf der Via Appia ritt, sah er ein Kind vor sich auf der Straße spielen; aus Laune spornte er sein Pferd und ritt das Kind über den Haufen. Wo er Gelegenheit hatte, fing er Streit an; auf offenem Markt schlug er einem Widersacher das Auge aus. Tiberius zog ihn in den letzten Jahren seiner Regierung in seinen Kreis, denn er liebte es, sich mit gemeinen und grausamen Menschen zu umgeben. Er war es auch, der den Domitius mit Agrippinilla verheiratete. Aus dieser Ehe ging nur ein Kind hervor, Lucius Domitius. Als man dem Domitius bei der Geburt zu dem Erben Glück wünschte, sagte er mürrisch: »Schenkt euch dies Gemurmel, Idioten! Wenn ihr wirkliche Freunde und außerdem wahre Patrioten wärt, würdet ihr an die Wiege treten und das Kind ohne Zaudern erwürgen. Stellt euch doch vor: Agrippinilla und ich verkörpern alle Fehler, womit Menschen bedacht sein können – also wird dieses Kind der abscheulichste Dämon werden, der jemals diese unglückliche Stadt heimgesucht hat. Das bilde ich mir nicht etwa ein, das steht in seinem Horoskop!« Später ließ Tiberius ihn verhaften, weil er mit seiner Schwester Domitia Blutschande trieb. Ich weiß nicht, ob es den Tatsachen entspricht, denn solche Beschuldigungen wurden unter Tiberius aufs Geratewohl erhoben, um eine Verhaftung zu motivieren. Leider pflegten sie überdies meistens noch zuzutreffen. Tiberius kam nicht mehr dazu, ihn abzuurteilen, und Caligula ließ ihn frei. Aber er konnte seine Freiheit nicht mehr genießen, denn er starb kurz darauf an der Wassersucht. In seinem Testament hatte er den Caligula zum Miterben seines Sohnes Lucius eingesetzt, indem er ihm zwei Drittel seines Besitzes vermachte. Als Agrippinilla samt ihrer Schwester verbannt wurde, eignete Caligula sich auch noch das letzte Drittel an, so daß Lucius zu einer völlig mittellosen Waise wurde. Indessen nahm sich seine Tante Domitia seiner an, die übrigens nicht mit Domitia Lepida, der Mutter der Messalina, verwechselt sei. Diese Domitia lebte nur dem Vergnügen, und sie bekümmerte sich um den kleinen Lucius nur deshalb, weil eine Weissagung von ihm als dem künftigen Kaiser gesprochen hatte. Sie hielt es daher für klug, sich mit ihm gut zu stellen. Es ist bezeichnend für die Erziehung, die Lucius genoß, daß seine Tante ihm als Lehrer einen ehemaligen syrischen Tänzer, einen ehemaligen Tiroler Gladiator und einen griechischen Friseur bestimmte. Der Syrier und der Tiroler waren außerdem immer abwechselnd in Domitias Bett tätig.

Als Agrippinilla aus der Verbannung von mir zurückgeholt wurde, zeigte sie für ihren Sohn so wenig mütterliches Gefühl, daß sie die Domitia bat, ihr den Jungen noch für eine Reihe von Jahren abzunehmen. Sie werde die Befreiung von dieser Verantwortung mit großen Geldgeschenken vergelten. Ich verhinderte aber diese Absicht und ließ sie ihren Sohn zu sich nehmen. Allerdings übernahm sie auch die »Lehrer«, denn Lucius bestand darauf, und Domitia war froh, sie loszuwerden, da sie sich mit anderen Männern versorgt hatte. Agrippinilla übernahm auch den Ehemann der Domitia, einen gewissen Crispus, und heiratete ihn, aber sie zankten sich bald und trennten sich. Besondere Ereignisse fanden im Leben des Lucius nicht statt. Einmal sollte er von unbekannten Mördern getötet werden, die schon bis in sein Schlafzimmer vorgedrungen waren. Dort aber wurden sie von einer Kobrahaut erschreckt, die das Kind gegen Skrofulose um das Bein gewickelt bekommen hatte. Die Mörder hielten sie im Zwielicht für eine lebendige Schlange und entflohen. Seitdem aber erhielt sich das Gerücht in Rom, daß der kleine Lucius von zwei Kobras bewacht werde, und Agrippinilla half es nach Möglichkeit verbreiten. Seinen Freunden erzählte der kleine Lucius, es seien nicht zwei, sondern nur eine Kobra, die ihn bewache, und sie pflege aus seinem Wasserglas zu trinken. Es wurde kein weiterer Versuch gemacht, ihn zu ermorden. Genau wie Britannicus ähnelte auch Lucius meinem lieben Bruder Germanicus, aber in seinem Fall war es eine verhaßte Ähnlichkeit. Die äußere Übereinstimmung war groß, aber alles, was als Offenheit, Vertrauen, Demut und Adel vom Gesicht des Germanicus leuchtete, wurde bei Lucius durch Eitelkeit, Tücke und Gemeinheit ersetzt. Und doch waren die meisten Leute blind für diese Entartung eines schönen Vorbilds: Lucius hatte eine weichliche, weibische Schönheit, die sowohl Männer wie Frauen gefangennahm. Er brauchte jeden Morgen, um sich anzuziehen, sich zu frisieren und zurechtzumachen, genauso lange wie seine Mutter oder seine Tante. Sein Lehrer, der zugleich sein Friseur war, pflegte ihn mit den ausgesuchtesten Schönheitsmitteln. Es war ein eigentümlicher Anblick, ihn militärische Übungen mit Speer, Schwert und Schild machen zu sehen: Er handhabte sie genau nach den Vorschriften und wie sein Tiroler Lehrer ihm das beigebracht hatte, aber trotzdem sah es wie der Waffentanz in einem Ballett aus.

Ich ermattete in meiner Arbeit nicht. Ich erließ eine Vorschrift, wonach Geldverleiher jungen Leuten nichts mehr borgen durften, falls sie keine andere Sicherheit beizubringen wußten als den Tod ihres Vaters. Schon diese Spekulation war widerlich, aber es ereignete sich oft genug, daß kurz nach dem Eingehen solcher Schuldverpflichtungen die Väter plötzlich starben. Der Zinsfuß war über alle Begriffe hoch. Diese Bestimmung sollte ehrliche Väter vor verschwenderischen Söhnen schützen. Ich erließ aber auch eine Verfügung zum Schutz ehrlicher Söhne gegen verschwenderische Väter. Ich nahm bei Vollstreckungen der Väter wegen Schulden oder Betrugs das rechtmäßige Erbteil der Söhne aus. Zugunsten der Frauen bestimmte ich, daß sie der oft sehr willkürlichen Vormundschaft ihrer Verwandten väterlicherseits entzogen werden sollten und daß die Mitgift nicht als Bürgschaft für die Schulden des Ehemannes verwendet werden dürfe. Eine Römerin von freier Geburt, die einen Sklaven ohne Kenntnis und Einwilligung seines Herrn heiratete, solle selbst Sklavin, also unfrei, werden. Wenn aber der Herr des Sklaven seine Zustimmung gab, blieb die Frau frei, nur ihre Kinder aus dieser Ehe wurden Sklaven. Die Honorare für Rechtsanwälte durften für jeden Rechtsfall hundert Goldstücke nicht übersteigen. Diese Bestimmung richtete sich gegen einige besonders gesuchte Anwälte, die jeden Fall annahmen, mochte er noch so nichtig oder so verzweifelt sein, wenn sie nur ihr Honorar von viertausend Goldstücken erhielten. Die Höhe dieses Honorars machte derartige Anwälte zu so bewunderten und autoritativen Erscheinungen, daß keine Geschworenenbank sich vor ihnen unbefangen fühlte. Und im Grunde gewann immer die Seite, die die teuren Anwälte zu bezahlen vermochte. Ich will nicht behaupten, daß die Geschworenen bestochen wurden, ich will nur sagen, daß der Glanz eines großen Anwaltsnamens für die Rechtspflege gefährlich ist. Indem ich die Honorare beschnitt, wurde auch das Ansehen der betreffenden Anwälte gemindert, und die Geschworenen, die wußten, daß keine der Parteien mehr als hundert Goldstücke für ihren Anwalt aufwenden durfte, konnten und mußten sich wieder ausschließlich an die Sache halten.

Natürlich hatte ich deshalb große Schwierigkeiten mit den Anwälten zu bestehen. Das Institut des Telegonius wurde geschlossen, aber nicht dadurch, daß ich gewaltsam eingegriffen hätte. Eines Tages erschien vor einer Kammer, in der ich selbst gerade den Vorsitz führte, Telegonius, um sich in eigener Sache zu verantworten. Er hatte eine hohe Polizeistrafe bekommen, gegen die er Verwahrung einlegte. Ihm war vorgeworfen, daß er einen seiner Sklaven angestiftet hätte, durch einen bewußt herausgeforderten Streit einen wertvollen Sklaven des Vitellius zu töten. Angeblich hatte der Sklave des Telegonius sich in einem Friseurladen auf das unangenehmste als Redner und Rechtskenner aufgespielt. Es entstand eine Kontroverse zwischen ihm und dem Sklaven des Vitellius, der wartete, bis er drankam, rasiert zu werden. Er war als der beste Koch Roms bekannt – von meinem eigenen Koch abgesehen – und mindestens zehntausend Goldstücke wert. Der Sklave des Telegonius ließ eine große provozierende Rede vom Stapel über den Unterschied zwischen Kochkunst und Redekunst. Der Koch war nicht streitsüchtig und machte nur ein paar ruhige Feststellungen, nämlich, daß man die beiden Künste wohl überhaupt nicht vergleichen könne und daß er, wenn schon keine Achtung, doch zum mindesten Höflichkeit von Sklaven erwarten könne, die weniger wertvoll seien als er selbst. Der Redner, gereizt durch den Beifall, den der Koch bei den übrigen Kunden des Barbiers fand, ergriff unversehens ein Rasiermesser und schnitt dem Koch die Kehle durch, indem er brüllte: »Ich will dich lehren, mit den Leuten des Telegonius anzubinden!« Telegonius war also auferlegt worden, den vollen Wert des ermordeten Kochs zu ersetzen, und zwar, weil die Gewalttat des Sklaven auf die Einbildung zurückzuführen sei, daß das Institut des Telegonius Unfehlbarkeit verleihe. Telegonius berief sich jetzt darauf, daß das Motto seines Instituts das bekannte Wort sei: »Die Zunge ist mächtiger als das Schwert« und daß es darum unstatthaft und unmöglich sei, aus den Lehren seines Instituts die Aufforderung zu Gewalttat herzuleiten. Er führte ferner aus, daß an dem Unglückstag eine außerordentliche Hitze geherrscht habe und daß sein Sklave sich mit Recht für empfindlich gekränkt halten konnte durch die Behauptung, er sei keine hundert elende Goldstücke wert.

Vitellius wurde als Zeuge vernommen. Er behauptete, daß der Mörder seine Vergleiche zwischen Koch- und Redekunst aus den Handbüchern des Telegonius Wort für Wort auswendig gelernt habe. Er las die betreffenden Stellen vor und führte andere Stellen an, in denen zu Gewalt geraten wurde, wenn Vernunft und Beweise versagen. Telegonius nahm daraufhin den Vitellius nach allen Regeln seiner Kunst ins Verhör, und ich mußte zugeben, daß sich die Sache für Vitellius sehr ungünstig entwickelte. Da griff ein zufällig anwesender Zuhörer ein, es war Alexander, der Alabarch, der für kurze Zeit in Rom war und sich gern die Zeit damit vertrieb, Gerichtsverhandlungen anzuhören. Er ließ mir einen Zettel überbringen: »Der Mann, der sich Telegonius aus Athen und Rom nennt, ist ein mir entlaufener Sklave namens Joannes, der in Alexandria in meinem Haus, von einer syrischen Mutter geboren wurde. Vor fünfundzwanzig Jahren ist er mir abhanden gekommen. Der Buchstabe A in einem Kreis ist ihm auf die linke Hüfte gebrannt.«

Ich unterbrach die Verhandlung und ließ in einem Nebenraum den Telegonius untersuchen. Tatsächlich, er war Eigentum des Alabarchen. Zwanzig Jahre lang hatte er sich als römischen Bürger ausgegeben! Sein ganzer Besitz war dem Senat verfallen, von den zehntausend Goldstücken abgesehen, die dem Vitellius zum Kauf eines neuen Kochs zustanden, aber ich überließ dem Alabarchen die Hälfte. Zum Dank machte der Alabarch mir den Telegonius zum Geschenk. Ich stellte ihn zur Verfügung des Narcissus, der ihm eine niedrige, aber nützliche Arbeit zuteilte: Er mußte Verhandlungsberichte schreiben.

Dies wären einige Angaben über die Art meiner Regierungsführung. Ich erweiterte die Möglichkeiten zur Erwerbung des römischen Bürgerrechts beträchtlich. Keine Provinz, deren Einwohner sich treu und ordentlich führten, sollte im bürgerlichen Rechtsverhältnis gegen Rom und Italien benachteiligt sein. Ich veranstaltete auch eine Zählung sämtlicher römischer Bürger, einschließlich der Frauen und Kinder. Die Zählung im Todesjahr des Augustus hatte 4937000 ergeben, jetzt stellte sich die Zahl auf 5984072. Die ganze Bevölkerung des Römischen Reichs, von Britannien bis Palästina, betrug über siebzig Millionen Menschen. Als Romulus die Stadt Rom gründete und sein erstes großes Schafhirtenfest feierte, an dem alle seine Mitbürger teilnahmen, gab es in Rom nur dreitausenddreihundert Seelen. Wo wird das eines Tages noch enden?

Fünfunddreißigstes Kapitel

Eines Morgens im August kam Messalina sehr zeitig in mein Schlafzimmer und weckte mich. Ich brauche immer ziemlich lange Zeit, um mich zu sammeln, wenn ich aufgewacht bin, besonders wenn ich zwischen Mitternacht und Morgen nur wenig geschlafen habe, wie es nicht selten vorkommt. Sie beugte sich über mich und küßte mich und streichelte mein Haar und sagte mir in größter Erregung, daß sie mir etwas Schreckliches mitzuteilen hätte. Ich fragte schläfrig und ziemlich verstimmt, was geschehen sei.

»Barbillus, der Astrolog, hat mir gestern abend die Sterne gelesen – ich habe es seit zwei oder drei Jahren nicht tun lassen –, und eben ist er zu mir gekommen, und was, glaubst du, hat er gesagt?«

»Wie kann ich das wissen? Sage es, und dann laß mich weiterschlafen, ich hatte eine unruhige Nacht.«

»Aber Liebster, ich würde dich nicht so früh wecken, wenn es nicht schrecklich wichtig wäre. Er hat gesagt, daß mir etwas Furchtbares ganz nahe bevorsteht. Der Schlag fällt innerhalb von dreißig Tagen. Wieder einmal der unheilvolle Einfluß Saturns! Ich drang weiter in ihn, aber er wollte nichts sagen, machte nur unverständliche Andeutungen. Schließlich bedrohte ich ihn, daß er ausgepeitscht würde, und so gab er es preis – kannst du es erraten?«

»Ich habe im Halbschlaf keine Lust, irgend etwas zu erraten.«

»Aber ich kann es dir doch nicht sagen! Es ist so grauenvoll! Er hat erklärt, daß mein Mann eines gewaltsamen Todes sterben werde.«

»Hat er das wirklich gesagt?«

Sie nickte feierlich. Ich richtete mich auf, mein Herz schlug heftig.

Barbillus war ein Astrolog, der sich bislang niemals geirrt hatte. Das würde also bedeuten, daß ich die Einführung der neuen Verfassung, die für den siebenten September geplant war, nur um wenige Tage überleben würde. Aber davon wußte niemand etwas, selbst Messalina nicht. Ich fragte: »Gibt es da keinen Ausweg? Könnte man die Prophezeiung nicht umgehen?«

»Ich wüßte nicht, wie das gelingen sollte. Du bist mein Mann, also bist du gemeint, du allein – – man müßte denn – – höchstens – hör zu, ich habe eine Idee: Wenn du im nächsten Monat nicht mein Mann wärst?«

»Ich bin es aber, und es läßt sich das Gegenteil nicht behaupten.«

»Könnten wir uns – ja? – könnten wir uns nicht scheiden lassen, nur für diesen einen Monat? Und du heiratest mich wieder, sobald Barbillus uns sagt, daß Saturn sich in sichere Entfernung begeben hat?«

»Das ist unmöglich. Wenn ich mich von dir scheiden lasse, kann ich dich nach dem Gesetz erst wieder heiraten, nachdem in der Zwischenzeit einer von uns beiden eine andere Ehe geführt hat.«

»Daran habe ich nicht gedacht. Aber das wäre nur eine äußere Frage. Dadurch sollten wir uns nicht abschrecken lassen. Wenn ich nun tatsächlich irgend jemanden heirate, irgend jemanden, nur aus Formgründen? Einen Koch oder einen Hausmeister oder einen Soldaten der Garde. Alles, was ich mit diesem Mann gemeinsam hätte, wäre die Hochzeitszeremonie. Das könnte vielleicht eine Lösung sein.«

Ich mußte zugeben, daß an dem Vorschlag etwas Einleuchtendes war. Natürlich aber müßte sie jemanden von Rang und Bedeutung heiraten, das würde sonst einen zu schlechten Eindruck machen. Ich schlug Vitellius vor, aber sie wandte lächelnd ein, daß Vitellius sie bereits so anschmachte, daß es grausam sei, ihn mit ihr zu verheiraten und ihm zu verwehren, die Nacht bei ihr zu verbringen. Außerdem – wollen wir den Vitellius einem gewaltsamen Tod aussetzen, wie es der Sterndeuter vorausgesagt hat?

Wir dachten an verschiedene Männer, die als »Ehemänner« in Frage kamen. Messalina hatte sehr viel Einwendungen zu machen. Der einzige, mit dem sie sich schließlich einverstanden erklärte, war Silius, der Sohn eines Generals meines Bruders Germanicus, der bereits zum Consul gewählt war. Ich selbst schätzte ihn wenig, denn er hatte eine Zeitlang die Opposition im Senat gegen mich angeführt und sich sehr aufsässig betragen. Messalina sagte, es werde ihr eine Freude sein, diesen Silius zu heiraten – nicht nur, weil er sich so schlecht gegen mich betragen habe und die Rache der Sterne vollauf verdiene, sondern auch, weil er sie auf eine so herausfordernde Art ansähe, daß sie genau wisse, woher sein schlechtes Verhalten käme: aus Eifersucht, denn er sei sinnlos in sie verliebt. Es würde eine gute Bestrafung für seine Anmaßung sein, wenn sie ihm sagen würde, daß sie sich scheiden ließe, um ihn zu heiraten, und wenn er erst in der letzten Minute erführe, daß es nur eine Heirat der Form sei.

Also einigten wir uns auf Silius, und noch am gleichen Tag unterschrieb ich das Dokument, in dem ich mich von Messalina lossagte und ihr gestattete, in das Haus ihrer Familie zurückzukehren. Wir trieben viel Scherz mit dieser Angelegenheit. Messalina spielte die Verzweifelte, fiel vor mir auf die Knie, bat um Verzeihung für ihre Verfehlungen und wollte mich erweichen, sie nicht zu verstoßen. Sie preßte sogar einige Tränen hervor und spielte eine rührende Abschiedsszene vor ihren Kindern: »Sollen diese unschuldigen Geschöpfe für die Sünden ihrer Mutter zu büßen haben, o du Grausamer?«

Ich entgegnete in ähnlichem Ton – nur klang es bei mir nicht so natürlich –, daß ich ihr niemals verzeihen könne. Sie sei zu schön, zu klug und zu fleißig, um hier noch länger bleiben zu dürfen. Sie entgegnete, jeder anderen Frau würde verziehen, aber ich sei das Urbild des eifersüchtigen Ehemanns! Schließlich flüsterte sie mir ins Ohr: »Wenn ich in der nächsten Woche einmal abends zu dir komme und Ehebruch mit dir treibe – wirst du mich dann in die Verbannung schicken? Die Versuchung, weißt du, ist groß.«

»Auf alle Fälle werde ich dich in die Verbannung schicken. Und mich werde ich gleich mitschicken. Wohin sollen wir gehen? Ich würde so gern einmal in Alexandria leben. Es soll ein wundervoller Aufenthalt für Verbannte sein.«

»Und die Kinder nehmen wir auch mit? Sie würden es herrlich finden!«

»Ich glaube nicht, daß das Klima ihrer zarten Gesundheit bekäme. Die Kinder lassen wir hier bei deiner Mutter.«

»Aber meine Mutter weiß nicht, wie man Kinder erzieht. Du brauchst dir nur mich anzusehen: Was hat sie aus mir werden lassen! Wenn ich die Kinder nicht mitbringen darf, treibe ich bestimmt keinen Ehebruch mit dir!«

»Hier hast du deine Scheidungsurkunde, mit kaiserlicher Unterschrift und Siegel, und nun halte den Mund, unsittliche Person! Du bist wieder eingesetzt in alle Rechte der unverheirateten Frau.«

»Noch einen Kuß, Claudius, zum Abschied!«

»So rennt man nicht von der Szene, nachdem man soeben geschieden worden ist. Ich würde an deiner Stelle bei Mnester einige Stunden nehmen, um zu lernen, wie man würdevoll abgeht.«

»Ich bin jetzt meine eigene Herrin. Wenn du mich mit Mnester verkuppeln willst, werde ich vielleicht ihn heiraten.«

Silius galt als einer der am besten aussehenden Männer Roms. Er war auch ein Mensch von Grundsätzen und anständiger Gesinnung. Er war verheiratet mit einer Schwester von Caligulas erster Frau, von der er sich kürzlich aus mir unbekannten Gründen hatte scheiden lassen.

Ganz Rom war auf das höchste durch die Nachricht von Messalinas Scheidung erstaunt, besonders weil mich diese Tatsache nicht im mindesten zu beeindrucken schien. Ich behandelte sie mit der gleichen Auszeichnung wie bisher, und sie setzte ihre Arbeit im Palast fort, als wenn nichts geschehen wäre. Aber täglich besuchte sie den Silius in seinem Haus, vor aller Öffentlichkeit und mit einem großen Gefolge von Dienerschaft. Als ich ihr bedeutete, ich fände, daß sie den Scherz etwas zu weit treibe, sagte sie, daß es sehr schwierig sei, ihn zur Ehe mit ihr zu überreden. »Ich fürchte beinahe, daß er etwas ahnt. Er ist höflich und sehr zurückhaltend, aber unterirdisch kocht er vor Leidenschaft, das Vieh!« Einige Tage später berichtete sie mir strahlend, daß sie ihn überredet habe und daß die Hochzeit am zehnten September stattfinden werde. Sie schlug mir vor, selbst die gottesdienstliche Feier als Oberster Priester zu leiten, damit ich auch meinen Spaß hätte. »Wird es nicht wunderbar, wenn wir sein erstauntes Gesicht sehen und er herausfindet, daß er uns in die Falle gegangen ist?«

Mir war inzwischen die ganze Sache schon leid geworden, auch dieses Betrügen des ahnungslosen Silius verstimmte mich, trotz aller politischen Gegnerschaft, in der wir zueinander standen. Mir wurde klar, daß ich die Prophezeiung nicht hätte ernst nehmen sollen, und ich hätte es bestimmt nicht getan, wenn ich nicht im Halbschlaf gewesen wäre. Denn wenn die Prophezeiung wirklich wahr werden sollte – wie konnte ich hoffen, sie durch eine Scheinehe meiner Frau zu umgehen? Außerdem gilt ja eine Ehe vor dem Gesetz so lange als nicht geschlossen, als sie nicht auch körperlich besiegelt worden ist. Also war die ganze Spielerei von vornherein zwecklos. Ich wollte Messalina dazu überreden, den Plan aufzugeben, aber sie behauptete, ich sei nur eifersüchtig auf Silius, und ich verlöre im Alter meinen Sinn für Humor und entpuppe mich als Spielverderber. Ich entgegnete nichts.

Am Morgen des fünften September fuhr ich hinunter nach Ostia, um einen neuen großen Kornspeicher einzuweihen. Ich hatte Messalina wissen lassen, daß ich erst am nächsten Morgen zurückkehren werde. Messalina sagte, sie würde größten Wert darauf legen, mich nach Ostia zu begleiten, aber im letzten Augenblick bekam sie ihre lästigen Kopfschmerzen, und ich mußte allein fahren. Ich war sehr enttäuscht, aber es war zu spät, um meine Pläne noch zu ändern, da in Ostia ein öffentlicher Empfang für mich vorgesehen war. Außerdem hatte ich versprochen, in dem dortigen Augustustempel ein Opfer darzubringen. Diese Opferung sollte am frühen Nachmittag stattfinden, und ich war schon auf dem Weg zum Tempel, als Euodus, einer meiner Freigelassenen, mir einen Zettel aushändigte. Euodus hatte die Aufgabe, mich vor lästigen Bittschriften aus dem Publikum zu beschützen. Alle für mich bestimmten Mitteilungen waren ihm zu übergeben, und wenn er sie für unwichtig hielt oder wenn sie, was auch vorkam, Beleidigungen enthielten, gab er sie mir nicht weiter. Euodus sagte: »Verzeihung, Caesar, aber ich kann das nicht lesen. Eine Frau hat es mir gegeben. Vielleicht darf ich Sie bitten, selbst einen Blick hineinzuwerfen.«

Zu meiner Überraschung enthielt der Zettel eine Mitteilung in etruskischer Sprache, die längst nicht mehr gesprochen wird und die heutzutage vielleicht noch vier oder fünf Menschen beherrschen. Sie lautete: »Große Gefahr für Rom und dich selbst. Komme sofort in mein Haus. Verliere keinen Augenblick.«

Ich erstaunte und beunruhigte mich sehr. Warum auf etruskisch? Wessen Haus? Welche Gefahr? Es dauerte einige Minuten, bis ich verstand. Die Nachricht konnte von niemand anderem als von Calpurnia sein, die in Ostia lebte, seitdem ich Kaiser geworden war. Ich hatte sie gelegentlich zum Scherz in den Anfangsgründen des Etruskischen unterrichtet, als ich an meiner Geschichte Etruriens schrieb. Calpurnia hatte sich sicherlich dieser Sprache bedient, um den Inhalt für jedes andere Auge unleserlich zu machen, und außerdem, um mir keinen Zweifel daran zu lassen, daß sie wirklich es war, von der diese Botschaft kam. Ich fragte Euodus: »Hast du die Frau gesehen?« Er sagte, sie habe wie eine Ägypterin ausgesehen und Pockennarben auf der Stirn gehabt, aber sonst sei es eine sehr schöne Frau gewesen. Das konnte nur Calpurnias Freundin Cleopatra gewesen sein.

Es war unmöglich, jetzt meine Pläne zu ändern. Ich mußte zum mindesten erst in den Tempel gehen. Im Anschluß daran erwartete man mich im Hafen. Was hätten die Leute gedacht, wenn ich meine kaiserlichen Pflichten wegen eines Besuchs bei zwei Kurtisanen vernachlässigt hätte? Aber ich wußte genau, daß Calpurnia mir eine solche Nachricht nicht ohne allerdringendsten Grund senden würde, und während ich das Opfer darbrachte, beschloß ich, zunächst auf alle Fälle mir anzuhören, was sie zu sagen hatte. Vielleicht würde ich ein Unwohlsein vorspiegeln. Glücklicherweise kam der Gott Augustus mir zu Hilfe. Die Eingeweide des Widders, den ich ihm opferte, waren so unglückverheißend, wie sie nur sein konnten. Äußerlich schien der Widder ein Prachttier zu sein, aber innen war er verfault wie alter Käse. Es war für jedermann klar, daß ich an diesem Tag keine amtliche Handlung mehr vornehmen konnte, besonders wenn es sich um die Einweihung des größten Kornspeichers der Welt handelte. So entschuldigte ich mich, und niemand nahm an meiner Entschließung Anstoß. Ich kehrte in mein eigenes Landhaus zurück und ließ bekanntgeben, daß ich für den Rest des Tages ungestört bleiben wolle, daß ich aber gern an dem für den Abend geplanten Festmahl teilnehmen würde, sofern es keinen offiziellen Charakter trüge. Dann ließ ich mir meine Sänfte an den Hintereingang kommen, und bald wurde ich, hinter herabgezogenen Vorhängen, zu der hübschen Villa Calpurnias getragen, die etwas außerhalb der Stadt auf einem Hügel liegt.

Calpurnia begrüßte mich mit einem Gesicht, das von so viel Trauer und Bestürzung erfüllt war, daß ich sogleich wußte: Etwas wirklich Schwerwiegendes mußte sich ereignet haben. »Sag es mir gleich«, sagte ich, »was ist geschehen?« Sie fing an zu weinen. Ich hatte sie niemals weinen sehen, außer an jenem Abend, als wir dachten, Caligula ließe mich zu meiner Hinrichtung abholen. Sie hatte sich stets in der Gewalt und war von größter Aufrichtigkeit.

»Du wirst mir gut zuhören?« begann sie. »Aber du wirst nicht zuhören wollen und mich lieber auspeitschen lassen. Es ist sicher nicht mein Wunsch, es dir zu sagen. Aber keiner sonst hat den Mut, also bleibt es auf mir hängen. Ich habe es Narcissus und Pallas versprochen. Sie sagen, daß du auch ihnen nicht glauben würdest. Aber mir wirst du glauben, nicht wahr?«

»Calpurnia, ich habe in meinem Leben nur drei wirklich gute Frauen kennengelernt. Die eine war Kypros, eine jüdische Prinzessin, die zweite unsere alte Magd Briseïs, und die dritte bist du. Was also hast du zu sagen?«

»Du hast Messalina vergessen.«

»Messalina brauche ich nicht erst zu erwähnen. Also schön: vier wirklich gute Frauen.«

»Wenn du Messalina auf diese Liste setzt, mußt du mich auslassen«, sagte sie und schien dabei nach Atem zu ringen.

»So bescheiden, Calpurnia? Du brauchst dich vor niemandem zu verstecken. Ich meine, was ich sage.«

»Ich bin gar nicht bescheiden.«

»Dann verstehe ich dich nicht.«

»Wenn diese jüdische Prinzessin blutdürstig, ehrgeizig, gewissenlos wäre und überhaupt keine Moral kennte, wenn deine alte Briseïs faul, diebisch und erpresserisch wäre, wenn deine Calpurnia nichts anderes vorstellte als eine verkommene Hure, geldgierig, eitel und unersättlich, und ihre Schönheit nur brauchte, um Männer zu beherrschen und zu ruinieren, dann, Claudius, dann...«

»Wie kann ich's erfahren, wenn du schon wieder aufhörst zu reden? Worauf willst du hinaus?«

»Dann hättest du recht, uns mit Messalina im gleichen Atem zu nennen.«

»Bin jetzt ich wahnsinnig oder du?«

»Ich nicht.«

»Also was meinst du? Was hat dir Messalina getan, daß du sie auf diese wüste Weise beschimpfst? Willst du sagen, daß du und ich nicht länger Freunde sein können?«

»Du hast Rom heute morgen um sieben verlassen?«

»Ja. Warum?«

»Ich war mit Cleopatra in der Stadt. Wir haben Besorgungen gemacht und sind erst um zehn wieder herausgefahren. Ich hatte zufällig Zeit, einen Blick auf die Hochzeitsfeier zu tun. Eigentümliche Stunde für eine Hochzeit, nicht wahr? Es ging hoch her. Alles betrunken. Herrlich zurechtgemacht – das ganze Haus geschmückt mit Weinblättern und Efeu und riesigen Weintrauben und Keltern und Fässern –, ein Winzerfest sollte es wohl vorstellen.«

»Was für eine Hochzeit? Drücke dich endlich klar aus.«

»Messalinas Hochzeit mit Silius. Bist du nicht eingeladen worden? Sie hat getanzt und einen Thyrsusstab geschwungen und trug ein weißes Röckchen, das mit Rotwein befleckt war, und ihre linke Brust war entblößt und ihr Haar flatterte lose. Aber sie war noch sehr anständig angezogen, im Vergleich zu den anderen Frauen, die nur Leopardenfelle trugen, denn sie waren Bacchantinnen. Silius war Bacchus, er trug einen Efeukranz. Er war noch betrunkener als Messalina, nickte zum Takt der Musik und grinste wie Baba.«

»Aber... aber...«, sagte ich töricht, »die Hochzeit ist nicht vor dem Zehnten, ich selbst soll sie zelebrieren.«

»Sie scheinen auch ohne dich fertig zu werden. Ich ging zu Narcissus in den Palast. Als er mich sah, war er maßlos erfreut. Du bist die einzige, der er glauben wird, sagte er. Und Pallas...«

»Ich glaube es nicht, ich lehne es ab, es zu glauben.«

Calpurnia schlug in die Hände. Cleopatra und Narcissus traten ein und fielen mir zu Füßen. »Ist sie Wahrheit, die Hochzeit?« Beide bestätigten es.

»Aber ich weiß ja, wie alles zusammenhängt«, sagte ich, wohl mit einem sehr kläglichen Ton, »es ist keine richtige Hochzeit. Es ist nur ein Scherz, den Messalina und ich vorhaben. Sie geht nicht mit ihm zu Bett nach der Feier. Es ist ein ganz unschuldiges Spiel.«

Narcissus war so befangen, daß er das, was er sagen konnte, nur in der Form aktenmäßig nüchternen Berichts vorzubringen vermochte. »Es ist festgestellt, daß Silius sie in seine Arme gerissen hat, daß er vor allen Gästen ihren Körper mit unzähligen Küssen bedeckt hat, nachdem er zu diesem Zweck ihr Gewand zerrissen hatte. Sie hat geschrien und gelacht, und dann hat er sie in das Brautgemach getragen, worin sie länger als eine Stunde verblieben sind. Darauf sind sie in die Gesellschaft zurückgekehrt und haben fortgefahren, zu trinken und zu tanzen.«

Calpurnia sah, daß ich zu keiner Antwort fähig war, und fuhr fort: »Und wenn du nicht augenblicklich handelst, Claudius, macht Silius sich zum Herrn von Rom. Es ist bekannt, daß Messalina und Silius feierliche Eide geleistet haben, die Republik wiederherzustellen. Der Senat und die Garde sollen ihre Unterstützung zugesagt haben.«

»Erst muß ich mehr hören«, sagte ich mit einer Ruhe und einer Entschlossenheit, die mich selbst überraschten. Ich veranlaßte sie, sich niederzusetzen, und es folgte die entsetzlichste Stunde meines Lebens. Narcissus erklärte, er würde nur reden, wenn ich ihm verziehe, daß er so lange geschwiegen hätte. Wenn ich das nicht könnte, möge ich ihn sofort hinrichten lassen. Ich willigte in alles ein, was er von mir verlangte. Es war mir ganz gleichgültig, ob einer meiner Sekretäre bestraft wurde oder nicht, ob er lebte oder nicht, in diesem Augenblick, in dem ich selbst nicht wußte, ob ich noch lebte oder längst tot war.

Narcissus begann damit, daß er mir erklärte, warum er und schließlich jedermann bis auf den heutigen Tag geschwiegen habe. Niemand hätte gewagt, meine Ahnungslosigkeit zu zerstören, da sie das Fundament meiner Arbeitskraft und meines Glücks gewesen sei. Es sei auch kein direkter Anlaß vorhanden gewesen, mir Bericht zu erstatten, solange das Verhalten Messalinas nicht der Sicherheit des Staates oder mir persönlich gefährlich war. Jeder hätte angenommen, daß Messalina sich wieder in die Gewalt bekommen würde, da man mit ihrer Klugheit gerechnet habe. Andererseits habe es genug Anlässe gegeben, die mir die

Augen hätten öffnen können, aber ich schiene durch beharrliches Übersehen der wahren Zusammenhänge den Wunsch geäußert zu haben, nichts Näheres zu erfahren. Denn es seien so viele Dinge vorgefallen, die selbst dem größten Vertrauen, der größten Ahnungslosigkeit nicht mehr unverdächtig vorkommen konnten. Also sei die Öffentlichkeit beinahe berechtigt gewesen, anzunehmen, daß ich über alle Geschehnisse unterrichtet und mit ihnen einverstanden sei. Denn nicht nur Rom, sondern das ganze Land, alle Provinzen, alle unsere Feinde sogar hätten genau über das Bescheid gewußt, was – aller Augenscheinlichkeit nach – nur mit meinem Wissen und meiner Duldung geschehen konnte.

Und jetzt fingen meine Freunde, ein Freigelassener und zwei ehemalige Kurtisanen, an, auf ruhige, möglichst nüchterne Weise, um mich nicht zu erregen, mir das zu erzählen, was neun Jahre lang hinter meinem Rücken vorgegangen war.

Messalina war nur in den Neuen Palast übergesiedelt, um dort ungestört das Leben führen zu können, das ihr behagte. Die Zahl ihrer Liebhaber, die sie sich aus allen Kreisen zusammensuchte, war nicht zu übersehen. Sie bediente sich der abgefeimtesten Schliche, um ihr Verhalten einzuleiten und zu erklären. Den unglücklichen Appius Silanus, den ich hinrichten ließ, hatte sie aus Spanien nur kommen lassen, weil sie ihn als ganz junges Mädchen angeschwärmt hatte und er sich damals nicht um sie kümmerte. Er war beinahe vierzig Jahre älter als sie, aber er sah trotzdem noch besonders gut aus. Sie verheiratete ihn mit ihrer Mutter, um ihn zunächst einmal in der Familie zu haben. Sie ließ in seiner Gegenwart gelegentlich eine Bemerkung fallen, wie unverständlich es von mir sei, sie in den Neuen Palast zu verbannen. Eine größere Kränkung könne man einer schönen jungen Frau wohl nicht antun! Was aber noch viel schlimmer sei, ich hätte ihr auf das brutalste erklärt, sie möge sich einen Liebhaber nehmen, denn ich hätte, wie das bei alten Herren manchmal vorkäme, plötzlich eine Leidenschaft für Mädchen aus der Gosse gefaßt. Keine Abwaschmagd, keine Soldatenhure sei mir schlecht genug, im Gegenteil, ich hätte meine Zubringer, die mir die Hefe der übelsten Kneipen allabendlich ins Bett lieferten. Als Silanus nach Rom zurückgekehrt sei, habe ich ihr vorgeschlagen, ihn zu ihrem ständigen Verhältnis zu nehmen, und nur aus diesem Grunde sei ich auf den Gedanken gekommen, ihn mit ihrer Mutter zu verheiraten. Aber selbst diese Erzählung konnte den Silanus noch nicht veranlassen, mich zu verraten. Er weigerte sich, mit Messalina zu schlafen. So mußte sie stärkere Mittel anwenden. Sie ließ einfließen, daß ich befohlen habe, Silanus müsse nun endlich mit ihr ins Bett gehen. »Ich stelle dir eine letzte Frist von zehn Tagen«, hatte Messalina gesagt. »Wenn du mich weiter verschmähst, sage ich es dem Kaiser. Du weißt, wie eitel er ist. Nichts Schlimmeres kann ihm widerfahren, als wenn du seine Frau ablehnst. Ich weiß, daß er dich tötet.« Hier sekundierte Domitia Lepida auf das geschickteste ihrer Tochter, der sie stets blindlings gehorchte. Silanus wurde unsicher. Unter Tiberius und Caligula waren solche Zumutungen durchaus nichts Ungewöhnliches gewesen – warum sollten also in mir nicht auch ähnliche Regungen durchbrechen? Er glaubte der Messalina, aber er gehorchte nicht. Am neunten Tage hatte er sich in eine so verzweifelte Erregung hineingesteigert, daß er entschlossen war, mich zu töten. Schädlinge wie Tiberius und Caligula hätten auch schneller beseitigt werden sollen. Warum in meinem Fall warten, bis ich dem Land unermeßlichen neuen Schaden zugefügt hätte? Ein Kaiser mit so korrupter Moral konnte nur Unglück bringen. Darum also hatte der arme Mensch mich niemals anzusehen gewagt, darum hatte sich sein Gesicht immer mehr verzerrt, darum sah er schließlich keinen anderen Ausweg, als mit dem Dolch in mein Zimmer zu treten!

Darüber, daß Messalina stets mit ihrem Geld auskam, brauchte ich mich von jetzt an nicht mehr zu wundern. Die Bestechungssummen, die sie von Anwärtern auf das römische Bürgerrecht oder auf alle möglichen Posten erpreßt hatte, waren ungeheuer gewesen. Das, was sie von mir bekam, war im Vergleich dazu so gering, daß es in ihrem Haushalt nicht das geringste ausgemacht hätte, wenn ich diese Summe verdoppelt hätte. Also konnte es ihr leichtfallen, die sparsame Hausfrau zu spielen, eine Eigenschaft, von der sie wußte, daß ich sie hoch einschätzte.

Ich wurde über das Schicksal zahlloser Personen aufgeklärt, die der Hinrichtung verfallen waren, meistens auf meinen Befehl. Diese schaudervolle Reihe ging von der Tötung der Lesbia bis in die letzten Tage. Lesbia hatte in Erfahrung gebracht, was Messalina, »hinter Arbeit verschanzt«, in Wirklichkeit trieb, und ihre stillen harmlosen Besuche bei mir, die Messalina genau hinterbracht wurden mit Angabe der Tageszeit und der Dauer, erweckten in dieser den Verdacht, daß sich eine Vertraulichkeit zwischen meiner Nichte und mir herausbilden könnte, die eines Tages dazu führen würde, daß Lesbia sich offen ausspräche. Ganz ähnliche Gründe hatte der Tod des Justus gehabt. Er war Kommandeur der Garde gewesen und hatte ebenfalls Wind davon bekommen, was Messalina trieb. Ich war damals gerade in Britannien. Er besprach sich mit einem seiner Obersten, ob es seine Pflicht sei, mir sofort schriftlich Bericht zu erstatten oder zu warten, bis ich zurückgekehrt sei. Der Oberst war zufällig selbst einer der Liebhaber der Messalina; so riet er seinem Kommandeur, meine Rückkehr abzuwarten. Dies gab der Messalina Zeit, mich gegen Justus so einzunehmen, daß ich seine Hinrichtung verfügte, in dem Glauben, daß es die Sicherheit des Staates verlange. Das gleiche unbehagliche Gefühl, das die Warnung des alten Soldaten wegen des Justus ausgelöst hatte, war am Abend über mich gekommen, als ich mit Narcissus auf den Tempelstufen gesessen hatte.

Beide Male war also etwas von der furchtbaren Wahrheit bis ganz nahe an mich herangedrungen. Denn als Narcissus mich in jener Nacht so eilig fortzerrte, war in unserer nächsten Nähe ein Gespräch im Gange gewesen, in dem man sich sehr unzweideutig über Messalina ausließ.

Auch die Kopfschmerzen, die Messalina jedesmal befallen hatten, wenn Mnester nicht imstande war, aufzutreten, fanden ihre bittere Erklärung. Die beiden hatten sich königlich darüber amüsiert, daß ich selbst dem Mnester den Befehl gegeben hatte, der Messalina in allem zu Diensten zu sein. Jedesmal, wenn sie zusammen ins Bett gingen, wurde die Bemerkung nicht unterdrückt, daß es auf kaiserlichen Befehl geschehe.

Vinicius wurde von Messalina vergiftet, weil er sich weigerte, mit ihr zu schlafen. Messalina hatte schließlich ein ungemein sicheres Gefühl für alle diejenigen Männer entwickelt, die sie verabscheuten oder denen sie gleichgültig war. Und gerade um diese bemühte sie sich. Es war ihr dabei gleichgültig, ob es sich um einen ägyptischen Tänzer oder einen Senator handelte. Es war ihr gleichgültig, ob ihr der Betreffende begehrenswert erschien. Ihr genügte, daß er sie verschmähte, und sie ruhte nicht, bis sie ihn durch Verführung oder Bedrohung eingeschüchtert und gewonnen hatte, oder aber bis sie ihn töten ließ, weil er durch kein Mittel für sie zu gewinnen war. Meistens genügte es ihr, wenn der Betreffende eine einzige Nacht bei ihr verbrachte. Dann ging sie auf neue Jagd aus. Es kam aber auch vor, daß sie sich um jemanden mühte, den sie länger zu behalten gedachte und dann tatsächlich auch behielt.

Auch Silius hatte ihr erst Widerstand geleistet. Er schien es für keine große Ehre zu halten, durch ihre Gunst ausgezeichnet zu werden. Das war insofern das Falscheste, was er tun konnte, als sich nun Messalina in den Kopf setzte, den sehr schönen Mann völlig zu unterwerfen. Sie lud ihn mehrere Male ein, aber er verstand es, sich zu entschuldigen. Endlich gelang es ihr, ihn in eine Falle zu locken. Ein früherer Freund von ihr, ein Offizier der Leibwache, der den Silius gut kannte, mußte ihn zum Abendessen einladen. Der Offizier hatte seine Dienstwohnung im Neuen Palast, also fand Silius nichts Besonderes darin, ihn im Palast zu besuchen. Kaum hatte sein Freund ihn begrüßt, als er ihn in ein Nebenzimmer geleitete, wo ihn Messalina erwartete an einem für zwei Personen gedeckten Tisch. Jetzt war es für ihn unmöglich, zu entkommen, aber sie war sehr klug: Sie sprach mit ihm nicht etwa über Liebe, ja, ließ nicht einmal den Gedanken daran aufkommen. Sie äußerte revolutionäre politische Ideen. Sie erinnerte ihn an seinen Vater, der von Tiberius ermordet worden war. Ob er den Gedanken ertragen könne, daß der Neffe des Mörders, ein noch viel blutrünstigerer Tyrann, das Joch der Knechtschaft einem freien Volk immer drückender aufzwingen wollte? (Damit war ich gemeint, wie mir Calpurnia bedeuten mußte.) Darauf ging sie einen Schritt weiter. Sie erzählte ihm, daß sie in ständiger Lebensgefahr schwebe. Denn ihr Gewissen habe sie getrieben, mir unausgesetzt Vorwürfe zu machen, daß ich die Republik nicht wiederherstellte und statt dessen unschuldige Frauen und Männer abschlachten ließ. Sie habe als Frau wahnsinnig an mir gehangen, aber schließlich habe sie sich aus Selbstachtung von mir abwenden müssen, weil ich den übelsten Lastern und Perversionen zu frönen pflegte, deren ein Mann in meinem Alter fähig sei. Auch in dieser Beziehung scheine ich die Erbschaft des Tiberius angetreten zu haben. Sie kenne nur einen Mann, der klug und kühn genug sei, um das Land zu retten und die Republik wiederherzustellen, und das sei er, Silius. Würde er ihr vergeben, daß sie ihn zu einer so wichtigen Unterredung durch eine kleine Lüge habe auffordern lassen? Silius glaubte ihr jedes Wort. Die meisten Menschen glaubten ihr, und ich hatte ihr neun Jahre lang geglaubt. Also blieb dem Silius nichts anderes übrig, als die in ihrer Verlassenheit und Verzagtheit doppelt schöne junge Frau zu trösten, und ehe er sich versah, was vorging, lagen sie auf einem Sofa, hielten sich in den Armen und mischten die Worte Liebe und Freiheit mit Küssen und Stöhnen. Sie sagte, daß sie zum erstenmal die wahre große Liebe verspüre, und er leistete ihr einen feierlichen Eid, daß er, sobald es nur möglich sei, die Republik wieder aufrichten werde. Sie aber gelobte ihm ewige Treue, wenn er sich von seiner Frau scheiden lasse – von der sie übrigens wisse, daß sie unfruchtbar sei und ihn auf das schlimmste hinterginge. Ein Mann wie Silius müsse sich fortpflanzen... und was es bei solchen »feierlichen« Gelegenheiten an großen Worten noch gibt.

Aber Silius war vorsichtig. Er ließ sich zwar von seiner Frau scheiden, aber mit bewaffneter Hand die Republik wiederherzustellen, wagte er nicht. Er schlug vor, man solle damit warten, bis ich stürbe. Dann würde er sie heiraten und den kleinen Britannicus adoptieren, und das würde für die Stadt und das Heer genügen, um in ihm den neuen Führer zu erblicken. So kam sie auf den Trick mit dem Astrologen Barbillus, der ihr zur Scheidung verhalf. Silius erfuhr von der ganzen Sache nicht eher, als bis sie mit der Scheidungsurkunde zu ihm kam und freudig mitteilte, daß sie jetzt heiraten könnten und für immer glücklich zusammen leben. Näheres über die Art, wie die Scheidung zustande gekommen war, sagte sie nicht. Sie verbot ihm nur, zu irgend jemandem darüber zu sprechen – weil dann ihr selbstloser politischer Plan gefährdet würde.

Ich saß mit aufgestützten Händen und weinte in mich hinein, genauso, wie Augustus vor fünfzig Jahren geweint hatte, als seine Enkel ihm erzählten, wie man ihrer Mutter Julia, der geliebten Tochter des Augustus, mitgespielt hatte, und mit den Worten des Augustus kann ich heute sagen, daß ich damals nicht den geringsten Verdacht gehabt hatte, daß kein Wort an mein Ohr gedrungen war, wonach Messalina etwas anderes als die keuscheste Frau Roms sein konnte. Und wie Augustus spürte ich das Verlangen, mich einzuschließen und vier Tage lang niemanden zu sehen und zu sprechen. Aber meine Freunde wollten das nicht zulassen. Sie trieben mich zur Tat. Und mußte ich nicht wenigstens jetzt handeln, nachdem durch meine Schuld der Name Roms und mein eigener Name auf so entsetzliche Weise besudelt worden waren? Denn niemand war zu tadeln außer mir selbst. Niemand in der ganzen Welt konnte annehmen, daß solche Ungeheuerlichkeiten ohne meine Billigung vor sich gehen konnten. Ich mußte meinen Freunden in allem recht geben. Und dabei hatte ich nichts getan, als nach einem Leben, das mich nichts als Mißtrauen gelehrt hatte, zum ersten und einzigen Male vertraut.

Ich sagte zu Narcissus: »Als ich ganz jung war und zum erstenmal den Kampfspielen beiwohnte, wurde einem spanischen Kämpfer der Arm mit dem Schild abgehauen. Er stand ganz in meiner Nähe, und ich sah sein Gesicht deutlich. Ich habe niemals ein überraschteres und dümmeres Gesicht gesehen als jenes, unmittelbar nach diesem furchtbaren Hieb. Und das ganze Amphitheater brach in ein brüllendes Gelächter aus. Ich fand das damals auch sehr komisch – mögen mir die Götter verzeihen.«

Sechsunddreißigstes Kapitel

Calpurnia hatte an alles gedacht. Sie hatte Xenophon verständigt, daß er in Ostia gebraucht werde, und er trat jetzt ein und nötigte mich, einen Trunk zu nehmen, weil ich dem Zusammenbruch nahe war. Auch sonst bekümmerte er sich gründlich um mich. Ich weiß nicht genau, was für eine Medizin er mir einflößte, aber sie hatte den Erfolg, daß ich mich ganz klar im Kopf fühlte, sehr sicher und vollkommen unbeteiligt. Beim Gehen kam ich mir vor wie ein Gott, der über Wolken schwebt. Sogar der Blickpunkt meiner Augen veränderte sich unter dem Einfluß dieser Medizin: Wenn ich Narcissus oder Calpurnia ansah, die beide dicht vor mir standen, dann hatte ich den Eindruck, als ob sie zwanzig Schritte entfernt wären.

»Turranius und Lucius Geta sollen kommen.« Turranius hatte die Proviantversorgung Roms unter sich, und Geta war neben Crispinus Kommandeur der Garde.

Ich fragte sie aus, nachdem ich ihnen zuvor erklärt hatte, daß ich sie nicht bestrafen würde, wenn sie die Wahrheit sagten. Sie bestätigten, was ich schon wußte, und gaben für ihr Schweigen die gleichen Gründe an, die mir bereits von Calpurnia und Narcissus genannt worden waren. Turranius erinnerte mich daran, wie oft ich erklärt hatte, den Befehlen Messalinas sei stets zu folgen, und alle ihre Handlungen und Entschlüsse würden von vornherein durch mich gutgeheißen. Während ich die beiden befragte, machte mir Calpurnia hinter ihren Rücken eifrige Zeichen. Ich verstand, daß sie mich unter vier Augen sprechen wollte. Ich schickte also die beiden hinaus, und sie sagte: »Lieber Claudius, du wirst keinen Schritt vorwärtskommen, wenn du dieselben Fragen immer und immer wieder – nur an verschiedene Leute – stellst. Es ist doch ganz einfach: Alle wußten, wie sehr du Messalina liebtest und ihr vertrautest, und sie hatten Angst vor dir, weil du der Kaiser bist. Muß das noch weiter erforscht werden? Solltest du nicht etwas für dich selbst tun? Denn wenn du nicht augenblicklich handelst, bedeutet das unser aller Tod. Jede Minute ist wichtig. Du mußt sofort in die Gardekaserne und dich dort unter den Schutz aller treu gebliebenen Truppen stellen. Ich kann mir nicht vorstellen, daß du wegen Messalina und Silius sogleich von allen verlassen wirst. Einige Offiziere mögen bestochen sein, aber die Mannschaften sind für dich. Schicke sofort berittene Boten nach Rom und laß verkünden, daß du auf dem Weg bist, Rache an Silius und Messalina zu nehmen. Stelle den Befehl aus, jeden zu verhaften, der an der Hochzeit teilnimmt. Das wird wahrscheinlich die ganze Rebellion ersticken, denn augenblicklich sind alle viel zu betrunken, um gefährlich zu werden. Aber verliere keinen Augenblick mehr!«

»Sehr gut. Ich werde mich beeilen.« Ich rief Narcissus wieder herein und fragte: »Traust du dem Geta?«

»Wenn ich aufrichtig sein soll, vollkommen würde ich mich nicht auf ihn verlassen.«

»Und wie steht's um die beiden Hauptleute, die er bei sich hat?«

»Denen würde ich trauen, aber sie sind dumm.«

»Crispinus ist auf Urlaub; wem soll man die Garde unterstellen, wenn man dem Geta nicht trauen kann?«

»Wenn Calpurnia ein Mann wäre, würde ich sie vorschlagen. Leider ist sie es nicht, also halte ich für die zweitbeste Wahl mich selbst. Ich bin zwar nur ein Freigelassener, aber die Offiziere kennen mich und haben mich gern, und mein Kommando würde ja nur einen einzigen Tag lang dauern.«

»Gut also, Herr Gardekommandeur. Bestelle dem Geta, daß ihn sein Arzt für vierundzwanzig Stunden ins Bett schickt, bis morgen abend. Gib mir die Feder und Pergament. Einen Augenblick. Welches Datum? Der fünfte September. Das ist deine Bestallung. Zeige sie den Offizieren und schicke die Garde sofort in die Stadt, die ganze Hochzeitsgesellschaft festzunehmen. Keine Gewalttaten, außer in Notwehr! Laß die Garde wissen, daß ich selbst auf dem Weg nach Rom bin, daß ich strenge Pflichterfüllung von ihr erwarte und daß ich bewiesene Treue zu vergelten weiß.«

Von Ostia bis Rom sind ungefähr achtzehn Meilen, aber Narcissus und seine Leute brachten es fertig, bereits nach anderthalb Stunden in Rom einzutreffen. Die Hochzeitsfeier ging gerade zu Ende. Die Gesellschaft war in den Zustand geraten, der sich gemeinhin nach reichlichem Trinken und hochgespannten Erwartungen einzustellen pflegt: Man war müde geworden und hatte zu nichts mehr Lust. Man hörte, weil man nichts Besseres zu tun wußte, einem ehemaligen Liebhaber der Messalina, einem gewissen Vettius Valens, zu, der im Garten vor einem immergrünen Eichbaum eine Szene aufführte, als ob er zu einer Dryade spräche, die in diesem Baum verborgen sei. Die Dryade war offenbar in ihn verliebt, denn flüsternd, so daß nur er es hören konnte, hatte sie ihn zu einem Stelldichein aufgefordert und ihn gebeten, zu ihr in den Wipfel des Baumes zu steigen. Vettius zeigte alle Lüsternheit, die ein so galanter Vorschlag zu erwecken vermag, und um sich zu ihr zu begeben, bat er seine Freunde, eine menschliche Pyramide zu formen, über die er auf den untersten Ast klimmen könnte. Die Pyramide brach zweimal unter wildem Gelächter zusammen, aber beim dritten Mal gelang es dem Vettius, den Ast zu erreichen. Von dort kletterte er mühsam und wagehalsig höher und höher, bis er im dichten Laub des Wipfels verschwand. Jedermann starrte nach oben und wartete, was nun geschehen werde. Man erhoffte sich etwas ganz Besonderes, denn Vettius war ein großer Komödiant und hatte schon manche Gesellschaft durch seine Nachahmungsgabe oder seine schauspielerischen Kunststückchen erheitert. Er fing denn auch sehr bald an, die brünstigen Schreie der Dryade nachzuahmen und das Geräusch laut schmatzender Küsse. Hin und wieder ließ er einige wollüstige Laute hören, als ob er selbst sie äußere. Dann wurde es auf einmal sehr still, so daß die Gäste hinaufriefen, was denn geschehen sei.

»Ich sehe mir gerade die Welt an. Dies ist der beste Aussichtspunkt in ganz Rom. Auf meinem Schoß sitzt die Dryade und erklärt mir die Sehenswürdigkeiten der Stadt, also stört uns nicht! Jawohl, das ist das Haus, wo der Senat tagt – dummes Mädchen, als ob ich das nicht gewußt hätte! Und das ist Colchester, gut. Irrst du dich auch nicht? Also bis nach Colchester kann man von diesem Baum aus sehen? Ist das ein Wunderbaum! Meinst du nicht etwa die Gardekaserne? Entschuldige, also ich glaube es dir, es ist endgültig und unwiderruflich Colchester. Natürlich, da ist ein großes Schild aufgestellt, und darauf steht Colchester. Da sind bärtige Britannier, die spazierengehen. Was machen sie denn? Du mußt etwas deutlicher flüstern, hier oben hört uns ja keiner. Nein, das glaube ich dir nicht. Wie? Nein. Den Claudius verehren sie als Gott? Weil sonst keine Götter so weit reisen? Weil sie auf dem Kanal seekrank werden? Das will ich dir glauben.«

Die Zuhörerschaft war begeistert. Als er wieder schwieg,

riefen sie ihm von neuem zu: »Vettius, Vettius, was tust du jetzt?«

Und er fing an, meine Stimme nachzuahmen und die bekanntesten meiner Redewendungen zu gebrauchen, als ob ich mich gegen die Zudringlichkeiten der Dryade wehrte. »Nimmst du die Hände fort! Tausend Furien und Schlangen! Läßt du einen älteren Herrn in Frieden! Nein, heute nicht, vielleicht das nächste Mal. Heute habe ich etwas Besseres zu tun, ich habe immer etwas Besseres zu tun, nirgendwo sollst du mich anfassen, nirgends, hab' ich gesagt.«

Die Zuhörer jauchzten und schrien vor Vergnügen und feuerten ihn an: »Mehr, Vettius, mehr!«

»Lauft, lauft, wenn euch an eurem Leben gelegen ist. Ich habe etwas Entsetzliches gesehen. Nein, es war ein Irrtum, wartet. Erst helft mir wieder herunter. Rennt, rennt, wenn euer Leben euch lieb ist! Ein furchtbarer Sturm kommt aus Ostia – rette sich, wer kann!«

Lachend und schreiend, geführt vom Bräutigam und der Braut, lief die Gesellschaft auseinander, lief vom Garten auf die Straße, einige Augenblicke, bevor meine Soldaten angaloppiert kamen. Messalina und Silius entwischten, aber zweihundert Gäste wurden zunächst ohne Mühe im Garten und im Haus verhaftet, und später noch fünfzig andere, die betrunken nach Hause stolperten. Messalina hatte nur noch drei Begleiter bei sich. Erst waren es zwanzig gewesen, aber als aus dem Scherz so plötzlich Ernst geworden war und die Gardesoldaten um die Ecke gesprengt kamen, hatten die meisten sie verlassen. Sie ging zu Fuß durch die Stadt, zu den Gärten des Lucullus, wo sie ein Lusthäuschen besaß. Als sie dort ankam, war sie ein wenig nüchterner geworden. Ihr wurde klar, daß sie sofort nach Ostia eilen müßte und versuchen, was ihre Schönheit, die bisher bei mir stets ihre Wirkung getan hatte, erreichen würde. Zur Unterstützung der Wirkung wollte sie ihre Kinder mitbringen. Sie war noch immer barfuß und trug ihr Kostüm. Die Leute hatten gejohlt und gepfiffen, als sie damit durch die Straßen eilte. Sie schickte eine Zofe in den Palast, die ihr die Kinder, Schuhe, etwas Schmuck und ein sauberes Kleid bringen sollte. Die Art der Liebe, die zwischen ihr und Silius geherrscht hatte, wird dadurch am besten gekennzeichnet, daß sie beide sich beim Drohen der ersten Gefahr gegenseitig im Stich ließen. Messalina war entschlossen, ihn meiner Rache zu opfern, und Silius ging auf den Marktplatz und nahm dort seine richterliche Tätigkeit auf, als ob nichts geschehen sei. Er war betrunken genug, sich einzubilden, daß er völlige Unschuld vorgeben könne. Als meine Offiziere kamen, um ihn zu verhaften, erklärte er, daß er zu tun habe, und fragte, warum sie ihn störten. Ihre Antwort bestand darin, daß sie ihm Handfesseln anlegten und ihn in die Gardekaserne brachten.

Inzwischen hatten sich bei mir Vitellius und Caecina – der einmal gleichzeitig mit mir Consul gewesen war – eingefunden. Sie hatten mich am Morgen nach Ostia begleitet und die plötzlich ihnen geschenkte freie Zeit nach der Opferung zum Besuch von Freunden benutzt. Ich erklärte ihnen mit dürren Worten, was geschehen sei und daß ich in dieser Minute nach Rom zurückkehren werde. Sie hätten die Pflicht, mich zu begleiten, mich zu unterstützen und Zeugen zu werden, wie ich mit peinlichster Gerechtigkeit strafen werde und ohne Ansehen von Rang und Namen.

Die »olympische« Wirkung der Medizin hielt an. Ich sprach fließend und ganz ruhig. Vitellius und Caecina antworteten nichts. Ihre Blicke genügten mir. Mein Wagen wurde gemeldet, und wir fuhren ab. Auf halbem Weg begegneten uns in der Dämmerung zwei Wagen. Der erste war eine Staatskarosse, gezogen von weißen Pferden, und in ihr saß Vibidia, die älteste und geachtetste der Vestalinnen. Sie war jetzt fünfundachtzig Jahre alt, und ich war seit jeher sehr befreundet mit ihr gewesen. Hinter diesem Wagen folgte ein zweirädriger Karren, auf dessen Seiten je ein großes gelbes L gemalt war, woraus für den Kundigen ohne weiteres erkenntlich war, daß der Karren der Verwaltung der Gärten des Lucullus gehörte und sonst zum Transport von Sand, Erde oder Pflanzen benutzt wurde. Auf ihm hockten Messalina und meine Kinder. Vitellius übersah die Situation mit einem Blick. Er ließ unseren Wagen halten. »Die Vestalin Vibidia kommt Ihnen entgegen, Caesar«, sagte er zu mir, »wahrscheinlich will sie Ihre Verzeihung für Messalina erbitten. Vibidia ist eine prächtige alte Frau, aber machen Sie ihr keine voreiligen Versprechungen. Im Augenblick dürfen Sie nur daran denken, was man Ihnen angetan hat und welcher Verbrechen sich Messalina und Silius gegen Roms Würde schuldig gemacht haben.«

Mit diesen Worten stieg er aus dem Wagen, um der Vibidia entgegenzugehen, die ebenfalls hatte anhalten lassen, weil mein Wagen leicht zu erkennen war. Auch sie stieg jetzt aus. In der Dämmerung und infolge meiner Kurzsichtigkeit bemerkte ich nicht, daß von dem zweiten Wagen jetzt eine Frau herunterkletterte, die ebenfalls auf Vitellius zuging. Zum ersten Male taten mir meine körperlichen Gebrechen einen großen Dienst. Ich hatte mich bereits wieder in meine Wagenecke zurückgelehnt und wartete auf die Rückkehr des Vitellius. So hörte ich auch nicht, daß in der Entfernung jemand rief: »Wo bleibst du denn, Claudius? Was für ein dummes Mädchen ich bin! Du wirst mir's kaum glauben!«

Einige Leute waren durch die ungewöhnliche Szene aufmerksam geworden und blieben stehen. Vitellius begrüßte Vibidia sehr ehrfurchtsvoll, aber der Messalina winkte er schon von weitem zu, daß er sie nicht weitergehen lassen würde. Sie ließ sich nicht beirren, beschimpfte ihn und spuckte ihn an. Er hielt sie fest, sie riß sich los, aber von zwei Soldaten meiner Eskorte, die Vitellius schon vorher herbeigewinkt hatte, wurde sie auf ihren Karren gebracht, der sogleich in die Stadt zurückgeschickt wurde. Messalina kreischte, als ob sie ermordet werde. Ich sah aus dem Wagen und fragte, was geschehen sei. Vitellius erklärte es mir: »Eine Frau unter den Zuschauern hat einen Krampf bekommen.«

Darauf trat Vibidia an meinen Wagen heran. Ich stieg aus und begrüßte sie. Aber inzwischen war es mir gelungen, mich der Sache so unpersönlich gegenüberzustellen, daß ich den Vitellius die Unterhaltung mit der würdigen Dame fast ausschließlich führen ließ. Es stellte sich heraus, daß Vibidia noch gar nichts wußte. Messalina hatte ihr lediglich eine kleine unerlaubte Vertrautheit gebeichtet. Sie war aufrichtig bekümmert, als sie von Vitellius die Wahrheit erfuhr. Sie wußte nichts zu entgegnen, aber sie wendete sich an mich mit den Worten : »Ich darf vom Obersten Priester erwarten, daß er nichts Übereiltes tut, daß er kein unschuldiges Blut vergießt und niemanden ungehört verurteilt. Es ist seine Pflicht gegen die Götter.«

Ich versprach ihr, daß ich gerecht zu Messalina sein werde.

Vibidia verabschiedete sich stumm, und wir fuhren weiter. Als wir in der Stadt eintrafen, machte Messalina, wie ich später erfuhr, einen zweiten Versuch, mir vor Augen zu treten, aber mein Wagen wurde an der Stadtgrenze von den Leuten des Narcissus in Empfang genommen, denen schon Instruktion für den Fall solcher Zwischenfälle erteilt worden war. Die Soldaten ließen Messalina nicht einmal bis auf Rufweite an mich heran. Auch Britannicus und die kleine Octavia, die sie jetzt schickte, »ihren Vater zu begrüßen«, wurden zurückgescheucht. Narcissus kam selbst und brachte mir die Liste von Messalinas Liebhabern mit, soweit sie bisher zusammengestellt werden konnte. Sie enthielt fünfundvierzig Namen. Im Laufe der folgenden Stunden wurden es einhundertsechsundfünfzig. Ich überflog die Liste, ohne etwas zu sagen. Meine Kinder waren auf Anweisung von Narcissus in den Palast zurückgebracht worden. Der Karren mit Messalina wurde in die Gärten des Lucullus geschickt.

Domitia Lepida hatte inzwischen erfahren, wie alles stand, und obwohl zwischen beiden seit kurzem eine Entfremdung eingetreten war, setzte sie sich zu ihrer Tochter auf den Karren. Beide wußten: Es war alles vorbei. Durch die Dunkelheit ratterte der Karren mit den beiden Frauen, die um diese Zeit nur noch von dem Kärrner begleitet waren. Auf Vorschlag des Narcissus fuhr ich unterdessen, ohne mich aufzuhalten, zum Haus des Silius. Ich trat ein und sah den ganzen Tand, der von der Hochzeit übriggeblieben war: das Weinlaub und die Keltern und die halb abgeräumten Tische, bedeckt mit Speiseresten und umgestürzten Weinkaraffen, deren Inhalt ganze Pfützen bildete. Der Fuß verfing sich in heruntergerissenen Girlanden und Leopardenfellen. Das ganze Haus war leer, bis auf einen alten Hausmann und ein sinnlos betrunkenes Liebespaar, das in enger Umschlingung auf dem Bett der Hochzeitskammer lag. Ich ließ es verhaften, und es dauerte eine ganze Weile, bis die beiden zu sich gebracht wurden und halbwegs begriffen, wo sie waren und was mit ihnen geschah. Am meisten bekümmerte mich, daß das ganze Haus mit Möbeln aus dem Palast eingerichtet war. Nicht nur waren es Stücke, die zu Messalinas Aussteuer gehört hatten, sondern ich fand sehr viele alte und wertvolle Möbel wieder, die seit langer Zeit zum Besitz der claudischen und julischen Familie gehörten. Es konnte keinen klareren Beweis für Messalinas Absichten geben als diesen.

Wir bestiegen von neuem den Wagen und fuhren in die Gardekaserne, wo die ganze Division bereits angetreten war und mich vor der Rednertribüne erwartete. Es war jetzt vollkommen Nacht, aber die Rednertribüne war durch Fackeln erhellt. Ich stieg auf die Plattform und hielt eine kurze Ansprache. Meine Stimme war klar, aber mir kam es vor, als ob sie auch zu mir aus großer Entfernung dringe.

»Soldaten und Offiziere der Garde! Mein verstorbener Freund, der König Herodes Agrippa – derselbe, der mich euch zuerst als Kaiser vorschlug und dann den Senat bestimmte, eure Wahl gutzuheißen –, dieser kluge und seltene Mann sagte mir bei unserer letzten Begegnung und schrieb es mir in dem letzten Brief vor seinem Tode, daß ich mich niemals auf jemanden verlassen solle, niemals jemandem trauen solle, denn jeder sei meines Vertrauens unwürdig. Ich habe seinen Rat nicht wörtlich befolgt. Ich habe mich nicht von ihm bestimmen lassen, meiner Frau Messalina zu mißtrauen, von der jetzt jedermann weiß und aussprechen kann, daß sie eine Hure und Lügnerin, eine Diebin und Mörderin ist und daß sie unsere Stadt Rom aufs schwerste verunglimpft hat. Dieses enttäuschte Vertrauen zu einem einzelnen Menschen unterscheidet sich aber wesentlich von dem Vertrauen, das man zu einer Stadt, zu einer Körperschaft, einer Gemeinschaft empfinden kann. Herodes hat mit seinen Worten niemals gemeint, daß ich der unsterblichen Stadt Rom nicht vertrauen solle, und er hat auch nicht gemeint, daß ich meiner Garde mißtrauen solle. Denn ihr seid Soldaten und tut eure Pflicht. Auf die römische Pflichttreue habe ich mich von jeher verlassen, also verlasse ich mich auch heute, in dieser schweren Stunde, auf euch. Ich erwarte von euch, daß ihr – wie ihr es immer getan habt – auch diese Gefahr abwehren und niederschlagen werdet. Denn meine ehemalige Frau Messalina und ihr sogenannter neuer Mann Silius haben, wie zweifelsfrei festgestellt worden ist, den Plan gefaßt, mich zu beseitigen und die Verfassung über den Haufen zu werfen. Der Senat hat sich durch Teilnahme an dieser Verschwörung auf das übelste besudelt. Ich schäme mich, daß ich solche Worte vor euch gebrauchen muß, aber ich habe zu lange – in manchen Dingen – das Unwahre vertreten, um nicht heute meine Irrtümer offen bekennen zu müssen und die brutale Wirklichkeit bei ihrem brutalen Namen zu nennen. Ihr habt mich verstanden, Soldaten. So sagt mir jetzt, was ihr denkt!«

»Schlag sie tot, Caesar! – Keine Barmherzigkeit – Zugepackt! – Wir machen mit! – Fort mit der Hure! – Schlag alle tot!«

Daraufhin ließ ich die verhafteten vorführen, Männer und Frauen, und gab Befehl, weitere hundert festzunehmen, entsprechend der sich jede Viertelstunde durch neue Namen ergänzenden Liste. Nach drei Stunden war ich fertig. Es ging so schnell, weil von den dreihundertsechzig Vorgeführten nur vierunddreißig sich nicht ohne weiteres schuldig bekannten. Diejenigen, deren einziges Verbrechen darin bestand, daß sie an der Hochzeit teilgenommen hatten, schickte ich in die Verbannung. Zwanzig Adlige, sechs Senatoren und ein Gardeoberst gaben Ehebruch und versuchten Aufruhr freiwillig zu und baten darum, ohne Zögern hingerichtet zu werden. Ich erfüllte diese Bitte. Vettius Valens hoffte sein Leben dadurch zu retten, daß er mir weitere

Namen von Leuten nennen wollte, die an der Verschwörung teilgenommen hätten. Ich sagte ihm, daß ich seiner Hilfe dazu nicht bedürfe, und er wurde zur Hinrichtung abgeführt. In der gleichen Nacht ereigneten sich in der Stadt fünfzehn Selbstmorde von Leuten, die weder verhaftet noch bisher verdächtigt worden waren. Drei gute Freunde von mir waren darunter. Ich vermute, daß sie von Narcissus eine Warnung erhielten, die sie richtig verstanden, damit mir die peinliche Notwendigkeit, sie zu verurteilen, erspart würde. Mnester beteuerte, daß er völlig unschuldig sei. Er erinnerte mich daran, daß ich ihm selbst den unmißverständlichen Befehl gegeben habe, meiner Frau in allem dienstbar zu sein, und daß das Befolgen dieses Befehls ihm sehr schwer geworden sei, abgesehen davon, daß er noch große Qualen deshalb habe aushalten müssen. Er entblößte seinen Rücken und zeigte mir kaum vernarbte Peitschenstriemen. »Das bekam ich von Messalina, weil meine angeborene Bescheidenheit mich davon abhielt, ihren Befehlen so ausgiebig zu gehorchen, wie sie es wünschte.« Mir tat Mnester leid. Durch seine Geistesgegenwart hatte er nach der Ermordung Caligulas ein großes Blutbad verhindert. Und welchen Maßstab soll man schließlich an einen Schauspieler anlegen? Aber Narcissus sagte: »Verschonen Sie ihn nicht, Caesar. Sehen Sie sich die Narben genau an: Das Fleisch ist nicht aufgerissen, sondern nur gestreift. Jeder, der seine Augen im Kopf hat, muß sehen, daß diese Art Peitschenhiebe nicht gedacht war, einen Menschen zu verletzen, vielmehr gehörten sie zu jener Art Liebe, die im neuen Palast gepflegt wurde.« Mnester hörte das mit an, verbeugte sich elegant vor den aufmarschierten Soldaten – es war seine letzte Verbeugung – und sprach sein übliches Schlußwort: »Wenn ich euch jemals gefallen habe, so ist das meine schönste Belohnung. Wenn ich euch beleidigt habe, so erbitte ich eure Verzeihung.«

Diese Worte wurden mit völligem Schweigen aufgenommen. Dann wurde Mnester zum Tode geführt.

Die Bacchantinnen, die immer noch ihre Leopardenfelle trugen und sich dazu hergegeben hatten, meinen Namen und mein Haus zu verhöhnen, ließ ich alle aufhängen. Je zwölf wurden in einer Reihe gehenkt, an einem dicken Schiffstau, das zwischen zwei Bäumen ausgespannt war, und an dieses Tau wurden die Stricke gebunden, die ihnen den Hals zuschnürten.

Silius, der schließlich vor mich gebracht wurde, versuchte nicht erst, sich zu verteidigen. Er gab nur eine genaue Darstellung der Art und Weise, wie Messalina ihn gewonnen und verführt hatte. Ich fragte ihn: »Aber warum hast du all das getan? Warum? Hast du sie wirklich geliebt? Hast du wirklich geglaubt, ich sei ein blutgieriger Tyrann? Hast du wirklich die Republik wiederaufrichten wollen, oder hattest du nur das Ziel, an meiner Statt Kaiser zu werden?« Er antwortete: »Ich weiß es nicht, Caesar, und ich kann keine dieser Fragen beantworten. Ich habe alles mit Messalinas Augen gesehen. Sie machte mich glauben, was sie wollte. Sie überzeugte mich, daß Sie ein Tyrann seien. Pläne hatte ich nicht. Gelegentlich führte ich mit meinen Freunden das übliche Freiheitsgeschwätz. An Umsturz habe ich dabei nie gedacht.«

»Willst du, daß ich dein Leben schone und dich in den Gewahrsam deiner Familie verbanne, als einen, der nicht weiß, was er tut?«

»Ich will sterben.« Er wurde abgeführt.

Messalina hatte mir aus den Gärten des Lucullus, wohin sie der Karren mittlerweile zurückgebracht hatte, einen Brief geschrieben. Sie teilte mir mit, daß sie mich genauso liebe wie immer, und sie hoffe, daß ich ihre Tollheit nicht weiter ernst nehmen werde. Sie habe genau so, wie wir alles besprochen hätten, den Silius aufs Glatteis geführt, und wenn sie den Scherz dadurch übertrieben hätte, daß sie sich ganz gegen ihren Willen betrunken hätte – es scheine übrigens etwas dem Wein beigemischt gewesen zu sein –, so würde ich sicherlich Spaß verstehen und nicht böse oder eifersüchtig werden. »Nichts kann einen Mann in den Augen einer Frau so verhaßt und unerfreulich machen wie Eifersucht.«

Der Brief wurde mir während der Verhöre überbracht, aber Narcissus bestand darauf, daß ich ihn nicht beantwortete, ehe sämtliche Verhafteten ihr Urteil erhalten hatten. Im Augenblick durfte ich ihr nur schreiben: »Deine Mitteilung ist eingegangen und wird meine kaiserliche Aufmerksamkeit zu gegebener Stunde beschäftigen.« Er sagte, daß es nicht klug wäre, irgend etwas Schriftliches von mir zu geben, bis ich durch das Verhör das tatsächliche Ausmaß ihrer Schuld einwandfrei festgestellt hätte.

Messalinas Antwort auf meine Bestätigung war ein langes Geschreibsel, befleckt mit ihren Tränen und voller Vorwürfe, daß ich ihre aufrichtigen Worte mit so verletzender Kälte behandelt hätte. Sie machte ein volles Geständnis, wie sie es nannte, all ihrer Unbedachtsamkeiten, aber sie gab keinen einzigen Ehebruch zu. Sie bat mich, um der Kinder willen ihr zu vergeben und ihr die Möglichkeit eines neuen Lebens zu gewähren, in dem sie nichts anderes mehr sein würde als meine treue und gehorsame Frau. Sie würde imstande sein, für alle Zeiten das Sinnbild aller weiblichen römischen Tugenden zu werden. Sie unterschrieb mit ihrem Kosenamen. Dieser zweite Brief erreichte mich, während ich den Silius verhörte. Narcissus bemerkte Tränen in meinen Augen und sagte: »Geben Sie jetzt nicht nach, Caesar. Eine wirkliche Hure bessert sich nicht. Selbst in diesem Brief ist sie nicht aufrichtig.« Ich sah ihn an: »Ich gebe ja gar nicht nach. Niemand stirbt zweimal an der gleichen Krankheit.«

Ich schrieb von neuem: »Deine Mitteilung ist eingegangen und wird mich zu gegebener Stunde beschäftigen.« Messalinas dritter Brief kam, als die letzten Köpfe gefallen waren. Er war zornig und voller Drohungen. Sie schrieb, daß sie mir jeden Weg gewiesen habe, sie anständig und ihrem Rang entsprechend zu behandeln, und daß ich alle Folgen mir selbst zuschreiben solle, wenn ich sie nicht augenblicklich um Verzeihung für mein herzloses, undankbares und unverschämtes Benehmen bäte. Ihre Geduld sei jetzt zu Ende. Sämtliche Gardeoffiziere hielten zu ihr. (Sie wußte nicht, daß ihre Briefe mir in die Gardekaserne gebracht wurden.) Alle meine Sekretäre und Freigelassenen, mit Ausnahme von Narcissus, und fast alle Senatoren seien auf ihrer Seite. Sie brauche nur ein Wort zu sprechen, und ich würde verhaftet und ihrer Rache ausgeliefert werden. Narcissus lachte: »Wenigstens meine Treue gesteht sie zu! Sie kehren jetzt am besten in den Palast zurück. Sie müssen umkommen vor Hunger, seit dem Frühstück haben Sie nichts gegessen.«

»Aber was soll ich ihr antworten?«

»Sie verdient keine Antwort mehr.«

Wir begaben uns also in den Palast, wo auf Xenophons Anraten und unter seiner Mitwirkung bereits ein herrliches Mahl uns erwartete. Ich aß sehr viel, und unmittelbar nach dem Essen wurde ich sehr müde. Ich sagte zu Narcissus: »Ich bin am Ende meiner Kräfte. Heute kann mein Gehirn nichts mehr leisten. Ich übertrage dir bis morgen früh die höchste Gewalt. Vielleicht sollte ich die jämmerliche Person wissen lassen, daß sie sich morgen früh hier einzufinden und zu verantworten hat. Ich habe der alten Vibidia versprochen, mit ihr gerecht zu verfahren.«

Narcissus entgegnete nichts. Ich schlief auf dem Sofa ein. Narcissus ließ sich den Obersten der Leibwache kommen. »Befehl des Kaisers. Sie begeben sich mit sechs Mann in das Lusthäuschen in den Gärten des Lucullus und richten dort die geschiedene Frau des Kaisers, Messalina, hin.« Dann schickte er den

Euodus fort, er solle die Messalina warnen, ihr sagen, daß ihr Tod unmittelbar bevorstünde, und ihr somit die Möglichkeit geben, sich selbst zu töten. Wenn sie täte, was zu erwarten sei, würde ich von dem Befehl, sie hinzurichten, niemals etwas erfahren. –

Euodus fand sie in dem bezeichneten Lusthäuschen mit dem Gesicht auf der Erde liegend, seufzend und stöhnend. Ihre Mutter kniete neben ihr. Als Euodus eintrat, sagte Messalina, ohne aufzusehen: »Geliebter Claudius, ich bin so elend, und ich schäme mich so.« Euodus lachte. »Ich bin nicht der Kaiser. Der Kaiser liegt in seinem Bett und schläft und hat strengsten Befehl gegeben, bis morgen früh nicht gestört zu werden. Ehe er sich zurückzog, hat er dem Obersten der Leibwache befohlen, sich hierher zu verfügen und Ihnen den Kopf abzuschneiden. Er hat gesagt: ›Schneidet ihr das niedliche Köpfchen ab und steckt es auf einen Spieß.‹ Ich bin vorausgelaufen, damit Sie es wissen. Wenn Sie so mutig sind, wie Sie schön sind, rate ich Ihnen, machen Sie Schluß, ehe die anderen kommen. Ich habe einen Dolch mitgebracht, falls Sie keinen zur Hand haben.«

Domitia Lepida sagte: »Keine Hoffnung mehr, armes Kind. Du kannst nicht mehr entfliehen. Das einzige Ehrenhafte, was du noch tun kannst, ist, diesen Dolch so zu gebrauchen, wie er es rät.«

»Das ist nicht wahr«, meinte Messalina. »Claudius würde mich auf solche Art nie von sich stoßen. Das hat sich Narcissus ausgedacht. Oh, hätte ich diesen verfluchten Narcissus umgebracht! Ich habe es immer gewollt!«

Schwere Schritte wurden von draußen her gehört. Kommandoworte. Die Tür sprang auf, und der Oberst stand mit gekreuzten Armen vorm Nachthimmel. Er sprach kein Wort. Messalina schrie auf und riß dem Euodus den Dolch aus der Hand. Sie tastete ängstlich die Schärfe ab. Euodus fuhr sie an: »Sollen die Soldaten so lange warten, bis ich einen Schleifstein geholt habe?«

Domitia Lepida sagte: »Sei tapfer, mein Kind. Es tut nicht weh, wenn du schnell zustößt!«

Der Oberst nahm langsam die Arme auseinander. Seine rechte Hand faßte nach dem Griff seines Schwertes. Messalina legte die Spitze des Dolches zuerst an ihre Kehle, dann an die Brust. »Ich kann es nicht, Mutter! Ich fürchte mich so!«

Der Oberst hatte lautlos sein Schwert aus der Scheide gezogen. Er machte drei lange schnelle Schritte. Beim dritten hatte er sie durchbohrt.

Siebenunddreißigstes Kapitel

Xenophon hatte mir vor dem Einschlafen noch eine Dosis jenes Mittels gegeben, das mir schon in Ostia so gute Dienste geleistet hatte. Ich wachte mitten in der Nacht plötzlich auf, gähnte laut, sah mich noch im Speisezimmer und entschuldigte mich bei meinen Gästen für meine schlechten Manieren. Erst dann merkte ich, daß niemand im Zimmer war außer Narcissus, der meinen Schlaf bewacht zu haben schien. Ich war sehr wirr im Kopf und vermochte mich beim besten Willen nicht zu sammeln.

»Was ist das nur für eine Geschichte gewesen«, fragte ich, »die bei dem Verhör mehrere Male vorgekommen ist? Vettius saß auf einem Baum und erzählte, ich sei ein Gott? Oder habe ich das geträumt?«

»Es ist kein Traum. Es ist eine Nachricht, die vor einigen Tagen eingetroffen ist, aber ich wollte sie Ihnen nicht eher melden, als bis eine Bestätigung vorlag. Unsere Leute haben in Colchester einen Tempel erbaut und ihn dem Gott Claudius Augustus geweiht. Ob man dort glaubt, jeder Caesar sei ein Gott, oder ob nur eine Verwechslung mit Augustus vorliegt, weiß ich nicht. Jedenfalls scheint erwiesen zu sein, daß Sie seit dem Frühsommer in Britannien als Gott verehrt werden.«

»Darum fühle ich mich so seltsam! Ich bin ein Gott. Ja, ja, ich habe die Genehmigung gegeben, jetzt erinnere ich mich, daß in Colchester ein Augustustempel gebaut würde, und zwar zum Dank für den Sieg unserer Waffen.«

»Dann ist der Irrtum leicht zu erklären, und es verhält sich so, wie ich vermute. Unser Gouverneur hat unter Augustus Sie selbst verstanden, zumal die Eingeborenen dort mit religiöser Scheu von Ihnen sprechen. Die Elefanten und die Kamele, die feurigen Pechkugeln und die schwarzen Speerwerfer sind noch längst nicht in Vergessenheit geraten. Vom politischen Standpunkt aus war es sogar sehr klug, daß der Gouverneur den Tempel Ihnen geweiht hat, denn für die Leute in Britannien – von den römischen Kolonisten abgesehen – bedeutet der Gott Augustus nichts. Aber ich würde bedauern, wenn dies gegen Ihre Wünsche geschehen wäre.«

»Also bin ich ein Gott, also bin ich ein Gott«, wiederholte ich schlaftrunken. »Herodes hat immer gesagt, ich würde als Gott enden, und ich habe immer gesagt, das wäre Unsinn. Kann man einen solchen Unsinn nicht rückgängig machen?«

»Die Eingeborenen würden es nicht verstehen. Seit drei Monaten haben sie sich gewöhnt, Sie als Gott zu verehren. Es könnte der römischen Herrschaft Schwierigkeiten bereiten. Ein Widerruf könnte so aussehen, als ob wir nicht wüßten, wer nun eigentlich unsere Götter sind.«

»Wenn ich es mir so im Augenblick überlege: Mir soll es recht sein. Ich könnte beschwören, mir ist alles recht. Wenn ich jetzt dieses arme Weib hierherbringen ließe – ich fühle mich frei von den kleinen Leidenschaften der Sterblichen. Ich könnte ihr jetzt verzeihen.«

»Sie ist tot«, sagte Narcissus mit tiefer Stimme, »tot, wie Sie es befohlen haben.«

»Wie ich es befohlen habe – so? Ich erinnere mich im Augenblick an nichts mehr. Also ein Gott. Ich würde gern wissen, wie ich als Gott aussehe. Messalina ist tot. Die schönste aller Frauen, mein Freund, aber schlecht. Aber schlecht!«

»Schön, aber schlecht, jawohl, Caesar.«

»Es soll mich jemand ins Bett bringen, damit ich den Schlaf der Götter schlafe.«

Sie brachten mich zu Bett. Ich schlief bis fast zum nächsten Mittag. Schon am frühen Morgen hatte der Senat sich versammelt und einen Antrag angenommen, wonach mir zur schnellen Unterdrückung des Aufruhrs Glückwünsche und Dank ausgesprochen werden sollten. Der Name der Messalina aber sollte überall gelöscht, aus allen öffentlichen Inschriften entfernt werden, und ihre Statuen sollten der Zerstörung anheimfallen.

Ich wurde erst nachmittags wieder sichtbar und nahm die Arbeit auf. Jedermann, der mit mir zu tun hatte, war außerordentlich höflich und zuvorkommend zu mir, ja, ich mußte eine Ehrfurcht oder Achtung im Betragen meiner Mitbürger feststellen, die mir trotz aller Ehrungen bisher noch nicht zuteil geworden waren. Ich redete immer noch in jenem unbeteiligten »olympischen« Stil, der die Folge der Medizin war, und da es meine Arbeit störte, riet Narcissus dem Xenophon, mir keine weitere Dosis zu geben. So wich die »olympische« Kühle allmählich von mir, und ich begann, mich wieder durch und durch sterblich zu fühlen. Am ersten Tag, als ich einen ganz freien Kopf hatte, fragte ich vor dem Frühstück nach Messalina. »Wo ist sie? Sonst pflegt sie immer das Frühstück mit mir zu nehmen.«

»Sie ist tot, Caesar«, sagte Euodus, »tot seit einigen Tagen, und auf Ihren Befehl.«

»Ich wußte es nicht«, sagte ich unsicher, »das heißt, es war mir nicht gegenwärtig.« Kurz darauf fluteten all die Schande und der Schmerz und das Entsetzen wie eine riesige Welle über mein Gemüt, und ich brach zusammen. Ich schwatzte von meiner süßen Messalina, klagte mich an, sie ermordet zu haben, und es dauerte geraume Weile, bis Xenophon diesen ernsten Anfall beseitigt hatte.

Ich wundere mich heute, daß ich diese Tage überhaupt bestehen konnte. Es war weniger die entsetzliche Enttäuschung, die ich an Messalina erlebt hatte, als der Zusammenbruch meiner gesamten Weltanschauung, der mein physisches Sein nicht minder als meine geistige Existenz zu zerstören drohte. Das Vertrauen auf die Menschen, worauf ich meine ganze republikanische Lehre gegründet hatte, war enttäuscht worden. Unter meinen Augen, sozusagen im Nebenzimmer, hatte sich die Verworfenheit breitmachen können, die ich endgültig gebannt wähnte, die ich nur als Begleiterscheinung der Regierungsmethoden eines Tiberius oder Caligula anzusehen mich gewöhnt hatte. Vielleicht ging es zu weit, wenn ich mir die Schuld an den Ereignissen zuschrieb. Aber dasjenige, was die Komponente eines Wesens bedeutet, findet seine Ergänzung, seine Ausstrahlung, seine Gegenwirkung, und die Gegenwirkung in meinem Fall war vernichtend gewesen. Und wenn die Methode falsch war, konnte dann das Ziel noch irgendwie als richtig angesehen werden? Ich hatte alles Wissen um die Zusammenhänge gehabt, und gerade dieses Wissen war vielleicht mein Verbrechen. Denn durch meine Milde war die Macht verfallen, jene Macht, die sich nicht immer äußerlich zu dokumentieren braucht und die man mit einem andern Wort vielleicht das moralische Volksvermögen nennen könnte. Um wiederzugewinnen, was ich verscherzt hatte, blieb mir nichts anderes übrig, als jetzt noch von meinen alten römischen Idealen zu lassen und durch Ausnutzen meiner Macht den Irrtum auszugleichen, dem ich mich hingegeben hatte. Was einem Volk zustößt, welche Herrscher es sich wählt, welches Glück, welches Unglück es durchmacht – in einem höheren Sinn ist all dies von seinem Willen abhängig. Wie Augustus ein Teil dieses Volksverlangens gewesen war, so waren es Tiberius und Caligula nicht minder. Wer hatte das Volk bestürmt, ihn nicht zum Kaiser zu wählen, wer hatte alles versucht, dieser Ehre zu entgehen? Ich. Aber der Wille des Volkes war stärker als der meine gewesen.

Tagelang stürmten diese Gedanken auf mich ein. Ich tadelte mich, ich entschuldigte mich. Aber der Tadel gewann die Oberhand. Ich hatte mir zu viele Illusionen gemacht. Ich hatte übersehen, wie sehr sich die Mentalität ändern kann, wie wenig eine ältere tiefe Lehre einer neuen roheren Generation nützen kann. Aber regiert es sich denn wirklich nur aus dem Augenblick heraus? Ist es Pflicht, die ewigen Gedankengänge zu leugnen und jeder Notwendigkeit des Augenblicks das Wort zu reden? Muß das nicht einen immerwährenden unaufhaltsamen Verfall zur Folge haben?

Eines stand jedenfalls unerschütterlich fest: Die Generation, die die inneren Wirren unter Tiberius und Caligula überstanden hatte, war nicht mehr mit den Römern der alten großen freien Republik zu vergleichen. Sie hätte sich höchstwahrscheinlich unglücklich unter den alten Idealen gefühlt. Die Monarchie, die Gewalt, schien das zu sein, was sie suchte. Und überall da, wo mein einzelner persönlicher Wille sich durchgesetzt hatte, war es zum Guten gewesen. Überall da, wo ich Vertrauen gab und Größe voraussetzte, hatte ich furchtbare Niederlagen erlitten. Ich brauchte damit meine Überzeugungen nicht für unrichtig zu halten. Vielleicht werden sie vor denen, die in vielen hundert oder tausend Jahren meine Aufzeichnungen lesen, ohne weiteres bestehen und selbstverständlich sein. Unrichtig war lediglich das Verbinden meiner Überzeugungen mit meiner Generation des Übergangs. Ich konnte nicht allzuviel Bewundernswertes an dieser Generation finden, aber sie hatte ihre geschichtliche Mission zu erfüllen wie jede Generation, und ich war berufen, sie auf ihrem Weg anzuführen. Schließlich spielen auch die Irrtümer eine große Rolle in der Aufwärtsentwicklung: Sie sind das Gift, das ausgeschwitzt werden muß, und es wäre ein großes Verbrechen, diesen Prozeß des Ausschwitzens aufzuhalten oder gar zu verhindern. Ich mußte mir eingestehen, daß ich das Verhindern nicht ungern gesehen hätte. Aber darin mußte ich jetzt eine ebenso schädliche wie gefährliche, ja sogar eine durchaus feige Theorie erblicken. Vielleicht war der ungeheure Skandal, der das Leben der Messalina für Rom gewesen war, nur ein Weg zur schnelleren Überwindung eines Zwischenzustandes. Wenn ich historische Achtung vor mir selbst behalten wollte, mußte ich das annehmen. Ich wußte jedenfalls jetzt, wo die letzte Aufgabe meines Lebens lag.

Einer der furchtbarsten Gedanken in diesen Tagen war mir der Gedanke an meine Kinder. Waren Britannicus und Octavia vielleicht nicht meine Kinder? Bei Octavia schien es mir ziemlich festzustehen, daß sie keinerlei Familienmerkmale der Claudier geerbt hatte. Ich hatte wegen der Vaterschaft einen bestimmten Verdacht, aber der Betreffende war tot. Britannicus war sicher ein echter Claudier, aber auf einmal beengte mich der Gedanke, daß er meinem Bruder Germanicus so ähnlich war. Bestand eine Möglichkeit, daß Caligula, der Sohn des Germanicus, der Vater des kleinen Britannicus war? Er hatte zwar nichts vom Charakter des Caligula geerbt, aber das besagt für diese Frage nichts, denn die Vererbung erfolgt meistens vom Großvater auf den Enkel, also hätte die Ähnlichkeit des kleinen Britannicus mit Caligulas Vater Germanicus – eine Ähnlichkeit auch im Charakter und der Begabung – den fürchterlichen Verdacht mir noch bestätigen können. Eine Zeitlang vermochte ich den Anblick der Kinder nicht zu ertragen. Ich hielt sie mir so fern wie möglich. Die Kinder litten darunter sehr. Sie hatten innig an ihrer Mutter gehangen, also hatte ich strengen Befehl gegeben, den Kindern die Wahrheit nicht zu sagen, sondern sie nur wissen zu lassen, daß ihre Mutter durch einen Unfall gestorben sei. Doch irgendwie bekamen sie heraus, daß ich ihre Mutter hatte hinrichten lassen, und das verhärtete ihre kleinen Herzen sehr gegen mich. Aber mir war es unmöglich, ihnen die wirklichen Zusammenhänge zu erklären.

Es war nicht allein der Kinder wegen, daß ich in verhältnismäßig kurzer Zeit den Gedanken an eine neue Heirat erwog. Gewiß würde es, wie alle meine Freunde versicherten, den Kindern guttun, wieder unter eine weibliche Hand zu kommen. Aber mein persönliches Schicksal kümmerte mich nicht mehr. Ich wollte nicht heiraten, um mir eine Frau und den Kindern eine Mutter zu gewinnen. Ich hatte ganz andere Gedanken, aber niemand in meiner Umgebung wußte davon. Kaum glaubten meine Sekretäre sicher zu sein, daß ich den Gedanken an eine neue Heirat erwog, als sie mir Vorschläge machten. Callistus hielt Lollia Paulina, die eine Zeitlang Caligulas Frau gewesen war, weil sie als schönste Frau seines Reiches galt, für die Geeignete. Aber Narcissus wußte nicht genug Schlechtes über sie zu erzählen, als er mir vorschlug, ich solle den Rest meines Lebens wieder ganz glücklich werden und aus diesem Grund zu Calpurnia zurückkehren. Offiziell sollte ich irgendeine Dame heiraten, aber im übrigen sollte das alte Leben mit Calpurnia wieder beginnen. Er hielt sie für die beste Frau des ganzen Landes. Ich versprach beiden, ihren wertvollen Anregungen nachzugehen.

In Wirklichkeit hatte ich mich längst entschieden. Und Pallas schlug mir von sich aus die Frau vor, die zu heiraten ich die

Absicht hatte: meine Nichte Agrippinilla. Wie kam Pallas auf die monströse Idee, daß ich meine Nichte heiraten würde? Er mußte entweder ganz ungewöhnlich dumm oder ungewöhnlich klug sein und beinahe so weit denken können, wie ich damals dachte. Denn Agrippinilla war meine leibliche Nichte, also wäre die Ehe an und für sich schon Blutschande gewesen. Agrippinilla war die Mutter des kleinen Lucius Domitius, der mir den größten Abscheu einflößte, und schließlich, seitdem Messalina tot war, konnte sie den Ehrentitel beanspruchen, die verdorbenste Frau Roms zu sein. Das alles wußte Pallas genausogut wie ich. Er wußte aber auch, daß Agrippinilla wahrscheinlich die einzige Frau in Rom war, die Messalinas Arbeit hätte übernehmen und fortsetzen können. Er erklärte übrigens ebenfalls, daß diese Ehe nur formell zu schließen sei und daß ich nebenbei noch eine Mätresse oder mehrere haben müßte, ganz wie es mir beliebte. Ich versprach auch ihm, sorgfältig über seine wertvolle Anregung nachzudenken.

Etwas später bat ich Agrippinilla zu mir. Ich hatte sie durch Pallas vorher verständigen lassen. Sie trat ein und fiel mir zu Füßen. Ich bat sie, aufzustehen, und fragte sie, ob sie meine Frau werden wolle. Sie umarmte mich leidenschaftlich und erklärte, dies sei der glücklichste Augenblick ihres Lebens. Ich habe ihr das gern geglaubt. Warum auch nicht? Denn jetzt würde sie imstande sein, die Welt durch mich zu regieren. Agrippinilla war eine sehr kluge Frau. Sie war in allem und in jedem anders als Messalina, denn Messalina war nur gescheit oder gerissen. Agrippinilla aber hatte ihre Sinnlichkeit stets in ihrer Gewalt. Hinreißen aus Leidenschaft ließ sie sich nie. Sie erinnerte darin sehr an ihre Großmutter, die Göttin Livia: Ihr lag nur an der Macht. Sie war zwar völlig ohne Moral, aber sie verschwendete ihre Gunst nicht. Messalina verschenkte sich an jeden, für sie war alles nur Vorwand für die Erotik. Für Agrippinilla war die Erotik eine mehr oder minder lästige Begleiterscheinung. Sie schlief nur mit Männern, die ihr politisch von Vorteil sein konnten. Ich wußte das ganz genau, wie ich überhaupt meine Umwelt besser kannte, als man es mir zutraute. Nur in dem einen Fall Messalina war ich vollständig blind gewesen. Ich glaube übrigens, daß Pallas, mein Staatssekretär für Finanzen, heute ihr geheimer Liebhaber ist. Weniger, um ihn zu belohnen, daß er sie mir vorgeschlagen hat, als weil sie die Wichtigkeit seiner Stellung kennt. Mir macht das alles nichts mehr aus. Ich hatte andere Ziele.

Vitellius nahm es auf sich, den Senat um die Genehmigung zu

bitten, daß ich meine Nichte heiraten dürfe. Er bediente sich der besten altmodischen Beredsamkeit. »Sie werden lange suchen müssen, meine werten Freunde, bis sie unter den Frauen Roms eine zweite finden, die dieser Agrippinilla gleicht. Nicht nur, daß sie aus herrlichem und bewährtem Geschlecht stammt – hat sie nicht bereits einen einzigartigen Beweis ihrer Fruchtbarkeit gegeben, ist sie nicht das Urbild und Vorbild dessen, was wir mit stolzer Erinnerung römische Tugend nennen? Es ist in der Tat eine außerordentlich günstige Schicksalsfügung, daß diese Frau eine Witwe ist und somit in den Stand gesetzt, sich mit einem Mann zu verbinden, der uns allen berechtigte Gefühle des Stolzes auf seine ehemännlichen Tugenden entlockt hat!«

Der Senat gab dem Antrag einstimmig statt – ich brauche das wohl nicht erst zu erwähnen. Die Entscheidung wurde nicht getroffen, weil Agrippinilla sich besonderer Beliebtheit erfreute, sondern weil sich niemand ihr Mißvergnügen zuziehen wollte, nachdem es nun offenbar zu sein schien, daß sie meine Frau werden würde. Der Senat sandte mir seine Grüße und seine Glückwünsche. Ich empfing sie auf dem Marktplatz und begab mich daraufhin in den Senat, wo ich den Antrag stellte, die Ehe zwischen dem Onkel und seiner Nichte bürgerlicherseits gesetzlich zu machen. Der Antrag wurde angenommen. Am Neujahrstag heiratete ich Agrippinilla.

Ich gab dem Senat eine Erklärung über den mir in Britannien geweihten Tempel. Es sei ein Zufall, daß ich zum Gott gemacht worden sei, und ich bäte deshalb meine Mitbürger um Verzeihung. Der Widerspruch zu meinen oft geäußerten Ansichten sei deutlich genug, aber aus politischen Gründen hätte ich davon Abstand genommen, die Angelegenheit rückgängig zu machen. Außerdem sei jener Tempel nur klein und ländlich. Den Fußboden bilde die nackte Erde, und das Dach sei mit Gras gedeckt, ähnlich jenen Behausungen, in denen die römischen Götter zu den Zeiten der Republik lebten, ehe Augustus ihnen ihre Paläste errichtete. Also werde niemand Anstoß nehmen an einem so fern gelegenen kleinen Tempel, den ein oder zwei alte Priester betreuten und in dem man gelegentlich ein bescheidenes Opfer darbringe. – Tatsächlich hat auch niemand den geringsten Anstoß genommen.

Meine Ehe mit Agrippinilla verlief genauso, wie ich es gedacht und gewünscht hatte. Ich bin jetzt fünf Jahre mit ihr verheiratet, und in diesen Jahren hat sich verhältnismäßig wenig zugetragen. Es gibt auch nicht allzu viel über meine eigenen Taten zu schreiben, denn meine Energie war verbraucht. Ich will damit nicht zum Ausdruck bringen, daß ich nun alles treiben ließ, wie es wollte, nein, ich tat nach wie vor, was ich für richtig hielt. Aber meine Ansicht über das, was richtig war, hatte sich sehr gewandelt. Am Anfang kam es mich schwer an, mich zurückzuhalten, aber allmählich merkte ich auch an der Gegenwirkung, daß mein Verhalten richtig war. Und das Verhalten bestand darin, daß ich mit offenen Sinnen und Augen die mir verhaßte Regierungsform der Monarchie so laufen ließ, wie sie ihrem Charakter und ihrem Wesen nach laufen mußte. Je mehr ich mich ihr entgegengeworfen hatte, desto mehr hemmte ich diesen Lauf und verzögerte ihn. Aufzuhalten war er nicht, zu seinem natürlichen Ende mußte er kommen. Ich tat also äußerlich genau das Gegenteil von dem, was ich früher getan hatte und eigentlich auch heute noch tun möchte, aber je schneller das Gift den gesunden Körper meines Volkes verläßt, desto mehr muß schließlich sein Arzt zu preisen sein, auch wenn der Arzt dadurch in den Geruch kommt, seine Überzeugung geopfert zu haben. Nicht auf den Arzt kam es an, sondern auf den Kranken. Die augenblicklich dem Wesen des Volkes entsprechende Staatsform konnte sich nicht erhalten. Ihre Verfallssymptome waren zu groß. Je schneller die Verfallssymptome sich steigerten, je unerträglicher sie wurden, je stärkeren Widerstand sie endlich auslösten, desto eher konnte Rom in ein neues Stadium treten. Sicherlich würde ich ein besserer Herrscher in diesem von mir geträumten neuen Stadium sein, aber so lange zu leben, konnte ich nicht hoffen.

Also war es meine einzige Pflicht, auf dem verlorenen Posten auszuhalten, der mir zugewiesen war, und alles Erdenkliche zu versuchen, den Weg durch die Schwierigkeiten so sehr wie möglich abzukürzen. Daß ich dabei keinerlei bewußte Zerstörung veranlassen durfte, war mein heiliges Gelübde vom ersten Tag an gewesen, seitdem ich mich zu dieser Kursänderung entschlossen hatte. Allerdings kam mir alles, was geschah, ohnehin schon wie Zerstörung vor. Ich ließ mich im allgemeinen von Agrippinilla und meinen Sekretären regieren. Ich habe meinen Mund geöffnet und geschlossen und meine Arme bewegt, wie es die kunstvollen sizilianischen Marionetten zu tun pflegen, aber es war weder meine Stimme, noch waren es meine Gebärden. Agrippinilla war klug genug, um sich als gute Herrscherin erweisen zu können, als gute und fähige Tyrannin.

Wenn sie in einen Raum tritt, wo irgendwelche Würdenträger versammelt sind, und ihren kühlen Blick auf die Wartenden richtet, dann zittert und springt jeder, daß es beinahe ein Vergnügen ist. Während ich die Macht ausübte, war das anders. Agrippinilla heuchelt auch nicht, daß sie mich liebt. Ich hatte ihr sehr bald zu verstehen gegeben, daß ich sie nur aus bestimmten politischen Gründen geheiratet hätte und daß sie mir körperlich eine unüberwindbare Abneigung einflößte. Ich sagte ihr das ganz offen. »Ich brauche deinen Verstand, nicht dein Herz. Du sollst mir die meiste Arbeit abnehmen. Ich bin alt und müde. Ein solches Reich zu führen verlangt mehr weibliche als männliche Eigenschaften. Wir wollen uns gegenseitig möglichst nichts vormachen, also auch nicht so tun, als ob irgend etwas wie Liebe zwischen uns bestünde.« Sie war mit dieser Erklärung sehr einverstanden. »Du bist allerdings nicht der liebende Gatte, von dem man träumt«, meinte sie.

»Und du bist auch nicht mehr das, was du vor zweiundzwanzig Jahren warst, da du zum ersten Mal als Braut geschmückt wurdest. Aber du wirst dich etwas länger halten als ich, wenn du mit der täglichen Gesichtsmassage und den Milchbädern weiterhin so gewissenhaft fortfährst. Vitellius hält dich für die schönste Frau in Rom.«

Ganz hinter meine wahren Absichten ist Agrippinilla niemals gekommen. Sie merkte zwar sehr rasch, daß es keiner krummen Wege bedürfe, um von mir etwas zu erreichen, denn ich war fast mit jedem ihrer Vorschläge von vornherein einverstanden. Sie konnte es beinahe nicht glauben, als ich ohne weiteres zustimmte, meine Tochter Octavia – offiziell galt sie ja dafür – mit ihrem Sohn Lucius zu verloben. Sie kannte meine Abneigung gegen Lucius und verstand nicht, warum ich kein einziges Wort des Bedenkens oder gar des Protestes gesagt hatte. Also wagte sie noch einen Schritt: Sie regte an, ich möge ihren Sohn auch adoptieren. Aber mit diesem Wunsch kam sie nur meinen Absichten haargenau entgegen. Ich wußte, daß sie diesen Gedanken eines Tages anregen würde, und war längst darauf eingestellt, meinen Sohn Britannicus und ihren Sohn Lucius gemeinsam zu meinen Erben einzusetzen. Eine Erbschaft gemeinsam antreten heißt stets, daß der Stärkere den Schwächeren aus dieser nicht von ihm verfügten Gemeinsamkeit hinausdrängen wird. Wer in diesem Fall der Stärkere war, konnte nicht zweifelhaft sein. Allerdings muß ich hier eine Einschränkung machen. An guten Eigenschaften, an gerader Gesinnung und offenem Wesen war Britannicus weit überlegen. Aber ich hatte zu beobachten reichlich Gelegenheit gehabt, daß man mit solchen Mitteln einen

Gegner viel weniger leicht aus dem Weg räumt als mit denen, die dem Charakter des Lucius entsprachen.

Ich adoptierte also den Lucius, und er nannte sich fortan Nero. Auch ich werde ihn auf den letzten Seiten meiner Geschichte Nero nennen , denn wenn sich ereignet, was ich mit Sicherheit voraussehe, werden sich mit diesem Namen dereinst abscheuliche Erinnerungen verbinden. Britannicus konnte den Nero ebensowenig leiden wie ich selbst, und er machte aus seiner Abneigung kein Hehl. Nero aber bewarb sich auf das unterwürfigste um seine Gunst. Britannicus hatte alle die guten Eigenschaften, die auch seinen Onkel nicht vor dem Untergang bewahrten und die – ich muß es offen aussprechen – augenblicklich zu nichts führen. Er lebte das einfachste Leben, das man sich vorstellen kann, beinahe wie ein Soldat im Krieg. Er schlief in einem gewöhnlichen Feldbett, aß nur ganz einfache Kost, war ein glänzender Reiter und Fechter und beschäftigte sich hauptsächlich mit der frühen römischen Geschichte und der technischen Seite der Strategie. Dabei kannte er Homer, Ennius und Livius genauso gut wie ich. Seine Ferien pflegte er gern auf meinem Gut bei Capua zu verbringen, wo er sich gründliche Kenntnisse auf allen Gebieten der Landwirtschaft aneignete. Ich sagte seinem Erzieher: »Die alten Perser lehrten ihre Kinder, jedes Ziel von vorn zu beschießen und die Wahrheit zu sagen. Das soll auch mein Sohn lernen.«

Narcissus versuchte es, mich vor dieser Art von Erziehung zu warnen. Sie sei nicht zeitgemäß. Ich erklärte ihm kurz, daß jeder seiner Begabung und Veranlagung gemäß unterrichtet werden müsse. – Die Veranlagung des Britannicus schaffte ihm keine Aussichten auf dem Felde der Politik oder des Regierens. Je mehr ich seine Eigenart unterstrich, desto leichter konnte ich ihm vielleicht sein Schicksal machen. Wenigstens versuchte ich, ihn und Nero auf so verschiedene Weise zu erziehen, daß eines Tages keiner mehr ein Gegner für den anderen zu sein brauchte.

Bei Nero wandte ich eine ganz andere Methode an. Ihn ließ ich von Seneca erziehen, dem Redner tönender Worte, dem schamlosen Schmeichler, dem perversen Wüstling. Agrippinilla war mit der Wahl dieses Lehrers sehr einverstanden. Narcissus dachte, es sei doch etwas wahres an den Geschichten von meinem Schwachsinn.

Nero hatte stets Angst vor seiner Mutter. Er gehorchte ihr wie ein Hund, und sie behandelte ihn mit großer Strenge. Sie weiß schon jetzt, daß sie nach meinem Tod durch ihn regieren wird, genau wie Livia durch Augustus und später noch durch Tiberius regiert hat. Allerdings war ihr verschwiegen worden, was nur ich wußte: Bei der Geburt Neros hatte der Astrologe Barbillus prophezeit, daß dieses Kind seine Mutter töten werde. Und Barbillus irrte sich nie.

Wohl um zu prüfen, wie weit sie gehen könnte, bat Agrippinilla mich, ihr beim Senat den Titel zu verschaffen, den ich der Messalina stets verweigert hatte, den Titel Augusta. Sie glaubte wohl, hier endlich auf Widerstand zu stoßen, aber ich erhob keinen Einwand. Jedes Verweigern hätte meinem heiligen Vorsatz nur geschadet. Ich häufte Ehren und Privilegien auf sie, die noch keiner Frau Roms in solchem Ausmaß zuteil geworden waren. Sie sitzt sogar neben mir bei Gericht, wenn ich den Vorsitz führe. Sie hatte keine Rivalinnen in Rom und duldete keine. Die arme dumme Lollia Paulina wurde von ihr in den Tod getrieben, und nur, weil einmal daran gedacht worden war, daß sie meine letzte Frau werden sollte. Auch Domitia Lepida, Messalinas Mutter, wurde von ihr beseitigt. Ich selbst gab meine Einwilligung, daß sie zum Tode verurteilt wurde.

Alles nahm ich mit Gleichmut hin. Nur eine ihrer Taten trieb mir die Tränen in die Augen, und ich konnte nur schwer das Gefühl unterdrücken, augenblicklich Rache zu nehmen. Aber damit hätte ich die Toten nicht zum Leben erweckt, und mein mühsames, ach, so mühsames Vorhaben wäre zunichte geworden. Agrippinilla hatte Calpurnia und Cleopatra ermorden lassen. Ihr Haus wurde nachts angezündet, und sie verbrannten in ihren Betten. Es sollte wie ein Unglück aussehen, aber es war Mord. Ich hatte Calpurnia seit jenem entsetzlichen Nachmittag nicht wiedergesehen. Sie war wohl der einzige lebende Mensch, der mich genau kannte, und ihr hätte ich nicht vorreden können, daß Vernunft und Staatsgründe hinter meinem Verhalten steckten. Ihr hätte ich gestehen müssen, welche Gedanken mich bewegten und warum ich dem Abscheulichen überall in den Sattel half, nachdem ich es so lange bekämpft hatte. Und ich hatte mir vorgenommen, es keinem Menschen zu sagen. – Arme liebe Calpurnia, seitdem bin ich allein!

Bald darauf wurde Neros Hochzeit mit Octavia gefeiert. Ich ließ ihm vom Senat schon jetzt reichliche Ehren bewilligen. So ließ ich ihn im Alter von sechzehn Jahren zum Consul wählen. Das Amt selbst sollte er im Alter von zwanzig Jahren antreten. Nero wurde auch früh in die Rechtspflege eingeführt und verblüffte die Öffentlichkeit durch einige ausgezeichnete Entscheidungen, die er aus dem Ärmel zu schütteln schien. Nur ich wußte, daß Seneca die betreffenden Fälle bis ins kleinste vorher mit ihm durchgenommen hatte, und alles, was Nero zu tun hatte, war, plötzliche Eingebung zu mimen. Er tat dies mit dem ihm eigenen schauspielerischen Talent. Die »kaiserliche« Krankheit hatte also schon sehr füh von Nero Besitz ergriffen, während ich den Britannicus nach Möglichkeit von der Stadt fernhielt, um ihn überhaupt nicht infizieren zu lassen.

Anläßlich einer Teuerung wurde ich einmal vom Volk auf das wüsteste beschimpft. Man versuchte sogar, handgreiflich zu werden, und ohne meine Leibwache hätte ich wahrscheinlich eine sehr unangenehme Bekanntschaft mit der Volkswut gemacht. Früher hätte mich ein solcher Vorfall auf das tiefste betroffen. Jetzt lachte ich nur in mich hinein.

Agrippinilla arbeitete in meiner Berechnung wie eine Maschine. Sie tat schließlich alles, was ich von ihr erwartete. Ich war manches Mal geradezu stolz auf meine Menschenkenntnis. Das unfreiwillig Komische war und blieb nur, daß sie sich stets in Kampfstimmung befand und sich Schwierigkeiten gegenüber glaubte, die ich ihr machen würde. Aber niemals stieß sie auf den geringsten Widerstand. So holte sie, wie sie dachte, zum großen Schlag aus. Ich erinnere mich an die Unterredung noch genau. Ich war einige Tage lang etwas erkältet gewesen. Sie besuchte mich und sprach Befürchtungen über meine Gesundheit aus. Es könnte sein, daß mir etwas Unerwartetes zustieße. Darum möchte ich ihr ein Schriftstück ausstellen, wonach Nero für fähig erklärt würde, unter ihrer Leitung die Regierungsgeschäfte wahrzunehmen. Ich lachte ihr ins Gesicht: »Soll ich mein eigenes Todesurteil unterschreiben? Also schön, gib mir die Feder. Wann soll das Begräbnis stattfinden?«

»Wenn du nicht unterschreiben willst«, sagte sie, »ich zwinge dich nicht.«

»Gut, dann werde ich nicht unterschreiben.«

Sie ging zornig davon. Ich rief sie zurück. »Ich habe nur gescherzt. Natürlich werde ich unterschreiben. Hat übrigens Seneca dem Nero schon die Leichenrede einstudiert? Ich würde sie gern vorher einmal hören.«

Ich mußte an mir feststellen, daß ich nichts mehr ernstzunehmen vermochte. Ich fand sogar Gefallen an Kampfspielen und Seeschlachten auf künstlichen Seen. Der Anblick von Toten machte mir nichts mehr aus. Als wir einmal eine Talsperre einweihen wollten und der Senat und Agrippinilla und alles, was einen Namen hatte, in höchster Spannung auf den Augenblick wartete, in dem das Wasser an den riesigen Staudamm heranbrausen würde, geschah es infolge eines technischen Fehlers, daß die ungeheure Wucht des Wassers den ganzen Staudamm mit zu Tal riß. Die Festgäste mußten sehr behende davonlaufen und befeuchteten sich nicht unerheblich. Ich wäre beinahe selbst in Gefahr gekommen, wenn mich Narcissus nicht fortgeschleppt hätte, denn ich fand den Anblick der flüchtenden Respektspersonen unvergleichlich erheiternd. Ich sagte zu Narcissus: »Was für ein herrliches Symbol: Alle Arbeit umsonst, alle kunstvolle Erfindung weggerissen von der Naturkraft!« Es war mir interessant zu vernehmen, daß Agrippinilla den Durchbruch des Wassers für eine ihr persönlich zugedachte Beleidigung hielt. Ich lachte sie aus, worüber sie sehr ungehalten wurde. Sie redete viel dummes Zeug.

Achtunddreißigstes Kapitel

Ich habe dies Buch im vierzehnten Jahr meiner Regierung begonnen und vollendet. Ich hatte viel freie Zeit. Es liegt fertig vor mir. Wir schreiben September. Barbillus hat mir kürzlich das Horoskop gelesen und glaubt, daß ich um die Mitte des nächsten Monats sterben werde. Ich glaube es auch, denn vor vielen Jahren hat mir Thrasyllus dasselbe prophezeit. Er gestand mir ein Leben von 63 Jahren, 63 Tagen, 63 Nachtwachen und 63 Stunden zu. Wenn man alles das zusammenzählt, muß ich am 13. des nächsten Monats, also am 13. Oktober, sterben. Ich bin darauf vorbereitet. Heute morgen im Gericht bat ich die Anwälte um etwas mehr Rücksicht auf einen alten Mann, der im nächsten Jahr nicht mehr bei ihnen sein werde. Meinen Nachfolger könnten sie behandeln, wie es ihnen beliebe.

Nero ist jetzt siebzehn. Er geht umher mit der affektierten Bescheidenheit und Sittsamkeit einer kostspieligen Hure, schüttelt mit malerischer Bewegung sein parfümiertes Haar von Zeit zu Zeit aus der Stirn und bleibt gelegentlich nachdenklich stehen, was so aussieht, als wenn ein besonders blöder Schauspieler in einem ernsten Stück einen Philosophen zu spielen hätte. Dabei senkt er den Kopf auf seine etwas weibische Brust, klopft sich mit den Fingerspitzen an die Schläfe und tut sonst jede Albernheit, die ein wirklicher Denker verabscheut. Wenn er mit Bekannten zusammen ist, läßt er gelegentlich ein Epigramm vom Stapel, ganz still, ganz bescheiden, ganz zufällig – ein Epigramm, das ihm Seneca eingetrichtert hat. Ich nenne dieses Spiel: Seneca verdient sich sein Frühstück. Ich wünsche Neros Bekannten und Verwandten viel Freude an ihm. Ich wünsche der Stadt Rom viel Freude an ihm.

Vor einigen Tagen habe ich mir Xenophon kommen lassen und ihm gedankt, daß er mich so lange am Leben erhalten hat. Ich erfüllte mein Versprechen und befreite seine Heimat, die Insel Kos, von allen Abgaben und Steuern. Ich hatte eine funkelnde Rede über die große Schule von Ärzten gehalten, die von Kos aus Wohltäter über die ganze Welt sende. Abgesehen davon, daß ich dem Xenophon aufrichtig dankbar war, setzte ich eine große Hoffnung auf ihn. Er sollte helfen, daß Britannicus lebendig durch die Regierungszeit Neros komme. Denn daß Nero mein Nachfolger wird, steht bereits fest. Agrippinilla ist verläßlich, soweit es sich um ihre Pläne handelt. Und der Plan ihres Lebens ist gewesen, daß Nero Herrscher wird. Aber wenn Nero den Gedanken der Monarchie auf das äußerste besudelt haben wird, wenn den gequälten Menschen jede Lust auf Fortsetzung dieser Regierungsform genommen ist, dann – so ist es mein Plan und Wille –, dann soll Britannicus das tun, was ich nicht erreicht habe: Er soll die Republik wiederaufrichten. Es kommt nur darauf an, den Britannicus so lange zu sichern, bis Nero unter den fürchterlichsten Umständen zusammenbricht. Natürlich wird Nero ihn so schnell wie möglich beseitigen wollen, wenn Britannicus in Rom bleibt. Also muß er irgendwo versteckt werden, weit, weit fort, wo er ein sauberes, würdiges Leben führen kann, wo sein Herz die Flamme der wirklichen Freiheit nähren und bewahren kann, bis der große Ruf an ihn ergeht. Ich weiß heute, daß ich Britannicus liebe, obwohl ich ihn so selten sehe.

Ich habe mir sehr überlegt, wo Britannicus sicher sein würde. Die ganze Welt ist römisch, und der Arm des römischen Kaisers reicht überallhin. Ich bin zu dem Schluß gekommen, daß Britannien der Platz für einen Britannicus ist. Wir haben einige junge vornehme Britannier hier als Gäste. Sie sollten sehr bald nach Hause zurückkehren. Britannicus hatte sich mit ihnen angefreundet. Ich wollte dafür Sorge tragen, daß die jungen Leute von Ostia mit dem Schiff zurückfahren, und Britannicus sollte sie begleiten. Er sollte sich genauso anziehen, wie die jungen Britannier angezogen sind, und niemand würde ihn erkennen. Ich wollte jeden Eid von den Britanniern verlangen, daß sie meinen Sohn so lange bei sich verbergen und wie einen der Ihren achten würden, als dies nötig sein würde. Ich glaube, daß sie einen solchen Eid nicht gebrochen hätten. In Britannien sollte mein Sohn als ein junger vornehmer Grieche eingeführt werden, dessen Eltern gestorben seien und der sich eine neue Existenz schaffen wolle. Niemand außer diesen wenigen Freunden sollte die Wahrheit wissen. In Rom würde niemand nach ihm fragen. Man ist gewöhnt, daß er sich monatelang auf meinem Gut bei Capua aufhält, ohne ein Lebenszeichen von sich zu geben. Xenophon sollte mir bei diesem Betrug insofern helfen, als er bekanntmachen sollte, unter der Hand, nicht auffällig, daß Britannicus erkrankt sei. Sobald wir annehmen konnten, daß Britannicus dem römischen Machtbereich entkommen sei – denn in Britannien würde er nicht in den Teilen leben, die römische Provinz sind –, sollte Xenophon den Tod des Britannicus bekanntgeben und auch die Todesursache angeben. Er wäre von mir bevollmächtigt worden, sich jeden Leichnam eines toten Sklaven, der geeignet erschien, aushändigen zu lassen, um ihn als Leichnam meines Sohnes vorzuweisen und zu bestatten. Erst beim Tod Neros sollte Britannicus sich seinen Gastfreunden zu erkennen geben und als Retter seines Landes zurückkehren.

Der Plan war schön, und alles war vorbereitet, alles schien so gut zu gehen, wie man nur erwarten konnte. Aber wie ist diese herrliche Absicht vereitelt worden! Das Schiff der Britannier lag bereit, und Narcissus, der dieses Geheimnis gleich allen anderen mit mir teilte, brachte mir meinen Sohn, damit ich ihn einweihen könnte. Es war sehr früh am Morgen. Jedermann im Palast schlief noch. Ich umarmte ihn mit einer Herzlichkeit wie noch nie. Ich erklärte ihm, was ich für ihn empfände und warum ich mich so von ihm zurückgezogen hätte. Ich zitierte ihm das alte Lieblingswort des Augustus: »Wer dich geschlagen hat, wird dich heilen.« Ich sprach mit ihm von den Prophezeiungen, von dem Unglück, das ich für Rom herannahen sah, und von meinem größten Wunsch, nämlich den Menschen gerettet zu sehen, den ich am meisten liebte – ihn! Ich bat ihn also, in meinen Plan zu willigen und sich meinen Anordnungen zu fügen – eine andere Möglichkeit, am Leben zu bleiben, gäbe es für ihn nicht.

Er hörte mir aufmerksam zu. Auf einmal brach er los: »Nein, Vater! Nein! Ich habe dich gehaßt, seitdem meine Mutter tot ist, ich habe immer das Schlimmste von dir gedacht! Ich habe mich geschämt, dein Sohn zu sein! Ich verstehe heute, daß ich mich geirrt habe, und bitte um Verzeihung. Aber tun, was du von mir verlangst, kann ich nicht. Ein echter Claudier sollte sich bei den Barbaren verstecken? Ich habe keine Angst vor Nero! Er ist ein Feigling! Ich werde zum neuen Jahre die Männertoga anlegen, und dann nehme ich es mit jedem Nero auf und gleichzeitig mit seiner Mutter! Ich bin groß und stark. Wir werden schon sehen, wer von uns beiden die Oberhand bekommt. Ich bin dein Sohn und habe das gleiche Recht und die gleichen Pflichten wie er. An die Republik glaube ich nicht. Sie begeistert mich nicht. Du kannst die Weltgeschichte nicht rückwärts führen. Das hat meine Urgroßmutter Livia gesagt, und das ist wahr! Ich liebe die alte Zeit, genau wie du, aber ich bin nicht blind. Die Republik ist für alle Ewigkeit tot. Rom ist ein Kaiserreich, und die Wahl liegt zwischen guten und schlechten Kaisern. Ich mache alle Prophezeiungen zunichte. Bleib noch einige Jahre am Leben, Vater, um meinetwillen. Wenn du einst stirbst, trete ich in deine Fußstapfen und werde ein guter Kaiser sein. Gib mir Lehrer, damit ich es lerne. Ich will ein guter Kaiser sein!«

Ich habe zwar noch versucht, ihn von seinem Standpunkt abzubringen, aber ich fühlte sogleich, es war vergebens. Das hätte Germanicus sagen können, das hätte jeder sagen können, der die Illusion für stärker als die Wahrheit hält.

Ich habe alle Hoffnung aufgegeben. Wenn ein Patient sterben will, kann kein Arzt ihn retten. Britannicus will sterben. Ich komme soeben vom Senat zurück, wo ich eine Art Abschiedsrede gehalten habe. Ich habe dem Senat meine beiden Söhne Britannicus und Nero ans Herz gelegt und habe ihm mitgeteilt, daß sie zu meinen gemeinsamen Erben eingesetzt seien. Ich muß wohl mit ziemlicher Ironie gesprochen haben, denn meine Ermahnungen zur Brüderlichkeit und meine Lobsprüche auf meine Söhne taten wenig Wirkung. Wie soll man auch etwas mit Überzeugungskraft vortragen, von dessen Gegenteil man überzeugt ist? Mein armer Britannicus ist verurteilt. Ich habe ihm noch die neuen Lehrer bestimmt, die ihm beibringen sollen, ein guter Kaiser zu werden. Sie werden ihre zwecklose Arbeit redlich beginnen. Wie lange wird der letzte Claudier am Leben bleiben? Vielleicht noch ein Jahr. In einem Jahr ist also nichts mehr übrig von mir.

Meine Augen sind müde, und meine Hände sind durch die lange Schreibarbeit etwas zittrig geworden. Seltsame Zeichen hat man beobachtet. Ein großer Komet – genau dem Kometen ähnelnd, der den Tod Julius Caesars ankündigte – ist am mitternächtlichen Himmel beobachtet worden. In Ägypten ist ein Phönix erschienen, und eine Menge anderer Vögel folgten ihm bewundernd. Ich kann kaum glauben, daß es ein wirklicher Phönix war, denn er erscheint nur alle eintausendvierhunderteinundsechzig Jahre, und der letzte, von dem berichtet wurde, hat sich erst vor zweihundertfünfzig Jahren gezeigt. Aber eine Abart des Phönix kann es gewesen sein. Und als ob der Komet und der Phönix noch nicht als Warnungszeichen genügten, ist in Thessalien ein Zentaur lebend geboren worden. Er hat nur einen einzigen Tag gelebt, aber man hat ihn in Honig gebettet und mir nach Rom geschickt. Ich habe ihn mit meiner Hand berührt. Das sind genug der Zeichen!

Schreibe nicht weiter, Tiberius Claudius, Kaiser und Gott, denn es gibt nichts mehr zu schreiben.

Tacitus berichtet in seinen Annalen über den Tod des Claudius

Claudius war zur Wiederherstellung seiner Gesundheit in Sinuessa gewesen. Aber die milde Luft und die heilsamen Quellen hatten nicht ganz den gewünschten Erfolg gehabt. Agrippinilla trug sich schon lange mit dem schändlichen Gedanken, ihn zu beseitigen. Jetzt schien ihr die Gelegenheit gekommen zu sein. Sie überlegte die Art des Gifts, das sie wählen sollte: Wenn es rasch wirkte, würde ihr böser Anschlag wohl niemals entdeckt werden; wenn sie langsam wirkende Gifte vorzog, könnte Claudius beim Nahen seines Endes den wahren Sachverhalt durchschauen und ihren Sohn wieder verstoßen. Sie entschloß sich aber zu einer ganz besonderen Art von Gift, das den Verstand so verwirrt, daß die Ärzte ihn würden töten wollen. Eine geschickte Giftmischerin war seit langem zur Hand, eine gewisse Locusta. Diese Frau also bereitete das Gift, und beibringen sollte es dem Kaiser einer seiner Eunuchen, Halotus, der ihn stets beim Essen zu bedienen und die Speisen vorzukosten pflegte.

Alle Einzelheiten dieser Tat sind später so bekannt geworden, daß die zeitgenössischen Schriftsteller genau zu berichten wissen, wie das Gift einem Pilzgericht beigegeben wurde, das der Kaiser besonders gern aß. Ob er nun an diesem Tag an und für sich nicht sehr regsam war oder ob er zuviel Wein getrunken hatte: Die Wirkung des Gifts wurde nicht sofort festgestellt. Das Erschlaffen der inneren Organe scheint eher von günstiger Wirkung gewesen zu sein. Agrippinilla war darüber sehr beunruhigt, aber da ihr Leben auf dem Spiel stand, dachte sie wenig an die Furchtbarkeit ihres Vorhabens, sondern rief den Arzt Xenophon zu ihrer Hilfe, von dem einige angeben, er habe sich ihr zur Verfügung gestellt. Man nimmt an, daß er unter dem Vorwand, dem Claudius zum Erbrechen zu verhelfen, eine giftbeschmierte Feder ihm in den Rachen einführte, denn er wußte, daß in solchen Lagen ein Versuch ohne Erfolg sehr gefährlich werden kann, so daß man rasch und entschlossen handeln muß.

In der Zwischenzeit hatte der Senat sich versammelt, und man sprach den Wunsch aus, daß der Kaiser bald genesen möge. Aber um diese Stunde war der Kaiser bereits tot. Man hatte ihn mit Tüchern und warmen Umschlägen zugedeckt, um seinen Tod so lange zu verbergen, bis die Herrschaft für Nero gesichert war. Agrippinilla gab vor, von tiefem Schmerz überwältigt zu sein, und als ob sie verzweifelt nach Trost suchte, nahm sie den

Britannicus fest in ihre Arme, nannte ihn das Abbild seines teuren Vaters, und durch mannigfache Geschicklichkeit gelang es ihr, den Britannicus am Verlassen des Zimmers zu hindern. Auf ähnliche Art hielt sie auch Antonia und Octavia fest. Gleichzeitig hat sie alle Zugänge zum Palast absperren lassen. Von Zeit zu Zeit ließ sie bekanntgeben, daß eine leichte Besserung im Befinden des Kaisers eingetreten sei. Auf diese Weise sollte den Soldaten ihre Hoffnung so lange erhalten werden, bis der günstige Augenblick, den die Astrologen errechnet hatten, für Nero eingetreten sein würde.

Endlich, am dreizehnten Oktober mittags, wurden die Tore des Palastes plötzlich geöffnet. Nero trat in Begleitung heraus und ging auf die Soldaten der Wache zu. Auf ein Zeichen wurde er mit lauten Hochrufen begrüßt und sogleich in eine Sänfte gesetzt. Es wird berichtet, daß einige Soldaten sich eifrig umgesehen und häufig gefragt hätten, wo Britannicus sei. Aber da niemand sich meldete, nahmen sie die Wahl an, die man ihnen vorgeschlagen hatte. Also wurde Nero in die Kaserne getragen, wo er nach einer Rede, die sich mit der augenblicklichen Notlage befaßte, und nach dem Versprechen, nicht weniger freigebig zu sein, als sein Vater, der verstorbene Kaiser, es bei dieser Gelegenheit gewesen war, als Kaiser begrüßt wurde. Die Wahl der Soldaten wurde durch einen Beschluß des Senats bestätigt. Weder in der Stadt noch in den Provinzen erhob sich der geringste Widerstand. Dem toten Claudius wurden göttliche Ehren zuerkannt, und sein Leichenbegängnis wurde mit der gleichen Pracht gefeiert wie das des göttlichen Augustus. Agrippinilla wetteiferte bei dieser Gelegenheit an Würde mit ihrer Urgroßmutter Livia. Das Testament des Claudius aber wurde niemals bekanntgegeben, damit sich niemand darüber empören konnte, daß offenbar seinem eigenen Sohn der Sohn seiner Frau auf eine schmähliche und ungerechte Weise vorgezogen worden war.

Schluß

Britannicus wurde ein Jahr nach dem Tod des Claudius vergiftet. Pallas, Narcissus, Domitia, Octavia, Antonia – alle starben eines gewaltsamen Todes. Agrippinilla verlor den Einfluß über ihren Sohn bereits im zweiten Jahr seiner Regierung, aber sie festigte ihn dadurch wieder etwas, daß sie ihm erlaubte, Blutschande mit ihr zu treiben. Dann versuchte er, sie zu beseitigen, indem er sie in einem Schiff fahren ließ, das so konstruiert war, daß es in zwei Teile auseinanderfallen konnte. Das Schiff zerbarst, aber Agrippinilla, die während ihrer Verbannung eine hervorragende Schwimmerin geworden war, schwamm sicher ans Ufer. Etwas später schickte Nero Soldaten aus, sie zu ermorden. Sie starb mutig und wünschte, durch einen Stich in den Unterleib getötet zu werden, der einen so verbrecherischen Sohn einst getragen hatte. Nachdem Nero vierzehn Jahre regiert hatte, wurde er zum Volksfeind erklärt. Auf seinen eigenen Befehl ließ er sich von einem Sklaven töten. Kein Mitglied der kaiserlichen Familie hat ihn überlebt. Im Jahr nach seinem Tod gab es Anarchie und Bürgerkrieg. Nacheinander regierten in diesem Jahr vier verschiedene Kaiser: Galba, Otho, Aulus Vitellius und schließlich Vespasian. Vespasian herrschte gerecht und milde und begründete die Dynastie der Flavier. Die Republik ist niemals wiederhergestellt worden.

Nachwort

Das Original des vorliegenden Buches besteht aus zwei Bänden von insgesamt beinahe elfhundert Seiten. Es konnte also nicht nur übersetzt werden, vielmehr bedingte die radikale Kürzung gewisse Umschichtungen und Neuformungen. An sachlich Wichtigem ist nichts ausgelassen worden. Die Auffassung des Autors von seinem Stoff wurde nicht angetastet.

Die durchgehende Verwendung moderner Ausdrücke für alle politischen und militärischen Begriffe entspricht dem Original. Der Autor hofft, dadurch die Barriere durchbrochen zu haben, die denjenigen, der keine Kenntnisse von der römischen Geschichte hat, gemeinhin von solchen Stoffen trennt. So ist ein Regiment eine Legion, unter Kompanie versteht er die Cohorte, unter der Garde die Prätorianer, ein Gouverneur ist ein Proconsul oder Procurator (Landpfleger). In der deutschen Ausgabe wurde auch diesem Beispiel genau gefolgt, weil es der Darstellung eine größere Nähe gibt.

Das lateinische c ist bei allen Eigennamen und Titeln auch im Deutschen c geblieben. Eigentlich müßte es durchgehend ein k sein, wie der Aussprache nach in Octavia. Wenn man genau sein wollte, müßte man dann jedoch auch Käsar oder Takitus schreiben. Da aber gerade bei der Aussprache dieser Namen viele Gewohnheiten herrschen, ist durchweg das neutrale c beibehalten worden, das jedem erlaubt, die Namen so auszusprechen, wie er es für richtig hält.

R.

Auf den Spuren...

sind reichbebilderte Logbücher abenteuerlicher Reisen in die Vergangenheit. Der Herausgeber, Hermann Schreiber, sowie die Autoren der einzelnen Bände wollen ihre Leser dazu anregen, selbst Entdeckungsreisen in die Vergangenheit zu unternehmen.

Peter Lahnstein

Auf den Spuren von Karl V.

352 Seiten mit 32 Bildtafeln, davon 12 in Farbe. Leinen.

Der Autor hat den Lebensweg Karls V. nachvollzogen und ein gelungenes Portrait geschaffen; mit allen Vorzügen einer Biographie, einer Kulturgeschichte und eines Reiseberichtes.

Hermann Schreiber

Auf den Spuren der Goten

351 Seiten mit 81 Abbildungen, davon 32 in Farbe. Leinen.

Schreiber hat es großartig verstanden, alles Wesentliche über das Volk der Goten, seine Eroberungszüge und Staatsgründungen, seine Stärken und Schwächen prägnant und anschaulich zu schildern und auch ihren Einfluß auf die große geschichtliche Entwicklung aufzuzeigen.
Wiesbadener Tagblatt

Fernand Niel

Auf den Spuren der großen Steine

Stonehenge, Carnac und die Megalithen

317 Seiten mit 43 Abbildungen, davon 22 in Farbe. Leinen.

Hier lüften sich Schleier, wird eine Fülle von Bezügen und Zusammenhängen hergestellt. Das Werk gehört zu den wichtigsten Beiträgen, die zur Lösung jener Rätsel führen, die Stonehenge und Megalithen heute noch aufgeben.
Der neue Tag

List Verlag